"信息化与信息社会"系列丛书编委会名单

编委会主任　曲维枝

编委会副主任　周宏仁　张尧学　徐愈

编委会委员　何德全　邬贺铨　高新民　高世辑　张复良　刘希俭
　　　　　　刘小英　李国杰　秦　海　赵泽良　杜　链　朱森第
　　　　　　方欣欣　陈国青　李一军　李　琪　冯登国

编委会秘书处　廖　瑾　刘宪兰　刘　博　等

高等学校电子商务专业系列教材编委会名单

专业编委会顾问　（以汉字拼音为序）
　　　　　　　　柴跃廷　陈　静　高新民　黄　进　李默芳　刘希俭
　　　　　　　　潘云鹤　宋　玲　王新培　汪应洛　乌家培　周宏仁
　　　　　　　　周云帆

专业编委会主任　刘　军　李　琪

专业编委会副主任　陈德人　吕廷杰　陈　进

专业编委会特邀委员　吴　燕　刘　兵　马　云　林漳希　张　晗　范　明

专业编委会委员　（以汉字拼音为序）
　　　　　　　　邓顺国　兰宜生　李洪心　刘　军　刘业政　刘震宇
　　　　　　　　孟卫东　彭丽芳　覃　征　宋远方　孙宝文　盛晓白
　　　　　　　　司林胜　汤兵勇　王学东　王　东　王丽芳　魏修建
　　　　　　　　谢　康　张　宁　张李义　张宽海　张润彤

组　织　支　持　教育部高等学校电子商务类专业教学指导委员会

学　术　支　持　中国信息经济学会电子商务专业委员会

学　术　秘　书　崔　睿

普通高等教育"十一五"国家级规划教材

"信息化与信息社会"系列丛书之
高等学校电子商务专业系列教材

电子商务案例分析教程

（第 2 版）

雷 兵 司林胜 主编

电子工业出版社
Publishing House of Electronics Industry
北京·BEIJING

内容简介

本书系普通高等教育"十一五"国家级规划教材的修订版和河南省高等教育"十二五"规划教材。教材设计了电子商务案例的分析模式,并将电子商务案例分为搜索引擎、网络门户、网络经纪、网络销售、网上支付、互联网金融、网络聚合、网络社区、网络娱乐、移动商务等 10 大类,按照案例的基本情况与价值网络、商业模式、技术模式、经营模式、管理模式、资本模式等分析模型对典型案例进行了系统分析。本书注重建立案例分析的基本框架,系统分析案例的电子商务模式,并建立基于师生互动的教学模式,设计了基于互联网和团队的练习以及基于网络创业的学习模式。

本书可作为大中专院校电子商务专业的案例分析教材,也可作为研究生、MBA、电子商务从业人员和创业者进行案例研究的参考资料。

未经许可,不得以任何方式复制或抄袭本书之部分或全部内容。
版权所有,侵权必究。

图书在版编目(CIP)数据

电子商务案例分析教程/雷兵,司林胜主编. —2 版. —北京:电子工业出版社,2016.01
ISBN 978-7-121-27535-7

I. ①电… II. ①雷… ②司… III. ①电子商务-案例-高等学校-教材 IV. ①F713.36

中国版本图书馆 CIP 数据核字(2015)第 265271 号

策划编辑:石会敏　刘宪兰
责任编辑:石会敏　　　特约编辑:赵翠芝
印　　刷:北京虎彩文化传播有限公司
装　　订:北京虎彩文化传播有限公司
出版发行:电子工业出版社
　　　　　北京市海淀区万寿路 173 信箱　邮编:100036
开　　本:787×1092　1/16　印张:21.75　字数:557 千字
版　　次:2010 年 1 月第 1 版
　　　　　2016 年 1 月第 2 版
印　　次:2024 年 8 月第 17 次印刷
定　　价:43.00 元

凡所购买电子工业出版社图书有缺损问题,请向购买书店调换。若书店售缺,请与本社发行部联系,联系及邮购电话:(010)88254888,88258888。
质量投诉请发邮件至 zlts@phei.com.cn,盗版侵权举报请发邮件至 dbqq@phei.com.cn。
本书咨询联系方式:(010)88254537。

第2版总序

信息化是世界经济和社会发展的必然趋势。近年来,在党中央、国务院的高度重视和正确领导下,中国信息化建设取得了积极进展,信息技术对提升工业技术水平、创新产业形态、推动经济社会发展发挥了重要作用。信息技术已成为经济增长的"倍增器"、发展方式的"转换器"、产业升级的"助推器"。

作为国家信息化领导小组的决策咨询机构,国家信息化专家咨询委员会按照党中央、国务院领导同志的要求,就中国信息化发展中的前瞻性、全局性和战略性的问题进行调查研究,提出政策建议和咨询意见。信息技术和信息化所具有的知识密集的特点,决定了人力资本将成为国家在信息时代的核心竞争力。因此,大量培养符合中国信息化发展需要的人才是国家信息化发展的一个紧迫需求,也是中国推动经济发展方式转变,提高在信息时代参与国际竞争比较优势的关键。2006年5月,中国公布《2006—2020年国家信息化发展战略》,提出"提高国民信息技术应用能力,造就信息化人才队伍"是国家信息化推进的重点任务之一,并要求构建以学校教育为基础的信息化人才培养体系。

为了促进上述目标的实现,国家信息化专家咨询委员会致力于通过讲座、论坛、出版等各种方式推动信息化知识的宣传、教育和培训工作。2007年,国家信息化专家咨询委员会联合中华人民共和国教育部、原国务院信息化工作办公室成立了"信息化与信息社会"系列丛书编委会,共同推动"信息化与信息社会"系列丛书的组织编写工作。编写该系列丛书的目的是力图结合中国信息化发展的实际和需求,针对国家信息化人才教育和培养工作,有效梳理信息化的基本概念和知识体系,通过高校教师、信息化专家、学者与政府官员之间的相互交流和借鉴,充实中国信息化实践中的成功案例,进一步完善中国信息化教学的框架体系,提高中国信息化图书的理论和实践水平。毫无疑问,从国家信息化长远发展的角度来看,这是一项具有全局性、前瞻性和基础性的工作,是贯彻落实国家信息化发展战略的一项重要举措,对于推动国家的信息化人才教育和培养工作,加强中国信息化人才队伍的建设具有重要意义。

考虑当时国家信息化人才培养的需求,各个专业和不同教育层次(博士生、硕士生、本科生)的需要,以及教材开发的难度和编写进度时间等问题,"信息化与信息社会"系列丛书编委会采取了集中全国优秀学者和教师,分期分批出版高质量的信息化教育丛书的方式,结合高校专业课程设置情况,在"十一五"期间,先后组织出版了"信息管理与信息系统"、"电子商务"、"信息安全"三套本科专业高等学校系列教材,受到高校相关学科专业师生的热烈欢迎,并得到业内专家与教师的一致好评和高度评价。

但是,随着时间的推移和信息技术的快速发展,上述专业的教育面临着持续更新、不断完善的迫切要求，日新月异的技术发展及应用变迁也不断对新时期的人才队伍建设和人才培养提出新要求。因此，"信息管理与信息系统"、"电子商务"、"信息安全"三个专业教育需以综合的视角和发展的眼光不断对自身进行调整和丰富，已出版的教材内容也需及时进行更新和调整，以满足需求。

这次，高等学校"信息管理与信息系统"、"电子商务"、"信息安全"三套系列教材的修订是在涵盖第1版主题内容的基础上，进行的更新和调整。我们希望在内容构成上，既保持第1版教材基础的经典内容，又要介绍主流的知识、方法和工具，以及最新的发展趋势，同时增加部分案例或实例，使每一本教材都有明确的定位，分别体现"信息管理与信息系统"、"电子商务"、"信息安全"三个专业领域的特征，并在结合中国信息化发展实际特点的同时，选择性地吸收国际上相关教材的成熟内容。

对于这次三套系列教材（以下简称系列教材）的修订，我们仍提出了基本要求，包括信息化的基本概念一定要准确、清晰，既要符合中国国情，又要与国际接轨；教材内容既要符合本科生课程设置的要求，又要紧跟技术发展的前沿，及时地把新技术、新趋势、新成果反映在教材中；教材还必须体现理论与实践的结合，要注意选取具有中国特色的成功案例和信息技术产品的应用实例，突出案例教学，力求生动活泼，达到帮助学生学以致用的目的，等等。

为力争修订教材达到我们一贯秉承的精品要求，"信息化与信息社会"系列丛书编委会采用了多种手段和措施保证系列教材的质量：首先，在确定每本教材的第一作者的过程中引入了竞争机制，通过广泛征集、自我推荐和网上公示等形式，吸收优秀教师、企业人才和知名专家参与写作；其次，将国家信息化专家咨询委员会有关专家纳入各个专业编委会中，通过召开研讨会和广泛征求意见等多种方式，吸纳国家信息化一线专家、工作者的意见和建议；最后，要求各专业编委会对教材大纲、内容等进行严格的审核，并对每本教材配有一至两位审稿专家。

我们衷心期望，系列教材的修订能对中国信息化相应专业领域的教育发展和教学水平的提高有所裨益，对推动中国信息化的人才培养有所贡献。同时，我们也借系列教材修订出版的机会，向所有为系列教材的组织、构思、写作、审核、编辑和出版等做出贡献的专家学者、教师和工作人员表达我们最真诚的谢意！

应该看到，组织高校教师、专家学者、政府官员及出版部门共同合作，编写尚处于发展动态之中的新兴学科的高等学校教材，有待继续尝试和不断总结经验，也难免会出现这样或那样的缺点和问题。我们衷心希望使用该系列教材的教师和学生能够不吝赐教，帮助我们不断地提高系列教材的质量。

曲维枝
2013年11月1日

第1版总序

信息化是世界经济和社会发展的必然趋势。近年来，在党中央、国务院的高度重视和正确领导下，中国信息化建设取得了积极进展，信息技术对提升工业技术水平、创新产业形态、推动经济社会发展发挥了重要作用。信息技术已成为经济增长的"倍增器"、发展方式的"转换器"、产业升级的"助推器"。

作为国家信息化领导小组的决策咨询机构，国家信息化专家咨询委员会一直在按照党中央、国务院领导同志的要求就信息化前瞻性、全局性和战略性的问题进行调查研究，提出政策建议和咨询意见。信息技术和信息化所具有的知识密集的特点，决定了人力资本将成为国家在信息时代的核心竞争力。因此，大量培养符合中国信息化发展需要的人才已成为国家信息化发展的一个紧迫需求，成为中国应对当前严峻经济形势，推动经济发展方式转变，提高在信息时代参与国际竞争比较优势的关键。2006年5月，中国公布《2006—2020年国家信息化发展战略》，提出"提高国民信息技术应用能力，造就信息化人才队伍"是国家信息化推进的重点任务之一，并要求构建以学校教育为基础的信息化人才培养体系。

为了促进上述目标的实现，国家信息化专家咨询委员会一直致力于通过讲座、论坛、出版等各种方式推动信息化知识的宣传、教育和培训工作。2007年，国家信息化专家咨询委员会联合中华人民共和国教育部、原国务院信息化工作办公室成立了"信息化与信息社会"系列丛书编委会，共同推动"信息化与信息社会"系列丛书的组织编写工作。编写该系列丛书的目的，是力图结合中国信息化发展的实际和需求，针对国家信息化人才教育和培养工作，有效梳理信息化的基本概念和知识体系，通过高校教师、信息化专家、学者与政府官员之间的相互交流和借鉴，充实中国信息化实践中的成功案例，进一步完善中国信息化教学的框架体系，提高中国信息化图书的理论和实践水平。毫无疑问，从国家信息化长远发展的角度来看，这是一项具有全局性、前瞻性和基础性的工作，是贯彻落实国家信息化发展战略的一项重要举措，对于推动国家的信息化人才教育和培养工作，加强中国信息化人才队伍的建设具有重要意义。

考虑当前国家信息化人才培养的需求、各个专业和不同教育层次（博士生、硕士生、本科生）的需要，以及教材开发的难度和编写进度时间等问题，"信息化与信息社会"系列丛书编委会采取了集中全国优秀学者和教师、分期分批出版高质量的信息化教育丛书的方式，根据当前高校专业课程设置情况，先开发"信息管理与信息系统"、"电子商务"、"信息安全"三个本科专业高等学校系列教材，随后再根据中国信息化和高等学校相关专业发展的情况陆续开发其他专业和类别的图书。

对于新编的三套系列教材(以下简称系列教材),我们寄予了很大希望,也提出了基本要求,包括信息化的基本概念一定要准确、清晰,既要符合中国国情,又要与国际接轨;教材内容既要符合本科生课程设置的要求,又要紧跟技术发展的前沿,及时地把新技术、新趋势、新成果反映在教材中;教材还必须体现理论与实践的结合,要注意选取具有中国特色的成功案例和信息技术产品的应用实例,突出案例教学,力求生动活泼,达到帮助学生学以致用的目的,等等。

为力争出版一批精品教材,"信息化与信息社会"系列丛书编委会采用了多种手段和措施保证系列教材的质量。首先,在确定每本教材的第一作者的过程中引入了竞争机制,通过广泛征集、自我推荐和网上公示等形式,吸收优秀教师、企业人才和知名专家参与写作;其次,将国家信息化专家咨询委员会有关专家纳入各个专业编委会中,通过召开研讨会和广泛征求意见等多种方式,吸纳国家信息化一线专家、工作者的意见和建议;最后,要求各专业编委会对教材大纲、内容等进行严格的审核,并对每一本教材配有一至两位审稿专家。

如今,我们很高兴地看到,在中华人民共和国教育部和原国务院信息化工作办公室的支持下,通过许多高校教师、专家学者及电子工业出版社相关工作人员的辛勤努力和付出,"信息化与信息社会"系列丛书中的三套系列教材即将陆续和读者见面。

我们衷心期望,系列教材的出版和使用能对中国信息化相应专业领域的教育发展和教学水平的提高有所裨益,对推动中国信息化的人才培养有所贡献。同时,我们也借系列教材开始陆续出版的机会,向所有为系列教材的组织、构思、写作、审核、编辑、出版等做出贡献的专家学者、教师和工作人员表达最真诚的谢意!

应该看到,组织高校教师、专家学者、政府官员及出版部门共同合作,编写尚处于发展动态之中的新兴学科的高等学校教材,还是一个初步的尝试。其中,固然有许多的经验可以总结,也难免会出现缺点和问题。我们衷心地希望使用系列教材的教师和学生能够不吝赐教,帮助我们不断地提高系列教材的质量。

曲维枝

2008 年 12 月 15 日

第 2 版序言

"十一五"期间,由国家信息化专家咨询委员会牵头,教育部高等学校电子商务专业教学指导委员会组织众多电子商务专业领域著名专家和教师参与开发了由电子工业出版社出版的"高等学校电子商务专业系列教材",在体系设计上较全面地覆盖了新时期电子商务专业教育的各个知识层面,既包括从宏观视角上对信息化大环境下电子商务相关知识的综合介绍,也包括对电子商务应用发展前沿的深入剖析,同时也提供了对电子商务系统建设各项核心任务的系统讲解。此外还对一些重要的电子商务应用形式进行了重点讨论。因此,该系列教材面市后,受到高等学校电子商务学科专业以及相关专业师生的热烈欢迎,并得到业内专家和教师的一致好评和高度评价,被誉为该学科专业教材中的精品系列。之后该系列教材中不断有教材陆续被教育部评为"国家精品教材"。

但是,随着信息技术的快速发展,电子商务应用的不断推广,电子商务的理论研究不断深入以及电子商务教学的不断改革,特别是电子商务本科已由二级学科提升为一级学科等的变化,使电子商务专业教育面临着加快更新、不断完善的迫切要求,其日新月异的技术发展及应用变迁也不断对新时期电子商务建设和人才培养提出新的要求。为此,电子商务专业教育需以综合的视角和发展的眼光不断对自身进行调整和丰富,已出版的教材内容也需及时进行更新和调整,以满足需求。高等学校电子商务专业系列教材编委会在国家信息化专家咨询委员会的领导下,继续负责组织这次对"高等学校电子商务专业系列教材"的修订工作。

第 2 版高等学校电子商务专业系列教材的修订框架基本涵盖第 1 版的主题内容。所修订教材符合教育部关于高等学校电子商务类专业本科生的培养目标,且每本教材定位明确,充分体现了"电子商务"的领域特征,并同时处理好与其他一些学科的关系。根据原编写教材的知识领域,确定了调整的知识单元及知识点,并以此为基础进行了教材的相关调整和充实。

第 2 版高等学校电子商务专业系列教材的内容调整在体系构成上既保持了基础的经典内容,又加强了主流的知识、方法和工具,以及最新发展趋势,特别把握了领域知识上的"基础、主流与发展"的关系;并尽量与当前社会的实践相联系,注意反映技术进步和观念更新,同时增加部分案例或实例。在结合中国实际特点的同时,又注重吸收国际上相关教材的成熟内容;统一教材中的名词、术语解释,并与国际接轨;在难度上维持适中,以符合多数高等学校电子商务相关专业的培养要求。

我们希望，通过对高等学校电子商务专业系列教材的修订，使得该套教材能够成为教育部"普通高等教育国家级规划教材"和精品教材，成为高等学校电子商务类专业学生循序渐进了解和掌握专业知识不可或缺的引导书，成为电子商务新环境下从业人员及管理者的有益参考资料。

高等学校电子商务专业系列教材编委会
李　琪
2013 年 12 月 12 日

第1版序言

电子商务作为新的先进的生产力,正以其无比强大的生命力推动着人类历史上继农业革命、工业革命之后的商业革命——第三次产业革命。它直接作用于商贸流通,间接作用于生产、科研和创新。

对于工农业生产的原材料采购、产成品销售、企业的市场营销和商业零售业、国际贸易等经济活动,电子商务正从微观到中观和宏观对企业、行业、区域的经济发展产生着巨大的影响和作用;对于人们的日常生活消费,电子商务正逐步地、越来越大和越来越深刻地改变着人们的消费观念、消费习惯和消费方式,在为人们带来显著的经济利益的同时带来安逸的精神享受;对于国家和社会,电子商务对社会效率的发挥、资源的优化配置和再利用、再分配发挥着日益强大的作用,当天灾人祸来临时,它能以最快的速度调配资金和物资,在金融风暴和经济危机到来时,它能以电子速度为政府、企业和个人进行有限资源的调集和重组。

伴随以互联网为主的电子信息技术的进一步发展和信息产品(三网合一、3G 手机等)的广泛使用,电子商务更呈现出泛在性、虚拟性、个人性、社会性和数据海量性等新特征,电子商务的应用和研究犹如东方日出,其前景充满了朝气和阳光。

显然,加快电子商务的发展已经成为很多国家,也是中国的一项重要政策。这就对中国培养高素质的创新型电子商务人才提出了迫切的要求。到 2008 年年底,教育部已经批准了 300 多所本科院校和 800 多所高职高专学校开设电子商务专业;在校学生人数已经达到 30 多万,每年毕业生人数达到 8 万多。

但正如其他新生事物的发展一样,随着网络与电子商务经济理论的研究不断深入,电子商务法规政策的纷纷出台,企业现代化管理水平的不断提高,电子商务创新模式的不断涌现,使得电子商务专业的建设也在变化之中,有关电子商务专业的定义仍在不断充实、完善之中。

2005 年,教育部启动的"全国高校电子商务专业人才培养模式研究"项目中对电子商务专业的定义是:电子商务专业是现代经济学、管理学和工学(以信息技术为主)融合形成的综合性、复合型学科,电子商务专业培养的是适应现代社会需要的复合型人才,电子商务专业的建设和发展必须要求得到经济学、管理学和工学等学科的合力支撑。

2008 年,"全国高等学校电子商务本科专业知识体系"(教育部高等学校电子商务专业教学指导委员会编写)中将中国现阶段电子商务本科专业的培养目标定义为:"面向世界、面向未来、面向现代化",为国家培养德、智、体、美、劳全面发展的具备现代经济、管理理论和信息技术等多种知识和电子商务综合技能的,能从事网络环境中企业、事业和社会的商贸购销、商务管理或商务技术支持等现代化商务实践、研究和教学等工作的复合型、专门化人才。目前，中国电子商务本科专业的两大基本方向为：电子商务经济管理类方向和电子商务工程类方向。它们分别在经济管理知识与技能体系和信息技术知识与技能体系方面有所侧重。

电子商务专业教育涉及通识教育、综合教育、专业教育三大部分。专业教育按知识层面划分，包括专业基础知识和专业知识两个层次；按教学内容划分，包括课堂教学和实践教学两个方面；从教学计划角度考虑，包括知识体系和课程体系两方面的组织；从学科要求角度考虑，包括知识体系、能力体系和素质体系。

而这种专业教育和相应技术内容最直接地体现在相应的教材上。为此，国家信息化专家咨询委员会与教育部电子商务专业教学指导委员会联合组织了本系列教材（高等学校电子商务专业系列教材），以奉献出一批符合国家电子商务发展方向和有利"提高国民信息技术应用能力，造就信息化人才队伍"的优秀教材，充实电子商务教育市场。

本系列教材在内容编排上努力将理论与实际相结合，尽可能反映电子商务的最新发展，以及国际上对电子商务的最新释义；在内容表达上力求由浅入深、通俗易懂；在知识体系划分上严格按照教育部电子商务专业教学指导委员会最新知识体系，具体如下：

知识领域名称	知识领域标记	备注
电子商务综合	ECG	理论、政策、法规等
电子商务经济	ECE	经济类相关学科
电子商务管理	ECM	管理类相关学科
电子商务技术	ECT	信息技术类相关学科

其编写的内容主要包括：电子商务导论、电子商务管理、电子商务法学教程、电子商务网站建设、网络经济学、网络营销、网络金融、网络财务、电子支付与清算、电子商务物流概论、电子商务系统建设与管理、电子商务安全、电子商务案例分析教程、移动商务、电子服务及其应用、电子商务项目策划与管理、网上创业、客户关系管理和服务科学概论等，共19本。其中，《电子商务导论》（李琪主编）、《电子商务物流概论》（魏修建主编）作为2008年"信息化与信息社会"系列丛书编委会重点扶持的教材。

本系列教材突出了"准确把握理论、理论联系实际、优选典型案例、把握发展前沿、启发读者思维、编写科学合理"的特色：对基本概念、基本知识、基本理论给予准确的表述，树立严谨求是的学术作风，注意与国内外的对应及对相关概念、术语的正确理解和表达；从实践到理论，再从理论到实践，把抽象的理论与生动的实践有机地结合起来，使读者在理论与实践的交融中对电子商务有全面和深入的理解和掌握；精选国内外典型案例，支撑相关的理论与实践，使读者能够从具体案例中深入浅出地了解、认识更多的电子商务的应用及其相关问题；对电子商务的理论、研究、技术、实践等多方面的发展状况给出发展前沿和趋势介绍，拓展读者的视野；在理论和实践两方面以启发读者学习、专业研究、创新为导向，为读者提供发散思维的空间和精确思考的焦点问题；本系列教材在内容逻辑和形式体例上力求科学、合理、严密和完整，使之系统化和实用化。

自系列教材编写工作启动以来，在国家信息化专家咨询委员会的指导和关怀下，在电子工业出版社和我们的共同努力下，在本系列教材各位主编、副主编和全体参编人员的辛勤劳动下，在各位专家、许多高校教师和研究生及朋友们的关心、帮助下，终于陆续面世了。在此，我们对以上各位领导、专家、老师、同学和朋友们表示最衷心的感谢！

我们深知，虽然我们对本系列教材的组织和编写尽了最大努力，但离我们的目标仍然有较大的差距，衷心希望各位读者不吝赐教，使我们能在今后的再版工作中不断改进，使系列教材越编越好！

高等学校电子商务专业系列教材
编委会
2009 年 6 月 25 日

第2版前言

《电子商务案例分析教程》第一版得到了广大读者的认同和偏爱,但五年多来,电子商务的发展变化巨大,尤其是在目前我国"互联网+行动计划"的推动下,电子商务的发展将会面临更多的机遇和更创新的应用模式。基于此,我们在广泛接受读者的反馈和建议的基础上,对本书进行了修订和完善,将互联网的最主流应用和电子商务的最新发展,通过最新的案例分析,理解电子商务模式的内涵,提高电子商务项目策划和运营的能力,掌握电子商务应用的技巧。相比第一版,本书将有一些新的变化。

□新版增加或修改的内容

对电子商务模式进行了重新分类

随着互联网的迅速发展和商务应用的进一步扩展,企业电子商务模式也更加多样化。本书基于互联网商务应用的主流模式,将电子商务模式分为搜索引擎、网络门户、网络经纪、网络销售、网上支付、互联网金融、网络聚合、网络社区、网络娱乐、移动商务等10种模式,相应的,电子商务案例的选择也按照这10种模式进行分类。与第一版中的电子商务模式分类相比,明显的变化在于:

(1)将网上商店、网络直销、网络营销统一为网络销售,强调了电子商务的渠道功能;

(2)不再将网络广告作为一种电子商务模式,而将其作为各种电子商务模式的一种典型的应用,尤其是门户网站的网络广告功能,因此,增加了网络门户模式;

(3)不再将用户贡献、网络分类信息作为单独的电子商务模式,而是将其应用归并如网络聚会、网络娱乐等模式;

(4)根据互联网应用的最新应用,增加互联网金融模式,将网络游戏扩展为网络娱乐模式,并将无线服务模式扩展为移动商务模式,强调社会化网络媒体和移动互联网在电子商务中的应用。

优化了电子商务案例分析模型

电子商务案例分析模型是本书编写电子商务案例的基础,也是希望读者能够掌握的电子商务案例分析的基本方法,以提高读者策划、运营电子商务项目和运用电子商务的能力。在本书修订过程中,我们对电子商务案例分析模型中的盈利模式、技术模式和经营模式进行了优化,更加考虑了电子商务运营的实际情况。

更新了电子商务案例

由于电子商务的发展速度惊人,因此,电子商务案例具有明显的时效性。本书此次修订，不仅更换了大量目前主流的电子商务案例，更新了保留案例的最新数据和发展模式，而且进一步明晰了案例的选择思路。本书对于每一种电子商务模式都按照其主流运营模式分类，选择了国内外的典型案例进行分析。

☐基于师生互动的教学

因为本书对每一个精选的案例都进行了系统的分析，所以有不少读者将本书作为电子商务案例分析等课程的教材时，处理不好就会照本宣科，我们一直在通过各种渠道与使用本教材的教师交流本教材的使用技巧。确实，有必要在这里和大家交流一下基于本教材的电子商务案例分析课程的教学模式。在课堂教学中，建议采取基于师生互动的教学模式。

电子商务模式阐释

讲授本书第一章内容时，使学生在理解电子商务案例分析模型的基础上，对每一类电子商务模式都有所了解。教师首先要对其定义、分类、特征和电子商务应用等基本问题进行系统讲解，以加深学生对该类电子商务模式的理解和认识。

电子商务案例示范

在阐释电子商务模式内涵的基础上，教师要选择教材中的部分典型案例，按照电子商务案例分析模型进行典型案例示范讲解，重点分析其五大模式，使学生掌握案例分析的方法和视角，加深对电子商务模式和电子商务应用的理解，达到举一反三的效果。

电子商务模式阐释和电子商务案例示范部分的讲解可以由任课教师制作成微课程视频，上传至网络学习空间，由学生在上课前学习。

师生课堂互动研讨

在教师示范性讲授的基础上，将学生分成若干讨论组，把教材中每一种电子商务模式中的剩余案例，提前分配给各组学生，学生在课后认真阅读案例并通过互联网等途径了解案例的最新发展。在此基础上，由教师在课堂上组织小组讨论，对案例做出五大模式的结论，然后，每个小组选一名代表讲述分析结论和对策建议，其他小组可就其结论、建议进行提问，通过小组间的互相探讨、启发，逐步达到大体一致的认识、意见或结论，教师也可以根据情况做必要的小结。讨论课后，要求各组学生写出案例分析书面报告，以培养和提高学生的综合案例分析能力、总结能力和书面表达能力。

☐基于互联网和团队的练习

当前，互联网已经成为一种重要的学习途径，而且团队学习与分享已经成为学习型组织中重要的一种工作模式。我们在每一章的结尾处，都设计了一种基于互联网和团队的练习，让学生探索和利用互联网获得有用的资源，使学生不仅在大学学习中完成团队项目，而且为其在工作的职业生涯中完成大量的团队工作奠定基础。这种基于互联网和团队的练习要持续整个学习过程，主要有以下几方面的工作。

组建团队

在校学生在开始学习基于本教材的电子商务案例分析课程时,要在教师的指导下进行分组,每组以 5~7 人为宜,可以以同宿舍为一组,也可以自由组合,每位成员轮流担任组长,并组织本团队成员完成特定的练习任务。

团队实践

各团队就各章结尾处给出的练习任务、教师提出的命题或者自行选择的案例,在组长的组织下,分工协作完成任务的工作方案制定、资料收集、案例调研、分析整理、归纳总结等工作,运用本书设计的电子商务案例分析模型,撰写总结分析报告或编写案例分析报告。在这一阶段的工作中,要充分利用互联网来收集资料、熟悉案例甚至亲自体验,以培养学生组织信息、发现问题、分析问题的能力,使学生真正领略到电子商务丰富的知识与规律,从而提高其适应社会和终生学习的能力。

讨论分享

团队工作成果在成员间和团队之间的讨论和分享,是增强团队工作成果价值,进一步提高团队成员学习实践效果的重要途径。各团队每一次练习的成果可以通过以下 3 种渠道进行讨论和分享。

(1)创建电子商务案例讨论群组。任课教师可以在微信、微博、社区等平台或者校内网络教学平台,创建电子商务案例分析课程讨论群组,学生可以在该讨论组中,就每一次的练习发起讨论话题,将本组完成的总结分析报告予以发布,供师生讨论分享。

(2)建立电子商务案例分析课程教学博客。任课教师也可以建立电子商务案例分析课程教学博客,也可以要求每一位学生都注册开通博客,将自己撰写的案例分析报告和总结分析报告在博客中及时发布,通过与教师或同学的交流和讨论对案例做进一步的修改与完善,供大家学习与研究。

(3)注册电子商务案例分析网络课程。不少高校在校园网开通了网络课堂或网络教室等网络学习空间,任课教师可以将本课程注册为这些平台上的网络课程,建设立体化的课程资源,进行互动教学。教师可以在此平台上布置练习或作业,学生可以将练习成果发布在平台上供共享和讨论。

演示答辩

对于经过修改完善的案例,各组学生可以选择一个自己满意的案例,利用 Powerpoint、Flash 等手段制作成电子版的案例,通过课堂演示或者网上演示,由老师组织现场答辩或网上答辩,实现案例的进一步交流共享。

□基于网上创业的学习

创业精神在全球经济领域正在起着越来越重要的作用,"大众创业,万众创新"已经成为重要的国家战略,创业教育与实践已经成为当前高等教育乃至全社会青年教育的重要内容,选择将创业者作为自己职业的学生也越来越多,而"互联网+创业"也越来越成为主流的创业模式之一。本书所分析的 10 种电子商务模式都可以作为基于互联网创业的平台或条件,从而帮助创业者发现互联网商机并且成功创业。因此,在本书各章的结尾处,我们提供了一个关于网上创业的单元,提示利用某一种电子商务模式进行创业或获得商机的要点,鼓励学习者尝试网上创业。

□基于综合能力的考核

电子商务发展过程中,总是实践应用先于理论创新,而电子商务案例分析课程重在对电子商务实践和应用的分析和提炼,不在于系统掌握电子商务理论知识。因此,我们不提倡采取开卷或闭卷考试的考核形式,在 2 个小时左右的考试时间中,一份试卷难以全面考查学生对电子商务应用的综合分析和判断能力。我们建议本课程采取综合考核方法,以全面考查学生对电子商务模式的理解和综合分析能力、学习能力。考核内容至少可以包括三个部分:一是学生在基于互联网和团队练习中自己编写案例和撰写分析报告的能力;二是学生在课堂互动研讨中的表现和演示答辩的水平;三是学生利用数字化学习资源平台发布、讨论、分享团队工作成果的情况。在实际操作过程中,教师要根据实际情况设计包括各部分考核所占分值、具体要求、评价标准等详细内容的考核方案,并在课程开始讲授时告知学生。

□作者及致谢

本书是河南财经政法大学现代服务业协同创新中心和河南工业大学电子商务研究所的联合研究团队承担的河南省"十二五"普通高等教育规划教材,由雷兵、司林胜担任主编。第 1 章由司林胜编写;第 2 章由韩涛编写;第 3 章由韩江编写;第 4 章由钟镇编写;第 5 章由李震编写;第 6 章由潘勇编写;第 7 章由李朝阳、杜晓曦编写;第 8 章由张晓东编写;第 9 章由石静娜编写;第 10 章由杜晓曦、李朝阳编写;第 11 章由杨风雷编写。司林胜、雷兵承担了全书的总撰、统稿和润色任务;韩江负责教材微课的制作。

本书由教育部电子商务专业教学指导委员会副主任,西安交通大学博士生导师李琪教授担任主审;电子工业出版社刘宪兰、石会敏女士始终关注和指导着我们,保证了本书顺利出版;我们的家人给予了充分的理解和支持;我们在编写中参考了国内外大量有关文献,检索了众多网站的资料;不少读者对本书第一版给予了充分的肯定,也提出了许多中肯的批评和建议。对这些,我们表示诚挚的谢意。

《电子商务案例分析教程》编写组
2015 年 8 月 1 日

第1版前言

随着互联网商务应用的不断拓展和电子商务更加理性的发展,互联网商务应用模式和电子商务模式越来越成熟,成功的电子商务案例也越来越多。为了进一步促进电子商务的应用和发展,既需要对这些成功的案例进行总结和借鉴,也需要进一步对各种电子商务模式进行理论上的提炼和升华。这对于电子商务的从业人员和在校学习电子商务的大、中专学生来讲,有利于其掌握电子商务案例分析的模式与技巧,深入分析案例的实质,理解各种电子商务模式的本质,为进行电子商务项目策划和管理积累丰富的经验,也为开展基于互联网的创业活动提供有益的借鉴。

本书在定义和分类电子商务模式及其内涵的基础上,设计了电子商务案例分析模型,并对部分精选案例进行了系统分析。全书共14章:第1章总结了电子商务模式的类型和内涵,提出了电子商务案例分析的基本模型,详细介绍了进行电子商务案例商业模式、技术模式、经营模式、管理模式、资本模式分析的基本思路和方法,设计了电子商务案例分析课程的教学模式和考核模式;第2~第14章在分别阐述搜索引擎、网络广告、网络经纪、网络直销、网上商店、网络营销、网上支付、网络聚合、用户贡献、网络社区、网络分类信息、网络游戏、无线服务的特征、分类等基本问题基础上,对精选的国内外案例按照分析模型进行了系统分析。

本书在编写过程中,突出了以下几个特点。

1. 面向互联网商务应用的电子商务案例分析目标定位

电子商务的成功应用,重在基于互联网的商务模式的创新,因此,互联网商务应用能力是电子商务专业人才的核心能力之一。由于企业在实施电子商务项目时,首先应该考虑的就是基于互联网的商务模式的选择,根据这种商务模式的特点再系统地设计项目的运营和管理模式,所以,对各种商务模式的典型案例进行系统分析,就可以使读者对各种具体的电子商务模式内涵、特点及应用情况进行系统的把握,以利于电子商务模式的推广和应用。

2. 基于项目运作视角的电子商务案例分析模型

本书注重建立案例分析的基本框架,从电子商务项目运作的视角,系统分析案例的电子商务模式,而不仅仅是总结、介绍案例本身的基本情况,可以使读者掌握电子商务案例分析的方法,为策划和运行电子商务项目提供借鉴。本书在编写组团队近年来进行大量企业网络营销项目咨询和策划,并对互联网商务应用充分理解的基础上,对于每一类电子商务案例所体现的电子商务模式进行定义和描述。而且,对于每一个电子商务典型案例,都要在案例基本情况汇总和价值网络定位的基础上，对案例进行商业模式、技术模式、经营模式、管理模式、资本模式五大模式分析，以掌握各种商务模式的电子商务项目运营和管理模式，最后，进行结论和建议的讨论。

3. 基于互联网商务应用的电子商务案例分类模式

本书基于互联网商务应用的主流模式，将电子商务案例分为搜索引擎、网络广告、网络经纪、网络直销、网上商店、网络营销、网上支付、网络聚合、用户贡献、网络社区、网络分类信息、网络游戏、无线服务13大类，突破了按行业分类的局限，也避免了按B2B、B2C、C2C等泛电子商务模式分类的不足，更有利于电子商务功能的实际运用。

4. 基于商务模式的电子商务案例选择模式

许多电子商务案例分析教材按照行业选择案例，这样就会出现同一类电子商务模式在不同行业的重复出现，影响电子商务案例分析课程的教学效果。本书对于每一种电子商务模式都按照其主流运营分类，选择了国内外的典型案例进行分析。例如，对网上商店的"纯网络"型网上商店、传统零售企业网上商店、网上开店运用模式，分别选取了"当当"的网上购物中心、"国美电器"的网上商城、"淘宝"的网上开店案例。而对于典型的电子商务案例又重点分析其主流商务应用，并非进行泛泛的功能描述，例如，对新浪网的综合门户广告、淘宝网的网上开店、阿里巴巴的网络经纪、大旗网的口碑聚合等案例分析，就侧重商务应用分析。

5. 基于实证的电子商务案例采集和编写模式

在本书写作过程中，使用了以实证研究方法为主的案例素材采集模式，对于每类商务模式选取有一定代表性的本土案例，在进行充分的文献研究基础上，由项目组成员到案例企业进行了实地采访，收集大量第一手资料，以真实反映案例的基本情况。对于国外案例则在文献研究的基础上，到其在我国的分支机构进行调研，以尽可能掌握第一手资料，保证案例分析的客观性。

6. 基于能力导向的电子商务案例分析教学模式

在电子商务案例教学中，建议采取"教师案例示范"、"师生互动研讨"和"学生案例开发"相结合的教学模式。充分发挥教学过程中教师的主导作用和学生的主体作用，以"师生互动、教学相长"为目标，密切跟踪电子商务模式应用的最新进展，不断提高学生的电子商务引用能力。

7. 基于互联网的电子商务案例分析数字化教学资源

本书将依托于教材编写组成员创建的电子商务教育平台（http://www.cnecedu.cn），开发了电子商务案例资源库（http://www.cnecedu.cn/case），供师生创建、聚集、分享电子商务案例，配合电子商务案例分析课程"师生互动研讨"和"学生案例开发"教学模式和考核模式的实施。

本书作者为河南工业大学电子商务研究所和河南财经学院电子商务系的联合研究团队，由司林胜教授担任主编，雷兵副教授、韩江副教授担任副主编。具体分工如下：司林胜编写第1章；雷兵编写第9、第10、第14章；韩江编写第4、第7、第8、第12章；李震编写第3、第5、第6章；韩涛编写第2、第11、第13章。全书的总撰、统稿和润色由司林胜、雷兵和韩江负责。

本书由教育部电子商务专业教学指导委员会副主任，西安交通大学博士生导师李琪教授担任主审；电子工业出版社刘宪兰女士始终关注和指导着我们，保证了本书顺利出版；我们的家人给予了充分的理解和支持；我们在编写中参考了国内外大量有关文献，检索了众多网站的资料。对此，笔者表示诚挚的谢意。

互联网商务应用领域不断扩展，电子商务的发展异常迅速，而且不断地产生新模式，出现新问题，这使电子商务案例的总结与分析具有一定的难度和不确定性，需要进行不断的跟踪研究。因此，书中案例分析的素材未必是最新的，而且书中也难免存在不足之处，恳请专家、读者不吝赐教。

普通高等教育"十一五"国家级规划教材
《电子商务案例分析教程》编写组

目 录

第1章 电子商务案例分析概述 ············ 1
1.1 电子商务案例分析模型············ 2
- 1.1.1 电子商务模式定义 ············ 2
- 1.1.2 案例基本情况汇总 ············ 5
- 1.1.3 案例价值网络定位 ············ 6
- 1.1.4 总结与建议 ············ 8

1.2 电子商务的商业模式分析············ 8
- 1.2.1 愿景与使命 ············ 9
- 1.2.2 目标市场 ············ 9
- 1.2.3 产品或服务 ············ 10
- 1.2.4 盈利模式 ············ 10
- 1.2.5 核心能力 ············ 15

1.3 电子商务的技术模式分析 ······ 16
- 1.3.1 基础服务技术系统 ············ 17
- 1.3.2 用户服务技术系统 ············ 17
- 1.3.3 客户服务技术系统 ············ 18
- 1.3.4 交易服务技术系统 ············ 18
- 1.3.5 供应商服务技术系统 ············ 18
- 1.3.6 合作商服务技术系统 ············ 19

1.4 电子商务的经营模式分析············ 19
- 1.4.1 市场开拓模式 ············ 19
- 1.4.2 市场竞争模式 ············ 21

1.5 电子商务的管理模式分析 ······ 23
- 1.5.1 电子商务的组织与人力资源管理 ············ 23
- 1.5.2 业务管理 ············ 23
- 1.5.3 服务与客户关系管理 ············ 24
- 1.5.4 信用与风险管理 ············ 24

1.6 电子商务的资本模式分析 ······ 25
- 1.6.1 风险投资型资本模式 ············ 25
- 1.6.2 传统投资型电子商务资本模式 ············ 25
- 1.6.3 电子商务公司之间的并购 ············ 26

□基于互联网和团队的练习 ············ 26

参考文献 ············ 27

第2章 搜索引擎模式案例分析 ············ 29
2.1 搜索引擎概述 ············ 30
- 2.1.1 搜索引擎定义 ············ 30
- 2.1.2 搜索引擎分类 ············ 30
- 2.1.3 搜索引擎的特征 ············ 32

2.2 案例1：Google搜索引擎 ············ 33
- 2.2.1 基本情况 ············ 33
- 2.2.2 商业模式 ············ 34
- 2.2.3 技术模式 ············ 36
- 2.2.4 经营模式 ············ 37
- 2.2.5 管理模式 ············ 38
- 2.2.6 资本模式 ············ 39
- 2.2.7 总结与建议 ············ 40

2.3 案例2：百度搜索引擎 ············ 42
- 2.3.1 基本情况 ············ 42
- 2.3.2 商业模式 ············ 43
- 2.3.3 技术模式 ············ 46
- 2.3.4 经营模式 ············ 47
- 2.3.5 管理模式 ············ 48
- 2.3.6 资本模式 ············ 49
- 2.3.7 总结与建议 ············ 50

2.4 案例3：一淘商品搜索 ············ 52
- 2.4.1 基本情况 ············ 52
- 2.4.2 商业模式 ············ 52
- 2.4.3 技术模式 ············ 54
- 2.4.4 经营模式 ············ 55
- 2.4.5 管理模式 ············ 55
- 2.4.6 资本模式 ············ 56
- 2.4.7 总结与建议 ············ 56

　　　　□基于互联网和团队的练习 ……… 57
　　　　□基于网上创业的学习 ………… 57
　　参考文献 ………………………………… 57

第3章　网络门户模式案例分析 ……… 61
　3.1　网络门户模式概述 ………………… 62
　　　3.1.1　网络门户的定义 …………… 62
　　　3.1.2　网络门户的特征 …………… 62
　　　3.1.3　网络门户的分类 …………… 63
　3.2　案例1：新浪综合门户 …………… 64
　　　3.2.1　基本情况 …………………… 64
　　　3.2.2　商业模式 …………………… 65
　　　3.2.3　技术模式 …………………… 66
　　　3.2.4　经营模式 …………………… 68
　　　3.2.5　管理模式 …………………… 69
　　　3.2.6　资本模式 …………………… 70
　　　3.2.7　总结与建议 ………………… 71
　3.3　案例2：汽车之家行业门户 ……… 71
　　　3.3.1　基本情况 …………………… 71
　　　3.3.2　商业模式 …………………… 72
　　　3.3.3　技术模式 …………………… 73
　　　3.3.4　经营模式 …………………… 74
　　　3.3.5　管理模式 …………………… 74
　　　3.3.6　资本模式 …………………… 75
　　　3.3.7　总结与建议 ………………… 75
　3.4　案例3：三星电子(中国)企业
　　　　门户 ………………………………… 76
　　　3.4.1　基本情况 …………………… 76
　　　3.4.2　商业模式 …………………… 76
　　　3.4.3　技术模式 …………………… 78
　　　3.4.4　经营模式 …………………… 78
　　　3.4.5　管理模式 …………………… 79
　　　3.4.6　总结与建议 ………………… 79
　　　　□基于互联网和团队的练习 ……… 80
　　　　□基于网上创业的学习 ………… 80
　　参考文献 ………………………………… 81

第4章　网络经纪模式案例分析 ……… 83
　4.1　网络经纪模式概述 ………………… 84

　　　4.1.1　网络经纪模式的定义 ……… 84
　　　4.1.2　网络经纪模式的特征 ……… 84
　　　4.1.3　网络经纪模式的分类 ……… 85
　4.2　案例1：淘宝网 …………………… 87
　　　4.2.1　基本情况 …………………… 87
　　　4.2.2　商业模式 …………………… 88
　　　4.2.3　技术模式 …………………… 91
　　　4.2.4　经营模式 …………………… 92
　　　4.2.5　管理模式 …………………… 93
　　　4.2.6　资本模式 …………………… 94
　　　4.2.7　总结与建议 ………………… 95
　4.3　案例2：1688.com ………………… 97
　　　4.3.1　基本情况 …………………… 97
　　　4.3.2　商业模式 …………………… 98
　　　4.3.3　技术模式 …………………… 102
　　　4.3.4　经营模式 …………………… 102
　　　4.3.5　管理模式 …………………… 104
　　　4.3.6　资本模式 …………………… 106
　　　4.3.7　总结与建议 ………………… 108
　4.4　案例3：大众点评网 ……………… 109
　　　4.4.1　基本情况 …………………… 109
　　　4.4.2　商业模式 …………………… 110
　　　4.4.3　技术模式 …………………… 112
　　　4.4.4　经营模式 …………………… 113
　　　4.4.5　管理模式 …………………… 113
　　　4.4.6　资本模式 …………………… 114
　　　4.4.7　总结与建议 ………………… 115
　　　　□基于互联网和团队的练习 ……… 116
　　　　□基于网上创业的学习 ………… 117
　　参考文献 ………………………………… 117

第5章　网络销售模式案例分析 ……… 119
　5.1　网络销售概述 ……………………… 120
　　　5.1.1　网络销售定义 ……………… 120
　　　5.1.2　网络销售分类 ……………… 120
　　　5.1.3　网络销售特征 ……………… 122
　5.2　案例1：京东商城 ………………… 123
　　　5.2.1　基本情况 …………………… 123

5.2.2 商业模式 …………… 124
5.2.3 技术模式 …………… 126
5.2.4 经营模式 …………… 127
5.2.5 管理模式 …………… 129
5.2.6 资本模式 …………… 130
5.2.7 总结与建议 ………… 130
5.3 案例2：戴尔 …………… 131
5.3.1 基本情况 …………… 131
5.3.2 商业模式 …………… 132
5.3.3 技术模式 …………… 134
5.3.4 经营模式 …………… 136
5.3.5 管理模式 …………… 137
5.3.6 资本模式 …………… 139
5.3.7 总结与建议 ………… 139
5.4 案例3：唯品会 ………… 141
5.4.1 基本情况 …………… 141
5.4.2 商业模式 …………… 141
5.4.3 技术模式 …………… 144
5.4.4 经营模式 …………… 144
5.4.5 管理模式 …………… 146
5.4.6 资本模式 …………… 147
5.4.7 总结与建议 ………… 148
□基于互联网和团队的练习 …… 149
□基于网上创业的学习 ………… 149
参考文献 …………………… 150

第6章 网上支付模式案例分析 …… 151
6.1 网上支付概述 …………… 152
6.1.1 网上支付的定义与特征 …… 152
6.1.2 网上支付的分类 …… 152
6.1.3 移动支付 …………… 155
6.2 案例1：工商银行的网上银行 …………………… 156
6.2.1 基本情况 …………… 156
6.2.2 商业模式 …………… 157
6.2.3 经营模式 …………… 160
6.2.4 技术模式 …………… 161
6.2.5 管理模式 …………… 162

6.2.6 总结与建议 ………… 163
6.3 案例2：支付宝 ………… 163
6.3.1 基本情况 …………… 163
6.3.2 商业模式 …………… 164
6.3.3 经营模式 …………… 167
6.3.4 管理模式 …………… 169
6.3.5 总结与建议 ………… 170
6.4 案例3：腾讯的Q币 …… 171
6.4.1 基本情况 …………… 171
6.4.2 商业模式 …………… 172
6.4.3 经营模式 …………… 174
6.4.4 总结与建议 ………… 175
□基于互联网和团队的练习 …… 177
参考文献 …………………… 177

第7章 互联网金融模式案例分析 …… 179
7.1 互联网金融模式概述 …… 180
7.1.1 互联网金融定义及发展历程 …………………… 180
7.1.2 互联网金融分类 …… 180
7.1.3 互联网金融的特征 … 183
7.2 案例1：余额宝 ………… 184
7.2.1 基本情况 …………… 184
7.2.2 商业模式 …………… 185
7.2.3 经营模式 …………… 187
7.2.4 总结与建议 ………… 188
7.3 案例2：人人贷 ………… 189
7.3.1 基本情况 …………… 189
7.3.2 商业模式 …………… 189
7.3.3 技术模式 …………… 191
7.3.4 经营模式 …………… 191
7.3.5 管理模式 …………… 193
7.3.6 资本模式 …………… 193
7.3.7 总结与建议 ………… 194
7.4 案例3：Kickstarter …… 195
7.4.1 基本情况 …………… 195
7.4.2 商业模式 …………… 195
7.4.3 管理模式 …………… 198

		7.4.4 总结与建议 ········· 199
		□基于互联网和团队的练习 ······ 200
		□基于网上创业的学习 ········· 201
	参考文献 ····················· 201

第8章 网络聚合模式案例分析 ········ 203
 8.1 网络聚合概述 ················ 204
  8.1.1 网络聚合的定义 ········ 204
  8.1.2 网络聚合的分类 ········ 204
  8.1.3 网络聚合模式的特征 ···· 206
 8.2 案例1：鲜果网的RSS聚合 ···· 206
  8.2.1 基本情况 ·············· 206
  8.2.2 商业模式 ·············· 207
  8.2.3 技术模式 ·············· 209
  8.2.4 经营模式 ·············· 209
  8.2.5 管理模式 ·············· 209
  8.2.6 总结与建议 ············ 210
 8.3 案例2：豆丁网 ·············· 211
  8.3.1 基本情况 ·············· 211
  8.3.2 商业模式 ·············· 211
  8.3.3 技术模式 ·············· 214
  8.3.4 经营模式 ·············· 214
  8.3.5 管理模式 ·············· 215
  8.3.6 资本模式 ·············· 215
  8.3.7 总结与建议 ············ 216
 8.4 案例3：优酷网 ·············· 217
  8.4.1 基本情况 ·············· 217
  8.4.2 商业模式 ·············· 219
  8.4.3 技术模式 ·············· 221
  8.4.4 经营模式 ·············· 221
  8.4.5 管理模式 ·············· 222
  8.4.6 资本模式 ·············· 223
  8.4.7 总结与建议 ············ 223
  □基于互联网和团队的练习 ······ 224
  □基于网上创业的学习 ········· 224
 参考文献 ····················· 225

第9章 网络社区模式案例分析 ········ 227
 9.1 网络社区概述 ················ 228

  9.1.1 网络社区的定义 ········ 228
  9.1.2 网络社区的特点 ········ 228
  9.1.3 网络社区的分类 ········ 229
 9.2 案例1：Facebook ············ 231
  9.2.1 基本情况 ·············· 231
  9.2.2 商业模式 ·············· 231
  9.2.3 技术模式 ·············· 235
  9.2.4 经营模式 ·············· 236
  9.2.5 管理模式 ·············· 237
  9.2.6 资本模式 ·············· 237
  9.2.7 总结与建议 ············ 238
 9.3 案例2：天涯社区 ············ 239
  9.3.1 基本情况 ·············· 239
  9.3.2 商业模式 ·············· 240
  9.3.3 技术模式 ·············· 242
  9.3.4 经营模式 ·············· 243
  9.3.5 管理模式 ·············· 243
  9.3.6 资本模式 ·············· 244
  9.3.7 总结与建议 ············ 245
 9.4 案例3：新浪微博 ············ 246
  9.4.1 基本情况 ·············· 246
  9.4.2 商业模式 ·············· 247
  9.4.3 技术模式 ·············· 250
  9.4.4 经营模式 ·············· 251
  9.4.5 管理模式 ·············· 252
  9.4.6 资本模式 ·············· 252
  9.4.7 总结与建议 ············ 253
  □基于互联网和团队的练习 ······ 254
  □基于网上创业的学习 ········· 254
 参考文献 ····················· 255

第10章 网络娱乐模式案例分析 ······ 257
 10.1 网络娱乐模式概述 ·········· 258
  10.1.1 网络娱乐的定义 ········ 258
  10.1.2 网络娱乐的分类 ········ 258
  10.1.3 网络娱乐的特征 ········ 261
 10.2 案例1：盛大网络的网络游戏模式 ················ 262

    10.2.1 基本情况 …………… 262
    10.2.2 商业模式 …………… 262
    10.2.3 技术模式 …………… 266
    10.2.4 经营模式 …………… 267
    10.2.5 管理模式 …………… 269
    10.2.6 资本模式 …………… 271
    10.2.7 总结与建议 ………… 273
  10.3 案例2：九天音乐网的网络音乐模式 ………………………… 273
    10.3.1 基本情况 …………… 273
    10.3.2 商业模式 …………… 274
    10.3.3 经营模式 …………… 276
    10.3.4 资本模式 …………… 277
    10.3.5 总结与建议 ………… 277
  10.4 案例3：中国网络电视台的网络电视模式 ……………………… 278
    10.4.1 基本情况 …………… 278
    10.4.2 商业模式 …………… 279
    10.4.3 技术模式 …………… 283
    10.4.4 经营模式 …………… 283
    10.4.5 资本模式 …………… 284
    10.4.6 总结与建议 ………… 285
    □基于互联网和团队的练习 …… 286
  参考文献 ……………………………… 286

第11章 移动商务模式案例分析 …… 287
  11.1 移动商务概述 ……………… 288
    11.1.1 移动商务的定义 ……… 288
    11.1.2 移动商务的分类 ……… 288
    11.1.3 移动商务的特点 ……… 293
  11.2 案例1：苹果公司的APP Store应用程序商店 ……………… 294
    11.2.1 基本情况 …………… 294
    11.2.2 商业模式 …………… 295
    11.2.3 经营模式 …………… 298
    11.2.4 管理模式 …………… 299
    11.2.5 总结与建议 ………… 300
  11.3 案例2：微信的微商城 …… 303
    11.3.1 基本情况 …………… 303
    11.3.2 商业模式 …………… 304
    11.3.3 经营模式 …………… 308
    11.3.4 管理模式 …………… 308
    11.3.5 总结与建议 ………… 309
  11.4 案例3：快的打车 …………… 311
    11.4.1 基本情况 …………… 311
    11.4.2 商业模式 …………… 311
    11.4.3 经营模式 …………… 314
    11.4.4 资本模式 …………… 315
    11.4.5 总结与建议 ………… 316
    □基于互联网和团队的练习 …… 318
    □基于网上创业的学习 ………… 318
  参考文献 ……………………………… 318

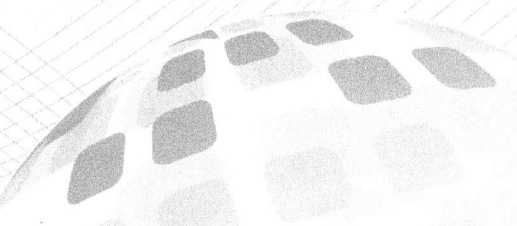

第1章 电子商务案例分析概述

引言

不同的电子商务案例,具有不同的运营特点,为了使读者能够掌握电子商务案例分析的基本方法,以提高读者策划、运营电子商务项目和运用电子商务的能力,需要构建一个电子商务案例分析模型,来指导电子商务案例分析,达到举一反三的效果。

1.1 电子商务案例分析模型

互联网的飞速发展及其在商务活动中的广泛应用,使得电子商务理论研究和知识传播往往滞后于电子商务实践:一方面,新的电子商务模式和商务应用层出不穷,而电子商务应用的理论提炼和升华需要一个过程,制约着电子商务理论与实践的有机结合;另一方面,企业电子商务的应用对电子商务人才的商务应用能力要求越来越高,而目前电子商务专业人才培养模式和教学体系还不够成熟,造成了电子商务人才培养与企业需求的脱节。因此,对广大电子商务学习者来讲,在掌握一定的电子商务理论知识基础上,通过对典型电子商务案例的分析和比较,可以达到举一反三的效果,有效提高其在电子商务应用中的商务应用能力。

电子商务案例是指在电子商务应用中,某一种电子商务模式在一定领域内的典型应用。电子商务案例分析则要通过对各种商务模式的典型案例进行系统分析,系统把握各种具体的电子商务模式内涵、特点以及商务应用情况,以利于电子商务模式的推广和应用。

在进行电子商务案例分析时,一般应该遵循一定的程序,按照一定的模型(如图1-1所示)进行系统分析,以科学把握案例的精髓。

1.1.1 电子商务模式定义

分析一个电子商务案例,首先要判断其电子商务模式,把握这种电子商务模式的特征和分类,进而了解其在企业电子商务活动中的应用,为进行案例分析奠定基础。

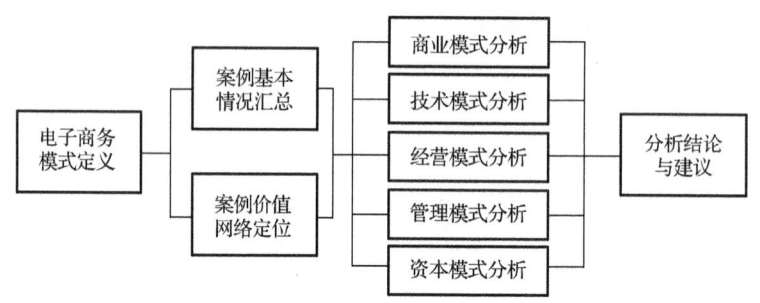

图1-1 电子商务案例分析模型

电子商务是企业利用互联网创建、管理并且扩展商业关系的活动过程,任何规模的企业在电子商务领域都有属于自己的机会。所谓电子商务模式,就是指企业在网络环境中基于一定技术基础的商务运作方式和盈利模式,也就是企业如何利用互联网长远地获得竞争优势和比其竞争对手更多的利润。因此,定义案例的电子商务模式,就是界定其如何利用互联网长远地获利的模式。比如,Google、百度就是利用其独创的搜索引擎模式奠定了它们在互联网应用领域的领先地位;阿里巴巴则利用其功能完善的网络经纪模式保持了在电子商务领域的优势;Facebook则利用社会化网络的优势开启了网络社区的新时代。电子商务案例分析的根本目的是把握这些电子商务模式在企业电子商务活动中的具体应用。

电子商务模式可以从多个角度建立不同的分类框架，最简单的分类莫过于 B2B、B2C、C2C、C2B 等这样的分类，但就各模式还可以再次细分。从互联网的商务应用和企业电子商务应用角度划分，我们将目前主流的电子商务模式总结为以下 10 种，相应的，电子商务案例也就以此为标志进行分类，如表 1-1 所示。

表 1-1　主流电子商务模式分类表

商务模式	服务范围	本书分析案例
搜索引擎	提供以关键词进行的个性化、智能化信息查询服务	百度搜索引擎 Google 搜索引擎 一淘网搜索引擎
网络门户	提供新闻、资讯、电子信箱、网络资源、娱乐、互动社区等综合性互联网信息服务	新浪网 汽车之家 三星（中国）
网络经纪	提供交易双方完成交易的机制及环境，即电子商务中介服务	淘宝网 1688 大众点评网
网络销售	通过自建电子商务平台进行产品批发、零售服务，包括制造商直销方式和商贸企业（个人）零售方式	京东商城 戴尔直销 唯品会
网上支付	提供交易双方完成资金流转移的第三方支付平台，包括一整套资金流、物流顺利转移的机制和环境	中国工商银行网上银行 支付宝第三方支付 腾讯 Q 币支付
互联网金融	借助互联网和移动通信技术实现资金融通、支付和信息中介	余额宝 人人贷 Kickstarter
网络聚合	为用户提供经内容挑选、分析、分类后的具有针对性的互联网信息服务	鲜果网 豆丁网 优酷网
网络社区	提供博客、论坛、SNS、即时通信工具等服务	Facebook 社交网络 天涯社区 新浪微博
网络娱乐	提供在线游戏、音乐、视频等娱乐服务	盛大网络游戏 九天音乐网网络音乐 中国网络电视台
移动商务	提供基于移动互联网的各种应用服务	苹果 APP Store 微信的微商城 快的打车

1. 搜索引擎模式

搜索引擎是为网络用户提供信息查询服务的计算机系统，也可以说是一类提供信息"检索"服务的网站，它根据一定的策略、运用特定的方法搜集互联网上的信息，并对信息进行组织和处理，将处理后的信息通过计算机网络显示给用户。它包括信息搜集、信息整理和用户查询三部分。

搜索引擎模式就是搜索引擎服务商凭借提供个性化、智能化的信息查询服务，吸引大量企业用户和消费者登录网站，以此为优势，通过竞价排名或固定排名等服务，吸引搜索引擎推广客户成为其付费客户，进行网站、产品、服务推广的互联网应用模式。

2．网络门户模式

狭义的网络门户是指提供各种综合性信息服务的网站，即综合门户网站，如新浪网、搜狐网、网易等。从广义角度来看，除综合门户网站外，还包含了行业门户、企业门户、个人门户、政府门户、音乐门户、游戏门户等组织性和专业性的门户。根据网络门户类型及功能特点，我们认为网络门户是指为网络客户或用户提供某类综合性的互联网产品或服务的电子商务应用系统，主要包括综合门户、行业门户和企业门户等。

网络门户模式就是门户网站凭借其提供的产品或服务，吸引大量目标用户或客户访问，并借此实现其商务价值的互联网应用模式。

3．网络经纪模式

网络经纪就是电子商务环境下的中介，也就是基于互联网的网上交易平台，管理卖方提交的信息并展示给买方，同时提供买卖双方交流的渠道。

网络经纪模式是指网络经纪商通过虚拟的网络平台将买卖双方的供求信息聚集在一起，协调其供求关系并从中收取费用(如交易费、会员费、广告费等)的互联网商业运作模式。

4．网络销售模式

网络销售是指通过互联网将商品或服务信息传达给特定顾客，顾客通过互联网下订单，采取一定的付款和送货方式，最终完成交易的销售形式。

网络销售模式就是生产商、零售企业甚至个人，利用网络销售实现产品销售，获得盈利的一种互联网应用模式。

5．网上支付模式

网上支付是指通过互联网实现的用户和商户、商户和商户之间在线货币支付、资金清算、查询统计等过程。广义的网络支付包括直接使用网上银行进行的支付和通过第三方支付平台间接使用网上银行进行的支付。狭义的网上支付仅包括通过第三方支付平台实现的支付。

网络支付模式是传统银行以互联网为平台开展的网上银行业务或网络服务提供商通过建立第三方支付平台，发行虚拟货币等形式开展的网上支付业务。

6．互联网金额模式

互联网金融主要依托大数据和云计算，进而在开放的互联网平台上形成的功能化金融业态及其服务体系，包括基于网络平台的金融市场体系、金融服务体系、金融组织体系、金融产品体系以及互联网金融监管体系等，并具有普惠金融、平台金融、信息金融和碎片金融等相异于传统金融的典型特征。

互联网金融是借助互联网和移动通信技术实现资金融通、支付和信息中介功能的新兴金融模式。广义的互联网金融既包括作为非金融机构的互联网企业从事的金融业务，也包括金融机构通过互联网开展的业务；狭义的互联网金融仅指互联网企业开展的、基于互联网技术的金融业务。

7. 网络聚合模式

网络聚合是指在将互联网上的海量信息与资源(如博客、论坛、影视、音乐、供求信息、文件等)进行人工或机器的内容挑选、分析、归类的基础上，为用户提供有用的、更具针对性的信息。

网络聚合模式网站运营商凭借网络聚合为用户提供更具针对性的信息，提升网民获取信息及资源的效率，据此吸引大量企业用户、消费者和资源合作者，并采取收取广告费、用户增值服务费和资源销售分成等盈利模式的互联网运营模式。

8. 网络社区模式

网络社区是以现实社区为蓝本构建的包括 BBS/论坛、贴吧、公告栏、群组讨论、在线聊天、博客、交友、个人空间、无线增值服务等形式在内的网上交流空间。同一主题的网络社区往往集中了具有共同兴趣的访问者。

网络社区模式是网络社区类网站运营商凭借用户原创的个性化内容而提高网站黏性，聚集人气，据此吸引大量企业用户和消费者登录网站，并采取收取广告费、用户增值服务费、原创内容收入分成等盈利模式的互联网运营模式。

9. 网络娱乐模式

网络娱乐是依托于互联网，提供在线游戏、音乐、视频等娱乐服务的互联网应用。

网络娱乐模式是指网络娱乐运营商通过自主制作或取得其他娱乐项目制作商授权运营网络游戏、网络音乐、网络视频等网络娱乐项目，以出售娱乐项目或相关服务为用户提供增值服务和内置广告(IGA)获得收入的互联网运营模式。

10. 移动商务模式

移动商务是指以移动互联网为基础的商务应用。移动互联网是互联网与移动通信网络的互联和融合的产物，它将因特网、移动通信技术、短距离通信技术及其他信息处理技术完美的结合，使人们可以在任何时间、任何地点进行各种商务活动，实现随时随地、线上线下的购物与交易、在线电子支付以及各种交易活动、商务活动、金融活动和相关的综合服务活动等。

移动商务模式是指移动商务服务提供商利用移动互联网向移动用户提供免费或收费的移动信息服务、基于位置的服务、企业移动商务应用、移动支付及移动娱乐等服务的网络应用模式。

1.1.2　案例基本情况汇总

对案例基本情况的汇总是进行电子商务案例分析的重要基础工作，通过对案例基本情况进行汇总，可以对所要分析的案例有比较全面、系统的了解，以掌握案例的背景资料，为进行案例电子商务模式的深入分析奠定基础,因为任何成功的电子商务模式其实都有一定的发展背景。

收集电子商务案例的基本情况,首先要浏览公司网站,一方面,对网站的功能结构和所提供的产品和服务有总体了解,另一方面,要阅读网站公布的公司发展历程或大事记,以了解公司的发展背景;其次,对公司发展历程或大事记所记载的公司发展过程的重要阶段或者重要事件,通过互联网或其他媒体的文献进行追溯性调查,进一步深入了解公司发展背景和其电子商务模式的形成过程;再次,通过公司网站中的自我介绍等宣传材料、互联网等媒体中的专家分析和点评、用户评价和讨论等信息,进一步了解公司电子商务模式的内涵和本质;最后,如果具备条件,要对分析的案例进行公司实地调研,进一步把握公司的基本情况和商务模式特征。

对电子商务案例基本情况的汇总,一般应该包括案例所涉及公司或项目的成立时间、发展的背景、创建者和投资主体、投资额、发展历程和重要事件、业务范围、产品或服务、行业地位和获得的荣誉等基本内容。

1.1.3 案例价值网络定位

电子商务案例分析要对案例进行由表及里的系统分析,这就需要在对电子商务案例的基本模式和功能结构进行科学定位的基础上,界定这种电子商务模式中所包含的各个主体,包括相关的电子商务公司、客户、供应商和合作伙伴等,把握主要的信息流、资金流和物流的特点,明确该电子商务模式对各主体的价值以及每个参与方所能获得的利益,这就构成了电子商务案例的价值网络,也就是该电子商务模式所建立的电子商务生态系统的主体。一种电子商务模式中的各参与主体只有明确了自身在价值网络中的角色和价值,才能充分利用这种电子商务模式开展商务活动。一般的电子商务模式价值网络如图1-2所示。

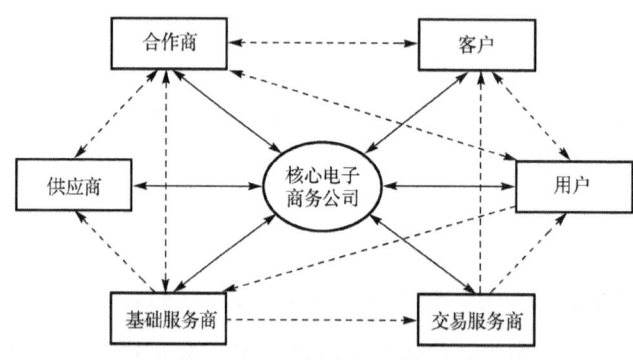

图1-2 电子商务模式价值网络示意图

图中实线箭头表示在价值网络中,各参与主体与核心电子商务公司直接相关的信息流、资金流、物流关系;虚线箭头表示在价值网络中,各参与主体间与核心电子商务公司间接相关的信息流、资金流、物流关系。在这一价值网络中,各主体的角色及所产生的价值是不同的。

1. 核心电子商务公司

核心电子商务公司指的是电子商务模式提供者及其提供的互联网商务应用模式,也就是电子商务案例分析的核心对象,比如,百度搜索模式、新浪网的网络门户模式、京东商城的网络销售模式、鲜果网的网络聚合模式等。在电子商务模式的价值网络中,核心电子商务公司处于价值网络的核心地位,整个价值网络的主要活动都是围绕核心电子商务公司的电子商务模式进行的,其他各利益主体既是价值网络的有机组成部分,又为核心电子商务公司的价值网络活动提供基础设施、市场基础和服务支持等保障,同时,这些利益相关者在网络价值活动中实现自身的价值。

2. 供应商

供应商是电子商务模式价值网络的重要基础,也就是互联网的内容提供者。互联网飞速发展的基础就是其提供的海量信息和方便的信息搜寻系统,因此,不少网站也都经历过"内容为王"的竞争阶段,而大多成功的互联网商务应用模式无不建立在以内容吸引眼球的基础上。电子商务模式价值网络中的内容提供者是为网站提供诸如文字、动画、图片、游戏、音乐等内容的公司或个人,例如,美国在线就是一个综合的互联网内容制作和提供商,而美国暴雪娱乐公司则是专业的网络游戏供应商;起点中文网的广大作者是网络文学商业化的专业内容提供者,而网络社区的发帖者、视频分享网站的视频上传者、博客的作者等互联网络文化的"草根",不仅是互联网内容原创者,更代表了互联网内容提供者的发展方向,尤其是那些网络中的意见领袖。当然,这部分内容提供者,也是电子商务价值网络中的用户。在不少门户类电子商务模式的价值创造活动中,就是凭借供应商提供的独特内容来吸引用户,进而建立广告、内容订阅等盈利模式的。

3. 用户

用户是在电子商务模式价值网络活动中广泛使用互联网的公司和个人,用户至少包括三个层面:一是浏览互联网内容的个人和获取互联网商务信息的公司,这些用户可以被称为"浏览者";二是那些积极撰写由用户原创内容的忠诚用户,他们可以被称为"建设者";三是那些在互联网上花费比浏览者更多的时间,并且能从互联网内容中得到好处,但是,并不撰写由用户原创的内容,例如,网络游戏的玩家、网络视频的观众、网络音乐的听众等。尽管用户不能够给核心电子商务公司带来直接的收入,但是,他们能够给电子商务网站带来流量,因此,用户基础是电子商务模式成功的决定性因素,一种电子商务模式的运营商只有聚集了相当数量的用户,才能吸引客户参与到价值网络活动中,而只有用户数量达到临界值,这种电子商务模式才可能获得盈利。

4. 客户

在电子商务模式价值网络中,客户是能够为核心电子商务公司带来收入的主体,他们是公司产品和服务的"买者"或"卖者",利用电子商务平台发布广告的广告客户能够推动公司的广告收入;利用电子商务平台进行产品买卖的各类交易客户会为公司带来交易佣金;

获得电子商务公司咨询、信息等专业服务的服务客户则为公司带来服务费；而那些付费用户也属于公司的客户范畴，将为公司带来订阅费或会员费。核心电子商务公司只有通过价值网络活动，满足客户需求，吸引更多客户加入，才能获得更多的现金流量。

5. 基础服务商

基础服务商为电子商务公司的商务运营提供了基础条件，包括电信网络和移动网络等网络运营商、电脑和手机等终端制造商、应用平台开发商等软件提供商等。对于一般的电子商务模式而言，网络运营商和终端制造商在整个价值网络活动中几乎是一个常数，不影响价值网络活动的进行。但是，随着移动通信技术的发展和手机上网用户的快速增长，移动商务越来越成为主流的电子商务模式之一，移动通信网络服务商、手机终端制造商、手机软件提供商等主体已经直接参与到移动商务价值网络活动中，成为移动商务模式成功的关键因素。

6. 交易服务商

电子商务的核心环节是交易，而安全、高效的交易要建立在健全的服务体系之上。在电子商务模式的价值网络中，交易服务商提供了金融、支付、信用、物流、管理等专业的服务。例如，支付宝提供了第三方支付和认证服务，而各金融机构不仅提供支付服务，还通过阿里贷款等模式对电子商务参与企业提供贷款支持。

7. 合作商

在电子商务模式的价值网络中，尽管各参与主体之间具有广泛的合作关系，但这里的合作商主要是指与核心电子商务公司具有联盟性质的各类资源，通过核心电子商务公司价值网络的运营，联盟者与核心公司进行利益分成，进而促进整个价值网络的增值。例如，Google AdSence、百度联盟等广告联盟的联盟客户，迅雷、大旗网等网络聚合型网站的资源合作伙伴等。

1.1.4 总结与建议

对案例的电子商务模式进行总结，并提出改进商务模式效果的建议，为进行电子商务项目设计提供借鉴。一般要总结案例的成功因素、存在的问题和面临的挑战、改进建议以及从整个产业发展出发，提出一些值得思考的问题，特别要注意的是，还要就传统企业如何利用这些电子商务模式开展商务活动，支撑传统商务提出建议。

1.2 电子商务的商业模式分析

影响一个电子商务项目绩效的首要因素是它的商业模式。电子商务的商业模式是电子商务项目运行的秩序，是指电子商务项目所担负的使命、提供的产品和服务、信息流、收入来源以及各利益主体在电子商务项目运作过程中的角色和相互关系的组织方式与体系结构。它具体体现了电子商务项目现在如何获利以及在未来长时间内的计划。电子商务的商业模式主要包括以下内涵。

1.2.1 愿景与使命

一种电子商务模式要想成功并持续获利，必须在商业模式上明确其愿景与使命。使命是组织或个体基于其价值观对社会和利益相关者应承担的责任，它揭示组织或个体存在的根本理由。电子商务模式的使命就是核心电子商务公司价值的社会定位，也就是在电子商务价值网络中，核心电子商务公司为利益相关者，尤其是用户和客户所提供的价值。这在本质上表现为这一电子商务模式的客户价值，即企业必须不断向客户提供对他们有价值的、竞争者又不能提供的产品或服务，才能保持竞争优势。换句话讲，比如，从创立之初，百度就将"让人们最便捷地获取信息，找到所求"作为自己的使命，始终如一地响应广大用户的需求，不断地为网民提供基于搜索引擎的各种产品和服务，依托超大流量的平台优势，百度的关键词广告为企业客户带来了巨大的推广价值。而阿里巴巴的战略目标就是为中小型制造商提供一个销售和采购的贸易平台，让全球的中小企业透过互联网寻求潜在贸易伙伴，并且彼此沟通和达成交易。"让天下没有难做的生意"就成为阿里巴巴的使命。

愿景是对企业未来乐观而又充满希望的陈述，是企业为之奋斗的意愿，是"愿望"和"远景"的结合体。比如，阿里巴巴的愿景就是通过小企业的IT化，解决小企业采购、销售、管理和融资的难题，最终使阿里巴巴成为持续经营102年的企业。

从以上分析可见，对电子商务案例愿景与使命的分析需要回答以下问题：

(1) 公司所运营的电子商务模式的核心价值，即公司使命是什么？与竞争对手相比，有何优势？

(2) 电子商务能够使公司向客户提供哪些独特的产品或服务，或者使公司的产品或服务具有哪些独特的客户价值？

1.2.2 目标市场

一种电子商务模式的目标市场一般指在市场的某一领域或地域内，基于这种商务模式价值网络所针对的用户和客户，即核心电子商务公司向哪一范围提供价值服务。企业电子商务模式的目标市场定位是提升网站流量，吸引客户的重要步骤。

电子商务模式的目标市场的业务领域几乎可以覆盖所有的行业，从实体商品的推广到数字化产品的销售与配送，都有电子商务的机会。尽管互联网打破了地理界线，但是，电子商务还是具有一定的地域性特征，公司需要决定向世界上哪个地方提供服务或销售产品。目标用户则可以是广大个人或家庭用户，即通常所谓的网民，也可以是企业客户。对目标用户的界定，一方面要从地域范围界定，即判定用户的地理特征；另一方面还要从用户的性别、年龄、职业、受教育程度、生活方式、收入水平等人口学特征来划分；而目标客户既有广大的广告客户,也有覆盖范围越来越广泛的"网商",目标客户的特征一般要考察其规模、业务范围、所有制性质等。

进行电子商务案例的目标市场分析,需要回答以下几个问题:

(1)所分析案例的电子商务模式所涉及的业务领域和地域特征是什么?

(2)所分析案例的网站的用户和客户范围是哪些,具有什么特征?

(3)对传统企业而言,电子商务能够使公司接触到哪些范围的客户?是面向全球的客户还是一定地理范围的客户?是面向商家还是面向消费者?这些客户具有什么特征?

1.2.3 产品或服务

当决定了目标市场后,公司必须决定向这些目标市场提供什么产品或服务。这里的产品或服务有两个层面的含义,一个层面是核心电子商务公司为用户提供的产品或服务,另一个层面是基于用户基础,核心电子商务公司为客户提供的产品或服务。例如,搜索引擎为用户提供的是信息搜索服务,而为广告客户提供的则是关键字竞价排名等广告服务;一家定位于大学生的互联网公司则必须决定要满足他们多少需求,它可以在基本的连接服务、聊天室、电影、音乐、游戏、网上教学、考研答疑等方面来选择要提供的服务内容,这些针对性产品和服务能够大大提高网站的黏性,提升网站的人气,在此基础上,公司可以为定位于大学生用品的公司提供广告服务。

进行电子商务案例的产品或服务分析时,需要回答以下几个问题:

(1)案例的核心电子商务公司为用户和客户分别提供了哪些功能(产品或服务),哪些产品或服务对公司的电子商务模式起着关键作用?

(2)对传统企业来讲,电子商务是否改变了原有的产品或服务?

(3)公司对提供的产品或服务是如何根据目标市场进行细分的?

1.2.4 盈利模式

电子商务案例分析的一个极为重要的部分是确定盈利模式。电子商务项目的盈利模式指的是核心电子商务公司的盈利空间、收入来源和定价策略。

1. 盈利空间

不同电子商务模式的盈利能力是有差别的,而盈利能力在很大程度上取决于其盈利空间。电子商务模式的盈利空间是指在电子商务模式价值网络中,相对于供应商、用户、客户、基础服务商、交易服务商、合作商等利益相关者和竞争对手、潜在进入者、互补者、替代者而言,核心电子商务公司本身的地位。公司的盈利空间取决于来自这些主体的竞争压力。如果竞争带来的压力小则公司的盈利空间是具有吸引力的。比如,定位于服务广大中小企业的阿里巴巴网络经纪模式在构建了电子商务生态系统后,就使其利益相关者的讨价还价能力逐步削弱,而阿里巴巴的盈利空间则越来越大。因此,电子商务模式的盈利空间受到其客户价值定位、目标市场、产品和服务特点等因素,同时也影响着公司对商业模式的定位。

2. 收入模式

在传统商品市场中，很多公司直接从其销售的产品中获得收益，或者从其提供的服务中获得收入。但是，在电子商务市场中，由于电子商务模式价值网络中用户和客户的不统一性等特性，使公司利用互联网从事电子商务的收入模式变得更加复杂。例如，从事网络经纪电子商务模式的公司的收入来源至少有交易费、信息和建议费、服务费和佣金、广告和发布费等。而一个采取直销模式的公司的收入则主要来自于对客户的直接销售，也可以来自于广告、客户信息的销售和产品放置费，还可以通过削减直接向客户提供服务的成本或减少配送环节来增加利润。就我们对电子商务模式的分类而言，目前，基础的电子商务收入模式主要有以下几种，如表1-2所示。

表1-2 电子商务模式基础收入模式

收入模式	定 义	收入来源	适用电子商务模式
广告费	通过网络广告服务获得收入	广告客户	搜索引擎、网络门户、网络经纪、网络聚合、网络社区、网络娱乐、移动商务
交易佣金	根据交易规模收取交易费用	交易客户	网络经纪、网络门户
销售收入	通过销售产品获得收入	目标消费者	网络销售
服务费	通过提供服务获得收入	服务客户	网络聚合、网络社区、网络门户、搜索引擎、网络支付、网络娱乐
订阅费	通过提供内容订阅获得收入	目标读者	网络聚合、移动商务
会员费	通过为注册会员提供内容和服务获得的定期注册费	付费用户	网络经纪、网络社区、网络娱乐、网络聚合
合作分成	通过联盟等合作方式获得分成收入	合作商	搜索引擎、网络经纪、网络娱乐、网络门户、移动商务、网络社区

（1）广告费模式。广告费模式就是核心电子商务公司或网站所有者利用互联网络媒体向广告客户提供产品、服务、品牌、网站等宣传推广，并收取广告费的收入模式，以及网络广告模式。网络广告从制作形式来看，有图形广告、文字广告和视频广告等；从展现形式来看，有Baneer广告、插播广告、植入广告、RSS广告、黄页广告、邮件广告、分类广告、富媒体广告等。

网络广告是最广泛和最有生命力的互联网商务应用，几乎所有的电子商务模式都利用广告费模式获得收入。搜索引擎作为互联网用户上网第一入口，不仅得到中小企业广告主的青睐，近年来，也得到品牌广告主的进一步认可，搜索引擎运营商通过提供关键字广告、竞价排名、品牌推广广告和网站联盟等广告获得丰厚的收入；网络门户凭借其提供的新闻、搜索引擎、聊天室、免费邮箱、影音资讯、电子商务、网络社区、网络游戏、免费网页空间等服务，聚集了大量的网上浏览者，拥有大量的网站流量，对广大品牌广告主具有很强的吸引力，广告费收入就成为其主要收入模式了；网络社区集中了具有共同兴趣的访问者，针对特定领域和兴趣需求的目标广告受众，提供具有较强针对性的网络广告，成为网络社区主要的收入来源之一；网络娱乐、网络聚合等平台提供了很多网络工具和软件，帮助用户更好地应用网络。而网络工具的广泛应用，使越来越多的广告植入这些网络工具中，如腾讯、讯雷、暴风影音等客户端软件和网络游戏以及 Iebook、ZCOM 佐罗网、POCO 魅客、Xplus 新数通等电子杂志以及邮件列表等都通过植入广告获得收入；网络经纪、移动商务等平台也凭借其特有的优势，将广告作为重要的收入来源。

网络广告的计费方式多种多样，既有按显示次数和访客行为的计费模式，也有按照广告效果和显示时间的计费模式；而收费标准既有固定收费模式，也有竞价模式，搜索引擎的关键字竞价排名就是竞价模式广告计费的代表。

(2) 交易佣金模式。佣金是指在交易过程中第三方或中介根据交易规模收取的费用。网络经纪、网络门户等电子商务模式都提供了交易中介服务，搭建了买卖双方交易的平台，根据所提供的中介服务向买方或卖方收取交易佣金或手续费。比如，携程网通过机票、酒店预订服务，从客户订票费和酒店盈利中提取佣金；而美国 Priceline 网站所经营的反向拍卖经纪模式，为买主提供了拍卖服务，由潜在买主对某项商品提出报价，卖主提出投标价，拍卖经纪商的佣金就是买家和卖家报价之间的差价，这种交易佣金实际上来自于买者。

(3) 销售收入模式。销售收入是企业或个人销售产品所取得的收入，在互联网环境中，销售收入模式是企业通过自建电子商务平台进行产品批发、零售服务，从而取得收入的模式。

(4) 服务费模式。服务费是客户因接受服务而支付给核心电子商务公司的费用。在这种收入模式中，客户只为他们确实使用的那些服务付费，费用的多少取决于客户使用这些服务的频繁程度、时间长短和流量大小，当然，拥有大量客户是取得服务费的基础。收取服务费是被大多数电子商务模式广泛采用的收入模式，初步总结起来主要有以下一些服务费模式。

① 技术服务。技术服务是核心电子商务公司对其拥有的核心技术，通过授权使用等方式供其他公司使用，从中收取技术服务费。例如，Google 向全球 100 多家大公司和网站授权使用 Google 网页搜索技术，按照搜索的次数来收取授权使用费，其他拥有搜索引擎技术的公司也以这种方式获得收入。

② 租赁服务。租赁服务是核心电子商务公司对其拥有的虚拟网络空间，按照一定的功能划分，向客户或用户提供租赁服务，获得租金收入。例如，阿里巴巴利用其大流量的网络经纪平台，提供旺铺租用服务，按年或月收取服务费；中华粮网等垂直门户提供虚拟主机、企业邮局服务；当当网提供店中店服务，对在其网站上出租的店中店按分类和配置推广资源收取固定租金；而新浪等提供邮箱服务的门户网站通过提供 VIP 邮箱服务，根据邮箱容量大小收取邮箱服务费，也属于租赁性质。

③ 咨询服务。垂直门户或网络聚合类网站凭借其专业化和深度信息优势，为企业客户提供咨询服务，获得可观的咨询服务费。例如，大旗网的口碑咨询服务，通过分析客户品牌在社区中的正面及负面评价，并通过基于论坛的软性植入式主题营销即面向企业的"网络推手"服务，帮助客户企业提升网络品牌整体形象。

④ 娱乐服务。提供网络游戏、网络音乐、网络视频等娱乐服务的网络娱乐网站，通过提供收费娱乐服务获得收入，已经越来越成为这类电子商务模式的主要收入来源。例如，

尽管盛大网络的休闲游戏是免费的,但是,玩家们还是愿意购买游戏预付卡,从而获得进入游戏的账号和密码,来玩更具吸引力的游戏。

⑤ 管理服务。随着企业信息化整体水平的提高,管理信息化也越来越成为广大中小企业的现实需求,但是,中小企业由于技术、人员、资金等局限,不大可能引入大型的管理软件系统,这样,就出现了基于互联网的管理外包服务。例如,阿里巴巴的阿里软件就通过为中小企业提供管理外部服务增加了收入来源渠道。

⑥ 支付服务。支付是电子商务交易的重要基础条件,随着网上交易规模的扩大,网上支付的需求也越来越大,专业的支付服务就成为电子商务的一种重要收入来源。例如,各商业银行提供的网上银行支付业务、支付宝等第三方支付业务、Q币等虚拟货币支付业务都是极具潜力的收入模式。

⑦ 品牌推广。随着互联网商务应用的进一步推广,企业越来越重视网络品牌建设,不少网站纷纷推出品牌推广服务,企业在网络品牌推广方面的投入也越来越大。新浪网的大客户品牌宣传方案、百度的品牌专区、阿里巴巴的黄金展位、天涯社区的品牌专区、腾讯的QQ品牌空间等都是非常成功的品牌推广服务。

⑧ 其他服务。除以上主要的服务费收入模式外,还有一些收费服务也具有很强的吸引力,例如,网络游戏商在提供免费游戏的同时,出售游戏道具;一些门户网站、网络社区、分类信息网站提供彩信等无线服务。

(5) 订阅费模式。互联网具有内容优势,不少电子商务模式具有内容经营商性质,收取内容订阅费就是主要的收入来源。所谓订阅费就是核心电子商务公司按照一定周期或内容量定期或定量收取的固定费用,用户只有缴纳订阅费才能获得定量的内容服务。例如,起点中文网的VIP阅读按照每章节定价;不少垂直门户提供了专业出版物,供用户订阅;空中网则提供了短信、彩铃、彩信、WAP等订阅服务;而QQ空间推出的黄钻贵族服务需要用户缴纳每月10元的包月费,才能获得免费装扮、贵族相册、个性头像等普通用户没有的服务。

(6) 会员费模式。尽管互联网在起步阶段提供了大量的免费午餐,用户可以免费获得不少内容和服务,但是,"天下没有免费的午餐"才是商业的本质。随着互联网商务应用的进一步推广,不少互联网服务以会员注册费的模式收取服务费用,使会员费模式成为一种比较成功的收入模式。

(7) 合作分成模式。在电子商务模式价值网络中,合作商对核心电子商务企业的价值越来越大,合作分成甚至成为核心电子商务公司的重要收入来源。例如,百度联盟、Google联盟、阿里妈妈等广告联盟模式不仅使这些联盟平台获得源源不断的广告收入,而且使众多加入联盟平台的中、小站点也通过合作分成模式获得可观的收入,天涯社区就于2007年上半年加入Google AdSense,获得了稳定的广告分成收入;而作为SNS网站的代表,Facebook与应用平台开发商的分成,使其盈利模式变得更加明朗。

3. 定价模式

从向客户提供的产品或服务中获取收入非常重要的一个环节是对所提供的产品或服务正

确地定价。在电子商务市场中，大多数产品和服务是以知识为基础的，以知识为基础的产品一般具有高固定成本低可变成本的特点，因而产品或服务的定价具有较大的特殊性，企业定价的目标不单单在于单位产品的利润率水平，而更加重视产品市场占有率的提高和市场规模的扩大。而且这类产品还具有能够锁定消费者的特点，使许多消费者面临着较高的转移成本，使已经在竞争中占有优势的公司不断拉大与其竞争者的距离。例如，一个已经注册为阿里巴巴诚信通会员的企业，获得了比较系统的阿里巴巴商业服务并通过阿里巴巴建立了广泛业务关系，如果决定转而使用其他B2B交易平台，他就必须放弃那些已经获得的服务，并重新学习使用新的平台，这种很重要的转移成本往往使企业不会做出转换交易平台的决定。

在具体的定价过程中，企业可以根据其提供的产品或服务性质和客户特点，采取不同的定价策略。

（1）明码标价。在电子商务定价策略中，最常使用的定价策略就是固定价格策略，即明码标价，如在淘宝网店中广泛采用的一口价定价模式。

（2）一对一议价。对于个性化的产品或服务，则可以采取一对一议价的定价策略，克服了明码标价的缺点，如不少垂直网站所提供的咨询服务主要采用议价定价模式。

（3）拍卖定价和反向拍卖定价。拍卖定价和反向拍卖定价策略则是在电子商务市场中比较普遍的价格形成机制。前者由卖者向众多买者征求出价，并将一种产品或服务卖给出价最高的一个购买者，如eBay的网上拍卖是拍卖定价模式的代表。后者是买主对产品或服务出价，然后由卖主提出投标价，一般投标报价低者能够和买主达成交易，不少企业对原材料的网上招标（电子采购）就采用这种定价模式。

（4）集体竞价。集体竞价就是卖主对产品或服务提出初始报价，在一定期限内，根据提出购买需求的买主数量大小，给予一定幅度的价格折扣，竞价期限到期时的价格就是最终的价格，集体竞价实际上就是大量买主对卖主的集体谈判。目前非常流行的团购网就是采用集体竞价的价格形成机制。

（5）竞价排名。在搜索引擎广告中，竞价排名是非常重要的一种广告定价模式。搜索引擎对某一关键词搜索结果的排列是有一定顺序的，对于广告主，在购买关键字时，可以自行报价，根据广告主对关键词的出价高低，搜索引擎对其网站的搜索结果进行排名，出价越高则排名越靠前。这种定价模式实际上是搜索引擎服务商对搜索结果排列顺序和广告主关键词报价的一种自动匹配。

（6）免费模式。免费定价策略是互联网商务模式的一种重要经营策略。这种策略的本质是企业为了获得更高的市场占有率或建立用户基础。一般来讲，有三种免费策略：一是免费向用户提供产品或服务，建立用户基础后，向广告客户收取网站上的广告费用，免费是为了提高流量；二是对同一客户或用户免费赠送现有产品或服务，后续对较高版本或更全面的产品或服务收费，网络游戏、网络出版物等往往采用这种免费定价策略；三是免费赠送一种产品或服务，而对相关产品或服务收费。

对于传统企业，在利用电子商务来创建、管理和扩展商业关系过程中，可能很难计算其直接的收入和利润。但是，仍然可以分析其盈利模式。这种电子商务模式的盈利模式在很大程度上表现为电子商务对公司价值链结构的改变：基本活动中的信息处理部分，如商品信息发布、客户沟通、供应和分销商订单处理乃至支付都可以通过电子商务在网上完成，带来大量的成本节约，产生了电子商务的收益递增利润；基本活动中的采购、进货、发货、销售等环节的物流活动，则可以通过第三方物流加以完成或通过信息化水平的提高而提高效率，将大大减少企业的经营成本，因而产生经营成本降低收益；辅助活动中的人力资源管理和技术开发中的部分活动也都可以通过电子商务方式在网上完成，这将使企业的管理成本大幅度下降，产生管理成本降低收益。

进行电子商务案例的盈利模式分析，需要回答如下问题：

① 从案例的客户价值定位看，其盈利能力或盈利空间怎么样？
② 案例的网站从哪些客户获得哪些收入？
③ 在公司的收入来源中，哪些对公司的利润水平具有关键性的影响？
④ 哪些因素影响公司的收入？
⑤ 公司收入来源的定价模式有什么特点？
⑥ 对传统企业来讲，公司原有的收入来源有哪些途径，电子商务使公司收入来源产生了哪些变化？公司实施电子商务后有哪些新的收入来源？

1.2.5 核心能力

核心能力是相对稀缺的资源和有特色的服务能力，它能够创造长期的竞争优势。核心能力是公司的集体智慧，特别是那种把多种技能、技术和流程集成在一起以适应快速变化的环境的能力。

电子商务具有快速的实现周期，对信息和联盟也具有很强的依赖性，而且要坚持不懈地改革商务活动的方式，因此，它需要有一种能综合考虑以上所有因素的分析工具，将公司的技术平台和业务能力进行集成。经过集成后的公司的核心能力应该包括以下几个方面。

1. 资源

公司需要有形的、无形的以及人力资源来支持向客户提供价值的一系列关键活动。有形资源包括厂房、设备以及现金储备。而对于从事电子商务的公司来讲，有形资源主要表现在公司的网络基础设施以及电子商务的软硬件建设水平。无形资源包括专利权、商誉、品牌、交易秘密、与客户和供应商的关系、雇员间的关系以及不同形式存在于公司内部的知识。例如，含有重要客户统计数据的数据库以及市场研究发现的内容。对于从事电子商务的公司来讲，这类资源往往包括公司自行设计的软件、访问者或客户的登录信息、品牌和客户群。人力资源是公司员工具有的知识和技能，是公司知识资源的载体，在知识经济时代的作用显得更加突出。

2. 竞争力

竞争力是公司将其资源转化为客户价值和利润的能力，它需要使用或整合公司的多种资源。根据哈默（G. M. Hamel）和普拉哈拉德（C. K. Prahalad）的观点，当公司遇到客户价值、竞争者差别化和扩展能力三个目标的时候，公司的约束力就是公司的核心能力。客户价值目标要求公司充分利用其核心能力加强其向客户提供的价值。如果公司在多个领域使用其竞争力，那么这种竞争力是可扩展的。例如，本田公司设计优良发动机的能力使它不仅能够向汽车，而且能够向便携电力发动机、除草机等提供发动机。

3. 竞争优势

公司的竞争优势来源于公司所拥有的核心能力。其他公司获得或模仿这些能力的难易程度决定了这些优势保持的难易程度。那些难以取得或模仿的核心能力往往是由于拥有这种优势的公司在发展进程上处于领先或者这些核心能力的形成需要较长的时间，模仿者难以短期内获得。

进行电子商务案例的核心能力分析，需要把握以下几个问题：

① 公司拥有的核心能力是什么？
② 公司实施电子商务需要哪些新的能力？
③ 电子商务对公司已有的能力有哪些影响？
④ 公司的这些能力有哪些是其他公司所难以模仿的因素？
⑤ 公司如何才能保持它的竞争优势？
⑥ 公司在形成和保持这些竞争优势的过程中，采用了哪些营销战略？

1.3 电子商务的技术模式分析

在所有的电子商务项目中，都需要合理规划其技术模式，技术模式是电子商务模式价值网络的架构基础和商业模式的实现条件，也就是支撑电子商务商业模式实现和电子商务价值网络正常运营以及发生意外时能保护系统、恢复系统的硬件、软件和商务支持系统。随着信息技术和互联网技术的发展，电子商务技术的进步可谓日新月异，核心电子商务公司的技术模式选择必须围绕其商业模式，构建科学的技术体系。例如，百度之所以实现了其"让人们最便捷地获取信息，找到所求"的客户价值，同时找到了自身的盈利模式，就是因为其在"中文分词"方面具有其他搜索引擎所不具有的关键技术和优势，而且，在此基础上构建了百度搜索推广服务管理平台，并且不断创新。"百度凤巢"就是百度推出的全新搜索推广服务管理平台，通过这一全新的平台，客户可以对百度搜索推广信息进行更为高效地管理与优化，对推广效果更为科学地进行评估。新浪网要成为全球领先的在线媒体及增值服务提供商，同时，要实现向广告客户提供有特殊价值而竞争者又不能提供的广告产品和相应的服务的战略目标，其全面的网络编辑体系就成为其技术模式的核心。携程旅行网作为旅游服务企业的龙头，要为会员提供快捷灵活、优质优惠、体贴周到又充满个性化的旅行服务，其技术模式就要以呼叫中心为核心来构建。因此，面向电子商务价值网络基于商业模式实现的电子商务技术模式体系一般应该包括以下几个方面。

1.3.1 基础服务技术系统

基础服务技术系统是核心电子商务公司为保证价值网络的正常运营，而从基础服务提供商获得的通信网络、通信终端、软件系统等技术保障条件。基础服务技术系统是服务于核心公司电子商务模式的，一般包括以下几个方面。

1. 通信网络

通信网络是用来连接公司内不同部门以及供应商、客户、合作者、政府、第三方服务商等商务活动主体的系统。在通信网络系统中，计算机通信网络的构建是关键，计算机通信网络是多台独立的计算机等通信终端通过有形或无形的介质连接，在网络协议的控制下实现资源共享。其中采用 TCP/IP 通信协议的 Internet、Intranet、Extranet 构成了以国际互联网为基础的公司内部以及公司之间的通信网络。在具体构建通信网络时可以选择宽带专网、电视网、电话网等网络通信技术。随着 3G、4G 的推广应用，移动互联网逐渐成为电子商务通信网络的重要组成部分。而随着射频识别（RFID）、红外感应器、全球定位系统、激光扫描器等信息传感技术和设备在通信网络中的综合应用，物联网技术逐渐被应用到电子商务通信网络体系中，即按约定的协议，把任何物品与互联网连接起来，进行信息交换和通讯，以实现智能化识别、定位、跟踪、监控和管理。这种在互联网基础上延伸和扩展的网络，使其用户端延伸和扩展到了任何物品与物品之间，进行信息交换和通信。

2. 硬件设施

电子商务系统的硬件设施是电子商务的重要基础设施，是电子商务技术系统的支撑体系和各种应用软件的重要载体。包括服务器、交换机、路由器、防火墙等安全设备和客户终端等。其中交换机和路由器是网络连接设备；防火墙等安全设备是保护内部网络，防止因网络安全引发损害的网络设备；服务器是存储文件和其他内容的硬件组合；客户终端是为存取和显示内容而配置的硬件组合。随着移动互联网的发展，移动商务得到进一步的推广应用，使得手机等移动客户终端设备在电子商务系统的硬件设施中发挥着越来越大的作用。

3. 软件系统

电子商务基础服务技术体系中的软件系统包括系统软件和应用软件。系统软件包括操作系统、数据库和 Web 服务软件；应用软件包括流量分析、FTP 服务、E-mail 服务、流媒体服务、即时通信服务、新闻组服务、网络安全等基本的应用服务软件。随着移动商务的推广应用，手机操作系统、应用软件技术将是影响移动商务应用效果的重要因素。

1.3.2 用户服务技术系统

用户服务技术系统是核心电子商务公司为保证价值网络中的用户获得核心电子商务公司提供的产品或服务而提供的技术保障。用户服务技术系统是核心公司电子商务模式用户价值的实现基础。例如，提供搜索服务的网页搜索、图片搜索、地图搜索、视频搜索、博客搜索等搜索引擎技术；提供内容服务的网络内容编辑体系和编辑准则；提供个性化订阅、收藏等服务的 RSS 订阅器等在线阅读工具与技术；提供图片、视频、文本等内容下载的网络下载工具与技术；提供音乐、视频、动画等播放服务的在线播放工具与技术等。

每一个公司都有其服务于用户的特有技术体系，如 Google 的 PageRank 技术和超文本匹配分析技术使用户方便地获得与查询关键词最相关且不受人工干预的结果；新浪依靠其全面的网络编辑体系，形成了强大的内容编辑能力，成就了其国内领先的综合门户网站；迅雷则采用 P2SP 下载技术，保证了下载的稳定性和高速度，使用户体验达到更优。随着用户对互联网内容需求和体验质量要求的不断提高，用户服务技术的进步也日新月异。

1.3.3 客户服务技术系统

客户服务技术系统是核心电子商务公司为保证价值网络中的客户获得核心电子商务公司提供的产品或服务而提供的技术保障。客户服务技术系统是核心公司电子商务模式客户价值的实现基础。例如，为广告客户提供的广告管理与服务技术与平台；为交易客户提供的交易撮合和买卖匹配技术与平台；为使客户获得电子商务公司的咨询、信息等专业服务的数据挖掘、网络舆情监控、网络口碑聚合等技术和应用平台；为快速响应客户需求而建立的呼叫中心技术和平台；为付费用户提供个性化、增值服务的订阅技术和会员管理技术、云计算技术等。

1.3.4 交易服务技术系统

交易服务技术系统是核心电子商务公司为保证交易的安全和高效而提供的基于交易服务商的技术保障。交易服务技术系统是核心公司电子商务模式客户价值实现的保证，如支付技术、安全认证技术、物流配送系统等。

1.3.5 供应商服务技术系统

供应商服务技术系统是核心电子商务公司为保证内容提供者方便地提供文字、图片、视频、游戏、音乐等互联网内容而建立的技术保障体系。供应商服务技术系统是核心公司电子商务模式用户价值实现的重要保证。

在 Web2.0 时代，人人都是媒体，而人人又可以是互联网内容提供者，在电子商务模式价值网络中，供应商已经不局限于专业公司和专业人士，每一个用户都可能成为价值网络中的供应商。因此，近年来服务于用户原创内容生成、发布和分享的技术与平台形成了一股席卷互联网的"风潮"。例如，美国在线(AOL)与 2009 年 11 月推出的 seed.com 网站所设计的内容管理系统，构建了用户的原创内容分发平台；维基百科全书所创造的支持多人协同、共同创造和维护内容的大规模网络协作技术与平台；Linux 操作系统的开源软件技术；博客、微客等网络日志类用户原创内容生成和发布技术与平台；旨在建立人与人之间口碑传播的论坛、评级、评价技术与平台；帮助用户基于互联网建立个性化内容的 DIY 技术与平台；在博客、论坛等社会化网络中共享、同步文字信息、音视频、图片等文件的信息发送技术等。

1.3.6 合作商服务技术系统

合作商服务技术系统是核心电子商务公司为建立和维护与联盟合作商的关系而提供的技术保障体系。合作商服务技术系统是核心公司电子商务模式中合作商、用户和客户价值实现的重要保证。如 Google AdSence、百度联盟、阿里妈妈的广告联盟技术平台和利益分成机制等。

进行电子商务案例的技术模式分析，需要进行以下几个方面的分析：

(1) 公司电子商务应用的总体技术结构是什么？

(2) 公司的基础服务技术系统、用户服务技术系统、客户服务技术系统、供应商服务技术系统、交易服务技术系统、合作商服务技术系统各有什么特色？这些技术是如何构成一个系统来支撑公司电子商务商业模式实现和保证价值网络运用的？

(3) 公司技术模式的各层面技术系统中，影响其商业模式实现和获得竞争优势的主要技术特色是什么？

1.4 电子商务的经营模式分析

电子商务的经营模式是核心电子商务公司面向价值网络各利益相关者，以市场的观点对整个商务活动进行规划、设计和实施的整体策略结构。它包括如何让用户和客户知晓并认同企业的电子商务商业模式和如何实现公司的电子商务商业模式，以满足用户和客户需求。

经营模式与商业模式是密切相连的，电子商务商业模式具体体现了电子商务项目现在如何获利以及在未来长时间内的计划，注重对整体环节的设计和具体路径的选择。经营模式则主要是考虑如何展开具体的商务活动，实现商业模式的各环节设想，促进预期经济目标的达成。这不仅包括选择各环节具体的合作者、协作方式和分成方法；经营的工具、手段和方式、方法，还包括公司的市场开拓、广告宣传等事宜。经营模式将商业模式主体化、动态化、丰富化、灵活化、具体化。由于电子商务项目的特殊性，其经营模式往往在传统的 4P(产品、价格、渠道、促销)营销策略基础上，综合了 4C(消费者、成本、便利、沟通)、4R(与顾客建立关联、反应、关系、回报)、4S(满意、服务、速度、诚意)等现代营销观念，形成了更加多样化、综合化的经营体系，一般来讲，电子商务经营模式涉及以下几个方面的经营模式和策略。

1.4.1 市场开拓模式

电子商务项目的市场开拓模式是针对目标用户和目标客户所展开的系统的市场推广策略组合，目的是让用户和客户知晓并认同企业的电子商务商业模式。主要有以下几个方面的策略。

1. 产品策略

产品策略是电子商务公司市场开拓模式的核心，是电子商务公司针对目标用户和目标客户，所提供的产品或服务的组合。传统公司的产品策略分析方法同样适用于电子商务公司的产品策略分析，它们都遵循产品和服务以顾客为中心的理念，但是，在传统公司的产品策略中，往往在差异化策略的基础上，在产品线的深度和广度上实行不同的产品组合策略，较少涉及公司核心产品或服务以外的领域。而电子商务公司的产品策略往往基于互联网的无限虚拟空间，追求对用户和客户的全方位服务，致力于构建以公司为核心的电子商务生态系统，以获得更强的竞争优势，例如，阿里巴巴就一直在努力创建电子商务生态系统，希望形成一个中小企业共荣共生的生态链，而且这个共生的生态圈是阿里巴巴与其会员企业一同形成的，也就是成为所有企业的"托商所"，商人需要的阿里巴巴都有，使无数的中小交易者由此能够面对全球市场，无数的中小生意由此也能够成为现实。这一电子商务生态系统将覆盖资金、技术、客户、物流、营销、人才等商务活动的所有层面。

2. 价格策略

电子商务公司的价格策略具有与传统企业不同的特点，电子商务公司的产品和服务以信息产品为主，而信息产品的成本结构往往具有高固定成本低可变成本的特点，因而，其定价就不能简单地以产品成本为基础，必须以顾客接受的成本定价，也就是根据顾客价值，而不是以生产成本来为信息产品定价。由于人们对某种信息产品的评价差别很大，以价值为基础的定价自然会引起差别定价。因此，电子商务公司常用的价格策略就是免费价格策略和按使用次数或频率付费等。例如，淘宝网的免费策略就使其成为竞争对手难以模仿和超越的市场开拓策略之一。

3. 渠道策略

尽管互联网已经成为一种新型的企业市场开拓渠道，但是，基于互联网的电子商务公司在推广其电子商务模式过程中，也并不是完全依赖互联网的，在采取搜索引擎推广等网络推广渠道策略的同时，恰恰更多地采用了传统的渠道策略。例如，新浪主要采取代理商渠道模式，百度则在全国建立分公司和客服中心以推广其商务模式，阿里巴巴则采取直销与渠道并存的模式，而携程网则主要采取线下的人员直销渠道策略。

另外，电子商务公司的一种独特渠道策略就是合作联盟模式。提供网络广告等基础服务的电子商务服务提供商，利用其强大品牌吸引力和展示平台，吸引大量的中小在线发布商加盟，在为这些发布商带来商业价值的同时，推广自身的业务模式。例如，百度联盟、Google AdSense、淘宝联盟就是百度、Google、阿里妈妈利用联盟模式推广其广告服务的成功应用。

4. 促销策略

电子商务作为一种新型商业模式，在其推广促销过程中，除了运用传统的广告、公共关系、人员推广等促销策略外，往往根据其产品或服务特点，采取一些独有的促销策略。

比如,凡客诚品主要采取门户网站网络广告促销模式;百度则非常注意与地方政府的沟通,每次线下的论坛、报告会等推广活动都有地方政府领导出席;大旗网等网站则采用事件营销方式推广其商务模式,都达到了很好的促销效果。

1.4.2 市场竞争模式

电子商务公司的市场竞争模式就是针对现有的和潜在的竞争对手,所开展的系统的市场竞争策略组合,目的是让用户和客户知晓并认同企业的电子商务商业模式的同时,注重针对竞争对手的防御和进攻策略,尤其是电子商务服务公司更加注重市场竞争模式的选择和实施,也有不少成功的案例。按照迈克尔·波特的竞争优势理论,电子商务核心公司在产品和服务的选择上采取差异化、低成本或目标集聚战略是获得竞争优势的最基本的模式。

1. 产品或服务的差别化竞争战略

产品或服务的差别化战略主要表现在以下几个方面。

① 产品或服务特征。公司可以通过提供具有竞争者产品或服务所不具有的特征的产品或服务来增加差别化。拥有独有的特征是最普通的产品或服务差别化形式,使用互联网能够使公司为客户提供更好的产品或服务特征。例如,戴尔公司通过网络直销的形式,为客户提供个性化的电脑产品;淘宝网则以符合中国人交易习惯的方式操作网上交易,真正为中国人上网购物及交易提供了一个优秀的免费电子商务平台,凭借其特有的"没有淘不到的宝贝,没有卖不出去的宝贝"的客户价值,使全球个人网上交易巨头 eBay 始终在中国无法立足,而淘宝网则成为阿里巴巴打造全球最大电子商务生态系统的主要基础。

② 产品或服务上市时间。公司率先将产品或服务投向市场,往往因其是市场上唯一的,自然而然就使其具有差别性了,进而可以获得快速发展,甚至丰厚的利润。电子商务的应用,可以使企业在产品的开发与设计、推广与分销等方面大大缩短周期,取得产品的市场先机,从而战胜自己的竞争对手。例如,网景公司曾经在线分发自己的浏览器软件,使它很快就在市场上占据了主导地位。对于核心电子商务公司来讲,其创新商业模式的推出时机往往决定了其市场地位和市场价值,微博的先行者 Twitter 用了 3 年时间达到 10 亿美元的估值,社会化网络的开拓者 Facebook 用 2 年时间达到了 10 亿美元的估值,而团购网站的鼻祖 Groupon 则仅用了 1 年半时间就创下了 13.5 亿美元估值的记录,且仅半年就实现了盈利。

③ 客户服务差别化。电子商务可以帮助公司更好地实施以客户为中心的发展战略。一方面,利用电子商务所提供的电子化服务,公司可以通过向出现故障的产品提供服务的快慢来差别化,大大提高公司对顾客投诉的反应速度,能够有针对性地为顾客提供更周到的服务;另一方面,由于信息更加容易获取,公司可以为客户提供大量的商品选择机会,从而使客户有更多的选择余地。

④ 产品组合。不少公司提供了产品或服务的多种组合,使自己的产品或服务与竞争对手具有明显的差异性。例如,亚马逊书店可以在网上提供几千万种图书,而且很容易根据顾客的需求进行多种组合,这与传统的线下书店形成了明显的差别化。

⑤ 品牌形象。公司可以通过互联网来建立或强化自己的品牌形象，使客户感到他们的产品是差别化的，进而建立和保持客户的忠诚度，使谁拥有了客户，谁就拥有了未来。

2. 低成本竞争战略

低成本战略是一种先发制人的战略，这意味着一家公司提供的产品或服务比其竞争者让客户花费更少的金钱。这种成本的降低表现在生产和销售成本的降低上，一方面，公司通过电子商务方式与供应商和客户联系，大大提高订货和销货效率，使订货、配送、库存、销售等成本大幅度降低；另一方面，通过互联网，企业可以为客户提供更加优质的服务，甚至可以让客户通过互联网进行自我服务，大大减少了客户服务成本。其实，电子商务在减少公司的产品或服务成本的同时，也可以大大降低客户的交易成本。

低成本意味着低价格，较低的产品或服务价格是吸引用户的重要手段，互联网的外部性使用户真正体会到了免费午餐的价值，同时，不少电子商务模式就是通过免费策略聚集了大量人气，从而建立了成功的用户基础。淘宝网的免费交易、迅雷的免费资源下载、京东商城的低价商品供应等都是非常成功的商业模式。

3. 目标集聚战略

目标集聚战略是一种具有自我约束能力的战略。当公司的实力不足以在产业内更广泛的范围内竞争时，公司可以利用互联网以更高的效率、更好的效果为某一特定的战略对象服务，往往能在该范围内超过竞争对手。在电子商务领域，凭借目标集聚战略获得竞争优势和取得成功的商务模式比比皆是，大多垂直门户网站都将目标聚焦于特定的行业或地域。例如，在竞争异常激烈的保险经纪行业中，有的保险经纪人利用互联网专门为频繁接触互联网而社交范围比较窄的研究、开发人员提供保险服务，取得了良好的经营业绩。

在这些基本竞争策略基础上，电子商务企业也可以配合其他的一些竞争模式。例如，Google 在短短的十余年发展过程中，采取国际化与本土化结合的市场竞争模式，确立了全球搜索引擎服务商的霸主地位，Google 不仅面向全球许多国家提供服务，开发出数十种语言的版本，员工遍布全球各地，而且，特别注重实现在每一个国家的本土化。当初在中国市场组建 Google 中国公司时，聘请华人背景的李开复任 Google 中国总裁，建立 Google 中国研究院等举措都取得了良好的效果，使其能够在中国市场与百度相抗衡。但是，eBay 在进入中国市场时却没有很好地实现本土化经营，在与淘宝的竞争中，彻底失败了。并购策略也是一种非常重要的市场竞争策略，在电子商务领域，不少公司通过并购实现了快速扩张，尽管这是一种资本运营模式，但是，从经营模式的角度来讲，更是一种有效的市场竞争模式，通过并购同类项目以减少竞争压力或并购与竞争对手同类的项目以增强竞争能力都是不错的选择。例如，阿里巴巴成功收购中国雅虎，拓展了其在搜索引擎服务市场上的业务，增强了其在电子商务服务中与百度等搜索引擎服务商的竞争能力，为其构建电子商务生态系统奠定了坚实的基础。

当然，企业的电子商务市场竞争模式是应该讲求策略的，简单的对抗或赤裸裸的争斗，最终将不仅两败俱伤，而且让用户受到伤害，进而会影响整个市场的健康发展。2010 年下半年,腾讯和360之争就是一个恶性竞争的例证。腾讯QQ用户安装了360保镖后,360保镖马上会启动专门针对QQ的体检。在首次体检结果的诱导下,用户会下意识地点击右键出现的一键修复按钮,使不少QQ功能被神不知鬼不觉地删除,其中包括聊天窗口广告、QQ迷你首页广告、QQ公告广告、腾讯搜搜插件、QQ秀插件、QQ会员插件、QQ宠物、魔法表情等腾讯重要的盈利工具,使腾讯在盈利模式上大打折扣。为了收复被恶意"屏蔽"掉的利润,腾讯宣布与360不兼容,这又对腾讯的声誉产生了比较大的负面影响。由此引发了中国互联网领域的大规模、大范围争斗,不管最终的结果如何,这种市场竞争模式的选择,最终并没有赢家。

进行电子商务案例的经营模式分析,需要进行以下几个方面的分析:

(1)公司采用何种策略和方式推广自身的商业模式,以扩大客户规模?其在产品(服务)策略、价格策略、渠道策略、促销策略方面有哪些特点?

(2)公司在市场竞争中采取何种市场竞争模式,以获得竞争优势?

(3)对于电子商务服务商而言,公司采用的经营模式对于用户来讲,有何商务应用价值?

1.5 电子商务的管理模式分析

电子商务的管理模式是在电子商务运营过程中,从组织上提供的为保证系统正常运行和发生意外时能保护系统、恢复系统的法律、标准、规章、制度、机构、人员和信息系统等结构体系,它能对系统的运行进行跟踪监测、反馈控制、预测和决策。

1.5.1 电子商务的组织与人力资源管理

一种科学的电子商务模式的实现,必须有科学的组织和人力资源管理。电子商务管理模式的组织管理分析,就是分析公司的组织结构特点、组织形式、组织文化对电子商务商业模式的保证程度。人力资源管理就是指在企业电子商务运作中对人力资源的取得、开发、利用和保持等方面进行计划、组织、指挥和控制,其直接目标就是保证人本管理思想在企业得以实现,终极目标就是实现企业的电子商务发展战略。

企业电子商务人力资源管理的实施,要进行适应网络经济要求的职务分析、电子化招聘(网上招聘)、电子化培训与在线学习、电子化沟通、电子化考评等工作。同时,还要建立用工制度,虚拟员工的行为规范、评估制度、薪酬制度等企业电子商务人力资源管理的相关制度。

1.5.2 业务管理

一个成功的电子商务模式往往有赖于科学的业务管理模式,这样,就需要对电子商务的业务流程进行科学设计,对业务流程各环节进行科学管理。如用户的注册管理、交易管理、用户行为管理、用户信息管理等。

同时，对于交易性质的电子商务模式，其物流管理、供应链管理和支付管理是重要的业务管理，需要进行科学设计与管理。

1.5.3 服务与客户关系管理

电子商务的机遇需要靠优质的服务去把握，客户的选择标准将会集中于服务，电子化交易呼唤人性化服务，服务是维护客户忠诚的基本条件，服务是增强员工凝聚力的重要因素。这样，就要求服务要快速响应客户，满足客户的个性化需求；设计独特的网站，努力成为一流的客户服务提供者。

客户关系管理可以帮助解决以客户为中心的经营管理问题，使企业准确把握和快速响应客户的个性化需求，并让客户满意、忠诚，以保留客户，扩大市场。从客户满意出发，其功能基本包括客户数据管理、客户价值管理、客户服务管理、客户沟通管理等四个方面。

在电子商务服务和客户管理中，关键是要增强客户的体验，在交易规则制定、物流和支付等交易服务等方面方便客户。同时，尽可能提供客户所认同和接受的增值服务，提高客户体验的满意度。

1.5.4 信用与风险管理

风险是可测定的不确定性以及由此带来的意外损失，风险存在于整个项目的寿命周期中。风险管理就是人们对项目寿命周期中潜在的意外损失进行计划、识别、分析、应对、跟踪和控制的过程，它是对项目目标的主动控制。企业电子商务项目寿命周期中面临着许多不确定性，会带来巨大的项目风险，有必要进行风险管理。

企业电子商务的风险有来源于项目管理的风险，也有来自于软硬件及系统运行的安全性风险，还有比较突出的信用风险。电子商务中的信用问题愈来愈重要，信用问题已经成为阻碍在线购物的关键因素。目前我国面向电子商务的信用模式主要有中介人模式、担保人模式、网站经营模式和委托授权模式等四种模式。

电子商务的风险管理模式就是在企业电子商务运营过程中，企业为了衡量各环节的潜在风险，设置一定的预警、控制及补救机制以科学控制电子商务项目风险，包括建立各种风险预警机制、安全管理制度与方案、信用机制与信用模式等。

进行电子商务案例的管理模式分析，需要从以下几个方面进行：

(1)电子商务公司采用何种形式，其组织文化和人力资源管理具有什么特点？

(2)电子商务公司的业务流程具有什么特点，是否适应电子商务的要求？

(3)电子商务公司的管理具有哪些方面的管理制度和奖惩制度来保证电子商务活动的正常进行？

(4)电子商务公司的物流管理、供应链管理、客户关系管理和支付管理具有哪些特点？

(5)电子商务项目实施过程中存在哪些风险？应采取何种安全技术和系统安全管理制度？

(6)网站建立了哪些信用机制，以保证电子商务交易各环节的顺畅进行？

1.6 电子商务的资本模式分析

电子商务的资本模式是指从电子商务资本的进入、运作到退出的整个结构。电子商务公司的资本模式主要有风险投资型的资本模式和传统投资型的资本模式两种。

1.6.1 风险投资型资本模式

风险投资是由职业金融家的风险投资公司、跨国公司或投资银行所设立的风险投资基金投入新兴的、迅速发展的、有巨大竞争潜力的企业中的一种权益资本。在这种投资方式下，投资人为融资人提供长期股权投资和增值服务，培育企业快速成长，数年后再通过上市、兼并或其他股权转让方式撤出投资，取得高额投资回报。

风险投资型电子商务资本模式，是指风险投资对电子商务公司的直接投资，或已经建立电子商务网站的电子商务公司吸引风险投资的介入。这种风险投资一般在电子商务公司创业阶段就进入，因而也被称为创业投资。大部分电子商务服务平台在其发展过程中，风险投资发挥了重要作用。例如，阿里巴巴在1999年和2000年分别从高盛和软银获得500万美元和2000万美元，是其商业模式得以成功推广的关键所在。

1.6.2 传统投资型电子商务资本模式

传统投资型电子商务资本模式是指传统企业通过各种形式进入电子商务领域，将资本引入电子商务公司或因特网服务公司。

我国传统投资型电子商务资本模式主要有以下几种形式。

1. 传统企业建立网站，实现企业上网

随着Internet的飞速发展和我国企业上网、政府上网工程的实施，许多传统企业尤其是国有企业，纷纷建立自己的网站，实现了企业上网、在网上发布信息、进行广告宣传或业务洽谈，已经形成了电子商务的雏形。但是，这类企业网站总的来讲，投资少，没有形成规模，网站的整体水平不高，未能充分开展电子商务活动。

2. 传统企业直接投资电子商务

这类电子商务资本模式主要指一些实力比较雄厚的大企业，投资开发自己的网站，并且实现在线交易。这类网站基本具备了企业电子商务的功能，其显著特征是实现了网上订购，但是，网上支付和电子账户等功能还未能实现。例如，海尔投资建立了海尔商城，标志着海尔正式进入电子商务。

3. 政府或企业投资专业电子商务网站与网上商品交易市场

这类网站往往是针对某一行业，由政府或实力雄厚的企业投资组建，而向某一行业提供电子商务交易平台和面向更多行业的网上交易平台。能源一号网、东方钢铁在线等电子商务平台的资本运作就是采取了此类资本模式。

4．传统企业和电子商务网站间的资本联合，实现传统企业与电子商务的结合

这种电子商务资本运作模式有两种情况：一是一些虚拟网站参股传统企业组建电子商务网站；二是传统企业收购虚拟网站，从而进军电子商务。例如，国美电器于2010年11月宣布收购库巴购物网80%股权，并推出全新电子商务平台与网络营销策略，标志着国美电器正式开始实施电子商务战略。

1.6.3 电子商务公司之间的并购

这种并购是电子商务公司竞争中的一种手段，并购者希望通过并购迅速发展自己，以捆绑的方式提高公司的知名度，而且通过并购能吸引其他公司的大量人才，最终目的在于吸引更多的投资，为下一步的发展奠定基础。而被并购的公司往往缺乏进一步的资金支持。这种电子商务的资本运作方式是电子商务的发展趋势和走向成熟的重要步骤。

进行电子商务案例的资本模式分析，需要从以下几个方面来考虑。

（1）公司电子商务网站的资本来源属于风险投资还是传统的产业资本，主要有哪些来源渠道？

（2）公司电子商务网站的资本来源如果是风险投资，其投资主体是哪些，其投资运作进入哪个阶段，具有哪些特点？

（3）如果公司电子商务业务属于传统投资型资本模式，是采取何种投资形式，其运作过程具有什么特点？

（4）公司每一次融资的背景是什么，达到了什么目标？

□基于互联网和团队的练习

1．电子商务模式及其发展问题分析

对电子商务从业者和电子商务学习者来讲，需要对互联网行业及其各种商务应用模式保持持续的关注和敏感性，在学习各种成果案例经验和分析失败案例教训的同时，还要关注整个产业的发展动态和各种专业的评论。提供这些信息的重要来源有艾瑞网、易观网等网站。艾瑞网是国内首家新经济门户站点，融合互联网行业资源，为网络营销和网站运营从业人士提供丰富的产业资讯、数据、报告、专家观点、行业数据库等服务；易观网提供IT、通信、互联网等业界资讯、数据分析、报告、观察家观点等内容。请登录艾瑞网（http://www.iresearch.cn）、易观网（http://www.eguan.cn），选择一些研究报告，阅读并列其关键信息，在此基础上，写出一份这些信息如何影响电子商务模式及其发展的说明或报告。

当你完成了这份作业，再进一步搜索其他讨论电子商务及互联网发展的网站，同样写出一份说明，将你的收获简要地记下来，并收录网站的地址。同时，希望在今后的学习和工作中持续阅读这些网站的信息，以保持对互联网及其商务应用以及电子商务模式发展趋势的把握。

2. 电子商务模式价值网络案例分析

针对本章中电子商务模式的价值网络知识，希望您能够进一步理解价值网络，这是进行电子商务案例分析的基础，也是认识电子商务模式的关键。请选择1~2个电子商务公司，通过研读其公司网站和网络资料，找出其涉及的利益相关者，并画出其价值网络图，分析各利益主体之间的关系。

参 考 文 献

[1] 李琪.电子商务概论[M].第1版.北京：高等教育出版社，2005.
[2] 阿兰·奥佛尔，克里斯托福·得希.电子商务教程与案例：互联网商务模式与战略[M].李明志等译.北京：清华大学出版社，2005.
[3] 司林胜.电子商务案例分析教程[M].第1版.北京：电子工业出版社，2010.
[4] 司林胜.电子商务案例分析教程[M].第2版.重庆：重庆大学出版社，2012.
[5] 迈克尔·波特.竞争战略[M].第1版.北京：华夏出版社，1997.

第 2 章
搜索引擎模式案例分析

引言

　　搜索引擎仍然是目前最主流的互联网应用之一，据 CNNIC(China Internet Network Information Center，中国互联网络信息中心)调查报告显示，搜索引擎是网民在互联网中获取所需信息的基础应用，截止 2015 年 6 月底，我国网民搜索引擎的使用率为 80.3%，在各项互联网应用中排在第三的位置。怎样使自己的网站信息出现在搜索引擎结果的显著位置以抓住客户眼球，成为企业网站推广效果评估的重要指标之一，因此，搜索引擎营销也一直是企业电子商务应用的最基本模式之一。

2.1 搜索引擎概述

2.1.1 搜索引擎定义

搜索引擎是为网络用户提供信息查询服务的计算机系统，也可以说是一类提供信息"检索"服务的网站，它根据一定的策略、运用特定的方法搜集互联网上的信息，并对信息进行组织和处理，将处理后的信息通过计算机网络显示给用户。它包括信息搜集、信息整理和用户查询三部分。

搜索引擎模式就是搜索引擎服务商凭借提供个性化、智能化的信息查询服务，吸引大量企业用户和消费者登录网站，以此为优势，通过竞价排名或固定排名等服务，吸引搜索引擎推广客户成为其付费客户，进行网站、产品、服务推广的互联网应用模式。

最早的搜索引擎是 1990 年由加拿大麦吉尔大学的三名学生（Alan Emtage、Peter Deutsch、Bill Wheelan）发明的 Archie（Archie FAQ），Archie 是第一个自动索引互联网上匿名 FTP 网站文件的程序，还不是真正的搜索引擎。1994 年 4 月，斯坦福大学的两名博士生，美籍华人杨致远和 David Filo 共同创办了 Yahoo!，Yahoo! 是由人工选择、整理互联网上的优秀网站并简要描述，分类放置到不同目录下，用户必须通过一层一层的点击来查找自己想找的网站，这其实就是网站分类目录。在此后的一段时期内，以 Yahoo! 为代表的网站分类目录查询非常流行。

网站分类目录比较适用于互联网信息不是特别多的情况，随着互联网信息的几何式增长，网站分类目录就显得力不从心了，这时就出现了真正意义上的搜索引擎，即全文索引搜索引擎。全文索引搜索引擎通过计算机程序搜索互联网上的所有超级链接，把超级链接所链接的页面放入索引数据库，按照一定方法对将要输出的结果排序。

然而，由于全文索引搜索引擎的工作方式和互联网的快速发展，使其搜索的结果让人越来越不满意，搜索结果多而杂，这时就出现了旅游搜索、大学搜索、新闻搜索、图书搜索、图片搜索等这些专业化、行业化的搜索，也称为垂直搜索。目前，由于综合搜索引擎市场已经被几大搜索引擎垄断，垂直搜索引擎得到了蓬勃的发展，同时，几大综合搜索引擎也在综合搜索的基础上不断地发展垂直搜索。

2.1.2 搜索引擎分类

谈到搜索引擎，人们首先想到的是百度（www.baidu.com）和 Google（www.google.cn），那么到底有哪些类型的搜索引擎，需要从不同的角度进行划分。

1. 按工作原理划分

从工作原理来分，搜索引擎可以分为全文检索搜索引擎、分类目录式搜索引擎和元搜索引擎。

1) 全文检索搜索引擎

全文检索搜索引擎是纯技术搜索引擎，如 Google、AltaVista、Inktomi、Baidu 等，其原理是通过机器手（即 Spider 程序）到各个网站收集、存储信息，并建立索引数据库供用户查询。

2) 分类目录式搜索引擎

分类目录式搜索引擎并不采集网站的任何信息，而是利用各网站向"搜索引擎"提交网站信息时填写的关键词和网站描述等资料，经过人工审核编辑后，如果符合网站登录的条件，则输入数据库以供查询，Yahoo 是分类目录的典型代表。

3) 元搜索引擎

元搜索引擎是一种调用其他独立搜索引擎的引擎，元搜索引擎在接受用户查询请求时，同时在其他多个引擎上进行搜索，并将结果返回给用户。著名的元搜索引擎有 InfoSpace、Dogpil、Vivisimo 等，中文元搜索引擎中具代表性的有万维搜索、一起搜等。

2. 按搜索引擎结果的来源划分

从搜索引擎结果的来源来分，即相对于搜索引擎服务商对搜索结果的"产权"来划分，可以分为独立搜索引擎和第三方搜索引擎。

1) 独立搜索引擎

独立搜索引擎就是搜索引擎服务商所提供的搜索结果来源于自身的数据库，前述全文检索搜索引擎和分类目录式搜索引擎就属于独立搜索引擎。

2) 第三方搜索引擎

第三方搜索引擎是对独立搜索引擎搜索结果的整合（上述元搜索引擎就属于这一类），或提供独立搜索引擎的快速入口平台，搜网强力搜索引擎就是典型的代表之一。

3. 按商务应用划分

从商务应用来分，搜索引擎可以分为综合搜索门户和垂直搜索引擎。

1) 综合搜索门户

综合搜索门户是以百度、Google 为首的以综合信息搜索为主的独立搜索系统。

2) 垂直搜索引擎

垂直搜索引擎是相对综合搜索引擎的信息量大、查询不准确、深度不够等提出来的新的搜索引擎模式，它是 2006 年后逐渐兴起的一类搜索引擎。垂直搜索引擎具有明确的市场定位和提供更加具有针对性的、满足用户需求的内容和服务，可以按行业建立搜索平台，也可以按区域建立搜索平台，也可以按用户需求的产品和服务种类建立搜索平台。垂直搜索引擎专注于特定的搜索领域和搜索需求，在特定的搜索领域有更好的用户体验。

4. 按搜索信息的范围划分

按搜索引擎搜索信息的范围，搜索引擎可以分为内部搜索引擎和公共搜索引擎。

1) 内部搜索引擎

内部搜索引擎是指属于某一个网站、且只检索自己网站上的信息的搜索引擎，这类搜索引擎不能独立存在，必须依附于某一个网站，用户利用这类搜索引擎检索出的信息都是其所依附的网站的内部信息。目前，大的门户网站、论坛、博客平台、SNS网站在其内部提供这样的内部搜索引擎，供用户检索自己网站上的信息。

2）公共搜索引擎

公共搜索引擎是指收录互联网上其他网站的页面供用户检索的搜索引擎，这类搜索引擎独立存在，定期在互联网上抓取其他网站的页面供用户检索，用户利用这类搜索引擎检索出的信息都是互联网上其他网站的信息。这类搜索引擎有百度、Google、有道、爱问、搜狗等。

常用的搜索引擎如表2-1所示。

表2-1 常用搜索引擎

序号	网站名称	网址	类型
1	Google	http://www.google.com	综合搜索门户、全文检索搜索引擎、独立搜索引擎
2	百度	http://www.baidu.com	综合搜索门户、全文检索搜索引擎、独立搜索引擎
3	有道	http://www.youdao.com	综合搜索门户、全文检索搜索引擎、独立搜索引擎
4	SOSO	http://www.soso.com	综合搜索门户、全文检索搜索引擎、独立搜索引擎
5	搜狗	http://www.sogou.com	综合搜索门户、全文检索搜索引擎、独立搜索引擎
6	360搜索	http://www.so.com/	综合搜索门户、全文检索搜索引擎、独立搜索引擎
7	去哪儿旅游搜索	http://www.qunar.com	独立搜索引擎、垂直搜索引擎
8	265上网导航	http://www.265.com	分类目录式搜索引擎、独立搜索引擎、综合搜索门户
9	网址之家	http://www.hao123.com	分类目录式搜索引擎、独立搜索引擎、综合搜索门户
10	一淘网	http://www.etao.com/	全文检索搜索引擎、独立搜索引擎、垂直搜索引擎

2.1.3 搜索引擎的特征

1. 用户数量较多

根据CNNIC统计，2015年6月底，中国搜索引擎的使用率为80.3%，用户规模超过5亿，在各互联网应用中位列第三。与2014年底相比，搜索引擎的用户增长了1392万，增长率达到2.7%。

2. 信息量较大

搜索引擎的目标就是让网民找到自己想要查找的信息，而不同的网民在不同的时候想要查找的信息是不同的，为此，搜索引擎必须尽可能多的收录互联网上的网页信息，并将这些信息放在数据库中，供用户查询。目前，常用的搜索引擎都能够收录大量的页面供用户查询。

3. 查找信息快速

对于网民来说，最重要的不是信息的获取，而是如何快速地筛选出自己需要的信息。搜索引擎在某种程度上解决了信息获取和快速信息筛选的问题。一方面，搜索引擎帮助用户找到想要找到的资料；另一方面，搜索引擎又通过自身的算法，努力使与用户搜索请求更相关的内容出现在搜索结果靠前的位置，从而可以使用户快速地找到自己需要的信息。

4. 搜索引擎服务模式多样

由于综合搜索引擎的信息量大，导致信息的深度和专业性不够，所以 2006 年以后涌现出了大批量的专注于特定的搜索领域和搜索需求的垂直搜索引擎，这类搜索引擎的最大特点就是能够最大限度地满足特定用户的特定需求，针对某一特定领域，专业性非常强，而且对某一特定领域信息的搜索深度非常深。

2.2 案例1：Google 搜索引擎

2.2.1 基本情况

Google(http://www.google.com)搜索项目是由两名斯坦福大学的理学博士生拉里·佩奇(Larry Page)和谢尔盖·布林(Sergey Brin)在 1996 年建立的，他们开发了一个对网站之间的关系做精确分析的搜寻引擎。他们深信"从其他高相关网站得到最多链接的网页一定是最相关的网页"，并把这一点作为他们研究的一部分进行测试，这为他们的搜寻引擎打下了基础。1998 年 9 月，拉里·佩奇和谢尔盖·布林用从家人、朋友和投资者募集来的 100 万美元在位于加利福尼亚州 Menlo Park 的朋友的车库里以私有股份公司的形式创立了 Google 公司。当时，Google 每天已经有 1 万次搜索。1999 年 2 月，Google 搬到了加利福尼亚州的帕罗奥多大学街，每天处理的搜索已经达到 50 万次，同年 6 月，Google 就得到 Sequoia Capital 和 Kleiner Perkins Caufield & Byers 两家风险投资基金的 2500 万美元注资。2000 年 9 月，Google 在其网站增加简体及繁体两种中文版本，开始为全球中文用户提供搜索服务。2001 年 3 月，当时担任 Novell 首席执行官和董事会主席的埃里克·施密特加入 Google 担任董事会主席，同年 8 月，他接替 28 岁的拉里·佩奇，成为 Google 的 CEO，从此 Google 开始了一个新的时代。2004 年 8 月，Google 在纳斯达克(Nasdaq)上市。2006 年，Google 正式启用中国大陆版 Google 专用域名"Google.cn"，并确定 Google 的中文名字为"Google"，Google 正式进入中国。2010 年 3 月，Google 宣布将搜索服务由中国内地转至香港，并于 4 月将名称"Google"废弃使用，改回"Google 中国"。2010 年 7 月，Google 中国通过在中国内地的 ICP 牌照年检。

Google 作为全球著名的搜索引擎技术开发商和高效的广告宣传媒介，被公认为是全球规模最大的搜索引擎，它提供了简单易用的免费服务，用户可以在瞬间得到相关的搜索结果。Google 属于全文索引搜索引擎，也是综合性的搜索引擎。

Google 搜索引擎的价值网络以 Google 为中心，涉及 Google 提供的搜索服务、利用 Google 搜索信息的用户、Google AdWords 服务、做关键字广告的广告主、Google AdSense 服务、加入 AdSense 广告联盟的网站主、Google 提供的付费搜索服务、使用 Google 搜索技术的企业等，它们之间的关系如图 2-1 所示。

图 2-1　Google 搜索引擎价值网络

2.2.2　商业模式

1. 愿景与使命

Google 的使命是整合全球信息,使人人皆可访问并从中受益。Google 要为互联网使用者提供网上最好的查询服务,促进全球信息的交流。为了实现这个目标,Google 开发出了世界上最大的搜索引擎,一直在孜孜不倦地追求服务创新和技术创新,突破现有技术的限制,随时随地为人们提供快速准确而又简单易用的搜索服务。

2. 目标用户

Google 的目标用户包括搜索信息的普通网民、广告主和使用其搜索技术的企业。Google 的普通网民用户主要是最广大的全球网民,联合国国际电信联盟(ITU)在网上公布的最新数据显示,2015 年初全球网民数量超过了 30 亿,其中 67% 的网民来自发展中国家。广告主是指在 Google 搜索引擎付费投放竞价广告的企业,这些企业向 Google 付费购买 Google 的关键词竞价服务,从而能够实现对自己网站的推广。使用其搜索技术的企业是指通过向 Google 付费使用 Google 搜索技术用于企业的网站或企业内部搜索的企业。第一类用户是 Google 的基础,直接影响到其第二类和第三类客户,第二类和第三类客户直接影响到 Google 的收入。

3. 产品和服务

Google 给搜索信息的普通网民提供的服务主要是搜索服务,Google 提供搜索服务的策略是以综合网页搜索服务为核心,扩展其他垂直搜索服务。其主要搜索服务包括网页搜索、图片搜索、视频搜索、音乐搜索、地图搜索、购物搜索、博客搜索、大学搜索、生活搜索、图书搜索、学术搜索、无线搜索等。目前,Google 还在不停地进行服务创新,为用户提供更好的网络服务。

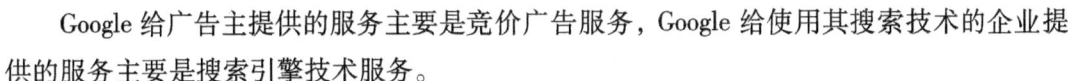

Google 给广告主提供的服务主要是竞价广告服务，Google 给使用其搜索技术的企业提供的服务主要是搜索引擎技术服务。

4. 盈利模式

Google 的盈利主要来自两种类型的企业，一类是需要借助搜索引擎做网络营销的企业，它们可以购买 Google 的关键字广告，从而实现公司的搜索引擎营销；另外一类是需要使用搜索技术的企业，这类企业往往需要使用搜索技术来为自己或别的企业提供服务，而自己又没有先进的搜索技术，它们就可以使用 Google 的搜索技术。具体来说，Google 的盈利主要来自以下几个方面。

1）关键词广告收入

2001 年 6 月，Google 发布了 AdWords 关键词广告服务，其核心内容是：Google 在搜索结果页面附近投放广告，广告商按点击量付费。这一革命性的服务彻底改变了 Google 的商业模式，也改变了 Google 的增长轨迹。Google AdWords 给 Google 带来了质的飞跃，使得广告收入一举成为 Google 的核心收入，而技术收入则退居次要位置。2003 年 3 月，Google 又推出了 AdSense，对已有的网络广告产品 AdWords 进行延伸，AdSense 的思路是：把 AdWords 方案向博客及其他任何商业网站延伸，然后再和这些网站共享网络广告收入。这使得各网站投放的广告更有针对性，点击率也就相应增长。目前，Google 的绝大多数收入来源于 AdWords 和 AdSense 这两项广告业务。

2）搜索技术转让收入

Google 的网页搜索服务保证了它在行业内的领先地位。目前，新浪、网景、网易、思科、宝洁、华盛顿邮报和美国能源部等 130 家大公司和网站使用的就是 Google 的搜索技术，Google 则按照搜索的次数来收取授权使用费。此外，Google 授权软件开发商把自己的程序添加进去，从而让公司的内部网络也可以使用 Google 强大的搜索功能。

5. 核心能力

1）搜索服务和技术创新

Google 在发展过程中一直不停地推出各种创新性的搜索服务，并针对这些搜索服务开发了新的搜索技术，使其始终保持在搜索技术领域的优势，也使得其他搜索引擎厂商只能跟在 Google 后面，模仿其服务。Google 不仅提供对常规的网页的综合性搜索，还创新性地提供不少垂直搜索服务。

2）针对不同用户的个性化策略

Google 提供 Gmail、Google 工具栏、Google 文件等服务，这些服务可以让用户提供自己的兴趣爱好等个人信息，Google 利用这些信息，可以为用户提供个性化的搜索结果。

3）品牌优势

Google 已经形成了自己强大的搜索品牌，它具有心理上的统治地位，当用户尝试使用其他的搜索引擎时,就会觉得缺少了些什么,特别是用户的搜索查询目的性不明确的时候,仍会选择使用Google搜索,即使已经对其他地方的搜索结果感到满意。

2.2.3 技术模式

1. 服务器技术

要以最快的速度提供最精确的搜索结果,则需要一种全新的服务器设置。大多数的搜索引擎依靠少量大型服务器,这样,在访问高峰期速度就会减慢,而Google在全球部署几百万台服务器,并自行设计构建了超级计算机系统,能够在多个数据中心之间传输数据,并能够在半秒钟之内同时对千万个搜索请求做出应答。这一创新技术成功地缩短了响应时间,提高了可扩展性,并降低了成本。

2. 搜索技术

1) PageRank技术

PageRank(网页级别)技术是Google的两位创始人发明的技术,它是一种由搜索引擎根据网页之间相互的超链接关系计算网页级别的技术,Google用它对网页的相关性和重要性做出评价。PageRank技术并不是简单地计算直接链接的数量,而是把从A页面到B页面的链接解释为A页面给B页面的投票,根据A页面和B页面的级别来决定B页面新的级别。一个页面的PageRank是由链向它的页面的数量和重要性经过递归算法计算得到的。Google技术使用网上反馈的综合信息来确定某个网页的重要性,搜索结果没有人工干预或操纵,这使Google成为一个广受用户信赖、不受付费排名影响的信息来源。

2) 超文本匹配分析技术

Google的超文本匹配分析技术不但扫描基于网页的文本内容,而且分析网页的全部内容、字体、分区以及每个文字精确位置等因素,同时Google还分析相邻网页的内容,以此来确保返回与用户查询最相关的结果。

3) 多媒体搜索技术

Google在占领文本搜索技术市场制高点的基础上,还开发了地图搜索技术、视频搜索技术等多媒体搜索技术,提供了Google地图、Google视频搜索等服务。

4) 无线搜索技术

为了确保通过便携式设备访问网络的用户能够快速获得精确的搜索结果,Google率先推出了业界第一款无线搜索技术,以便将HTML即时转换为针对WAP、i-mode、J-SKY和EZWeb优化的格式。

3. 广告相关性投放实现技术

Google爬虫对广告显示页进行抓取,首先对网页进行降噪处理,通过信息块之间的关联找到正文所在的信息块,剔除导航、广告、版权信息等无用信息块。得到正文块后,对正文进行分词处理,得到关键词序列。最后利用已经通过机器学习技术获得的每个分类在特征空间上的聚类中心进行计算,得出该网页属于某个分类的概率。对于高出一定分类阈值的网页投放相关分类下的广告。

4. 作弊点击分析技术

Google 并不是单纯地使用编程技巧,如检查 IP 是否重复来判断作弊点击,而是把所有的点击及页面访问历史信息都记录了下来,保存到一个设计良好的点击流数据仓库中。对数据仓库中的数据进行数据挖掘得到由多个因素参与的计算模型,最后给出一次点击成为作弊点击的概率,通过当前阈值来过滤作弊点击。这些参与因素包括整体点显比、单 IP 点显比、时间段因素、时间差因素(网页的显示和点击广告间的时间差,以及广告打开和关闭的时间差)等。

2.2.4 经营模式

从诞生到现在,Google 的发展才经历了短短的十余年,之所以现在成为互联网世界的微软,正是由于其独特的经营模式。同时,Google 的经营策略和成功模式的魅力正受到越来越多企业的效仿和借鉴。

1. 基于本土化的全球化经营战略

Google 的使命是整合全球信息,其目标用户是全球网民,因此,Google 一开始就确立了其全球化的经营战略,面向全球众多国家提供服务,开发出数十种语言的版本,其员工遍布全球,全球业务收入与日俱增。在全球化过程中,Google 高度重视互利合作并且广泛建立合作关系,从而构建了覆盖全球的价值网络。

但是,任何一家企业不可能用统一的模式去经营全球的业务,因此,全球化之后自然就是在每一个国家的本土化,Google 的本土化经营策略在中国市场得到了很好的体现。Google 在中国组建 Google 中国公司,并不惜冒着被微软起诉的风险在公司组建之初聘请了拥有华人背景的李开复担任 Google 中国总裁。同时,还在上海建立了 Google 在中国的研究院。除了大规模的招聘本地人才之外,Google 还在中国寻找代理商,开展在中国的搜索广告业务。2005 年 8 月,Google 的中国首家代理商中企动力高调在媒体面前亮相,随后,Google 又宣布了两家合作伙伴上海火速和厦门中资源,正式授权它们代理销售 Google 的 AdWords 关键词广告服务。从引进李开复出任 Google 中国区总裁,到在华成立工程院,再到设立的广告代理商,这些都说明了 Google 在中国成功地实施了本土化经营策略。

2. 以用户为中心的口碑经营策略

Google 能够成为全球领先的著名互联网品牌,有多方面的因素,但最重要的一点是 Google 始终以提供最佳的用户体验为其中心任务。无论是用户研究、统计分析、使用测试等都积极让用户参与。虽然很多企业都主张客户利益优先,但是它们最终难以抗拒各种诱惑,往往会牺牲客户的少量利益来增加股东价值。而 Google 的一贯态度是:如果所做的更改不会给网站访问者带来好的体验,则将坚定不移地予以拒绝。Google 的网站设计就充分体现了以用户体验为中心的理念,其网页界面清楚易用、加载速度快,而且绝对不出售搜索结果中的排名位置,以不影响用户的体验。

正是因为始终秉承以用户为中心的理念,Google 在网民中树立了良好的口碑,并借此提升了品牌的知名度和美誉度,这种口碑营销策略产生了很好的效果,不但使 Google 的用户数量和市场份额大幅增加,而且也使"Google"成为网络搜索引擎的代名词。即使没有做过一次电视广告,没有粘贴过一张海报,也没有做过任何网络广告链接,Google 还是赢得了互联网上最忠诚的用户群体,用户数量不断增长,市场份额不断扩大,巨大的用户市场为其带来了巨大的商业价值。

3. 直销加代理的客户渠道策略

Google 在进入一个国家后,一般采取两种销售渠道,一种是针对大客户的直销,另一种是针对小客户的渠道代理。例如,Google 在中国就有几十家渠道代理商,并有专门的渠道销售公司来管理这些渠道代理商,Google 对渠道代理商的选择和考核都有严格的标准。

2.2.5 管理模式

1."小团队"式的组织管理

Google 一直寻求自由与纪律的完美结合,在组织架构设置上,采用的是一种小团队管理模式,也就是将有智慧有激情的员工针对关键问题分成几个人的小团队,组成扁平化的组织,以海量的计算资源和数据作为支持,同时允许工程师抽出 20% 的时间,根据兴趣自己确定研究方向。Google 维系小团队管理的秘密武器就是 70/20/10 模式,即 70% 精力做搜索,20% 做相关的开发,其余的 10% 做一些从来没有推出的全新产品的研发。

Google 的小团队管理的优势在于:一是能够让 Google 员工增加尝试的机会,不断尝试尽量多的新生事物;二是改进员工的工作氛围,让小组有决策权,在开发过程中让他们觉得自己拥有决定方向的自主权;三是能够降低团队内部的协调成本。

2."创新、民主"的文化管理

Google 是以研发人员为中心的公司。因此,Google 倡导并鼓励一种创新、民主的企业文化。从工程师的观念创新落实到产品设计营销,最后延伸到管理,这在每一个环节都有体现。Google 拥有文化委员会,在督导文化推广的同时,也倡导一些活动主题,由员工来组织相应的活动,如社区活动、环保活动和资助残疾人活动等。员工拥有更多的主动权,参与的兴趣也会更加浓厚。Google 的老板与员工之间没有强烈的职位等级观念,其更倡导民主的工作氛围,员工可以随时表达自己的想法甚至提出与管理层不同的想法。

3."充分自由度"的工作时间管理

Google 的员工所享受的工作时间的自由度是很大的,Google 充分相信员工,把工作时间的掌控权交给员工,由员工根据自己的喜好自由安排时间。员工可以选择在自己喜欢工作的任何时间里工作,可以凌晨工作或者晚上工作而白天休息,也可以连续工作几十个小时后再好好休息。此外，Google 给每位工程师 20% 的自由支配时间，让他们将这些时间用于做自己喜欢的事情，寻找新的创意，开创新的项目。很多员工利用这些时间将自己创新的想法变成现实产品，事实上，Google 推出的很多产品都是员工用 20% 的个人时间设计完成的，这些产品却都非常成功。Google 非常鼓励这种创新，而且会根据员工的发明、创造以及给公司带来的回报对员工进行各样的奖励。

4. "注重绩效"的人力资源管理

Google 一直秉承"只雇用最聪明的人"的人才选用宗旨，相信只有"最聪明的人"才能在这个全新的互联网领域不断创新。因此，Google 非常重视人才的引进和晋升。

公司创办初期，Google 的两位创始人会参与所有应聘人员的面试，后因公司规模不断壮大而放弃，但即使到了今天 Google 两位创始人仍然会审查招聘委员会每周的工作情况，并对一些应聘者的资格提出意见。Google 最终获得工作职位的应聘者平均需要通过 6 次以上面试，人力资源部、岗位需求部门、甚至跨部门或跨区域的人员都会参与面试，每个面试者都要写下评语，每个人的评语都可能影响应聘者的录取。这样做有三个目的：第一是确保最终进入 Google 的员工真正适合跨部门、跨区域的工作；第二是考察面试人员的协作能力；第三是考察应聘者是否符合公司的文化。Google 非常鼓励内部员工推荐应聘者，如果员工推荐的人才最终被 Google 录用公司会对员工进行奖励。而且，Google 实施了"全员持股"计划，在公司上市之前给公司所有的员工都派发了股票期权，共派发了 2 千多万股股权，平均每股作价只有 5.21 美元，借此吸引一大批有能力且忠实的员工。

Google 员工的晋升强调民主和自由。在每年一到两次的晋升机会中，如果员工觉得自己合适，就可以在系统中提出申请，不必非要等主管提拔才行，只要同事认可并顺利通过审核就可以实现。

对这些"最聪明的人"，Google 具有非常完善的、基于团队的考核机制，员工每个季度都有自己明确的工作目标，而且因为公司有自己的网络管理平台，如工程师每周的项目做到了什么程度。这对所有员工都是透明的，这为员工的绩效考核提供了很好的管理工具。Google 的考核分不同的等级，对排在末位的员工有相应的帮助措施。Google 特别重视排名最靠后 5% 的员工，公司将集中找出原因发现问题，建立信心帮助其赶上来，但也不排除会将一些人淘汰出局。而对最好的 5% ~ 10% 的员工，每年都会得到充分的奖励和荣誉。Google 的人才流失率一直低于行业水平，这也从一个侧面证明了 Google 在绩效管理工作上的创新是卓有成效的。

2.2.6 资本模式

Google 在发展过程中，其资本运营大致有四种模式，即创始人投资、吸收风险投资、上市融资、收购。

1. 创始人投资

1998年9月，拉里·佩奇和谢尔盖·布林投资100万美元在加利福尼亚州创立建立了Google公司，开始了其创业生涯。

2. 吸收风险投资

Google的规模不断扩大，很多风险投资机构在Google身上看到了希望。1999年6月，硅谷最有名的两家风险投资公司克莱那·巴金斯(Kleiner Perkins Caufield & Buyers)和美洲杉(Sequoia Capital)同意向Google投资2500万美元，两家公司各自拥有Google约11%~14%的股份，Google两位创始人分别持有16.5%和16.4%的股份。这次融资是在Google的规模不断扩大的基础上完成的，正好满足了Google规模不断扩大在资金方面的需要，从而为Google后来的发展奠定了基础。作为Google的首位外部投资者，公司创始人之一的AndyBecht sheml还在1998年投资了20万美元购买Google的股票。其他的投资者还包括创始人的母校斯坦福大学、网景创始人、eBay创立者以及Google的竞争者雅虎等。

3. 上市融资

2003年10月，Google开始讨论首次公开募股(Initial Public Offerings, IPO)，2004年8月，Google在纳斯达克(Nasdaq)上市，首次公开募股的19 605 052股被以每份85美元的价值出售，其中，14 142 135股被Google筹得，5 462 917股卖给其他股东，销售总额接近16.7亿美元，其中大约12亿元在Google里。目前，Google股票中的2亿7100万股在自己的掌控中，IPO总共给了Google超过230亿美元的市场资本，是Google获得快速发展的资本。

4. 收购

Google在快速扩张过程中，其收购的步伐也紧锣密鼓，从2001年起，有近40家公司被Google收购，比较重要的收购主要有：2005年，Google收购了Android智能手机平台，向手机厂商免费提供Android软件，通过Android市场份额的增长，提高Google移动搜索的实力；2006年10月，Google以16亿美元收购了世界上最大的视频分享网站YouTube；2007年4月，Google以31亿美元收购了世界上最大的网络广告公司DoubleClick，以巩固其在网络广告市场的领先地位；2010年8月，Google以接近2亿美元收购了社交游戏开发公司Slide，以强化其有一定社会化元素的服务(如Gmail、Google Docs、Blogger、Picasa和YouTube等)；2010年8月，Google以1亿美元收购了视觉搜索引擎网站Like.com，以强化其视觉搜索技术，为进一步发展其购物搜索服务提供技术支持；2011年8月，Google以每股40美元(总价约125亿美元)的现金收购摩托罗拉移动，以获得更多移动领域的专利，增强整个Android生态系统。

2.2.7 总结与建议

1. Google与百度的比较

Google与百度的共同点是为广大网民提供搜索服务，从而吸引大量网民使用其搜索服务，在此基础上，推出关键词广告，从而获得收入。但是，Google 与百度不同的是，Google 已经充分实施了其全球化战略，而且比较成功，而百度的全球化战略才刚刚开始，并且未取得明显的效果。从目前的情况来看，与 Google 相比，百度在中国占有绝对优势，而在世界范围内，百度与 Google 相比，还存在很大的差距。

百度的优势表现在四个方面：一是百度对中国人上网习惯、中国市场行情和文化习惯的理解比 Google 更深入；二是百度在中文搜索技术（如中文分词）方面比 Google 有优势；三是百度对中国的法律理解比 Google 更透彻，并能够遵守；四是百度在中国已经形成一家独大的局面，其市场份额与 Google 相比已经占有绝对优势。

Google 的优势表现在三个方面：一是 Google 在服务和技术创新方面要强于百度；二是 Google 能够做到以用户为中心，而百度做不到，百度的商业气味太浓，所以 Google 的口碑明显优于百度；三是 Google 已经实现全球化，成为全球最大搜索引擎，而百度还没有实现全球化，Google 在全球的市场份额与百度相比占有绝对优势。

2. Google 成功的因素

1）起步较早、策略得当

Google 筹备于 1996 年，成立于 1998 年，在搜索引擎行业属于起步较早的企业，Google 抓住这个机遇，以用户为中心，为用户提供人性化的搜索服务，迅速在美国发展起来，成为美国第一大搜索引擎，而后 Google 又立足美国，采用"国际化 + 本土化"的经营策略，向全球其他国家扩展，最终成为全球最大搜索引擎。

2）强大的技术实力

Google 两位创始人都是技术出身，他们在成立 Google 公司前就在研究搜索技术，Google 公司在创立之初就拥有自己的核心技术，Google 公司在成立之后依然很重视技术，一直致力于技术的创新，包括搜索技术创新、服务器技术创新、软件技术创新等。

3）服务的不断创新

Google 从成立以来，一直以用户为中心，围绕用户的需求开发出许多新的搜索服务，以满足用户的搜索需求，如地图搜索、购物搜索、图书搜索、学术搜索、无线搜索等。目前，Google 的搜索服务已经形成了以综合网页搜索为核心，其他垂直搜索高速发展的局面。

3. Google 面临的挑战

尽管 Google 在搜索引擎行业起步较晚，1998 年才正式成立，但是，Google 抓住搜索市场发展机遇，以用户为中心，凭借强大的技术实力和不断的技术创新，为用户提供人性化的搜索服务，并采取"国际化 + 本土化"的经营策略，迅速成为全球最大搜索引擎。但是，在其发展过程中也将面临着不少的挑战。

1）本土化战略遇阻

尽管 Google 前期的本土化经营是成功的，也为 Google 在全球的迅速扩展提供了巨大的帮助，但是，目前 Google 在很多国家（如中国、法国、英国、德国等）的本土化都遇到了问题,尤其是法律、法规方面的问题。2010年初的Google退出中国风波就充分体现了Google与中国法律的冲突。同样,Google在很多国家都遇到了法律问题:在法国,Google曾经因为扫描图书并将其摘要放到网络上的行为违反了版权保护法,被判向法国出版商支付30万欧元赔偿金和利息,并停止侵权行为;在德国,曾经因为未经许可盗用摄影和漫画作品,Google图片搜索功能被判侵犯他人版权;在英国,Google推出的产品"街景"曾经因为触犯隐私而遭投诉。

2)其他搜索引擎的竞争

2011年第一季度,Google在全球仍然保持主导地位,Google在美国、英国、法国、德国和澳大利亚的市场份额都占绝对优势,都在79%以上,在日本也超过了50%的市场份额。但是,它也面临着其他搜索引擎激烈的竞争,在美国有微软与Yahoo的合作带来的巨大压力,在日本面临Yahoo的激烈竞争,在其他国家都存在该国家本土搜索引擎的竞争。尤其是在中国,百度的市场份额在70%以上,而Google只占10%多一些。

3)其他网站的竞争

从商务模式角度来看,搜索引擎只是一种互联网的商务应用模式,不同种类的网站可以为企业提供不同的网络营销形式,搜索引擎提供的关键词竞价排名也是众多网络营销形式的一种。其他种类网站的流行和发展,会吸引大量的用户,使得这种网站提供的网络营销形式更有价值,从而使得很多企业在做网络营销时会选择这种网站,造成投向其他网站(包括搜索引擎)的费用减少。例如,社交网站Facebook,其广告业务的增长十分迅速,而且有超过1/3的广告商认为Facebook的广告平台比Google要更加有吸引力,这就会造成大量的企业将大量的资金投向Facebook,而减少在Google的投放。

2.3 案例2:百度搜索引擎

2.3.1 基本情况

百度搜索引擎(http://www.baidu.com)属于综合搜索门户,也是全文检索搜索引擎,是目前全球最大的中文搜索引擎,由李彦宏与徐勇2000年1月创立于北京中关村。2000年5月,百度首次为门户网站——硅谷动力提供搜索技术服务,之后迅速占领中国搜索引擎市场,成为最主要的搜索技术提供商。2001年8月,百度发布搜索引擎Beta版,从后台服务转向独立提供搜索服务,并且在中国首创了竞价排名商业模式,2001年10月22日正式发布百度搜索引擎。2005年8月5日,百度在美国纳斯达克上市,上市当日即成为该年度全球资本市场上最为耀眼的新星。2008年1月,百度日本公司正式运营,国际化战略全面启动。2009年,百度推出全新的框计算技术概念,并基于此理念推出百度开放平台,同年4月,百度正式推出搜索推广专业版,即凤巢推广系统。2011年6月,百度推出移动框计算技术概念,并基于此理念推出百度移动开放平台。百度曾经获得的主要荣誉有:中国十大世界级品牌(由英国《金融时报》评选)、亚洲最受尊敬企业、全球最具创新力企业、中国互联网力量之星等。

百度搜索引擎的价值网络以百度为核心，涉及搜索用户、推广客户以及联盟客户，它们之间的关系如图2-2所示。百度为搜索用户提供搜索服务，搜索用户免费使用搜索服务，当搜索用户数量达到一定程度时，百度就开始为推广客户提供推广服务，推广客户需要付费才能使用百度的推广服务。另外，百度利用自己的优势可以把众多中小网站(联盟成员)联合起来，在联盟成员的网站上为推广客户有偿提供广告服务，百度将获得的收入按一定比例给联盟成员分成。

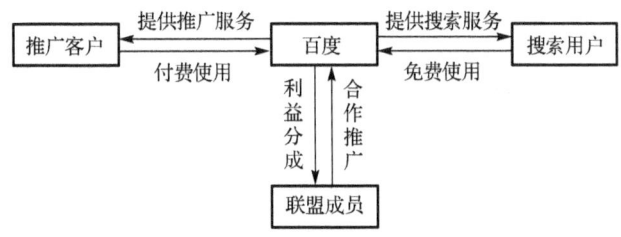

图2-2 百度搜索引擎价值网络

2.3.2 商业模式

1. 愿景与使命

从创立之初，百度便将"让人们最便捷地获取信息，找到所求"作为自己的使命，成立以来，公司秉承"以用户为导向"的理念，不断坚持技术创新，致力于为用户提供"简单，可依赖"的互联网搜索产品及服务。在此基础上，百度以不断推进和催熟中国电子商务市场为目标，创新性地推出了基于搜索的营销推广服务，并成为最受企业青睐的互联网营销推广平台。

2. 目标用户

百度搜索引擎的目标用户主要包括两类，一是需要搜索信息的普通网民，二是需要在搜索引擎上做推广的企业。

1) 需要搜索信息的普通网民

百度是全球最大的中文搜索引擎，其用户主要集中在中国，2015年初其在中国的搜索引擎市场份额超过50%，根据CNNIC统计，截止2015年6月底，中国搜索引擎用户规模超过5亿，因此，百度在中国市场的普通网民用户数量应该超过2.5亿。

2) 需要在搜索引擎上做推广的企业

由于百度有庞大的免费搜索用户群体，因此，百度搜索引擎就具有了很高的广告价值，以至于许多在中国开设业务的企业在百度投放搜索推广广告。但是，在百度庞大的客户群体中，中小企业是主体，大型企业所占比重较小，而大型企业和中小企业在搜索引擎广告投放规模上存在很大的差别，百度需要努力提高其大型企业客户的数量。

3. 产品与服务

1) 免费搜索服务

百度向用户提供免费的中文互联网搜索服务，使用户能够在网上找到自己需要的信息，包括网页、音乐、地图、图片、视频等。

2) 搜索推广服务

百度为其客户提供基于PPC（Pay Per Click，点击付费广告）的搜索推广服务。百度基于PPC的搜索推广服务使得客户可以针对关键字搜索结果中的优先展示位置进行出价。百度搜索推广服务允许客户使用文本链接和图形链接。

3) 百度联盟服务

百度联盟包括许多第三方网页内容和软件供应商。百度联盟的成员可以显示内容与其匹配的百度客户的促销链接，一些百度联盟成员的网站还包括百度搜索框和工具条。百度为这些联盟成员的用户提供高质量和相关的搜索，作为回报，百度获得增加流量带来的收益。当百度客户的促销链接显示在百度联盟成员的网站上时，百度与联盟网站分享点击带来的收益。

4) 百度开放平台服务

2009年，李彦宏提出了框计算技术概念，2010年百度基于该概念推出了开放平台服务。框计算能够为用户提供基于互联网的一站式服务，是一种最简单可依赖的互联网需求交互模式，用户只要在框中输入服务需求，系统就能明确识别这种需求，并将该需求分配给最优良的应用或内容资源提供商处理，最终返回给用户相匹配的结果。"框"是用户需求的输入端口，可以收集和分析用户的需求。"计算"实现对用户需求的精准识别分析，对用户需求资源的对接整合、匹配与调度。百度开放平台服务一端针对用户，一端针对信息和应用提供者，该平台可以识别用户的需求，允许信息和应用提供者向该平台提交自己的信息和应用，然后将用户的需求与信息或应用提供者提供的信息或应用相匹配，从而为用户提供更好的服务，为提供者提供信息或应用的发布平台。

5) 其他服务

百度还提供基于在线社区的百度贴吧、百度知道、百度空间、百度百科和Baidu Hi即时信息服务等产品和网络聚合服务——百度文库。

4. 盈利模式

1) 收入模式

2015年第二季度，百度总营收为165.75亿元人民币，与上年同比增长38.3%。具体来说，百度的收入来自以下几个方面。

（1）搜索推广收入。以竞价排名为主的网络营销是百度最重要的收入来源。百度在2009年第四季度完成了搜索营销经典版（即竞价排名）到搜索营销专业版（即凤巢系统）的全面切换。在原竞价排名的机制下，百度将普通的搜索结果和竞价排名的搜索结果排列在一起，仅在相关搜索结果的右下角以"推广"二字标出。启用凤巢系统之后，百度在普通搜索结果的最上方和最下方分别开辟了两个广告区域,以较深的底色、并在右上角标注"推广链接"字样等方式与普通的搜索结果内容进行显著的区分,并且每个区域的推广链接一般不会超过三条,三条以后的推广会展示在页面的右侧。

(2)品牌专区收入。百度品牌专区是在网页搜索结果最上方为著名品牌量身定制的资讯发布平台,是为提升网民搜索体验而整合文字、图片、视频等多种展现结果的创新搜索模式。在品牌展示区上,企业官网的丰富资讯以精选和更为直接的方式展现在网民面前,众多网民也得以更便捷地了解品牌官网信息,更方便地获取所需企业资讯。其展现形式为:主标题+描述+品牌logo+栏目+右侧擎天柱。

(3)百度联盟收入。百度联盟一直致力于帮助合作伙伴挖掘专业流量的推广价值,帮助推广客户推介最有价值的投放通路,是国内最具实力的互联网联盟体系之一。目前,百度联盟已成功拓展和运营了搜索推广合作、网盟推广合作、知道内容合作、百度TV等业务。

(4)品牌关联广告收入。百度品牌关联广告是以主题关联或受众关联整合广告资源,贯穿百度网页、贴吧、知道、新闻各个频道的新型广告形式。品牌关联广告上线于2008年第2季度,在消费电子类、IT类、通讯服务类、快消类等行业投放最为显著。奥运期间,关联广告凭借其新颖的广告形式、大展现量、超值的售卖策略,吸引了如汇源、仁和、康师傅、移动、肯德基等一些重点大客户的投放。关联广告的售卖方式及广告形式都很灵活,能够满足不同广告主的多种需求,售卖方式是按照天或月以关键词和目录进行售卖。各频道广告形式都不尽相同,如贴吧的标签、知道的flash翻页、新闻的图文画中画、网页的擎天柱及图片的图文并茂,结合各频道特点做到精准定向投放。

(5)百度开放平台收入。百度开放平台可以通过对数据或应用直接收费、在数据或应用中植入广告、免费应用捐赠等方式获得收入,收入的70%分给数据或应用的提供者,收入的30%归百度所有。其中,免费应用捐赠是指从数据或应用中获益的用户通过适当的方式以捐赠的形式把费付给开发者,不强制收费。

2)定价模式

百度采用固定付费、展现量付费和点击付费模式相结合的定价模式,其中,品牌关联广告按天或月固定付费,搜索营销和百度联盟按点击次数付费,品牌专区则按日均展现量总和、品牌知名度、行业特征等商业因素制定。

5. 核心能力

百度的核心竞争力体系遵循的是楔形布局。楔子要打到墙里,尖端是否锐利很重要,但楔子的破坏性有多强,究竟能在墙面挤压出多大的空间,其中端、后端的沉稳与厚重才是关键。百度这个楔子的前端是搜索技术,中端和后端分别是围绕尖端搜索技术搭建的搜索平台和用户搜索体验。正是依赖这样一种"楔形竞争力",凭借从技术到平台、到用户体验的全方位渗透,目前,百度在中文搜索领域中所占的市场份额遥遥领先其他竞争对手,并一直保持迅猛的上升势头。

2.3.3 技术模式

1. 基础服务技术

百度每日承载数亿次点击访问,这需要庞大的支持检索及索引存储的运算集群,而运算集群中服务器上的存储技术是至关重要的,为此百度研发了闪存(Flash Memory)技术用以代替硬盘。与当前广泛采用的普通硬盘存储相比,百度配备的基于闪存的存储卡,可使得单台存储设备的内部读写性能提升100倍,响应速度提升3倍,整机性能提升1倍,而能耗大大低于普通的硬盘存储。此外,由于闪存内部不存在机械设计,传统硬盘所惧怕的震动、尘埃侵入、高能耗等问题也迎刃而解。闪存(Flash Memory)技术的实施极大地提高了百度的服务能力和检索速度,同时也降低了能耗,网民和百度都能从中受益。

2. 用户服务技术

1) 超链分析技术

超链分析技术,是新一代搜索引擎的关键技术,已为世界各大搜索引擎普遍采用,百度总裁李彦宏就是超链分析专利的唯一持有人。超链分析就是通过分析链接网站的多少来评价被链接的网站质量,这保证了用户在百度搜索时,越受用户欢迎的内容排名越靠前。

2) 中文分词技术

查询处理与分词是中文搜索引擎必不可少的工作,而百度在"中文分词"方面具有其他搜索引擎所不具有的关键技术和优势。百度有一个很庞大的词库,其中包含了很多的人名、地名、公司名等,再加上正向最大匹配、反向最大匹配、双向最大匹配、最短路径方法等技术能很好地满足用户的搜索要求。

3) P4P 技术

百度使用的 P4P 拍卖系统使客户能够对关键字搜索结果中的优先展示位置进行出价并且能够在百度及其联盟站点自动传递相关的、定位的促销链接。百度的智能排名系统会考虑一个关键词的质量因素以及对关键词的出价因素。关键词质量因素取决于关键词的相关性,关键词相关性的确定基于过去的搜索和点击结果分析,到客户网站的链接根据复杂的排名指标来排名。

4) 框计算技术

百度框计算技术的实现有以下几个过程:第一,用户的任意一个需求被提交到"框"里;第二,"框计算"经过一系列复杂的需求分析,包括语义分析、行为分析、智能人机交互和海量计算技术,将用户的需求分发给"框计算"后台单个或多个对应的数据或应用所响应;第三,"框计算"背后的资源平台是开放的,框计算平台提供了大量即插即用的接口,各种数据和应用可以主动与框计算平台对接,使自己有机会来响应框所收集到的需求;第四,用户"即搜即得、即搜即用"地获得精准、可靠、稳定的信息或应用需求结果。在整个实现过程中,有两个方面的技术是很重要的:一个是需求分析技术,包括语义分析、行为分析、智能人机交互和海量计算技术,百度通过这些技术获得准确的用户需求;另一个是分发技术,百度通过分发技术将用户的需求匹配到最接近用户需求的数据或应用,这些数据或应用会被直接展示在搜索结果页面供用户使用。

2.3.4 经营模式

1. 本土化的产品策略

百度最初的经营模式是给各门户网站提供搜索引擎技术,随着百度市场影响力的扩大,2001年8月,百度发布了baidu.com搜索引擎Beta版,从后台服务转向独立提供搜索服务,并且在中国首创了竞价排名商业模式。2009年,百度推出全新的框计算技术概念,并基于此理念推出百度开放平台,同年4月,又正式推出搜索推广专业版,即凤巢推广系统。百度在中国搜索引擎市场的快速发展与其本土化的产品策略是密不可分的,其搜索引擎技术最适合中国网民的搜索习惯,竞价排名推广模式迎合了中国广大中小企业网络推广的需求,而百度提供的基于在线社区的百度贴吧、百度知道、百度百科、百度空间和Baidu Hi即时信息服务等产品和百度文库等网络聚合服务很好地满足了中国网民社交、沟通、获取知识等现实需求,借此聚合了大量基础用户。

2. 以渠道代理为主的分销策略

早期的百度,将客户分销重点放在了渠道代理上,在全国发展渠道代理商。在渠道建设上,百度采用的是区域独家总代理制度,即在每一个地区内,所有的客户从新开户到后续服务都由独家总代运营的当地营销服务中心来全权负责,以更好地服务本地客户。目前,百度已经在全国发展了几十家渠道代理商。渠道的快速成长也让百度看到了潜在的危机,2005年后百度连续收购了多家渠道代理商成为其全资子公司,并通过他们开展直销业务。

3. 主题鲜明的促销模式

百度的推广客户主要集中在中小企业,2010年,百度服务的中小企业数量就超过40万家,同比增长了30%。针对中小企业的实际和地方政府对发展中小企业的需求,百度每年都有针对中小企业推广,开展主题鲜明的全国推广活动——"百度营销中国行",以主题讲演、经验分享、现场演示等多种形式,将以搜索推广、网盟推广为核心的诸多营销工具推荐给广大客户,并为普及网络营销知识、破解中小企业发展难题提供针对性的辅导和帮助,使中小企业能够顺畅地实现自身的变革与转型,提升竞争力,促进地区经济繁荣和经济发展方式转型。例如,2010年"百度营销中国行"的主题是"框广天地·搜赢未来",2011年"百度营销中国行"的主题是"搜赢天下·智引未来",这次推广活动横跨中国150个城市,向约10万家不同行业、不同地区的企业传授搜索营销等新兴营销方式。

在每年的"百度营销中国行"活动中,百度总裁李彦宏都要亲自奔赴全国主要城市发表演讲,同时和各地政府、企业家、媒体、互联网从业者等交流和沟通,以扩大百度在当地的影响和建立良好的互动关系。

4. 合作共赢的竞争模式

尽管百度在中国市场占有绝对优势，但是，也面临着不小的竞争压力，既有来自 Google 等同类搜索产品和服务的竞争，也有来自阿里巴巴等其他服务于中小企业推广的网站的竞争。面对来自多方面的竞争，百度从三个方面开展了合作共赢的经营模式。一是加大投入推广百度联盟，2010 年通过提高网盟推广的分成比例有效提高了站长收益。二是积极与地方传统媒体合作，建立地方性综合门户网站，以扩大其在互联网媒体领域的影响，获得与综合门户的竞争能力。例如，百度与河南商报推出的郑州地区流量最大、影响力最广的地方门户网站——河南一百度，旨在全面服务郑州市民生活，打造郑州人最温暖的网上家园。三是基于框计算的理念推出开放平台服务，企业或个人提供的各种数据或应用都可以通过该平台提供的开放接口提交上来，通过平台提供的分发程序与用户的需求匹配，供相应的用户使用。百度允许数据或应用的提供者通过直接向用户收费、在数据或应用中植入广告、免费应用捐赠等方式获得收入，用户可以得到收入的 70%，百度还通过百度应用成长基金向用户提供资金资助。百度通过这种方式可以吸引大量的各个领域的合作伙伴加入，形成开放、创新、共赢的生态圈，以提高与阿里巴巴等电子商务生态系统的对抗能力。

2.3.5 管理模式

1. 创新管理

百度一直奉行简单、可依赖及平等的企业文化。在百度，只要高管的办公室门是开着的，任何人都可以进去和他们讨论任何问题，一有想法，就马上去做。就是这种管理文化，保证了百度技术创新的效率，目前，百度每天都有超过 30 项技术和产品更新上线。所以，管理的创新可以营造更有效率的工作环境，自然也有利于提升技术创新效率，更好为网民服务。

2. 放权管理

作为中国知识型企业的代表，百度的管理正在发生一些微妙的转变。这家处在互联网高度竞争潮流中的公司正面临高度不确定性，其组织与管理正偏离传统高度集中的决策模式而转向放权管理。管理层努力尝试放权、高度自制，树立成果导向的标准，从而让第一线的员工拥有更多的自主性。这也使得百度始终能够根据用户需求和市场环境的变化进行调整，具有极强的学习能力和适应能力。

3. 人力资源管理

百度也如同其他高速发展的知识型公司一样，正在经历一些年轻公司在爆发式增长期都要经历的人才问题。百度在引入人才上一直非常积极，总结自己的"挖人"经验，百度认为，那些通用类的技能职位就可以大胆地挖，如市场、公关、会计等岗位。但是，那些技术、产品等职位就需要靠内生，从内部培养、提拔。这也成了现在百度人力资源部门正在忙碌的事：加紧制定一系列内部培训政策，计划从内部提拔起一批中坚力量。

在发现人才方面，百度有五大法则。一是多角度面试。百度引进任何人才，都会安排多个同事对候选人进行多角度评估，然后根据汇总结果进行最终决策。一般情况下，对于中层以上的职位，百度会安排8个人左右进行面试，对于高管岗位，则至少安排4人进行面试。二是背景调查。这是管理规范的企业普遍使用的——通过候选人的直接上级或同事，多方面了解其德与才是否符合百度的要求。三是降级录用。这是百度与很多企业不同的地方，一般情况下，别的企业的副总到百度以后只能担任总监职位，别的企业的总监到百度只能担任高级经理的职位。四是证明自己。任何人来到百度，只有用实践结果证明能力以后才能获得提升。很多公司为了让员工出去谈业务的时候有个好的身份，随便给员工某个很好听的职务名称。而百度对于给予某人什么样的职务头衔十分苛刻和慎重。五是循序渐进。职位不但代表着权力，更代表着责任。百度在实践中锻炼和培养人才，不断给予其新的职责，根据其履行的情况检验其能力，职位由低到高，职责由小到大，循序渐进地培养人才。

2.3.6 资本模式

百度在发展过程中，其资本运营大致有三种模式，即风险投资、上市、收购。

1. 风险投资

百度于1999年获得Draper Fisher Jurvetson ePlanet Ventures的120万美元投资，2000年获得IDG Technology Venture Investment的1000万美元投资，2004年获得Integrity Capital、Penisula Capital、Google、chinavalue、Venture TDF China Equity、BridgerManagement、Draper Fisher Jurvetson ePlanet Ventures和IDG Technology Venture Investment等8个投资人共1000万美元的投资。风险投资的加入，使百度及时解决了快速发展的资金瓶颈。

2. 上市

2005年8月5日，百度在纳斯达克上市，一举打破首日涨幅最高等多项纪录，并成为首家进入纳斯达克成分股的中国公司，成为2005年全球资本市场上最为引人注目的上市公司，百度由此进入一个崭新的发展阶段，并于2011年3月市值超过腾讯成为中国互联网企业市值第一。

3. 收购

近些年，为了迅速扩张势力范围并巩固中文搜索服务的地位，百度多次耗费巨资将涉及各类互联网服务的多个公司收购。2004年8月，百度为了稳固和扩大在中文搜索市场的份额并为上市做准备，收购了hao123网址导航网站；2006年6月，百度为了打造"客户端+在线MP3搜索下载"模式，收购了音乐客户端千千静听；2006年7月，百度收购了三大共享软件发布平台之一的天空下载；2010年12月，百度战略投资家具消费类电子商务平台齐家网；2011年3月，百度投资了房产信息服务提供商安居客；2011年6月百度又宣布向去哪儿网战略投资3.06亿美元，并成为去哪儿网第一大机构股东，占股60%，从而深度涉足垂直搜索市场。

2.3.7 总结与建议

1. 成功的因素

百度成功的因素表现在四个方面,即技术、产品、商业、培训。

1)百度的搜索技术

以中文为主,用词来做搜索,而不是西方以字来做搜索。最基本不同的地方就是使百度成为最好的中文搜索引擎的原因。

2)百度的产品

不只是搜索,已经早已融合了社区产品、知识性高的产品和搜索相比,这些都是国外的搜索引擎公司没有做到的。

3)百度的商业贡献

百度对中国有重大的贡献,这不仅仅是登广告,其实百度是推动了中国的经济发展,中国有数千万的中小企业,其中有数十万已经是百度的广告客户了。这个数字未来可以成长为越来越快,只要中国的经济不断发展,百度的影响也会跟着继续发展。

4)百度的技术培训

百度与其他从海外过来的跨国公司有基本不同的地方,百度的技术是中国人的技术,是自己建造的技术。跨国公司通常都是把他们的核心技术保留在海外,根本不把这些技术带进中国,他们在中国的员工其实是看不到他们这些核心技术的。很多中国人替外国公司做事,最终是替外国人服务,毕竟他们最大的贡献在短期内就是为外国公司在海外赚钱。百度不一样,所有百度员工都是直接地为他们自己、朋友、家人、老乡服务的,这也是百度能够不断地招聘到最优秀的中国人的原因。这些人来到百度,马上就可以接触到最核心的技术、最创新的技术,这也是与其他一些跨国公司不同的地方。

2. 面临的挑战

尽管百度凭借独有的中文搜索技术、融合了社区等产品的产品线、成功的商业推广、有效的培训等优势,在中文搜索领域和中国搜索市场占据了绝对的领先地位,但是,它的发展也面临着诸多的挑战,目前恐怕不能回避的就是其国际化进程的推进、口碑的改善和与阿里巴巴的竞争。

1)国际化问题

2006年12月,百度开始通过搜索服务业务向其他国家延伸来启动国际化航程,2008年1月创建了日本分公司,据日本权威调查机构 Video Research 的研究数据显示,在百度正式进军日本的第一个月中,其PV量就不断攀升,成为日本搜索市场上第四大拥有独立搜索引擎技术的公司,而在图像及视频检索等服务的平均利用网页数和停留时间上,百度在日本更是上升到搜索引擎市场的第一位。

除日本外,百度在其他国家几乎没什么业务。作为成长较快的上市公司,百度必须面对国际市场,成长为一家国际化的网络企业,否则就无法真正让投资者认同。如果说百度在中国的成功源于行业的本质和企业的核心优势,那么在继承优势的同时,国际化成败的关键因素则是国际化的视野和本土化的运营。其中,国际化的视野就是在全球范围内跟同类级的企业相比,要具备共同的能力和视野,而本土化策略是对当地市场的充分把握与了解。

2) 口碑问题

百度搜索引擎的竞价排名系统一直是毁誉参半,百度引发的竞价排名争议主要表现为两个方面:一是对广告主资质和广告内容怠于履行审查义务,收费的垃圾广告或者虚假广告泛滥,导致搜索引擎用户不满;二是竞价排名消费的不透明,导致广告商质疑其点击欺诈。这些问题一直是这几年困扰百度的突出问题,恐怕百度在未来的时间里也很难轻易地改变这种口碑状况。

3) 与阿里巴巴的竞争问题

百度与阿里巴巴是直接竞争对手,其竞争主要表现在两个方面。

一是阿里巴巴 B2B 平台与百度搜索服务的竞争。阿里巴巴 B2B 平台为中小企业提供交易平台,中小企业可以在阿里巴巴 B2B 平台建立商铺,这个商铺其实就是一个二级网站,买卖企业进入阿里巴巴 B2B 平台就可以查找对家企业或产品的信息,而这些信息其实是在商铺中的,也就是说,买卖企业在阿里巴巴 B2B 平台上查找的对家的信息其实主要是二级网站中的信息,而随着平台中企业数量的增多,二级网站的数量也在增多,这就造成了在平台中查找信息的困难,所以阿里巴巴在其 B2B 平台上提供站内搜索功能,并在此基础上提供类似搜索引擎竞价排名的网销宝服务。而百度是通过在 Internet 上收录其他企业的网站或竞价排名服务供用户搜索其需要的信息,用户在搜索结果中点击后会到达相应企业的网站,并在企业网站上看到相应企业的相关信息。从上面的分析我们可以看出,不管是百度还是阿里巴巴,用户最终看到的信息都是企业网站上的信息,而这些信息主要都是通过搜索引擎搜索出来的,只不过通过百度搜索到的是企业放在 Internet 上的企业独立网站中的信息,而通过阿里巴巴 B2B 平台看到的是企业在阿里巴巴 B2B 平台创建的二级网站的信息,而且二者同样都提供搜索竞价服务。阿里巴巴 B2B 平台的优势在于其在主要功能基础上提供的一些辅助商务功能,百度的优势在于其搜索面更广。假如,所有企业都在阿里巴巴 B2B 平台上建立商铺,那么从商务角度讲,二者几乎没什么区别。所以,百度和阿里巴巴是直接竞争对手。因此,阿里巴巴才会收购雅虎中国,进入搜索引擎领域,以增强其与百度竞争的实力。

二是百度和阿里巴巴搜索服务的竞争。阿里巴巴收购雅虎中国后,也在做搜索引擎,百度的主要业务也是搜索引擎,所以,从这个角度来讲,百度和阿里巴巴也是直接竞争对手。

在百度与阿里巴巴的竞争中,百度应该注意三点:一是扩大其收录源,收录更多的网站信息;二是提供更优质的搜索服务,吸引更多用户使用;三是提供更优质的竞价排名机制,吸引更多的企业客户。

2.4 案例3：一淘商品搜索

2.4.1 基本情况

一淘网(http://www.etao.com)属于垂直搜索引擎，也是全文检索搜索引擎，是目前国内最大的商品搜索引擎，由阿里巴巴于2010年10月创建，最初一淘网是针对淘宝网商品的比价搜索，其很快推出了开放搜索功能，通过开放搜索，外部的独立电子商务网站可以和淘宝旗下的一淘网实现无缝对接。用户只要在一淘商品搜索页面中输入想要检索的关键词，就能搜索到全网的商品。2011年6月，淘宝集团将一淘网从淘宝网分拆出来形成独立的品牌。为了进一步发展壮大一淘网，2011年11月阿里巴巴宣布向一淘网投入10亿元。2011年一淘网开通海淘频道，2011年9月，以Stylenanda为代表的近7家韩国时尚女装网站接入一淘网。11月，一淘网继续拓展，亚马逊、沃尔玛、百思买等全球知名零售商的官网也出现在搜索结果中。2013年4月，一淘网提出，拟将一淘网账号和海外商家网站实现打通，并帮助用户选择和联系转运公司，实现一站式海外购物。2014年6月，新版海淘上线，推出海淘团购项目，以更低的价格、更便捷的方式，为海淘用户提供更多的选择。为了拓展一淘网的业务范围，2013年7月一淘网宣布进军在线旅游，携手各大OTA共建航旅电商生物圈，为消费者提供酒店垂直搜索、比价服务。

一淘网的价值网络以一淘网为核心，涉及购物者和独立的B2C网站，它们之间的关系如图2-3所示。一淘网为购物者提供商品搜索服务，购物者免费使用商品搜索服务，一淘网为独立的B2C网站提高开放搜索服务，独立的B2C网站免费使用该服务，申请一淘认证需要收费。

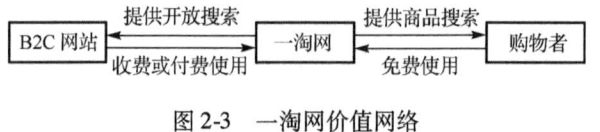

图2-3 一淘网价值网络

2.4.2 商业模式

1. 愿景与使命

一淘网立足淘宝网丰富的商品基础，放眼全网的导购资讯。网站主旨是解决用户购前和购后遇到的种种问题，能够为用户提供购买决策，更快找到物美价廉的商品。一淘网致力于发展成为最有影响力的消费者购物社区，为消费者提供优惠特卖、购物分享和全球海淘的全方位购物服务。

2. 目标用户

一淘网的目标用户主要包括两类，一是需要搜索商品信息的购物者，二是需要推广的独立B2C网站。

1)需要搜索商品信息的购物者

根据 CNNIC 统计,截止 2015 年 6 月底,中国网络购物用户规模超过 3.7 亿,比 2014 年增长了 3.5%,这些人都是一淘网的潜在用户。因此,一淘网在中国拥有庞大的目标用户群体,而且这个群体正在以比较快的速度增长。

2)独立 B2C 网站

由于一淘网拥有庞大的购物用户群体,因此,对于 B2C 网站来说,一淘网就具有了很高的推广价值,以至于许多独立的 B2C 网站加入一淘网的开放搜索服务,以使自己的商品出现在一淘网的搜索结果中,来达到推广商品的目的。B2C 网站还可以缴纳一定的费用来申请一淘认证服务,以提升购物者对 B2C 网站的信任感,从而提高推广效果。

3. 产品与服务

1)商品搜索服务

一淘网主要包括综合、商品、淘吧和网页四大类搜索功能。并推出了特色关键词、数码关注榜、服饰关注榜、母婴关注榜四项服务。另外,一淘还推出了"实时搜索成交"的栏目,方便用户了解相关产品的实际购买情况。

2)代购服务

一淘网通过海淘代购服务打通语言、支付、汇率、物流及售后方面的跨国交易瓶颈,成为国内消费者海外购物的主要渠道,也成为国外电商入华并获得有效流量的重要途径,以此通过支付、展示、广告及其他合作和增值服务来获得盈利。

3)认证服务

2011 年 9 月一淘网开放了商家认证系统,经过认证的商家在一淘搜索页面中将会加上标识。一淘网在认证商家的企业经营资质、商品渠道授权、质量监控和售后服务体系等方面进行了详细规定。一淘目前合作的商家分为收录商家和认证商家两种,成为收录商家无需特殊沟通,即可在搜索结果中展示,而成为认证商家则需要经过申请认证,并在技术上进行一定的对接。

4. 盈利模式

1)直通车广告

该模式与现有淘宝直通车相同,即广告主以竞价方式购买直通车关键词,一旦一淘用户搜索该关键词,则广告主的广告以明显区别于自然搜索结果的方式显示于明显位置,当用户点击该广告时,一淘网自动扣去相应的广告费。

2)展示广告

一淘网划分若干广告位,以按时段收费、按照点击量收费等方式直接出售,类似传统的广告销售模式。

3)网址导航

类似 hao123.com 的收费模式,对购物网站网址链接收取展示费。

4）CPS 联盟

基于目前的淘宝联盟，打造更强大的 CPS 广告投放系统。目前淘宝联盟只是做到了聚合媒体资源以及广告主资源，双方的匹配仍然以人工的方式进行。随着一淘积累的数据越来越多，未来可模仿 google 的 AdSense 模式，自动匹配媒体和广告主，实现联盟广告的自动投放。

5）营销工具

类似现在淘宝网的营销工具模式，一淘可以设计一系列基于一淘的营销工具，对使用这些工具的商家收取服务费。

6）商家工具

一淘网可以设计一系列与商家运营相关的工具，如数据分析工具、CRM 管理工具等，对使用这些工具的商家收取服务费。

5. 核心能力

一淘网的核心能力主要体现在三个方面：一是原来淘宝积累的搜索技术加上 Bing 搜索技术和 Sogou 的搜索技术；二是整合淘宝联盟、无线购物、广告平台等资源，能够为商户提供更深入更多样化的服务；三是淘宝大量的客户流量、品牌效应以及信息积累。

2.4.3 技术模式

一淘网的系统架构如图 2-4 所示，一淘网有三个数据来源，即互联网、外部合作方和淘宝网站。其中，互联网数据通过抓取的方式获得，而后两者则通过种子的方式提供。

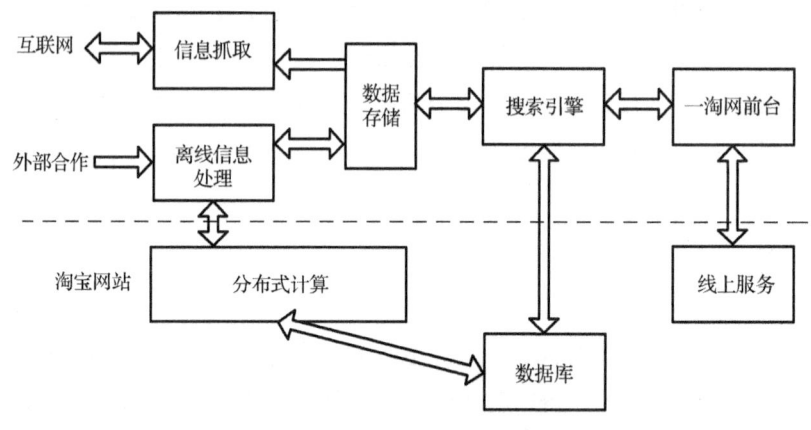

图 2-4 一淘网的系统架构

1. 信息抓取系统

信息抓取系统的功能包括网页抓取、抓取调度、域名解析、死链检测、JavaScript 执行等。目前，一淘的资讯、话题、问答中的大部分数据都是通过信息抓取系统从互联网获得的，它为一淘网提供重要的数据来源。

2. 离线信息处理系统

离线信息处理系统是一个功能众多、可灵活定制的管道，其主要功能包括网页编码识别与转换、网页解析与内容抽取、购物相关站点发现、列表页识别、网页分类与消重、链接提取与合并、关键词提取、网页静态特征的提取。

3. 数据存储系统

数据存储系统负责存储信息抓取系统和离线信息处理系统的结果，为他们提供高性能和大容量的存取。目前一淘网采用的是 Hadoop + HBase 的体系结构，将网页、链接、图片进行分类存放。

4. 搜索引擎

搜索引擎负责对一淘前台搜索请求返回查询结果，它生成索引的数据来自数据存储系统。一淘网采用了阿里集团新一代的 HA2 引擎技术，HA2 结合了开源引擎和阿里上一代引擎技术的设计优点，在支持全文检索的同时，兼备了商品搜索的各种功能。

5. 一淘网前台

一淘网前台负责向最终用户展现搜索结果页，它是一淘的"门店"，设有各式各样橱窗，包括商品、淘吧、资讯、论坛、问答、图片、网页等。

2.4.4 经营模式

1. 面向消费者的推广

一淘在线上线下进行推广，走的是常规路线，包括电视广告、楼宇电视、网络广告等形式。一淘网面向消费者的推广分为两波，第一波主打概念"购物比价，就在一淘"，瞄准的是愿意去 B2C 购物并且会进行比较的人群，他们主要由老网民构成。第二波推广针对全体网民，提供层次更丰富的价值提示。

2. 商家合作的拓展

一淘合作的商家主要分收录商家和快捷登录商家。目前，淘宝商城和淘宝网的数据已被一淘网涵盖，其中淘宝网的数据只有一部分会显示在搜索里。这部分数据筛选有一个关于退货率、好评率等要素的内部标准。收录独立 B2C 主要会参考网站独立运转时间、保障体系、用户反馈情况。快捷登录需要商家配合一淘做一些程序上的改造。支付宝很多营销工具、平台和积分体系跟一淘有深入的合作。

2.4.5 管理模式

2011 年 6 月，阿里巴巴把淘宝分拆为三家公司，即一淘网、淘宝网和淘宝商城。淘宝分拆后的三家公司以总裁加董事长的机制运营。一淘的管理团队由总裁"东邪"吴泳铭领衔，汇报给一淘董事长彭蕾。淘宝网的管理团队由总裁"三丰"姜鹏领衔，汇报给淘宝网董事长陆兆禧。淘宝商城的管理团队由总裁"逍遥子"张勇领衔,汇报给淘宝商城董事长曾鸣。"苏荃"戴珊负责领导技术和公共服务支撑大平台,全力支持各公司的业务发展,直接汇报给集团 CEO 马云。

2012 年 7 月,阿里巴巴集团对外宣布,阿里集团将从原有的子公司制调整为事业群制,把现有子公司的业务调整为淘宝、一淘、天猫、聚划算、阿里国际业务、阿里小企业业务和阿里云等七个事业群,并建立统一的数据、安全和风险防控以及技术底层,以此为基础构建出阿里巴巴集团 CBBS(消费者、渠道商、制造商、电子商务服务提供商)市场集群。七个事业群总裁直接向马云汇报。

2.4.6 资本模式

2011 年 6 月,淘宝集团将一淘网从淘宝网分拆出来形成独立的品牌。为了进一步发展壮大一淘网,2011 年 11 月阿里巴巴宣布向一淘网投入 10 亿元。

2.4.7 总结与建议

1. 成功的因素

1) 迎合了消费者一站式购物的需求

让消费者避免选购一件商品的时候,需要打开很多大型网站对比价格,经过各方面因素考虑最终购物。有了一淘网,直接在一淘网里搜索商品,大部分网站的价格将会一目了然,方便快速选购。

2) 满足了 B2C 网站产品推广的需求

一淘网允许第三方 B2C 电子商务网站加入并将其网站上的商品展示在一淘网的搜索结果中,这样就可以给更多 B2C 电子商务网站带来流量和销售量,只要对方网站的商品具有价格优势,不怕没人知道没人购买。这样就可以使第三方 B2C 电子商务网站达到推广的目的。

2. 面临的挑战

1) 商品信息的数量有限,只能满足部分人的购物需求

虽然一淘网收录了大量的商品信息,但是在商品信息的数量上与全网搜索引擎还存在较大的差距。目前一淘网收录的商品只来源于入驻商城和天猫,它能够收录的商品从根本上被限制。而全网搜索引擎可以利用不受限制的爬虫不停地进行信息的索引,它能够提供的商品信息量比一淘要大得多。

由于商品数量受到限制,一淘网就无法满足所有人的购物需求,也就无法真正地抢走搜索引擎的购物搜索用户。

2) 网站需承担购物风险责任,难以被完全信赖

一淘网是一个商品搜索网站,其搜索到的商品都是来自于第三方网站,如果消费者

通过一淘网搜索进行网购的时候买到了假货,就会觉得一淘网作为一个第三方的推荐网站给自己推荐的东西是假的,它应该承受一定的责任。由于一淘网过分地强调比价,让消费者太过于关注商品的价格而在一定程度上忽视了产品本身的性能,所以出现购物纠纷的概率是很高的。因此,一淘网在这方面要面临比较大的压力,也难以完全获得用户的信赖。

3)过分强调商品搜索,网页搜索水平有限

一淘网也想在网页搜索上取得一定的发展,它也提供网页搜索的模块,但是其网页搜索机制还不完善,所以要将其他搜索引擎加入到一淘网。由于一淘网过分地强调了其商品搜索,目前一淘网网页搜索还是显得水平较低。用户到一淘网主要是为了买东西,以使用商品搜索为主,而网页搜索很少用到。

□基于互联网和团队的练习

(1)登录百度和 Google 搜索引擎了解其基本产品和服务,并利用互联网收集他们的相关资料,根据这些资料对百度和 Google 搜索引擎进行全面的比较分析,撰写一篇分析报告,在各小组间进行交流。

(2)登录一淘网了解其基本产品和服务,并利用互联网收集其相关资料,根据这些资料分析一淘网与哪些网站存在竞争关系,其竞争格局是怎样的,撰写一篇分析报告。同时,进一步了解阿里巴巴对商品搜索领域的布局,分析其商品搜索市场发展战略,进而撰写一篇关于商品搜索市场发展的分析报告,在各小组间进行交流。

(3)自己制作一个网站,分别针对百度和 Google 搜索引擎进行 SEO 优化,或者选择一个企业的网站,为其在百度和 Google 搜索引擎中做关键词竞价推广方案和搜索引擎优化方案。

□基于网上创业的学习

利用搜索引擎的创业主要体现在两个方面。一是学习 SEO(Search Engine Optimization,搜索引擎优化)技术,为需要在搜索引擎中做推广的网站做搜索引擎优化,从而获得收入。SEO 是近年来较为流行的网站推广方式,要想从此方面创业,必须学习 SEO 技术。二是自己运营网站,当用户规模达到一定程度的时候,加入搜索引擎联盟(如百度的百度联盟、Google 的 AdSense),从搜索引擎联盟获得分成。要想在这方面创业,必须学习网站规划设计、网站开发、网站运营、网站推广等相关技术。

参 考 文 献

[1] 百度百科.搜索引擎.http://baike.baidu.com/view/1154.htm,2011-6-28.
[2] 新浪爱问.搜索引擎的定义.http://iask.sina.com.cn/b/4658446.html,2011-6-26.

[3] 刘明晶. 五代搜索引擎之我见. http://my.cko.com.cn/html/96/11396-395.html, 2007-3-23.

[4] 匿名. 网吧：搜索引擎的下一个"宠儿". http://news.xkq.com/20090224/22335.html, 2009-2-24.

[5] 搜狐IT. 奇虎：搜索+门户?. http://it.sohu.com/s2006/qiyejiedu-311/, 2006-6-26.

[6] 比特网企业博客. 网络推广"不差钱". http://eblog.chinabyte.com/qeesoo/261/7867761.shtml, 2009-5-4.

[7] 罗耀宗. Google：Google成功的七堂课. 北京：电子工业出版社出版, 2005.

[8] 张远昌. 搜主义：Google持续成长的秘密. 北京：清华大学出版, 2005.

[9] 张金良. Google的盈利法则：简单创富. 地震出版社, 2005.

[10] Taylor, 王甜甜译. Google品牌战略. 北京：中信出版社, 2007.

[11] 丹尼尔·伊克比亚, 李军译. Google是如何控制世界的. 上海：东方出版社, 2005.

[12] 陆军. Google是怎样管理员工的. 中国乡镇企业, 2008(07).

[13] 艾瑞咨询. 2008-2009年中国搜索引擎行业发展报告简版. http://down.iresearch.cn/Reports/Free/1248.html, 2009-3-10.

[14] CNNIC. 第24次中国互联网络发展状况统计报告. http://www.cnnic.net.cn/index/0E/00/11/index.htm, 2009-8-16.

[15] 石滨. 搜索服务的价值来源及商业模式分析. 企业经济, 2006(8).

[16] 王秀峰, 柯青. 搜索引擎的商业行为分析与思考. 情报科学, 2006(7).

[17] 蒋湘辉. 谁是最快公司的典范-IT业绩厂商业绩解读之Google篇. 每周电脑报, 2008(4).

[18] Nicholas G. Carr. Google的成功魔法. 经理人, 2008(2).

[19] 王会. Google：舞好创新的双刃剑. 商务周刊, 2008(18).

[20] 亚宇. 谁也挡不住的Google. 市场营销导刊, 2006(2).

[21] 郑德俊. Google搜索引擎的经营策略. 中国信息导报, 2006(5).

[22] 张锐. 微软雅虎合作之门开启之后Google遭遇挑战. 中国经济时报, 2009-7-30.

[23] 比特网企业博客. 三年之痒：垂直搜索行业洗牌开始. http://eblog.chinabyte.com/qeesoo/219/7847219.shtml, 2009-3-30.

[24] Google网站. http://www.google.com, 2009-8-1.

[25] 陈艳艳. Google一群聪明人如何管理另一群聪明的人. 中国新时代, 2008(7).

[26] 赵正. 搜索：新营销价值. 东方企业文化, 2008(10).

[27] 谭国锋. "搜索营销"的奥秘. 企业科技与发展, 2008(23).

[28] 方英. 搜索引擎营销模式及其商业价值分析. 商业时代, 2009(03).

[29] 张春雷. 发掘搜索引擎营销的新价值. 现代广告, 2006(07).

[30] 张松平. 如何发挥搜索引擎的网络营销价值. 集团经济研究, 2007(01).

[31] 陈广胜. 网络经济时代搜索引擎营销探索. 吉林省经济管理干部学院学报, 2007(12).

[32] 陈立新, 王妍峰, 孟宪卿. 网络营销的主要工具——搜索引擎登录与排名. 商业现代化. 商业IT, 2009(08).

[33] 徐逸. 企业网站的营销价值. 今日南国, 2009(04).

[34] 欧阳锋, 周卫军, 赵红丹. 搜索引擎商业模式的综合评价研究. 企业研究, 2009(03).

[35] 北大商业评论. 李彦宏：有机管理. http://business.sohu.com/20100715/n273527235.shtml, 2010-07-15.

[36] 百度. http://www.baidu.com.

[37] 百度百科. google. http://baike.baidu.com/view/105.htm, 2011-5-5.

[38] 匿名. Google 退出中国引申出的选择题. http://www.legaldaily.com.cn/international/content/2010-03/30/content_2098340.htm, 2010-3-30.

[39] 百度百科. 一淘网. http://baike.baidu.com/link?url=jEFnOLZ-7-KD1ytW3HZpFvBKCKh72vxBo_Ckw5brrQGRuRBtmreXSkHo6wTCHjylpMTdvT7EzvqJbji5OGDu9_, 2014-11-13.

[40] 匿名. 一淘网技术简介. http://www.searchtb.com/2010/11/etao-tech-overview.html, 2010-10-9.

[41] 许维. 八问一淘网. http://bbs.paidai.com/topic/65134, 2011-10-24.

[42] 网易科技. 网购搜索网站一淘网宣布开放商家认证. http://tech.163.com/11/0926/14/7ESR2QJ3000915BF.html, 2011-9-26.

[43] 周宾卿. 一淘网海淘战略能否逾越海关鸿沟. http://blog.sina.com.cn/s/blog_47a136bd01010w1h.html, 2011-11-29.

[44] 新浪科技. 阿里巴巴宣布将淘宝网分拆为三家公司. http://tech.sina.com.cn/i/2011-06-16/12115655957.shtml, 2011-6-16.

[45] 中国电子商务研究中心. 阿里巴巴铸"七剑"打造无缝电子商务体系. http:/b2b.toocle.com/detail--6050235.html, 2012-8-1.

第 3 章
网络门户模式案例分析

引言

　　网络门户作为互联网发展和应用的重要方面,经历了综合门户、行业门户和企业门户的不断发展演进过程,随着互联网的普及、互联网技术发展以及商务应用需求不断拓展,网络门户类型不断丰富,其商务应用功能上也不断创新与扩展,成为一种重要的互联网应用模式。

3.1 网络门户模式概述

3.1.1 网络门户的定义

网络门户全称网络门户网站(简称门户网站)是由英文的 Porid Site 翻译成中文而来的,早期是指那些将网络上庞大的各种信息资源加以分类、整理,并提供搜索引擎,让不同的使用者能够快速查询信息的网站。后来由于市场竞争日益激烈,门户网站不得不快速地拓展各种新的业务类型,希望通过门类众多的业务来吸引和留住互联网用户,以至于目前门户网站的业务包罗万象,成为网络世界的"百货商场"或"网络超市"。同时,随着行业和企业电子商务应用的不断普及与深化,越来越多的行业门户和企业门户的不断建立,大大丰富了网络门户的内涵和功能。

从狭义角度来看,网络门户是指提供各种综合性信息服务的网站,即综合门户网站,如新浪网、搜狐网、网易等。从广义角度来看,除综合门户网站外,还包含了行业门户、企业门户、个人门户、政府门户、音乐门户、游戏门户等组织性和专业性的门户。根据网络门户类型及功能特点,我们认为网络门户是指为网络客户或用户提供某类综合性的互联网产品或服务的电子商务应用系统,主要包括综合门户、行业门户和企业门户等。而网络门户模式就是门户网站凭借其提供的产品或服务,吸引大量目标用户或客户访问,并借此实现其商务价值的互联网应用模式。

3.1.2 网络门户的特征

1. 受众多样化

由于不同目标访问人群的需求不同,作为访问的入口,为满足不同客户的访问需求,网络门户不断进行产品与服务的创新,以满足不同客户需求。如行业门户包括上下游的供应商、分销商、采购商、物流商等类型企业。

2. 资源整合化

门户网站在发展过程中,为不断创新服务模式,满足访问客户需求,一方面对内部资源进行整合,通过门户网站提供服务,如企业门户将企业的 SCM、ERP、SCM 等信息资源进行整合,向客户与访问者提供服务;另一方面在自身内部资源难以满足需求时,通过联合外部资源提供商,以整合内外部资源向客户提供多样化服务,如综合门户的各种外部内容服务提供商等。

3. 功能全面化

网络门户最初主要是提供信息或资讯服务,随着电子商务应用的普及与深化,网络门户除提供传统信息服务外,越来越注重与目标客户的互动性功能以及电子商务功能的提供,如综合门户和行业的互动社区,行业门户的电子交易等。

3.1.3 网络门户的分类

根据网络门户网站的访问客户群体，可主要分为综合门户，行业门户和企业门户三类。

1. 综合门户模式

综合门户是提供新闻、资讯、电子信箱、网络资源、娱乐、互动社区等综合性互联网信息服务的综合性网站。综合门户可分为全国性与区域性综合门户网站两大类，其中，全国性综合门户网站的目标用户面向全国网民，根据设立主体又可分为纯网络媒体型和传统媒体型两大类，纯网络媒体型综合门户如腾讯网、新浪网、网易、搜狐网、MSN 中国、TOM 等，传统媒体型综合门户如人民网、新华网、光明网、中青在线、国际在线等。区域性综合门户网站根据办网主体不同分为传统媒体主办的区域综合门户、商业网站主办的区域综合门户和传统媒体与商业网站合作共建的区域综合门户三种类型。传统媒体创办的区域综合门户是由传统媒体（报纸、电视、电台、杂志等）创办，如东方网、南方网、北方网、华龙网、大洋网、大河网等。商业网站区域门户主要是指新浪、搜狐等商业网站创办的地方频道。

综合门户模式就是综合门户网站凭借其提供的综合性互联网信息和服务，吸引大量网民用户访问，以此为优势，利用互联网络媒体向广告客户提供产品、服务、品牌、网站等宣传推广为主的互联网应用模式。

2. 行业门户模式

行业门户是指专注于某一业务领域，为该领域内的人提供专业、权威的信息资讯的专业化、细分化的网络平台或网络信息服务提供者。与综合门户网站相比，行业门户网站更专注于某一业务领域，如 IT、房地产、体育、旅游等，这些网站都是各自行业的权威和专家，可以为特定用户提供更专业和深入的行业知识。行业门户的主流分类标准就是按其专注的行业进行分类，如房地产行业门户（搜房网、焦点网等）、IT 行业门户（太平洋电脑网、天极网等）、招聘行业门户（51job、中华英才网等）、旅游行业门户（携程、E 龙）、汽车行业门户（中国汽车网、汽车之家等）等。

行业门户模式就是行业门户运营商凭借提供专业、权威的信息咨询服务，吸引大量对该领域信息感兴趣的用户和企业登录其网站，以此为优势，通过提供会员服务或网络广告等服务，吸引企业成为其付费会员或在其网站上投入网络广告的互联网应用模式。

3. 企业门户模式

企业门户是指企业在互联网上构建的对外信息发布以及服务提供的门户网站。企业门户网站目前处在一个不断进化和发展的过程中，可以在功能上把企业门户网站划分为品牌传播型、电子商务型、销售促进型及客户服务型等。品牌传播型企业门户着重展示企业 CI、传播品牌文化、提高品牌知名度。对于产品品牌众多的企业，很多企业还单独建立各个品牌的独立网站，以便市场营销策略与网站宣传统一；电子商务型企业门户通过门户网站开展渠道分销、终端客户销售、合作伙伴管理、网上采购、实时在线服务、物流管理、售后服务管理等，以实现公司对供应链的有效管理；销售促进型企业门户是指企业通过门户网站实现网上销售，交易的对象可以是企业，也可以是个人消费者。销售促进型企业门户可以为企业开辟新的销售渠道，扩大市场，同时还可以接触最直接的消费者，获得第一手的产品市场反馈，有利于市场决策；客户服务型企业门户主要是为客户提供各种服务，包括营销、技术支持、售后服务、社会公共关系处理等。客户服务型企业门户涵盖的内容多，信息量大，访问群体广，信息更新需要多个部门共同完成，有利于客户对企业的全面了解，获取更好的服务。当然，也有一些大型集团型企业的门户涵盖了上述多种功能。

企业门户模式是指企业通过门户网站，集成各种应用系统、数据资源和互联网资源，为客户、员工和合作伙伴提供个性化应用界面，统一管理供应链和客户关系的电子商务应用模式。

3.2 案例1：新浪综合门户

3.2.1 基本情况

新浪是中国最具影响力的综合门户网站之一，由四通利方信息技术有限公司与华渊资讯公司在1998年合并成立。新浪通过门户网站新浪网（sina.com）、移动门户和移动应用提供方手机新浪网（sina.cn）和社交网络服务及微博客服务微博（weibo.com）组成的数字媒体网络，帮助广大用户通过互联网和移动设备获得专业媒体和用户自生成的多媒体内容并与友人进行兴趣分享。新浪通过上述主营业务及其他业务线向广大用户提供一系列网络媒体和社交网络服务，为企业和品牌广告客户创立与其目标客户联系和沟通的丰富渠道。2000年4月，新浪在美国纳斯达克挂牌上市，成为国内首家在纳斯达克上市的门户网站。

新浪的价值网络以新浪综合门户为核心，通过原创、内容提供商、移动网络运营商、基础网络运营商等向用户提供新闻、无线服务、娱乐服务及网络社区服务等，在此基础上，为企业用户提供网络广告服务和收取无线增值服务等相关费用，其价值网络如图3-1所示。

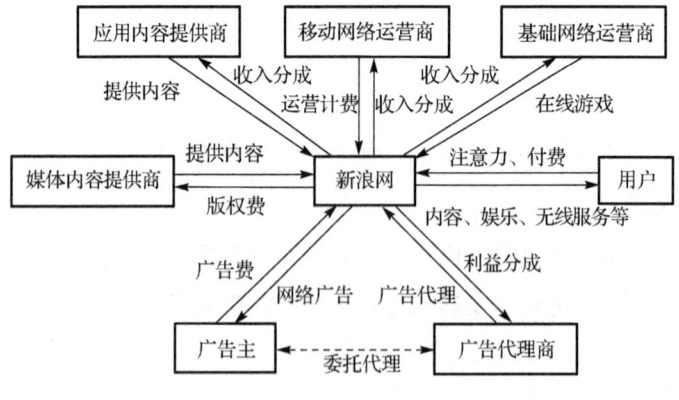

图3-1 新浪网综合门户价值网络

3.2.2 商业模式

1. 愿景与使命

新浪网期望通过提供全面、及时的信息内容，高效、方便的网络工具，多元化的功能，成为领先的服务中国及全球华人的网络媒体公司。

2. 产品与服务

新浪网的产品与服务可分为面向普通用户的服务和面向企业客户的服务两大类。

1）用户服务

(1) 网络媒体服务。新浪网通过与国内外数千家内容供应商达成合作关系，提供了 30 多个在线内容频道和 20 多个地方频道。广大网民可以及时全面地了解国内外突发新闻、体坛赛事、娱乐时尚、财经及 IT 产业资讯等内容。

(2) 无线增值服务。主要包括短信、彩信、手机拨打 IVR 语音业务、KJAVR 游戏下载、手机上网、手机读书、手机钱包、手机购买各类点卡、手机微博客户端等手机相关业务的服务。

(3) 互动社区服务。新浪为用户提供多种形式的网络社区服务，包括微博、博客、新浪播客、新浪邮箱、新浪相册等。

2）企业服务

根据不同的客户类型与推广需求，新浪提供大客户营销方案、中小企业营销方案与行业客户营销方案等网络广告服务。针对大客户主要通过网络广告进行品牌宣传，提供了传统展示型广告、赞助类广告、工具型广告、富媒体广告、频道内容合作等多种形式的网络广告。针对中小客户提供在重要频道的重要位置进行 CPM 广告服务以及按效果付费的新浪智投广告服务。另外，针对不同行业的不同客户的网络接触点，新浪为不同行业客户提供适合的行业网络广告营销模式。目前，在新浪网络广告投放的主要行业包括 IT、鞋服、家电、金融、手机、汽车、通信、快速消费品等。

3. 目标用户

新浪网的主要目标用户是网络信息的浏览者（网民）与广告商（企业）。

新浪网民的特征以中高端用户为核心，网民普遍具有高收入、高职位、高学历的特点。数据显示，新浪网民集中覆盖在经济发展较好的区域，其中大学以上学历用户占 87%，25 岁以上用户占 62%，人均月收入为 3000 元以上。新浪主要的广告和赞助客户包括谋求在全球拓展品牌、进行全球营销和公关活动的财富 1000 强公司，锁定特定地域和人群的大中型企业，以及市场主要在当地的小型企业。

4. 盈利模式

新浪网的收入来源可分成广告收入和非广告收入两大类，以广告收入为主。

1）广告收入

新浪网主要通过大量的各类免费咨讯、热点新闻、服务去吸引大量的浏览者，形成固定的用户群，从而保持较高的点击率和知名度，然后吸引企业在新浪网站投放广告。新浪的广告覆盖网站上所有页面、所有模块，类型主要分为强制性弹出窗口广告、背投式广告、按钮广告、旗帜广告、网上视频广告等。

2）非广告收入

非广告收入主要是指无线增值业务收入，新浪无线致力于帮助用户获取新闻和信息，下载手机铃声、游戏和图片，参与约会和交友等社交活动。通过 Sina.com 或手机下单用户即可获得新浪无线基于月付或按信息条数收费的服务。新浪门户网站和包括电视、广播在内的传统媒体，以及各省运营商都是新浪无线的促销或联合促销载体。新浪借助中国移动公司的移动梦网和中国联通公司的联通在线等移动运营系统向终端用户提供无线增值服务，并收取费用。

5．核心能力

经过十余年的发展，新浪构筑了强大的品牌影响力，其品牌认知度和美誉度较高，在媒体公信力和网民渗透率等方面也位居国内综合门户网站前列。

3.2.3 技术模式

1．全面的网络编辑体系

新浪新闻坚持"快速、全面、准确、客观"的编辑方针，在国内网站中首先实行24小时滚动新闻制度，保证了新浪网在历次突发事件、重大新闻出现时都有迅速和突出的表现。

在制作上的流程化以及在版面及时间衔接上讲求的连贯性和一致性，造就了新浪新闻转载媒体多、全、快的三个特征。新浪新闻的更新速度快，许多因素来自于流程的执行，新浪每一个频道的发布流程中，包括了各网站每时更新、报纸的每日更新、杂志每月更新的准确时间，媒体更新表详之又详。此外，新闻产品发布的标准化及规模化，可以降低新闻产品的制作成本。新浪对于编辑的管理，主要通过流程来实现，通过将一些内容的基本因素流程化、制度化，并根据实际情况安排作业排序，提高了工作的效率与正确性。

2．新浪网系统架构

在新浪网系统架构的发展历程中，经历了无统一开发规范、各业务部分的系统环境多样化、安全管理难度大、系统稳定性差、技术复用率低等技术管理方面的问题。经过不断探索与总结，新浪最终通过一个技术团队统一的架构底层的信息基础架构，各个业务部门则可以继续在此底层基础架构的平台上开发自己个性化的应用。作为新浪网总体规划的技术团队，只负责给应用该业务平台的部门一些规格、性能以及开发商的建议。新浪网的技术架构如图3-2所示。

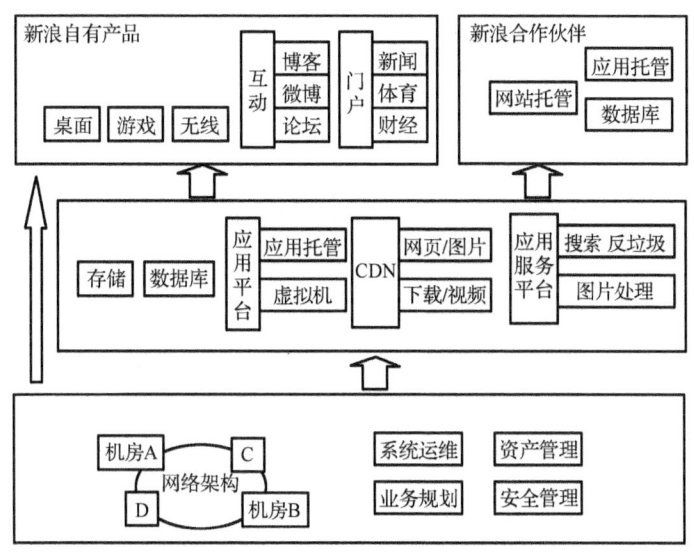

图 3-2　新浪网目前技术架构概览

新浪采用了 ChinaCache 开发的 CDN（Content Delivery Network，即内容分发网络）系统，以保证网站的访问速度。ChinaCache 在全国分布了 40 多个点，同时采用基于动态 DNS 分配的全球服务器负载均衡技术，很好地实现了不同地区用户访问量的负载均衡，优化了网络性能，从而提高访问效率。新浪大多数产品都运行在 CDN、动态应用平台、分布式数据库平台、虚拟化服务器平台等平台之上，通过平台上资源共享和统一调度，避免了很多重复建设，大大降低了软硬件采购成本，提高了资产利用率。

新浪网动态应用平台是一个托管网站应用程序的大型系统平台，托管了近千个项目的程序和数据库等服务，每日总访问量达到数十亿 PV。全部系统采用分布式架构，可以通过增加服务器实现平台性能扩展，而无须修改应用程序代码。而平台通过一定程度的技术封装，使开发人员仍然像使用单台服务器一样简单。平台主要功能由 5 大系统和 4 小系统构成，5 大系统为程序运行环境（Web 前端）、静态内容加速（Cache 前端）、数据库集群、Memcached 集群、VFS 存储系统，4 小系统为服务监控系统、文件和程序发布系统、网站内容编辑管理系统、线上测试调试系统。

3. 网络广告管理系统

2013 年底，新浪推出了互联网全媒体覆盖广告平台——"龙渊"，以期突破互联网传统广告模式，能够最大覆盖广告目标人群，提高广告采购效率，并通过大数据洞察投放减少广告损耗。新浪覆盖广告平台"龙渊"依托新浪网与新浪微博的用户优势，实现跨屏、跨产品线混平台优质展示广告，按独立用户控频投放。"跨屏"包括电脑屏幕及移动终端屏幕；"跨产品线"是指视频、门户、微博、移动端等四大产品线；投放系统基于"UserID + CookieID + 用户行为日志"等多重定位的技术进行用户区分，进而针对个体用户做频次优化投放。同时新浪覆盖广告平台全面接受第三方监测，确保推广效果可被监控。与传统网络广告投放相比，新浪覆盖广告平台在无需制定广告排期的情况下，只需要确定覆盖的目标人群以及频次和预算、推广期即可完成投放。

3.2.4 经营模式

新浪网从成立以来，走了一条以媒体业务为核心的多元化经营之路，经历了从新闻媒体模式，到超媒体模式，以及向开放平台模式转变的不断演进过程。

1. 以新闻媒体模式为核心，构建其核心竞争力

在成立之初，新浪以新闻为突破口，缔造了全新的网络新闻传媒模式，通过与国内外众多内容供应商（通讯社、电视台、报纸、杂志和各大网站）达成的版权合作关系，依托其在线内容频道，及时全面地报道了国内外突发新闻、体坛赛事、娱乐时尚、财经及IT产业资讯，并一度成为数以百万计中国互联网用户生活中不可或缺的部分。

在新浪新闻所取得的成绩，构建了整个新浪网站的内在核心竞争力之后，通过建立强势的新闻频道以吸引用户了解其他更多的经营性产品，通过即时、海量的新闻内容优势，培养网友的阅读习惯，同时推出邮箱、短信等延伸服务，以及吸引企业网络广告投放。

可以说，在Web1.0时代，新浪通过对传统媒体的内容整合，加上快速、准确、及时、权威的新闻报道，成为门户时代的领导者，缔造了中国主流强势的互联网媒体，并成为"内容＋广告"的门户盈利模式的缔造者和集大成者。

2. 不断创新和丰富产品线，打造"多"媒体化的超媒体平台

随着Web2.0时代的到来，用户自媒体的需求越来越强烈，加之互联网的入口越来越多，新浪的"内容＋广告"模式逐步发展为"内容＋产品＋广告"三维模式，着力把新浪打造为一个功能更强大、用户体验更丰富的多元化超媒体平台，并期望通过其内容与产品最大程度的黏住用户。

从2003年开始，新浪不断创新和丰富其产品线，尝试进入其他领域，例如，2003年运营网游《天堂》，2004年收购IM聊天工具UC，2005年发布自己的搜索产品爱问（iAsk）和新浪博客，2009年内测SNS产品新浪朋友等，这些新的产品与应用服务有失败的，也有取得一定成绩的，但没有一款产品和服务让新浪得到颠覆性的改变，只有强悍的门户新闻业务，带来它的主要的广告收入。可以说，在这个阶段，新浪打造"多"媒体化的超媒体平台的策略上是不够成功的，仍然面临着成长的瓶颈，例如，新浪的用户很难沉淀下来，将直接影响到其网络广告模式的持续增长。

3. 以微博为利器，打造媒体开放平台

随着互联网从内容为王进入应用为王的时代，新浪的媒体优势在不断弱化。同时，随着互联网的发展，单纯依靠一家网站已经无法满足网民日益丰富的多样化需求，打造一个平台，再由千千万万的开发者开发应用及合作网站加入平台，满足用户的多样化需求已经成为互联网的新模式。

而微博的出现，为新浪提供了机遇，在国内的各大网站还在因政策监管问题畏首畏尾时，新浪率先进入微博市场，并且凭借媒体优势及名人路线，取得了先发优势。新浪及时抓住这一机遇，利用先发优势积累的用户群，打造自己的微博开放平台，提升用户体验，达到用户规模与开放平台互相促进的良性循环，培养高黏性的用户群，谋求在下一个互联网时代与百度开放平台、腾讯一站式在线生活服务平台同等的竞争地位。同时，新浪通过微博开放平台实现自身的战略转型，从单纯的内容供应商转变为内容供应商和开放平台的结合体，用内容和应用吸引用户、留住用户，最终转型为用户平台。当新浪微博成为一个拥有庞大高黏性用户群的强大的开放的用户平台时，持续盈利就水到渠成了。

3.2.5 管理模式

1. 组织机构

2012 年以前，新浪采取以终端和职能划分的网状的业务和组织架构，然而，随着新浪微博的发展，新浪的门户业务和微博业务产生了相互争夺客户的现象，阻碍了微博业务的发展效率。在 2013 年新浪打破了以职能线划分的组织架构，取而代之的是以门户和微博两大业务部门为重心的组织架构，将微博业务的产品技术和运营事务独立出来，同时包含移动和 PC 端业务，将有助于提升微博业务的自主权，提高微博业务发展效率，也避免了微博、门户业务打架。微博开放平台作为独立部门产生，彰显了新浪微博向"平台"方向发展的战略规划。

2. 企业文化

新浪的企业文化包括四个核心价值观："以客为尊，突破创新，回馈社会，永续经营"。其中，以客为尊，要求员工把外部客户（包括代理商、供应商）视为最重要的资源，而新浪也把自己的员工（内部客户）视为最重要的资产；突破创新，要求新浪不断在技术上进行创新，树立创新突破不断进取的意识；回馈社会，是新浪期望营造一个有特色的企业商业发展模式，既要实现商业盈利，也要肩负起应尽的社会职责；永续经营体现了新浪力求在专业领域里精耕细作，避免昙花一现，急功近利的短视观念。

3. 人力资源管理

1) 用人理念

新浪秉承的用人理念是"一切由你开始"，新浪的职位是开放型的，对有激情、有创意、有能力的人不受年龄、性别、资历等因素的限制，拓展自己的职业上升空间。

2) 培训机会

新浪建立了指导人制度，以帮助新员工尽快适应新浪。部门领导为每一位新员工指派一位资深员工为其指导人，为其答疑解惑，在工作生活等方面进行帮助和指导。另外，新浪还拥有完善的在职培训制度，定期根据员工的培训需求制订相应的培训计划。

3）绩效管理

新浪对每名员工设置了包括五个关键业务指标，两个管理或行为指标（对于管理者是管理指标，对于一线员工则是行为指标）的绩效指标考核体系。在绩效考核上实行考核结果强制分布，对于超标的员工，将获得丰厚的奖励和评奖评选机会。对于不达标的员工，新浪则帮助他们提出绩效改进计划，包括公司提供什么样的资源支持，在什么期限内改进等。如果有两次不达标，员工就会被淘汰掉。另外，新浪将整个绩效考核过程通过 e-HR 系统来管理和操作，使得员工能够有效地把日常工作计划和绩效管理结合起来，有力地提升了绩效管理的效率。

3.2.6 资本模式

新浪网的资本模式经历了合并组建、上市前的风险投资融资、上市融资、上市后的收购以及管理层收购等几个重要阶段。

1. 合并

在 1998 年年底，新浪网由当时国内流量最大之一的四通利方（利方在线）网站和在北美及中国台湾拥有广大用户群的华渊资讯网站合并而成。合并后总价值超过 5000 万美元，其中，四通利方占股 60%，华渊资讯占股 40%。合并结双方之长，补对方之短，结合中国、中国台湾、及北美的华人力量，目标是创办全球最大的华文网站。

2. 上市前融资

在成立后不久，新浪开始了引进风险投资，并筹划尽早美国上市。1999 年 2 月，新浪网便获得了包括高盛银行在内的海外风险投资 2500 万美元；1999 年 11 月，新浪网完成了以戴尔电脑作为主投资的 6000 万美元的融资。经过几轮的引进风险投资之后，新浪股权变得相对分散，国外风险投资机构的持股比例占 80% 以上，并且形成了资本而非创业者主导的董事会格局，这些也导致了后来新浪网高层管理团队不稳定以及与 MBO（管理层收购）的情况。

3. 上市

2000 年 4 月，新浪网在信息产业部不允许外资进入 ICP 的政策下，采用合同绑定内资公司的方式（后称新浪模式）在纳斯达克上市，但由于大市在跌以及国内法律对国内互联网上市进行了控制等原因，只融资了 6800 万美元。

4. 上市后收购

上市后，为快速拓展其业务领域，丰富产品线，新浪展开了一系列收购行动。2001 年 9 月新浪购入阳光卫视 29% 股份，支付 800 万美元以及 460 万股股票。2003 年 1 月新浪以 2080 万美元并购国内移动增值服务商广州讯龙。2004 年新浪以 1.25 亿美元收购移动增值服务提供商 Crillion。这些并购对新浪来说至关重要，使新浪的无线业务收入增长了近一倍，无线服务内容大幅度扩充。2003年12月收购了上海财富之旅酒店预订网。2004年7月以3600万美元收购时通讯平台朗玛UC等。

5. 管理层收购

为改善由于长期股权分散，致使管理层决策经常受到外部资本的干预和对发展路线的质疑，丧失许多市场机会的局面，2009年9月，以新浪第五任CEO曹国伟为首的新浪管理层，通过一家名为"新浪投资控股"的公司（该公司为新浪管理层直接控制）以约1.8亿美元的价格，购入新浪9.42%股份，成为新浪第一大股东，完成了中国互联网有史以来首例MBO，以曹国伟为首的新浪管理层首次取得实际控制权，此举有效改变了新浪股权分散的状况，使得管理层和股东的利益更加趋于一致，也有利于新浪长期稳定的发展。

3.2.7 总结与建议

1. 成功的关键因素

从门户网站总体来看，新浪网发展至今成功因素的关键因素可归纳为两点，即一直保持网络媒体定位和有效的资源整合能力。与国外各类媒体发达、新闻发布渠道丰富相比，中国的媒体渠道相对较少，而新浪门户网站的网络媒体定位，并通过与广大传统媒体广泛合作，使其成为中国主流社会获取新闻和资讯的重要渠道，这是新浪影响力逐渐提高的主要原因。

2. 面临的挑战

新浪曾引领了中国互联网门户网站的发展方向，强大的内容资源与媒体资源优势奠定其网络媒体的品牌影响力，但在发展过程中面临着两大挑战：一是面临大部分收入都是来自于广告，盈利模式单一的问题；二是近年来汽车之家、金融界等垂直网站的兴起，对门户网站大而全的模式形成了直接冲击。

3.3 案例2：汽车之家行业门户

3.3.1 基本情况

汽车之家成立于2005年6月，是集资讯、数据、互动、营销、经销商、二手车等多平台于一身的综合汽车行业门户。2012年汽车之家日均用户数超过560万，月度用户覆盖数超过7000万，产生近1000万的有效销售线索，汽车之家于2013年12月在美国纽交所正式挂牌上市。

汽车之家的价值网络以汽车之家网站为核心，涉及用户、汽车厂商以及汽车经销商。它们之间的关系如图3-3所示。

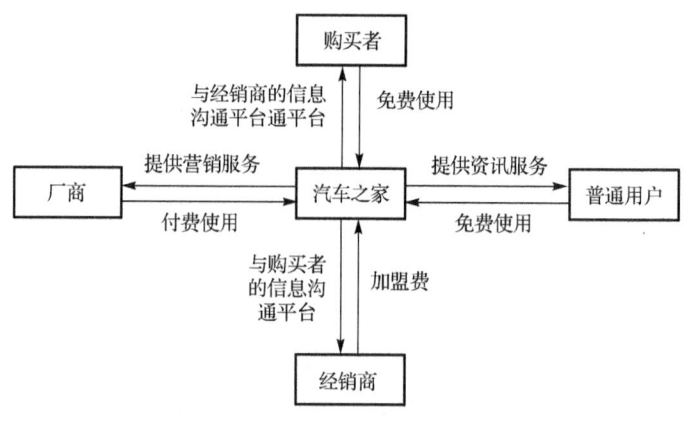

图 3-3 汽车之家价值网络

3.3.2 商业模式

1. 愿景与使命

汽车之家的愿景是"成为全球最有影响力的汽车互联网企业",以"疯狂满足汽车消费者购车及用车需求"为公司使命,确立了用户(汽车消费者和车主)的价值放在第一位的媒体理念,汽车之家率先提出为每一款车做一个网站的架构思想,以消费者习惯的方式搭建了全面、准确、快速的交互平台。自成立以来,汽车之家严格坚守"把汽车消费者的利益放在第一位"的原则,快速获得了中国汽车消费者的认可。

2. 目标市场

汽车之家受众基本覆盖了所有年龄层的上网人群,有利于厂商选取不同年龄的目标受众宣传产品。其中 26~38 岁的用户生力军占据了汽车之家用户的绝大多数份额,他们是现行汽车消费市场的主要目标群;21~25 岁的发展中用户为汽车消费市场的潜在人群,占据了汽车之家受众比例的第二大份额。这两部分人群正与目前中国汽车消费市场最重要的目标人群相吻合。

汽车之家的客户包括汽车生产厂商、汽车经销商和二手车销售者。

3. 产品和服务

汽车之家作为汽车门户网站向汽车品牌客户及用户(消费者)提供以下四大核心服务。

1) 资讯服务

从用户角度出发,满足汽车用户的各种汽车行业资讯需求;对厂商,则通过图片、文字、视频、动画等各种表现形式将品牌厂商的传播需求有效传递到目标消费者。

2) 数据服务

满足用户对欲购车型最全面的产品配置、细节图片及准确报价;为品牌产品提供全面准确的汽车数据服务,同时记录消费者浏览行为,实现竞品传播分析。

3) 互动服务平台

满足用户线上交流、选车、购车、用车体验的不同需求；通过社区，利用明星认证车主，形成最有说服力的声音，影响广泛目标消费者。

4) 营销服务

围绕用户在购车各个阶段的关注点提供有效的销售促进平台；为汽车厂商提供顾问式的网络营销系统性解决方案，实现目标消费群对品牌忠诚度的有效转化。

4. 盈利模式

汽车之家的收入主要包括经销商会员营收与广告营收两方面，在经销商会员营收方面，汽车之家网站目前覆盖了全国2万余家经销商，用户可以在网站上快速找到合适的经销商及报价信息。其中，近1万家经销商成为汽车之家的付费会员，这些会员按季度或年度支付固定费用，可以更新汽车报价、位置等信息，同时在用户搜索时可享受排名靠前、客户管理关系、互动以及数据分析等服务。2014年，汽车之家来自经销商黄页业务（包括经销商广告和经销商订阅服务）的营收为人民币10.748亿元，同比增长110%，占总净营收的50.4%。来自汽车厂商广告服务的营收为人民币10.582亿元，同比增长50.4%，占净总营收的49.6%。

5. 核心能力

专业的内容和对用户体验的执着追求，是汽车之家的核心竞争力，网站的一切产品和服务以用户为导向，甚至可以为了内容和品牌，放弃部分商业利益。汽车之家的媒体品牌优势，以及在选车、购车人群中的良好口碑，是竞争对手不可企及的。以产品和服务为基础形成的品牌和口碑，使网站不需要花太多钱买流量，就能相当精准地影响到大规模有近期购车意向的人。此外，汽车之家的论坛，汇集了一批忠实的汽车爱好者，他们自发地贡献了大量用户生成内容（UGC）内容，一定程度上丰富了网站的内容，部分原创内容的专业性和亲和力超过了网站专业内容。

3.3.3 技术模式

1. 智能营销系统

为提升汽车经销商综合服务能力，汽车之家向汽车厂商及经销商提供智能营销和客户关系管理解决方案的一体化系统平台——"i车商"。"i车商"通过对线上线下客户接触点的全程管理及"大数据"技术，完整呈现购车客户的全景画像，助力汽车厂商和经销商实现互联网潜客高精准的转化与客户关系管理。借助行业领先的智能决策支持系统，实现运营结果的量化评估，帮助汽车厂商和经销商提升管理效率，达成高额投资回报。

2. 数据服务平台

1) 全球最大的乘用车产品数据库

汽车之家建立了涵盖所有国内在售的国产和进口车型的汽车图片、汽车报价、车型配置、车型对比分析等数据库，为汽车潜在购买者提供翔实的数据服务。

2）首创国内汽车行业互联网媒体数据库库结构

汽车之家业界首创的数据库"库结构"已成为行业内媒体结构的"标准"模式。第一个研发出以"车系"为核心的"库结构"更为用户提供了最合理的查询方式和最清晰的展现形式。

3）首创基于品牌车型的互联网消费者汽车关注指数

汽车之家的消费者汽车关注指数可以有效地帮助汽车厂商了解目标消费者对于品牌及产品的关注度，判断市场活动的效果，洞悉竞争对手的传播效果，帮助定制符合市场及消费者需求的市场推广活动。

3.3.4 经营模式

1. 发力移动端

汽车之家最早做内容编辑，随着用户数量增多，发现用户希望能够互相交流，提供真实可靠的信息，因此逐渐加入论坛版块，为满足用户需求随后又加入交易平台。可以说，汽车之家一直在根据用户体验进行转型。现在用户对移动设备的依赖逐渐赶超PC端，因此汽车之家开始逐渐布局移动端，对智能手机浏览汽车之家进行优化，并提供基于安卓和ios系统的移动应用。

2. 向电商平台转型

汽车之家通过收集用户数据，分析用户需求，同时整合厂商、经销商资源。通过网站巨额流量促成订单，再将消费者引导到4S店试驾、付款、提车，形成完整的线上线下互动产品线，即线上集客、线下享受服务的电子商务O2O模式。对于消费者来说，可以在较短的时间内尽可能多地获取和对比有效信息，同时还可以了解底价、参与团购，省钱省力；对于汽车生产和销售企业来说，不仅可以节约营销和销售成本，还可以借此获得消费用户的数据，帮助预测市场并准确决策。

3.3.5 管理模式

1. 企业文化

汽车之家的企业文化是在2007年建立的，其核心价值观主要体现在原则、选择和行动三个方面，其原则是把消费者的利益放在第一位，选择是做成正确的事情而不是容易的事情，行动是先做好60分，再去做100分。

2. 明确的责权分配

汽车之家的许多员工都是年轻人，面对这样一群年轻人，把权利和责任下放下去不是很容易的事情。借助互联网，汽车之家的员工可以很好地进行沟通，并在沟通过程中，下放权力和责任。在汽车之家，尽管员工在公司里的权利大小不同，但是大家是公平的、平等的，团队成员有自己的权利空间，权利得到尊重，公司有明确的权利分配，限制跨权干扰、无人负责等情况的发生。

3. 客户关系管理

汽车之家把消费者的需求分成认知阶段、对比阶段、关联阶段、转化阶段，并在这4个阶段提供不同的服务。对于厂商的需求，汽车之家将其分为传播层面、销售层面、维护层面。针对这些不同层面的需求，汽车之家努力提升媒体覆盖的人群的数量、媒体覆盖的人群的质量、覆盖的人群对媒体的信任度，做好消费者和厂商之间的桥梁。汽车之家有着很好的客户关系管理，在为用户提供很好的信息、把用户利益放在第一位同时，也为客户提供极好的价值回馈，凭借与两大群体良好的关系，汽车之家保证了稳速又快速的运营。

3.3.6 资本模式

汽车之家和泡泡网都是北京泡泡信息技术有限公司旗下的网站，公司最初并没有吸引风险投资，而是依靠自身积累滚动发展。泡泡网良好的盈利状况很好地支撑起初期暂时还不能盈利的汽车之家，让汽车之家继续可以扩大在用户数量、用户体验和网站品质方面的优势。2008年，汽车之家被澳洲电讯收购了55%的股权，澳洲电讯在多领域的经验带给汽车之家团队更加完善的创新空间，更好地服务用户。2013年12月汽车之家在纽交所完成IPO，融资额达1.3亿美元。

3.3.7 总结与建议

1. 成功的关键因素

汽车之家的成功之处在于：在很好地把握消费者对汽车产品消费诉求的基础上，搭建了一个涵盖汽车销售各个环节，并且集资讯、数据、互动、营销、经销商、二手车等为一体的全方位媒体平台。借助该平台，汽车之家可以为用户提供购买前的资讯服务、购买中的数据服务、购买后的互动服务，为厂商提供高质量的广告投放服务，为经销商提供销售平台和客户在线沟通平台。

2. 面临的挑战

上市以后，汽车之家拥有更多运营资金开拓新的商务模式与合作。移动端与二手车平台都是潜力非常大的市场，汽车O2O在国内也处于起步阶段，但要布局移动端、发力二手车平台，汽车之家面临着已经布局在这些领域的对手们的竞争，以及需要逐步转型这两种挑战，这些挑战很可能会对汽车之家的盈利前景产生负面影响。而要发力汽车O2O，汽车之家拥有巨大的线上流量，可将其转化为线下消费者，从而获取大量利益，但目前的难点是如何处理好与线下经销商之间的利益关系。

3.4 案例3：三星电子(中国)企业门户

3.4.1 基本情况

三星电子是韩国最大的电子工业企业，1992年进入中国，三星电子秉承整体营销的策略，线上渠道的建立与运营是企业重要的战略之一。在2004年，三星电子(中国)就开通了其唯一的官方网上销售渠道——三星商城，开始为中国的互联网用户提供线上产品销售服务，同时，三星电子(中国)不断完善网站功能，逐步形成"综合型、多用途、集成化"的企业官方门户。

在三星(中国)企业门户电子商务模式中，涉及的利益相关者主要包括三星(中国)企业门户、客户、合作伙伴、线下体验店和线下专卖店等，其价值网络如图3-4所示。

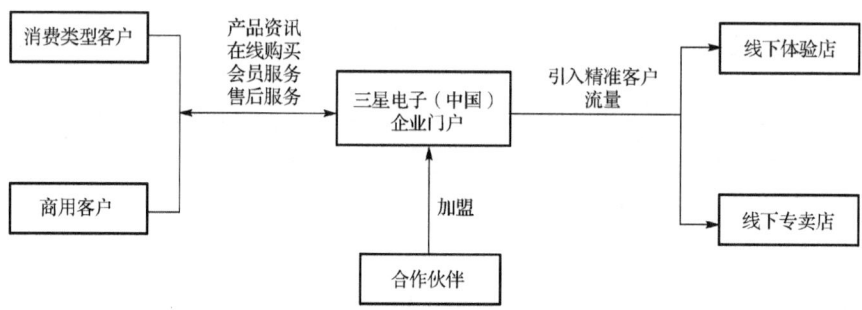

图3-4　三星中国企业门户价值网络

3.4.2 商业模式

1. 愿景与使命

三星电子的愿景是创新产品，优化服务，即不断优化产品质量和服务，给用户最大的满足感，以继续保持行业领先水平。

2. 目标用户

三星电子(中国)包括消费类市场客户和商用市场客户，消费类市场上，其目标客户定位于22～35岁的高收入时尚人群，这部分人既有消费能力，又勇于尝试新事物，是主要消费群，商用市场的客户大多是政府部门和行业用户。

3. 产品与服务

1) 网上商城

作为三星电子的网上消费平台，三星网上商城聚集了三星电子的所有产品，同时还聚集了资讯、促销活动、精品推介、名品店等消费者关注的信息。随着电子商务的发展，用户的购物行为发生了极大变化，为了适应用户行为的改变，三星电子不断进行网上商城的再造,以通过三星商城实现与消费者更直接的沟通,让消费者更直接体验三星的产品和品牌,并快速提升和改善产品和服务。

2) 产品资讯

针对消费类和商用市场客户,三星电子通过门户网站对个人与家庭产品和商用业务涉及的通讯、教育、酒店、医疗、建筑等诸多行业的解决方案进行全方位的展示。

3) 应用商店服务

为帮助每一位三星手机用户随时随地地享受到丰富多彩、极具个性的移动应用体验,三星电子(中国)通过门户网站为客户提供包括游戏、社交网络、电子书以及与健康相关的服务在内的一系列应用程序和服务。

4) 售后服务

主要通过门户网站向客户提供预约到店、预约上门、智能客服、进度查询、服务网络、配件价格等在线支持服务。

4. 盈利模式

1) 增加销售收入。顾客可以通过三星网上商城,直接订购商品,获取销售收入。同时,这种在线直销方式,为三星节省了大量的销售费用。

2) 网络化收益。三星电子商务的价值来源不仅包括在线销售取得的直接销售收入,还包括一系列由于网络化而带来的无形收益。

① 品牌收益。通过电子商务,整合了三星的企业形象,极大地提升了三星的品牌价值。

② 成本收益。通过与电子商务相适应的强大的物流系统建设和运营流程重组,使三星取得了明显的成本优势。

③ 服务收益。让顾客永远满意是三星的服务理念。三星电子商务的重要内容之一就是客户关系管理,通过客户关系管理,取得了巨大的客户服务价值,提高了客户忠诚度。

5. 核心能力

1) 较高的品牌知名度与认知度

作为消费电子制造企业,三星在国内具有较高的品牌知名度和认知度,拥有众多忠实的消费者客户。基于品牌优势和消费者网购的需求,三星网上商城为客户搭建了一条网上信息了解、线上(下)体验和线上购买的 O2O 联动模式,以满足目标客户网购三星正品的需求。

2) 强大的后台 IT 系统支持

依托三星电子全球先进的信息化系统,三星商城搭建了高效的供应链管理系统和客户关系管理等后台系统。一方面使得三星商城能保持较低的成本优势,避免由于供应商不确定而造成的风险和损失;另一方面可以精准消费者的需求和反馈,为消费者提供更多优质的产品和个性化的服务。

3.4.3 技术模式

1. 数据库营销技术

三星电子的信息系统通过线上和线下各种渠道搜集客户和分析客户信息,与客户保持实时沟通,并着力构建一个完备的动态客户数据库,并依据该数据库开展产品创新、市场策略的制定与实施,以及客户关系维系等一系列有针对性的营销行为。

2. 虚拟体验店技术

针对线下体验店覆盖中国用户面不足的情况,三星通过网上3D虚拟体验店来覆盖中国用户,虚拟体验店作为三星产品的服务专区,为客户提供产品的图片、细节、比较以及平板电脑、智能手机、笔记本电脑和配件等的评论信息,客户查看产品时,也能看到其他产品的推荐。同时,虚拟体验店完全仿真店面设计、休息区、门、窗及走廊无缺,仿佛置身真实体验店一般,体验店共分产品展示区、配件区、综合互动区、培训和咨询区等四个区域。

3.4.4 经营模式

1. 开展多种形式的网络互动,精准了解消费者需求

为了更加精准了解消费者的需求,提供量身定做的产品和服务,三星中国采用虚拟体验店、在线会员俱乐部和在线服务等多种形式与客户进行互动。首先,三星电子建立了"三星会员俱乐部",开启全新的与消费者的沟通之门,俱乐部面向大中华区正规销售渠道采购三星正品的用户,用户通过购买三星产品或在线上进行注册成为"三星会员俱乐部"会员。通过俱乐部三星电子更有效地了解消费者的需求和期待,以及为忠诚的消费者提供更多差异化的优惠和关爱。另外通过对注册的消费者进行系统分析,了解消费者真正的需求,倾听顾客的建议,为他们提供更加贴心的售前和售后服务,并且将融合研究成果和消费者的建议,用来指引未来产品的研发和生产,并且指引公司开展消费者更喜欢的沟通活动。其次,三星电子(中国)开设网上3D虚拟体验店,为消费者提供3D化的购物体验,通过虚拟的3D环境带给消费者强烈的真实感,并促进与消费者的互动交流,提高消费大众对三星品牌的认知度,培养一些有潜力的消费群体。

2. 充分利用线上资源,推进线上线下融合发展

三星电子(中国)企业门户网站除向网络消费者提供网络购买、售后服务等电子商务服务外,其还承担着为线下渠道引入精准客户流量的价值。首先,三星电子(中国)采取通过搜索营销为门户网站引入高质量高流量的网络消费者,例如,其与百度达成合作,由百度为三星在中国市场提供包括收录、阿拉丁推广、基于用户行为数据的WEB优化方案以及数字营销策划等一系列全面的B2C营销推广服务,以提升三星网上商城的流量,提升三星电子网上商场品牌知名度。同时,三星电子(中国)与大众点评开展战略合作,为三星各个代理商或专卖店添加O2O用户入口,包括店铺的360度室内全景图、菜单式推荐菜等多项功能。其次，针对门户网站的访问客户，除可通过网上商城提供在线购买外，三星电子（中国）更多是通过向访问客提供店铺搜索服务，将客户精准地引流到实体店铺，实现从线上到线下的转入融合。

3.4.5 管理模式

1. 电子化供应链管理

为缩短三星内部部门和供应链上的反应时间，三星电子采用电子化流程，将管理、客户服务、研发和供应四个业务流程进行有机地连接。通过采用企业资源规划系统（ERP）等信息技术基础建设，来加速四个业务流程的循环。在此基础上，为实现内部资源的整合和融合，三星电子对其供应链、产品资料和客户关系管理系统进行整合，并使之网络化，建立全球实时管理信息系统，该系统囊括了遍布47个国家的25家生产设施和35家销售子公司。这个全球性的IT基础机构不仅覆盖整个供给链，同时还对公司与合作伙伴、供应商和用户之间的联系方式和合作方式产生革命性的影响，将更好的产品和解决方案、更高的效率和双赢的资源组合起来，并帮助公司提高竞争力以及进行准确的市场定位。这一系统能将三星电子与韩国之外的56家生产和销售子公司连接起来，在"在合适的时间、合适的地点、以合适的价格提供产品"的战略下，把合作伙伴、供应商和顾客整合到一起，真正实现了企业对顾客迅速及时的反应。

2. 客户关系管理

客户个性化管理是三星电子（中国）客户关系管理的一个重要特色。第一，三星电子根据所估计的客户的终身价值和吸引及保持顾客所需成本进行成本收益权衡，确定"金牌"客户、"银牌"客户及一般客户。个性化服务初期，首先对能给自己带来丰厚收益的"金牌"、"银牌"客户提供个性化服务，等条件具备之后，逐渐地扩大其服务范围。第二，三星电子借助因特网与顾客一一对话，同时利用信息高速公路、卫星通信、声像一体化可视电话等多种技术全方位展示新产品、介绍其功能、演示其使用、建立征询系统，甚至让顾客参与产品设计；第三，三星电子把顾客当作一项资产来管理，对每一位顾客都必须设定直接的管理者，每个顾客管理者建立自己的客户档案，档案是动态的，并且在企业内各部门之间共享，实现了真正意义上的个性化服务，提高企业效率和顾客价值；第四，为了满足顾客的多样化需求，三星的生产装配线采取了个性化生产的模块化设计和模块化制造。另外，三星尽量实现产品的模块化，它由两部分组成，一部分是所有产品共有的，另一部分是体现产品定制特征的。这样，企业将共同的部分事先组装起来，一旦顾客提出自己的特定要求，便将这些满足要求的部件迅速组装上去，从而可以提高速度和效率。

3.4.6 总结与建议

1. 成功的关键因素

三星电子（中国）企业门户网站定位符合企业网站建设发展的趋势，从"单一型"发展阶段,向"多功能型"、"融合型"的过渡阶段,更加注重电子商务、品牌建立、营销互动、市场调研等,集多种功能于一体,逐步形成"综合型、多用途、集成化"的网络平台。

2.面临的挑战

中国仅次于美国,是三星电子的第二大市场,然而2014年三星电子的智能手机在中国地区的市场占有率下降超过两成,三星电子在中国正面临中国国内品牌的巨大挑战。随着消费电子产业已进入智能硬件时代,互联网思维正对传统硬件思维产生颠覆式影响,中国本土品牌智能手机硬件配置精良,但价格相对三星更加低廉,而且其与中国本地的移动服务运营商之间有着非常密切的合作关系。另外,中国国内品牌还利用中国的社交媒体和在线论坛,通过有创意的方式来建立自己的品牌分析群,这些优势,让中国本地品牌在中国这个全球最大智能手机市场里如虎添翼,使三星电子正面临着最严峻的挑战。

□基于互联网和团队的练习

1.比较新浪、腾讯、网易、搜狐等综合门户商业模式比较

访问新浪、腾讯、网易、搜狐网站并通过互联网资料收集方式,从发展战略、产品与服务、盈利模式、目标市场、核心能力等方面对上述综合门户网站的商业模式进行比较分析。

建议学习小组各成员在任务分工的基础上,集中进行比较分析讨论,撰写分析报告。

2.汽车类网站商业模式分析

选择3家以上汽车专业网站,登录其网站全面了解其基本情况和基本功能模块,并利用互联网收集他们的相关资料,据此全面分析中国汽车类网站的商业模式,并撰写一篇分析报告。

3.分析讨论企业门户在传统企业发展中的地位

(1)通过互联网收集某个传统行业中的代表性企业的企业门户建设情况。

(2)分析对比代表性传统行业企业门户的优劣。

(3)组建团队,深入调研不同的传统企业,针对某个企业进行企业门户网站诊断,并撰写分析报告。

□基于网上创业的学习

利用垂直门户的商务模式可以建站创业,也就是自己思考一个垂直门户的商务模式,组建团队,建立网站,运营网站,等到运营到一定程度,可以吸引风险投资。垂直门户的商务模式有越分越细的趋势,个人创业的空间是比较大的。网上创业需要注意三个方面的问题。首先是定位,即确定创业项目的商务模式;其次是分析,即针对确定的商务模式进行SWOT分析;最后是组建团队,即根据项目的需要组建一个团队,共同创业。要学习网上创业,可以仔细阅读本书,了解清楚商务模式的内涵、如何分析互联网企业的商务模式、互联网有哪些商务模式。

参考文献

[1] 新浪网. http://www.sina.com.cn, 2015-1-6.
[2] 艾瑞网. 借助热点事件提升媒体价值 促新浪营收获突破性增长. http://news.iresearch.cn/finance/92101.shtml, 2009-03-19.
[3] 易海燕. 区域门户战略竞争力分析. 南方传媒研究, 2008-12-30.
[4] 彭瑁. 门户网站的特点与发展趋势. 企业导报, 2009(7).
[5] 冯晓棠. 中国综合门户网站产业的市场结构分析. 山西财经大学学报, 2010(6).
[6] 艾瑞网. 汽车之家首席执行官李想: 汽车网站的互动营销. http://news.iresearch.cn/events/20080703/82475.shtml, 2008-07-03.
[7] 姜晨、张菁菁. 汽车之家——我的汽车管家. http://media.people.com.cn/GB/22114/144546/201936/12620580.html, 2010-09-02.
[8] 刘梅. 汽车之家. http://www.cnecedu.cn/case/index.php?doc-view-117, 2010-07-04.
[9] 滕跃. 汽车之家总裁秦致: 汽车垂直新媒体的营销发展, http://news.iresearch.cn/events/20080918/85196.shtml, 2008-9-18.
[10] 汽车之家. http://www.autohome.com.cn.
[11] Donews. 车问宋乐: 汽车之家成功上市后面临转型挑战. http://www.donews.com/net/201312/2664063.shtm, 2013-12-11.
[12] 张炜明. 电商将进入"高门槛"争夺战. http://news.sina.com.cn/o/2013-12-13/073028973560.shtml, 2013-12-13.
[13] 肖妍. 互联网汽车平台案例研究——汽车之家. http://www.pintu360.com/22838.html, 2013-12-13.
[14] 张艳如. 大型企业门户网站建设刍议.《电子技术与软件工程》. 2013(11).
[15] 赛迪网. 三星网上商城全新上线 成为Note3首家预售平台. http://news.ccidnet.com/art/1032/20130918/5185649_1.html, 2013-9-18.
[16] 王晓红、曹孟鸣. 三星电子在华的营销模式与启示. 中国工商管理研究, 2006(9).
[17] 中国电子商务研究中心. 三星的电子商务营销策略. http://b2b.toocle.com/detail--6022861.html, 2012-2-10.
[18] 曹婧逸. 三星发福利: 在中国成立电子会员俱乐部. 中国工商时报, 2014-6-16.

第 4 章 网络经纪模式案例分析

引言

根据艾瑞网统计(iResearch.cn),2014 年中国电子商务市场交易规模 12.3 万亿元,同比 2013 年增长 21.3%。在各细分行业中,中小企业 B2B 电子商务占比一半,B2B 电子商务合计占比超过七成,B2B 电子商务仍然是电子商务的主体;网络购物交易规模市场份额达到 22.9%,比 2013 年提升 4.2%;在线旅游交易规模与本地生活服务 O2O 市场占比与 2013 年相比均有不同程度的提升。我国如此大规模高速成长的电子商务交易,离不开各类型电子市场的发展,尤其是基于第三方中介平台的网络经济,作为电子商务的一种重要商业模式,起到了举足轻重的作用。

4.1 网络经纪模式概述

4.1.1 网络经纪模式的定义

网络经纪就是电子商务环境下的中介,也就是基于互联网的网上交易平台,管理卖方提交的信息并展示给买方,同时提供买卖双方交流的渠道。具体来讲,网络经纪是指通过虚拟的网络平台将买卖双方的供求信息聚集在一起的市场中介商,可以是商家对商家的、商家对消费者的、消费者对消费者的或消费者对商家的经纪商。因此,网络经纪又被称为网上交易所,网络经纪商负责制定关于提供和获得信息的规则,以及交易者达成协议和完成已达成协议等的规则。

网络经纪模式是指网络经纪商通过虚拟的网络平台将买卖双方的供求信息聚集在一起,协调其供求关系并从中收取费用(如交易费、会员费、广告费等)的互联网商业模式。

4.1.2 网络经纪模式的特征

网络经纪在电子商务中介交易中扮演着介绍、促成和组织者的角色。与传统经纪模式相比,网络经济模式目前的多数特征均围绕"网络外部性"及由此所带来的"潜在无限增值"展开。

1. 定位多边市场

绝大多数的网络经纪交易平台连接了两个不同的群体,例如,淘宝网连接"买家"与"卖家",智联招聘连接了"招聘方"与"求职者",大众点评网连接了"服务提供商"与"消费者"。也有部分网络经纪平台连接了三方乃至更多方的群体,例如,"微信"连接群体包括一般网民、不同类型的企业、广告商、软件开发商乃至科研人员。

2. 通过多种策略构建用户过滤机制

网络效应也有潜在的负向特征,如淘宝网站因为出现一些贩售假货的店铺而导致部分消费者对淘宝网产生了不良印象。因此,许多网络经纪中介平台在成立之初就开始构建用户过滤机制,抑制不良用户进入所带来的不良影响。主要措施包括:用户身份鉴定,要求用户以真实身份注册(如淘宝网)或以利益驱使用户提供真实身份信息(如各类婚介网站);保证金制度,增加用户的欺诈成本(如天猫);用户评分机制,让网络经纪平台的用户成为彼此的监督者;信用认证机制,买卖双方交易之间的商业信用转化为银行信用或第三方信用(如支付宝认证)。

3. 交易模式多样化

网络经纪交易平台利用网络的实时性和动态性开辟了传统市场所没有的或少有应用的交易模式,如在线目录、电子协商、反向拍卖、双向撮合、无线竞标等。传统市场交易中,市场交易模式要受很多因素的约束,如与交易对象的距离、时间、购买的批量等,但网络经纪交易平台的载体是互联网,它具有实时性、动态性和开放性,使得一些在传统市场中根本不会被交易者采用的方式可以在网络交易市场中灵活运用。

4. 交易支持服务更加全面

除信用服务外，网络经纪交易平台一般还提供包括物流与支付等一系列交易支持服务。此外，一些网络经纪交易平台还通过提供物流和金融服务，或者以联盟的形式将优秀的物流提供商与合作银行整合到平台上，通过增值服务来支持交易的完成。

4.1.3 网络经纪模式的分类

目前，网络经纪模式有多种分类方法，常见的有以下 4 种。

1. 按照交易参与对象划分

从网络经纪交易平台的参与对象角度，网络经纪模式可分为 B2B 经纪模式和网络零售经纪模式。

1）B2B 经纪模式

B2B 经纪模式是指网络经纪交易平台的供求双方都是企业的网络经纪模式。在这种模式中，交易双方利用 B2B 交易平台，发布供求商品或服务信息，或者利用平台上的交易工具完成询价、洽谈、签约、交易、支付、配送和售后服务等业务。表 4-1 列出了 2014 年 8 月国内网站流量排名前 10 位的 B2B 电子商务平台。

表 4-1 2014 年 8 月国内常见 B2B 经纪平台（网站）

序号	网站名称	网址
1	1688 网	http://www.1688.com
2	环球资源网	http://www.globalsources.com
3	慧聪网	http://www.hc360.com
4	敦煌网	http://www.dhgate.com
5	我的钢铁网	http://www.mysteel.com
6	马可波罗网	http://www.makepolo.com
7	科通芯城	http://www.cogobuy.com
8	中国供应商网	http://www.china.cn
9	世界工厂网	http://www.gongchang.com
10	铭万网（必途网）	http://www.b2b.cn

注：以 alexa 流量排名为依据

2）网络零售经纪模式

网络零售经纪模式是指经纪商通过搭建网络交易平台向商家提供网上商铺、交易支持等服务，并吸引消费者进行平台购物，从中收取费用（如交易费、增值服务费）的商务模式。

网络零售经纪模式又可细分为 B2C 经纪模式和 C2C 经纪模式两种，但这种细分界限正变得越来越模糊。例如，虽然天猫商城与淘宝网分别侧重于 B2C 与 C2C 两种经纪模式，但彼此之间在产品与业务方面仍存在一定交叉；京东作为一家以 B2C 业务为主的网络零售商，但也部分提供第三方厂商的零售产品。国内常见的网络零售经纪平台（网站）如表 4-2 所示。

表 4-2　国内常见网络零售经纪平台(网站)

序　号	网站名称	网　址
1	淘宝网	http://www.taobao.com
2	天猫商城	http://www.tmall.com
3	eBay	http://www.eBay.com
4	蘑菇街	http://www.mogujie.com
5	孔夫子旧书网	http://www.kongfz.com
6	ZOL商城	http://www.zol.com
7	亚马逊中国	http://www.amazon.cn
8	万国优品	http://www.wgyp.com/

2. 按照交易行业范围划分

从网络经纪交易平台所涵盖的行业范围角度，网络经纪模式可分为综合经纪模式和行业经纪模式。

1) 综合经纪模式

综合经纪模式也称为水平经纪模式，在综合经纪交易平台上涵盖了众多不同行业领域的买家和卖家，类似传统的综合集贸市场，如阿里巴巴B2B平台汇集了60多个不同行业。

综合经纪模式追求"全"，即行业全，其优势在于服务面广，信息几乎覆盖各个行业。缺点是无法在各行业提供深入的服务，即所谓"一寸深一公里宽"，因此综合经纪商要冒每一个行业都做不好的风险。

国内典型的综合经纪模式平台(网站)包括阿里巴巴旗下的1688网及其国际站(alibaba.com)、环球资源网、慧聪网、中国供应商网、中国制造网、中国国际电子商务网、八方资源网等。

2) 行业经纪模式

行业经纪模式也称为专业或垂直经纪模式，在行业经纪交易平台中只汇集了特定行业(产业)的上、中、下游的买方和卖方，以让各层次的厂商都能够容易地找到供应商或买主。行业经纪模式需要较深的专门技能，专业化程度越高的网站，越需要投入昂贵的人力资本处理很狭窄的专门性业务，才能发挥该虚拟市场的商业潜能。

行业经纪模式的优势是能够在所处行业提供完善的、高度专业化的服务，如中国化工网的服务涵盖了供求、会展、专家、技术等化工行业的方方面面。缺点则是提供的服务面比较窄，主要限于行业内，即所谓"一寸宽一公里深"。

3. 按照交易覆盖区域划分

从网络经纪交易平台所覆盖的贸易区域角度，网络经纪模式可分为国内贸易经纪模式和国际贸易经纪模式。

1) 国内贸易经纪模式

国内贸易经纪模式是指经纪商架设网络交易平台为企业开展国内贸易提供经纪服务。如阿里巴巴中国站(1688.com)、中国化工网、携程旅行网、中华粮网、能源一号网、东方钢铁在线、中国制造网中文站等。

2）国际贸易经纪模式

国际贸易经纪模式是指经纪商架设网络交易平台为企业开展国际贸易提供经纪服务。如环球资源网、沱沱网、阿里巴巴国际站、中国制造网英文站、万国优品等。

4. 按照交易服务层次划分

从网络经纪交易平台所提供的服务层次角度，网络经纪模式可分为信息服务经纪模式和全方位服务经纪模式。

1）信息服务经纪模式

信息服务经纪模式是指经纪商主要是提供买卖双方的信息，通过信息服务使买卖双方可以在全球范围内选择成交对象，买方或卖方在选定交易对象后并不直接在网上交易，而是另外接触和签订合同。这种模式下经纪商无法全面深入参与交易，如中国化工网、中国制造网等。

2）全方位服务经纪模式

全方位服务经纪模式是指经纪商不但提供信息服务，而且还提供全面配合交易的服务，如网上结算和物流服务等，这就要求网络经纪商对贸易业务非常熟悉。如阿里巴巴中国站（1688.com）、东方钢铁在线、能源一号网等。

4.2 案例1：淘宝网

4.2.1 基本情况

淘宝网是由阿里巴巴集团投资4.5亿元于2003年5月创办。创办之初，淘宝网推出免费计划，2005年淘宝网凭借这一策略超越易趣成为中国最大的网络购物平台。2008年淘宝网提出大淘宝战略，9月启动了大淘宝战略的第一步：阿里妈妈这一中国最大的网络广告交易平台与淘宝网合并。同年淘宝网推出B2C购物平台——淘宝商城。2008年淘宝网成为亚洲最大的购物平台。2010年9月淘宝网发布《大淘宝宣言》，将淘宝网的各项规则制度化。2010年11月淘宝商城独立域名正式启动，淘宝进一步扩张B2C业务。2011年6月，淘宝网宣布将淘宝公司拆分成淘宝网、淘宝商城和一淘网三家独立的公司，分别运营原C2C业务、平台型B2C电子商务服务和一站式购物搜索引擎业务。2012年1月11日，淘宝商城正式宣布更名为"天猫"，也称为"天猫商城"。截至2014年年底，淘宝网拥有注册会员近5亿，日活跃用户超1.2亿人，在线商品数量达到10亿种。在C2C市场，淘宝网占95.1%的市场份额。

在淘宝网网络经纪商务模式中，淘宝网将无数卖家和买家聚集在淘宝平台为他们提供信息、交易服务以及相应的增值服务，同时将为网络交易服务的第三方企业和相关实体聚集在一起形成了淘宝价值网络，如图4-1所示。

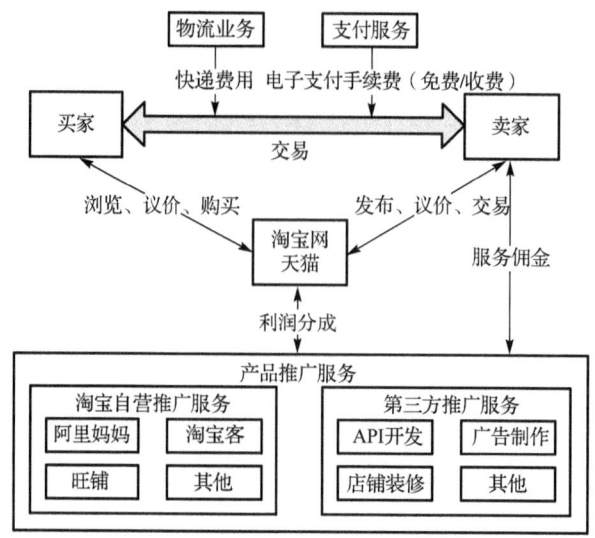

图 4-1 淘宝网价值网络

4.2.2 商业模式

1. 愿景与使命

2003 年淘宝网成立之初，淘宝网宣称淘宝的使命是"没有淘不到的宝贝，没有卖不出的宝贝"。2008 年 7 月在淘宝成立五周年之际，淘宝网将淘宝的终极目标定位为超越 eBay 以及沃尔玛，成为全球零售业的巨头。2010 年 9 月淘宝发表的《大淘宝宣言》中提到"当我们正奋斗在新商业文明的漫漫征途中，我们以及我们周围的实践群体，一刻也没有忘记我们强国兴邦以及帮助中小企业和个人开拓市场、建立品牌、实现产业升级的愿望；没有忘记我们要为社会创造更多就业机会，以及帮扶千万困难家庭、弱势群体的使命；也没有忘记我们要让更多的消费者享受网购，不断改善生活品质的责任"。为了更好适应快速变化的形势，阿里集团决定提升"大淘宝"战略为"大阿里"战略。"大阿里"战略的核心是平台化，按照阿里巴巴集团的规划，"大阿里"将和所有电子商务的参与者充分分享集团的所有资源——包括阿里巴巴集团所服务的消费者群体、商户、制造产业链，整合信息流、物流、支付、无线以及提供数据分享为中心的云计算服务等，为国内电子商务的发展提供更为全面的基础服务。2011 年 6 月，淘宝公司宣布将淘宝网拆分成三家公司，此次淘宝网一分为三是阿里巴巴集团从"大淘宝"战略走向"大阿里"战略的重要一步。

综上所述，我们可以推断出淘宝的使命就是建设开放、协同、繁荣的电子商务生态系统，促进新商业文明。

2. 目标客户

淘宝网的目标客户可以分成三类，即买家、个人卖家和网商。

1）买家

在网上购物的用户都属于淘宝的目标客户，伴随着网络购物逐步被人们认可和接受，淘宝的目标客户可以定义为全球互联网的用户。截至2014年年底,淘宝网拥有注册会员近5亿,日活跃用户超1.2亿人,在线商品数量达到10亿种。

2) 个人卖家

根据阿里巴巴研究中心的2013年年底的统计,阿里巴巴零售电子商务带动的直接就业和间接就业人数约为1200万人。研究中心的成员在对淘宝平台商户进行抽样调查,并对比就业形态的数据后发现:在淘宝平台的近千万个就业中,28.1%的人在淘宝上获得的收入高于当地最低工资水平,可视为充分就业;在把开网店作为主要甚至唯一收入来源的就业人口当中,这个比例高达47.8%。在平台上24.0%的就业人口是淘宝创造的新增就业,即淘宝为超过200万个此前在线下没有获得充分就业的人创造了就业机会;6.4%的就业人口为淘宝网创造的新增且充分就业的人口,这意味着淘宝为近60万个没有工作的人提供了充分就业的机会,其中包括8万家庭主妇、17万待业者、2300个退休职工、31万学生。

3) 中小企业网商

尽管天猫商城(当时称为"淘宝商城")出现的目的是将企业卖家与个人卖家逐步分离,但淘宝平台上依然聚集了大量的中小企业网商。广大中小企业网商出于运营成本与扩大流量的考虑,仍未放弃淘宝网的平台,或两者兼顾(即同时开设淘宝网店与天猫网店),或仍专注于淘宝网的运营。

3. 产品和服务

淘宝为注册用户提供网络购物平台,其主要产品和服务包括为买家提供的商品的搜索、信息的分享、商品购买以及信息交流等服务,以及为淘宝卖家和企业网商提供的广告服务、店铺装修、店铺管理、天猫商城服务和无名良品等服务。淘宝网发展到现在,其服务范围、种类和产品非常丰富和全面。根据服务群体的不同,淘宝的产品和服务可以分成两大类,即买家服务与卖家服务。

1) 为买家提供的服务

买家注册淘宝的主要目的是进行商品的选择与购买。淘宝围绕这一中心提供以下一系列服务:"我的淘宝"进行用户信息的管理与维护;"淘搜索"帮助用户进行商品信息的搜寻;"淘江湖"是淘宝开发的SNS平台,使淘宝购物和SNS互动彻底地结合到一起,让广大淘友既能享受SNS的快捷又能感受淘宝的乐趣。

此外,淘宝还为买家提供了身份认证、用户评价和第三方支付等多种服务来满足消费者对交易安全的诉求。

2) 为卖家提供的服务

淘宝针对卖家提供了开店认证(辅助开店)、商品发布与管理(发布、降权等商品帮助)、消保服务资质(加入、解冻与查询保证金)、交易管理(快速定位解决交易问题)、投诉处罚举报(投诉评价、违规申诉等)、旺铺与店铺工具(装修与店铺运营工具)、营销活动(淘宝营销活动集合)、账号信息维护(资助管理个人账户)等服务。

此外，为了满足不同卖家的需要，淘宝把自己的 API 向第三方开放，鼓励第三方开发者通过"淘宝卖家服务"（http://fuwu.taobao.com/index.html）将自己开发的产品和应用放在淘宝平台上推广，满足广大卖家无限度的个性化需求。

4. 盈利模式

淘宝网尽管一直坚持免费战略，但其收入来源依然十分稳固，主要来源于广告收入、增值服务收入以及支付宝收入三大板块。

1）广告收入

巨大的流量让淘宝网成为一个很好的广告展示平台，广告收入目前依然是淘宝重要的收入来源。2008 年 9 月，阿里巴巴集团宣布，在淘宝网坚持免费 5 年后，仅仅依靠广告收入，淘宝网已实现当月收支平衡。2014 年，淘宝广告营收超过 375 亿元，位居中国互联网企业第二位（注：第一位为"百度"）。淘宝的广告产品主要包括淘宝联盟（以淘客为主）、P4P（即直通车业务）、钻石展位、无线联盟。

① 淘宝联盟（以淘客为主）。本质上都属于联盟广告产品，将广告投放到淘系网站之外的网站。其广告位资源为淘系网站之外的网站，本质上增加了广告的曝光范围，为广告主提供了更多选择。

② P4P（直通车业务）。本质是关键词竞价、按照点击付费的效果营销工具。其广告位资源包括淘宝网、天猫、一淘网、合作网站，核心价值在于增加广告主在淘宝网、天猫、一淘网等网站上的曝光率和转化率。

③ 钻石展位。针对淘宝网图片类广告位的竞价平台，按照 CPM（即按广告每千次被展现收费，典型的品牌广告位计费方式），兼具竞价与品牌展示的特征。其广告位资源包括淘宝网、一淘网、阿里旺旺每日焦点弹窗、合作网站等，核心价值在于增加广告主在淘宝网等网站上的曝光率和转化率。

④ 无线联盟。一种无线联盟广告产品，将广告投放到各种 APP 和 WAP 网站上（包括淘宝系的 APP 与 WAP 网站）。其广告位资源包括淘宝在内的 APP 与 WAP，本质上增加了广告的曝光范围，也为 APP 开发者提供了变现渠道。

2）增值服务收入

伴随着网络购物市场的成熟、淘宝品牌效应的进一步深入，其应用增值服务将是进一步的盈利点。淘宝网的增值服务收费项目主要有以下几种。

① 软件与服务。主要是各种管理店铺的软件与服务，包括简单进销存、财务报表、客户关系管理等工具与软件，这些软件与服务来自淘宝网、阿里软件以及第三方合作伙伴（ISV）。淘宝开放 API 接口之后，成为一个开放的平台，ISV 作为合作伙伴因淘宝受益：店铺选择合作伙伴的软件，收益全部归 ISV，只有在选择淘宝软件与服务时，收益才归淘宝网。

② 淘宝旺铺。淘宝旺铺使店铺能够更专业、更个性，并提供了更强大的功能，对塑造店铺形象、打造店铺品牌、推广促销商品，起到了至关重要的作用。目前新版旺铺功能已

对全体淘宝卖家开放,并且,新版旺铺已经可以按月,或者按季两种方式缴费了,卖家可以根据自己的经营情况,任意选择缴费模式。目前,消费者保障计划卖家为每月 30 元,普通卖家(非消保)为每月 50 元。

在淘宝网分拆以前,淘宝还专门面向商城用户有两项收入来源,一是淘宝商城店铺服务费、二级域名服务费和保证金;二是淘宝商城服务费,其店铺收费形式为:服务费 = 扣点 × 交易额("淘宝商城"只在商家产生交易后,才收取服务费),扣点根据产品类目的不同,为 0.5% ~ 5%。

5. 核心能力

1) 商业生态系统的形成

淘宝网创造出一个庞大的商业生态系统,包括了买家、卖家、支付、物流、金融、广告、搜索等体系。淘宝主宰着这个系统,通过搭建一个完全自由竞争的互联网交易基础设施,一步步地改变着传统企业做生意的方式,也改变着消费者的消费行为模式。2003 年 10 月,淘宝抓住了支付风险这个人人回避的市场空白,试探性地发布了"支付宝"服务,开启了淘宝商业生态系统建设的第一步;2007 年,淘搜索推出,淘宝拥有了自己的搜索平台,凭借淘搜索,淘宝将百度屏蔽在自己的生态系统之外,保证了自己在商业生态系统中的核心地位;2009 年,阿里巴巴启动"大淘宝"战略,将阿里妈妈并入淘宝网,增强了其网络广告功能;2011 年,淘宝进一步加强交易规则、物流体系、诚信体系等方面的建设工作,巩固自己的核心地位,构建开放的购物平台。2013 ~ 2014 年淘宝新规则建立,目的是将主动权交给卖家,让卖家自己来管理资源,与买家和第三方进行互动,淘宝则扮演支持者的角色,支持卖家在自己的舞台上自由地舞蹈,具体措施包括开放淘宝交易数据、支撑个性化卖家、利用各类网络工具(微博、无线 APP)在买家与卖家之间打通更多通道、定期公布一些研究和数据等。

2) 阿里巴巴的支撑

网上开店最重要的莫过于货源,对于广大的阿里巴巴用户而言,在阿里巴巴批发分销平台——1688.com(简称 1688)上做 B2B 交易,同时不放弃对个人市场的 B2C 交易,不失为最佳的选择。淘宝为 1688 用户在淘宝开店提供了最大的便利。这样,1688 不仅为淘宝提供了大量的资金和管理经验,同时在业务上也保证了淘宝网上众多忠实的卖家用户和大量的货源。

4.2.3 技术模式

1. 网站管理系统

淘宝网采用多用户购物商城网站系统,其网站管理系统提供了齐全的商品分类、参数设置、订单管理、会员管理等功能,以方便会员开设网店,并便于店主进行在线网店管理。

2. 用户服务技术系统

淘宝网的后端系统上保存着 286 亿多个图片文件。淘宝网整体流量中,图片的访问流量要占到90%以上。且这些图片平均大小为17.45KB,小于8K的图片占整体图片数量61%,整体系统容量的11%。

从2006年开始,淘宝网决定自己开发一套针对海量小文件存储难题的文件系统,用于解决自身图片存储的难题。到2007年6月(Taobao File System,TFS)正式上线运营。在生产环境中应用的集群规模达到了200台PC Server(146G*6 SAS 15K Raid5),文件数量达到上亿级别;系统部署存储容量达140 TB,实际使用存储容量为50 TB;单台支持随机IOPS 200+,流量3MBps。TFS最大的特点就是将一部分元数据隐藏到图片的保存文件名上,大大简化了元数据,消除了管理节点对整体系统性能的制约,这一理念和目前业界流行的"对象存储"较为类似。淘宝TFS文件系统在设计规划上考虑在图片的保存文件名上暗藏了一些元数据信息,如图片的大小、时间、访问频次等信息,包括所在的逻辑块号。而在元数据上,实际上保存的信息很少,因此元数据结构非常简单,仅仅只需要一个fileID,能够准确定位文件在什么地方。

3. 交易服务技术

为了保证交易安全,淘宝确立了一套安全机制,从支付宝、身份认证、网络监管和信用评价四方面来保证交易的安全。在系统应用软件方面,淘宝网采用了网上信用管理系统、身份认证和安全管理系统、网络监控管理系统和网络安全管理系统等,最大限度地来保证网站安全、数据安全、交易安全。

4.2.4 经营模式

1. 凭借免费迅速切入市场,锁定个人卖家

淘宝坚持免费策略,切入了原本为易趣垄断的市场,并迅速抢占市场,获得了大量用户,2006年5月就夺得中国C2C市场份额第一名。或许未来免费未必是最好的策略选择,但至少对于淘宝的发展过程而言,免费为其后来居上发挥了至关重要的作用。淘宝一直非常注意自己在媒体和网民中的形象,多次发表公告淘宝将继续免费到底。这对网民,尤其是广大个人卖家而言是非常有影响力的,使其始终愿意选择淘宝平台来销售产品。

2. 构筑的基于消费者的信用管理机制,保护消费者的权益

淘宝网所创造的电子商务生态系统,其实是构建了坚实的网络零售基础设施,不仅通过支付宝解决了当时C2C网站不能最终达成交易的问题,也建立起了网络购物的信任体系,而且,进一步通过产品和服务创新,解决了交易过程中的物流、金融、广告、搜索等问题,为广大消费者提供了良好的网络购物环境,更使消费者对淘宝购物平台产生依赖。

3. 分阶段采取不同推广策略

淘宝的营销推广可以分为四个阶段。第一阶段,在淘宝成立前期,因为易趣已经和国内的门户网站签订了排他性的广告协议,所以只能依靠口碑宣传,并吸纳了第一批会员。第二个阶段是所谓的"农村包围城市",当时由于国家加紧了对短信的规范力度,使得一大

批中小型网站和个人网站失去了利润的来源而难以为继,淘宝网针对这一群体成功地做了大规模的推广,奠定了淘宝发展的基础。第三个阶段,业界对淘宝的看法已经发生了很大的转变,因此淘宝也抓住契机,开始进行战略联盟。淘宝网相继跟21CN、搜狐和MSN建立了联盟合作伙伴关系,从而打破了一度被垄断的排他性惯例。第四个阶段,重金投入网络广告和传统媒体广告以保障淘宝市场推广。在不同的阶段,都能根据内外条件的不同变化来制定相应的推广策略,这也是淘宝的成功之处。

4. 提供丰富的物流 API 接口,尝试构建一站式电子商务物流配送外包服务

淘宝网推出了专门针对网店的电子商务专业物流服务——淘宝合作物流配送中心。淘宝合作物流配送中心是由淘宝网及其合作伙伴提供的物流服务,通过整合、优化社会物流资源,与合作伙伴强强联合,共同搭建电子商务供应链,以北京、上海、广州、成都等核心区域建立主要配送中心,与周边城市配送中心通过统一物流平台协调管理,形成全国物流配送服务网络。卖家就近入库,买家就近发货的物流配送方式,能帮助网店商家极大程度地降低物流投入及运营成本,提升业务效率,为消费者创造更便宜、更快捷、更安全的物流服务体验,同时针对入驻淘宝物流的商家,还有持续的专项推广活动以帮助其提升销量。

4.2.5 管理模式

1. 企业文化

淘宝网倡导诚信、活泼、高效的网络交易文化。在为淘宝会员打造更安全高效的商品交易平台的同时,也全心营造和倡导了互帮互助、轻松活泼的家庭式文化氛围,让每位在淘宝网进行交易的人,交易更迅速高效,并在交易的同时,交到更多朋友,成为越来越多网民网上创业和以商会友的最先选择。

淘宝在内部管理上坚持的是"倒立者赢"的文化,淘宝鼓励员工倒立,试图通过这样一种方式来告诉淘宝的全部人,eBay看起来很大,但也并非不可战胜,假如你倒过来看这个世界,很多事情是不一样的。马云就是倒立过来以后发现了一个不一样的世界,创造了一个本土化的C2C电子商务神话。

2. 支付管理

随着电子商务的不断发展,网络诈骗使得很多人不敢尝试网上购物。支付问题、信用问题,一直是困扰电子商务发展的核心难题。为了解决这两个难题,淘宝打造了一个"支付宝服务"技术平台。2005年2月2日,阿里巴巴公司升级网络交易支付工具,支付宝(http://www.alipay.com)正式上线。作为国内先进的网上支付平台,支付宝体系的实质是以支付宝为信用中介,在买家确认收到商品前,由支付宝替买卖双方暂时保管货款的一种增值服务。

买家在网站上购买了商品并付费,这笔钱首先到达支付宝,当买家收到商品并感到满意时，再通过网络授权支付宝付款给卖家。这极大地降低了C2C交易的风险，因而赢得了用户的青睐。

3. 信用管理

为了保障交易诚信安全，淘宝设立了多重信用安全防线。例如，全国首推卖家开店要先通过支付宝认证，并有手机和信用卡认证；每个卖家有信用评价体系，如果卖家有欺诈行为，信用就会很低。

4. 平台化治理

在服务大量消费者和商家的过程中，淘宝网已经认识到新商业文明的到来，也逐步认识到，电子商务生态圈是一个真实的、大规模的存在，并开始主动推动其成长和发育，相应地，淘宝网对整个业务系统的管理模式，已经开始从网站系统管理逐步转向面向"大淘宝生态圈"的平台化治理。尤其是2008年，淘宝提出"大淘宝生态圈战略"以来，越来越注重其平台的责任，强调平台自身有一个从小到大、从不完善到完善、从规则不健全到健全的过程，在这一过程中，平台承担责任的能力也逐渐增强，包括法律责任和治理责任。尤其是治理责任，平台在规模扩大的过程中，更应该在促进市场完善、公平和透明、有序方面承担更大的责任。

2010年9月10日，《淘宝规则》的发布，标志着淘宝启动了平台化治理，这一治理模式包括个性化治理、人性化治理、生态化治理、基于诚信的治理、开放式治理、治理信息化、治理动态化、治理综合化、治理创新九个方面。这九个方面的特点已经在淘宝电子商务交易平台多年的实践和探索中得到了很好的体现，不仅在淘宝网自治层面很好地解决了发展与规范统一的问题，成为网规及新商业文明治理的核心，而且在整个电子商务发展中也起到了重要作用。

4.2.6 资本模式

淘宝网的资本，主要来自于阿里巴巴的投资，在其发展过程中，主要有几次大的注资。

1. 起步阶段

2003年5月10日，阿里巴巴集团斥资4.5亿元成立淘宝网。2003年易趣在中国一家独大，马云看到了中国C2C市场巨大的发展前景，为扩宽阿里巴巴的业务范围，投资创建淘宝网，以不同于易趣的免费模式进入中国网络零售市场，并高调宣布淘宝实行免费三年。

2005年10月，阿里巴巴集团宣布对淘宝追加10亿元投资。这是阿里巴巴与雅虎实现并购，并获得雅虎注资10亿美元之后，阿里巴巴集团花出的第一笔投资，为淘宝继续免费政策进行资金支持。

2. 发展阶段

2008年7月5日，在淘宝网成立五周年之际，阿里巴巴宣布对淘宝网再度追加20亿元人民币投资,而实际上阿里巴巴集团追加了50亿投资。当时,淘宝成为亚洲最大的购物平台,仅靠广告收入就能实现收支平衡。但同时,C2C市场格局发生了巨大变化,腾讯推出拍拍网、百度推出百度有呀,易趣被TOM收购。为保持并扩大其在C2C格局的领先地位、构建大淘宝,阿里巴巴宣布再一次注资淘宝,是以进攻代替防守,以对抗百度有啊、腾讯拍拍网、TOM易趣等新军的强力举措。

3. 多层控股阶段

截止到2014年,淘宝与天猫商城的上市实体为注册于开曼群岛的阿里巴巴集团控股有限公司,其100%全资持有注册于开曼群岛的淘宝控股有限公司,该公司100%全资持有注册于香港的淘宝中国控股有限公司。香港公司100%控股在中国境内注册的淘宝(中国)软件有限公司以及浙江天猫技术有限公司。

如图4-2所示,在国内真正负责淘宝和天猫业务运营的公司分别是浙江淘宝网络有限公司和浙江天猫网络有限公司。这两家公司是由马云、谢世煌持股的内资公司,他们和上述淘宝(中国)软件有限公司、浙江天猫技术有限公司分别签订了协议控制合同。

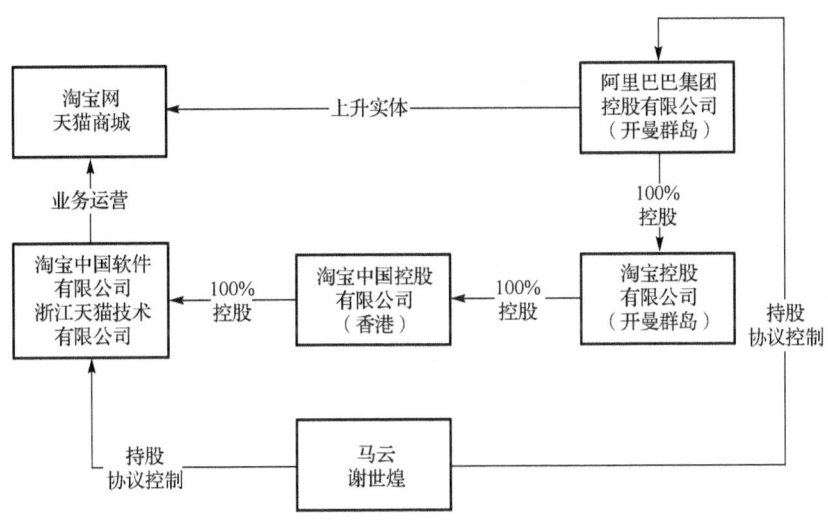

图4-2 淘宝网与天猫商城的股权运营结构

4.2.7 总结与建议

1. 淘宝网成功的经验

1)免费策略+本土化

通过免费策略,淘宝击败易趣,成为中国最大的个人网上交易平台。本土化策略,使得淘宝创建了符合中国人消费行为和理念的交易环境,极大地满足了用户的需求。

2)淘宝诚信体系的建立

C2C交易过程中容易产生交易者的欺诈行为,由网络购物而引起的纠纷也屡见不鲜。

淘宝创建的诚信体系比较好地解决了这一问题，通过交易双方的互相反馈来监督交易者行为。诚信体系的构建也解决了制约电子商务发展瓶颈之一的支付问题。

2．淘宝与拍拍的比较分析

淘宝网和拍拍网在目标客户和盈利模式上都是比较一致的，拍拍网是淘宝的模仿者，其依托腾讯，捆绑在QQ平台上，将购物和娱乐平台较好地联系在一起，因QQ的用户相对年轻，拍拍网在年轻人网购市场建立了比较稳固的基础。但是，淘宝作为专业网络购物平台，已经构建了比较健全的电子商务生态系统，甚至形成了一种新的商业文明，这是依附于腾讯的拍拍网所无法比拟的。

3．对淘宝的建议

作为交易平台，在淘宝的发展过程中，诚信问题和免费策略的延续仍然是必须要重点关注的问题，同时，网规的改进和创新也是必须面对的问题。

1）诚信体系问题

淘宝尽管建立了比较健全的诚信体系，但是，仍然存在信用评价体系单一、信用计算体系简单、评价对卖家单方向影响太大、信用累计效果太重等问题，致使假冒伪劣、恶评、刷信用等现象屡禁不止。这就要求淘宝必须进一步优化其信用评价体系，一方面，增加交易过程中的部分关键点的评价流程；另一方面，丰富评价的目标，在诚信交易、服务态度、服务及时性方面加强评价。同时，增加信用评价权重参数，对新注册买家或者大量给予恶评、好评过于集中等可能存在作弊嫌疑的买家，将其信用评价权重调低。并且，丰富信用计算体系，根据评分的基础数据，结合交易量、交易额、买家卖家地域、是否支付宝交易、交易确认时间等多个综合指标来计算信用值，并将信用累计值作为参考值，将最近3个月或半年的信用值（平均值）作为主要信用展示指标，降低后进入者的"追赶成本"。

2）淘宝收费与免费的博弈

淘宝开店免费是淘宝早期重要的经营策略，也收到了非常好的效果。伴随着淘宝的发展壮大，淘宝在继续免收会员费的基础上，开始尝试推出一些收费的增值服务，但随着收费项目的增多，淘宝也遭受了来自用户群体的批评，一些用户离开淘宝转向其他的平台。如何在保有用户数量的基础上进行收费是淘宝面临的一大问题。

3）"网规"的改进与创新

尽管于2010年发布了《淘宝规则》，旨在促进开放、透明、分享、负责任的新商业文明，保障淘宝网用户合法权益，维护淘宝网正常经营秩序。但是，关于淘宝网在责任、漏洞、诚信等方面的质疑仍然不断出现。这就要求淘宝网及其用户必须进一步坚持执行《淘宝规则》，同时，淘宝网还要根据交易行为和电子商务交易市场的发展，不断改进和创新"网规"，只有这样，才能使淘宝网健康发展，淘宝"网规"才有可能为C2C电子商务行业规范的制定乃至立法做出更大的贡献。2015年1月27日，工商总局召开新闻发布会，介绍了2014年"红盾网剑"专项行动，通报了10个网络欺诈典型案例，其中5起涉及淘宝。1月28日，工商总局在官网发布《关于对阿里巴巴集团进行行政指导工作情况的白皮书》，称"淘宝网工作人员涉嫌提前向违法网店泄露相关信息，造成工商部门查处工作被动"，以及"假冒伪劣商品不少，违禁品屡除不尽，违法行为疏于管理，存在有选择性规避倾向，为不正当竞争行为提供成长空间，履行义务时乱用平台优势地位，存在店大欺客现象"。1月27日，淘宝通过官方微博转发"一个80后淘宝网运营小二心声"的公开信，29日天猫一商家再次发出公开信，表示如果不给说法，将对工商总局提起行政诉讼。阿里巴巴和工商总局的争论，实际上是缺乏电商立法背景下的产物。尽管如此，探索新的网规，控制假冒伪劣商品在淘宝网的泛滥，仍是淘宝网急需解决的问题。

4.3 案例2：1688.com

4.3.1 基本情况

1688.com（http://www.1688.com/，简称1688）前身为马云于1999年创办的阿里巴巴网站，目前为阿里集团的旗舰业务，是中国领先的小企业国内贸易电子商务平台。作为阿里集团旗下子公司，1688在CBBS电子商务体系中代表企业的利益，为全球数千万的买家和供应商提供商机信息和便捷安全的在线交易，也是商人们以商会友、真实互动的社区。1688以批发和采购业务为核心，通过专业化运营，完善客户体验，全面优化企业电子商务的业务模式。目前，1688已经覆盖了原材料、工业品、服装服饰、家居百货、小商品等16个行业大类，提供从原料采购——生产加工——现货批发等一系列的供应服务，成为全球最大的网上交易市场和商务交流社区之一。

1688的前身阿里巴巴成立于1999年，总部设在杭州市，在中国40多个城市设有销售中心，并在美国的硅谷、英国的伦敦等地设立了海外分支机构。目前，1688已经成为全球首个B类注册用户超过1.2万的平台。每天超过1200万客户来往，每天产生1.5亿次在线浏览。有1000万家企业开通公司商铺，覆盖服装、家居、工业品等49个一级行业，1709个二级行业。2014年，来自淘宝的卖家超过1688全站买家的一半以上。目前，1688已经和全国百个产业带签约达成合作，带动产业带动政府实现电商化，更有效率地服务更多线上的采购批发商。

1688网目前已经发展成为全球规模最大、运营最成功的B2B网络经纪平台之一，因此，本节主要分析1688.com的B2B综合网络经纪模式。

1688.com的利益相关者主要包括供应商/生产商、采购商/分销商、广告商、第三方认证服务提供商、银行、第三方技术服务商等，其价值网络如图4-3所示。

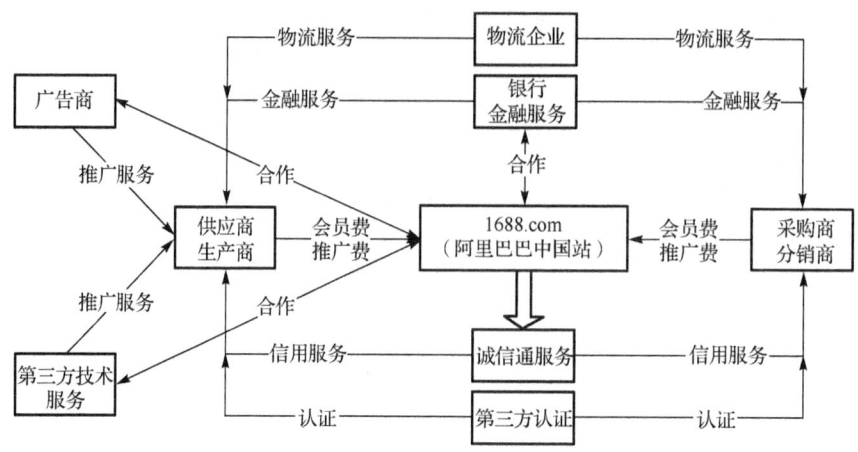

图 4-3　阿里巴巴 1688.com 的价值网络

4.3.2　商业模式

1. 战略目标

1688 背后阿里巴巴集团的战略目标是建立一个完善的电子商务产业生态链，成为一家由中国人创办的世界级的伟大公司。阿里巴巴把生态化作为其核心发展战略，在行业标准方面，阿里巴巴倡导开放的平台架构，推动行业标准走向成熟。另外，阿里巴巴希望与其他电子商务网站、中小企业网站、个人网站、IT企业和电信运营商等建立广泛的合作关系，与信用、认证、支付、物流，以及人才、营销等商务服务紧密集成，共同推动电子商务生态系统的发展。

具体到1688，就是要成为所有中小企业的"托商所"，商人需要的1688都有，使无数的中小交易者由此能够面对全球市场，无数的中小生意由此也能够成为现实。也就是说，1688要为中小企业提供一个销售和采购的贸易平台，让全球的中小企业透过互联网寻求潜在贸易伙伴，并且彼此沟通和达成交易。"为千万中小企业服务，让天下没有难做的生意"就成为阿里巴巴的使命。

事实上，经过10多年的电子商务领域的摸爬滚打，阿里巴巴逐渐发现电子商务既不是B2B、C2C，也不是B2C、B2B2C，而是C2B2B2S，只有把C(消费需求端)当作原点，把B(供应端)当作终点，并让S(服务商)参与其中，整个产业链条才能被真正有效重构，而引爆点将是C2B。1688平台的战略定位是全球最大的网上采购批发市场，未来将帮助实体工厂、品牌商、一级批发商引进大量的买家，包括数十万级的淘宝网店掌柜、百万级的线下城市实体店主、千万级的现有批发市场买家，提供一系列交易工具和服务。

2. 目标用户

1) 参与 B2B 商品交易的中小企业

1688.com 的前身——阿里巴巴中国站从创建之初就清晰地界定了它的主要目标用

户——中小企业，平台定位于满足中小企业的各类产业和服务需求。按照交易双方的角色，这些中小企业又可分为供应商、生产商、零售商以及消费者。他们构成了1688.com生态系统的关键种群。

从现实数据来看，截至2014年年末，我国中小企业注册数量超过4300万家，占全国企业总数的九成以上，它们创造了中国近60%的经济总量，占据中国经济的半壁江山。而根据艾瑞网的统计，2014年中国中小企业B2B电子商务市场总营收规模为234.5亿元，增速为32.0%。未来B2B电子商务运营商将在在线交易、供应链金融以及质检、物流等配套服务方面继续深化发展，预计3~4年内，中国中小企业B2B电子商务市场将保持较平稳增长。艾瑞网预测，未来几年中国中小企业B2B电子商务市场营收增速仍保持在20%以上，预计2018年营收规模将接近540亿元。经过几年的发展，中国中小企业B2B电子商务行业的在线交易业务初有成效，各平台通过免收交易佣金、提供多种在线支付方式、赠送推广资源等政策与服务促进在线交易发展。然而交易双方企业在线交易的习惯仍需培育，预计未来几年此项业务的营收将平稳增长。

2）B2B电子商务增值服务企业

主要包括网络营销服务商、技术外包服务商、电子商务咨询服务商、互联网联盟以及网络培训机构等。这些企业既是1688.com的目标用户，同时也是合作伙伴，它们共同推动电子商务平台有序与健康的发展。

3. 产品和服务

1）市场应用类产品和服务

① 发布信息。阿里巴巴网站作为商业信息的提供者，既提供最新的宏观的行业信息，也提供大量的微观信息，如产品库、公司库以及供应、求购、代理、合作、投资融资、招聘等，以帮助客户找到有用的商业资讯，做出正确的决策。

② 提供商铺。阿里巴巴为商家提供商铺，商家在商铺发布、集成买卖信息。

③ 支付管理。阿里巴巴网站为客户提供在线支付服务，解决了交易双方的支付问题，促进交易的进行。

④ 客户管理系统。客户管理系统是阿里巴巴为中小企业提供的客户管理工具，帮助企业开拓网上贸易，全程跟踪客户，最后获得订单。

⑤ 竞价排名。竞价排名服务是阿里巴巴为诚信通会员在关键字搜索结果首页开辟的特别推荐位，使企业在搜索结果中排在前面醒目的位置，有效提高成交机会。

⑥ 诚信通档案。诚信通档案可以显示商家的信誉问题，防止客户上当受骗。目前，企业和个人均可申请加入诚信通会员，享受诚信通服务。诚信通服务包括网上与网下服务两大块，即网上服务与网下服务。网上具体服务项目包括：A&V认证，拥有诚信通档案，赢得买家信任；拥有诚信通旺铺；提供强大的查看功能，享有买家信息；发布商业信息，优先推荐，获得买家关注；管理信息，方便查看和管理；留言反馈，买家询盘，第一时间即时了

解；享有网销宝服务(点击竞价)权利；可使用支付宝处理货款，更好地保障买卖双方的利益。网下服务主要包括参加展会、采购洽谈会和会员培训会等。

⑦ 在线拍卖。拍卖产品明码标价能吸引更多买家，但是要升级成为诚信通会员，才可享有此功能。

⑧ 在线商机快递。为商家尽快找到自己所需的产品信息，可以免费订阅商机快递。

⑨ 网络联保贷款。网络联保贷款是阿里巴巴和中国建设银行共同推出的一款不需要任何抵押的贷款产品。在阿里巴巴的企业诚信通会员中，由3家或3家以上企业组成一个联合体，共同向银行申请贷款，同时企业之间实现风险共担。当联合体中有任意一家企业无法归还贷款，联合体其他企业需要共同替他偿还所有贷款本息。

2) 社区应用类产品和服务

① 视频。网络给人的感觉是虚拟、不真实的，但视频能够让人感觉到阿里巴巴的真实性。它有在线直播功能，可以让商家第一时间看到想看的节目，掌握最新咨讯。商家既可以订阅阿里巴巴里面的视频节目，也可以自己上传视频，与别人一起分享。

② 论坛。阿里巴巴的论坛是商家学习和交流的地方，论坛的会员数、原创帖子数、人流量等方面都是很高的，无论是从论坛的模式和管理团队还是从论坛与会员之间所培养的感情来看，阿里巴巴的论坛绝对是一个很不错的论坛。

③ 博客。通过博客交流，商家可以聚集与自己相关的人或者企业，交流自己的观点、爱好、心得、发现等。

④ 商友。商友里面有很多商友圈，商友圈是会员创建的一个圈子，商家可以加入感兴趣的圈子，进入圈子里可以发起一个话题，与圈里的人交流，对问题进行讨论。

⑤ 资讯。阿里巴巴的资讯提供了最新的有关贸易、采购、会展、生活等信息，内容十分丰富，可以随时了解各个行业的最新动态。

4. 盈利模式

阿里巴巴B2B电子商务的盈利模式主要是收取会员费、广告、竞价排名以及其他增值服务。根据阿里巴巴提交纽交所的2014年报显示，来自中国商业批发业务(China commerce wholesale business，主要平台为1688.com)的营收为人民币8.6亿元(约合1.39亿美元)，较2013年同期的人民币6.12亿元增长41%。该部分业务营收的同比增长主要得益于付费用户数量的增长，以及付费用户平均营收的增长。① 1688的收入来源主要包括以下几个方面。

1) 收取会员费

收取会员费是阿里巴巴初始的盈利途径，也是主要的盈利途径。它先通过低价甚至免费吸收大量的会员，然后通过提高收费标准剔除大量低效益会员和一些恶意用户，从而牢

---

① http://www.ebrun.com/20150130/122897.shtml.

牢地掌握了通过缴纳会员费获取收益的老会员，之后通过品牌效应、口口相传不断发展新会员，会员费的增长是阿里巴巴目前营业收入的主要组成。

目前，企业与个人诚信通会员年费均为3688元/年。

2) 网站推广服务

1688在2009年3月开始为中国诚信通会员提供按点击付费的搜索引擎服务，以帮助诚信通会员将产品与服务信息精准推广到目标客户面前，并按实际推广效果来付费。目前，1688点击推广服务已经升级为诚信通服务中的网销宝服务，推广的广告位只限前五位信息。

3) 广告与展位收入

黄金展位是1688为诚信通会员提供的企业品牌展示平台。黄金展位的投放位置在指定关键词的各大主要搜索结果页面（包括供应、求购、公司信息等）右侧显著位置，展现形式为160×200像素的彩色图片。目前每个关键词搜索结果中仅有6个黄金展位，随机排列。黄金展位按照不同的搜索关键词1000元/月起价，企业购买周期为一年。

除了提供诚信通会员的黄金展位外，1688还在网站首页以及各个频道首页等显著位置提供品牌Banner广告服务。客户的广告可以实现以省份为最小定向的区域投放。

4) 旺铺租金

非诚信通会员需要用980元购买一年的旺铺使用权。

5) 其他

在业务方面，阿里巴巴的盈利点主要在帮助设立企业站点，构建各类型的网上产业带。

5. 核心能力

1688的母公司阿里巴巴凭借其卓越的成绩和切实为电子商务产业链上下游企业提供的优质服务，其核心能力主要体现在以下几个方面。

1) 极具凝聚力的企业文化

阿里巴巴的董事局主席马云，自阿里巴巴诞生日起，就以高起点、优品质的企业理念来规范企业管理，统领企业人的思想与行为。随着经营管理的发展，不断创新文化，形成了阿里巴巴独特的文化环境和工作氛围。可以说优质的企业文化是阿里巴巴超速成长的基石，优秀的企业家精神是阿里巴巴在商业上快速成功的基础。

2) 品牌知名度已深入人心

目前，在中国很难找到另外一家能有阿里巴巴那样的品牌影响力和品牌知名度的B2B电子商务网站，对于以信息集散地为基本功能的B2B商务网站来说，品牌即价值。另外，阿里巴巴从2003年起就开始针对全球买家进行系统的营销和推广，多年经营和推广在全球买家中建立的知名度和信誉，已经成为其他竞争对手难以在短期内超越的核心竞争力。

3) 阿里巴巴集团的全面布局

目前，阿里巴巴已经完成了从B2B、B2C、搜索到支付、中小企业管理等电子商务领域的全方位布局,并在从商品生产到面对消费者销售整个商品流通环节的电子商务进程中占据了优势地位。阿里巴巴集团通过掌握商家资料(阿里巴巴和淘宝)、付款机制(支付宝)、实时通讯(阿里旺旺)、内容(雅虎中国)和广告(阿里妈妈),横跨商业、媒体和广告等领域。

4)优秀的管理团队

阿里巴巴在多年的发展过程当中,积累了一大批经验丰富的人才,无论从宣传还是到技术,阿里巴巴总是走在别人的前面,使得模仿者苦苦追赶。阿里巴巴管理团队的平均资历在互联网公司中并非最高,但是,团队执行力是一流的。聚合力的形成,马云的个人魅力自然功不可没。除此之外,团队之间聚合力逐渐沉淀成的固有机制和企业文化,为进一步的扩大和凝聚这个团队起到了至关重要的作用。

5)本土化加国际化

在B2B电子商务方面,阿里巴巴比任何别的跨国公司更了解中国的中小企业,即比跨国公司要本土化,同时阿里巴巴比本土公司更要国际化。通过股权关系,雅虎、日本软银、阿里巴巴结成了坚定的国际互联网同盟,阿里巴巴能够获得雅虎先进搜索技术的支持、日本雅虎在C2C市场的成功经验,与行业最顶尖企业在技术、商业模式和行业趋势判断领域的共享,为阿里巴巴的成长提供了宝贵的支持和经验。

4.3.3 技术模式

随着淘宝网的成立,2003年阿里开始与IBM合作,解决用户、商品和消费信息分散的问题。当时的阿里已经从十几个人的小公司延展出很多新业务,技术系统也变得庞大复杂。到了2007年,阿里在IT上的投入之大,使其一度成为IBM、Oracle等国外IT厂商在中国的标杆用户。

2008年以后,阿里的技术团队开始了去"IOE"(在IT设备中去除IBM小机、Oracle数据库及EMC存储)进程。2008年10月24日,飞天研发启动。飞天这种分布式系统集中大量的通用服务器在一个系统中,比单个的大型集中式系统运行速度更快。而且,把计算能力分散到众多机器上,单个节点的故障只会影响一台机器,其他机器仍可以照常工作。2013年8月15日,阿里巴巴集团正式运营服务器规模达到5000台(5K)的"飞天"集群,成为中国第一个独立研发拥有大规模通用计算平台的公司,也是世界上第一个对外提供5K云计算服务能力的公司。

4.3.4 经营模式

1688及其前身阿里巴巴中国站从建立伊始走的就是稳健发展的路线,在不断的发展创新中不断壮大。"用国际资本打国际市场,培育国内电子商务市场"是其战略宗旨,其发展策略为"东方的智慧,西方的运作,全球的商务"。从这点来说,阿里巴巴的经营模式就是1688的经营模式,主要包含了以下几个方面。

1. 构筑综合性信息平台，汇聚大量的市场供求信息

阿里巴巴在充分调研企业需求的基础上，将企业登录汇聚的信息整合分类，形成网站独具特色的栏目，为企业用户提供了充满现代商业气息、丰富实用的信息。主要信息服务包括了以下几个栏目。

① 商业机会。有 27 个行业 700 多个产品分类的商业机会供查阅，通常提供大约 50 万条供求信息。

② 产品展示。按产品分类陈列展示阿里巴巴会员的各类图文并茂的产品信息库。

③ 公司全库。公司网站大全，目前已经汇聚 4 万多家公司网页。用户可以通过搜索寻找贸易伙伴，了解公司详细资讯。会员也可以免费申请自己的公司加入到阿里巴巴"公司全库"中，并链接到公司全库的相关类目中方便会员有机会了解公司全貌。

④ 行业资讯按各类行业分类发布最新动态信息，会员还可以分类订阅最新信息，直接通过电子邮件接受。

⑤ 价格行情。按行业提供企业最新报价和市场价格动态信息。

⑥ 以商会友。开办商人俱乐部，在这里会员交流行业见解，谈天说地。其中咖啡时间为会员每天提供新话题，为会员分析如何做网上营销等话题。

⑦ 商业服务。航运、外币转换、信用调查、保险、税务、贸易代理等的咨询和服务。

2. 灵活的市场运作方式

1688 自建立以来，一直以大胆、敢于创新的经营模式不断发展变化。它一直在各地对网商进行电子商务的需求调查，在此基础上不断改进与创新网站的服务。同时，阿里巴巴不断引入新的发展竞争策略，加强区域联合和企业合作。

1688 在推出时也受到很多企业的怀疑和质问，于是阿里巴巴采取了曲线发展的经营策略。首先是免费使用。给商家免费的产品展示空间、免费电子邮件，并提供大量及时的免费供求信息。其次是制造人气和人脉。在免费使用后，阿里巴巴推出了"以商会友"的金牌论坛，通过论坛中企业的交流，人气渐渐地开始飙升，一些喜欢上论坛的商家成了阿里巴巴的人脉，人脉就是口碑，而口碑就是不折不扣的竞争力。最后，在时机成熟时，阿里巴巴推出一系列的经营项目。包括在中国站招商、推出"诚信通"网上信用管理系统、全面推行"诚信通"计划；推出精确匹配关键词服务；组建社区商盟，交流从商经验，共享阿里巴巴百万商人资源，互补商务服务，寻求合作机会；推出商友通服务等。这些经营项目保证了阿里巴巴中国站立足于为中小企业建立一个全球最大的网上商业机会信息交流站点的目标。

3. 为会员提供不同类型的增值服务

阿里巴巴通过增值服务为会员提供了优越的市场服务。增值服务一方面加强了网上交易市场的服务项目功能，另一方面又使网站能有多种方式实现直接盈利。阿里巴巴的盈利栏目主要是中国供应商、委托设计公司网站、网上推广项目和诚信通。

"中国供应商"服务主要面对出口型的企业,依托网上贸易社区,向国际上通过电子商务进行采购的客商,推荐中国的出口供应商,从而帮助出口供应商获得国际订单。其服务包括独立的"中国供应商"账号和密码,建立英文网址,让全球220个国家超42万家专业买家在线浏览企业。中国供应商的会员费是每年6万~8万元人民币。

"诚信通"更多针对的是国内贸易,通过向注册会员出示第三方对其的评估,以及在阿里巴巴的交易诚信记录,帮助"诚信通"会员获得采购方的信任。

4. 建立第一个企业商学院——阿里学院

为了让更多的网商了解电子商务、掌握电子商务的基本操作技巧、通过网络获得成功,阿里巴巴于2002年起就开始举办以"帮你上网做生意,让你生意更成功"为主题的全国系列会员培训会。而且还特地成立了名为e商之道的专业培训机构,e商之道的宗旨是把电子商务的理念传遍全国,帮助全国的中小企业上网做生意,做成功的生意。

2004年9月10日,阿里巴巴和杭州电子科技大学、英国亨利商学院联合成立阿里学院,阿里学院是中国互联网行业中第一个企业商学院。阿里学院成立的宗旨是"把电子商务还给商人",帮助中小型企业和广大网商真正掌握并成功运用电子商务理念和使用电子商务平台,获得商业上的成功,提高企业的综合竞争力。阿里学院的课程主要针对诚信通会员和中国供应商会员,重点在于电子商务培训,包括电脑、网络操作、贸易和外贸知识、网站操作和产品使用等。

5. 直销与渠道并存的销售模式

在2008年8月以前,1688诚信通服务的销售主要采用直销模式(包括电话营销与展会推广)。阿里巴巴中国站的目标受众(中小企业)每年都要参加许多类似广交会之类的展销会议,阿里巴巴的推广人员就利用企业参加展会的机会进行一些低成本的推广活动。另外通过配合展会,阿里巴巴也进行了行业促销、对重点行业进行广告投入、开办各种见面会和俱乐部、开办"西湖论剑"和网商大会等,进行企业会员之间的交流。

随着市场竞争的加剧,阿里巴巴也倍感压力,2008年8月1688在上海、四川、重庆、河北四省市将率先尝试渠道销售模式,招募四地渠道商帮助其销售"诚信通"产品。

4.3.5 管理模式

1. 人力资源管理

阿里巴巴在人力资源管理上也有三个鲜明的特点:一是不从竞争对手中挖人;二是员工随时可以离开公司,阿里巴巴永不留人;三是请进来的人要对他负责,来之前对他狠一点,来之后对他好一点。

阿里巴巴建立了科学的激励机制,实行内部271战略,20%是优秀员工,70%是不错的员工,10%的员工是必须淘汰掉的。同时,阿里巴巴不断加强团队建设,阿里巴巴人认为唐僧的团队是最好的团队。阿里巴巴不希望用精英团队,如果只是精英们在一起肯定做不好事情,平凡的人在一起做一些不平凡的事,这就是团队精神,让每个人都欣赏团队,这样才行。阿里巴巴根据业绩与价值观把员工分为五类,即牛、明星、小白兔、狗和野狗,对于不同类别的员工,阿里巴巴采取不同的管理模式。阿里巴巴注重对员工的统一思想教育,使员工树立牢固的企业价值。阿里巴巴也注重对员工的培训和提拔,鼓励员工进行尝试和创新,建立人才成长的良好环境。

在人才资源战略方面,阿里巴巴大力推进走出去的人才战略部署,同时加强各关键部门的人才储备、轮岗和接班人制度。目前,阿里巴巴集团已经有多名高管在海内外著名的商学院进行短期或者长期的培训和学习,阿里巴巴还为之成立了组织部,着眼于干部制度的建立、干部的成长以及企业文化发展和传承。

2. 企业文化

自阿里巴巴于1999年成立以来,基于阿里巴巴价值观体系的强大企业文化就成为阿里巴巴集团及其子公司的基石。阿里巴巴在商业上的成功和快速增长以企业家精神和创新精神为基础,并且始终关注于满足客户的需求。

阿里巴巴的价值观包括三个层次,六个方面,如图4-4所示。客户第一是其最高目标,关注客户的关注点,为客户提供建议和资讯,帮助客户成长;团队合作和拥抱变化是重要的保证,要求共享共担,以小我完成大我,而且要突破自我,迎接变化;诚信、激情和敬业是基础,员工要诚实正直、信守承诺,永不言弃、乐观向上,并且以专业的态度和平常的心态做非凡的事情。

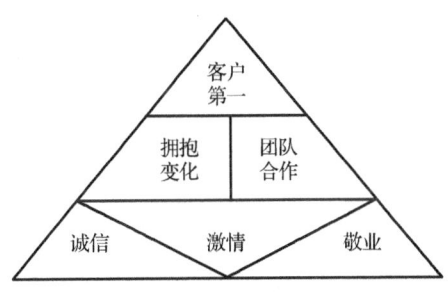

图 4-4　阿里巴巴的价值观

阿里巴巴的价值观全方位地反映了阿里巴巴的市场导向的意识、客户服务的意识、团队合作的意识、创新求变的意识、坚守诚信的原则、激情创业的精神及端正态度的诉求。以这样的价值取向,去衡量企业应该做什么或不应该做什么,去规范企业管理和员工行为,不但符合了时代进步和企业发展的需要,而且满足了员工发展的要求,有机地促使企业文化与企业发展、员工发展保持和谐统一。

3. 信用与风险管理

1) 诚信通会员服务

阿里巴巴连同邓百氏、华夏、奥美等信用服务中介为诚信通会员建立诚信档案,诚信通档案包括企业身份认证、客户评价、证书荣誉、资信参考等内容，诚信通档案中体现企业信用状况的资信材料，都会被量化为具体的信用分值，并被编制为诚信通指数，以展示企业的网上信息公开度和贸易成熟度，作为企业之间相互了解和选择对方的一个重要参考。

2）支付保障体系

支付环节是电子商务交易信用风险的主要来源。为了增加电子商务交易中买卖双方的信任，阿里巴巴免费为用户提供网上交易安全的信用中介工具——"支付宝"。通过支付宝交易，"货到付款"与"款到发货"同时兼顾，降低了交易风险，保障了采购企业的利益，促进了电子商务交易量的上升。

3）信用监督及信用反馈

阿里巴巴为商人从事网上贸易提供的诚信通档案，是网上信用活档案，它结合传统信用认证和网络互动的特点，多角度、及时、持续、动态地展现企业在网上贸易过程中的信用情况，让诚信的企业赢得客户青睐达成更多交易，对不诚信的企业进行曝光。会员企业还可通过"诚信论坛"学习分享网上防骗技巧，参加防骗直播教室，与防骗专家互动。对不诚信的企业和不诚信的行为，会员还可以进行投诉曝光。同时，阿里巴巴还提供了强大的企业信用记录搜索工具，会员可以通过公司名关键词搜索交易对象的信用记录，降低交易风险。

4）在线交易信息安全控制

为保护客户的信用交易信息安全，阿里巴巴自己开发推出在线的网络交易软件——阿里旺旺贸易通，直接实现企业间单独的交易洽谈空间，并同公安部门合作，设立了网络警察体系，在线监控不法者入侵、盗取交易信息、客户银行账户密码等犯罪行为，提供了安全的在线交易环境。

5）虚拟社区制度保障

阿里巴巴通过建立虚拟社区，构建了一种虚拟的社区结构，不仅可以提供情感支持，而且让会员在具有共同兴趣的任务方面共享信息，减少信息不对称，在交易双方之间产生亲密感及社会关系。在这种环境中，成员之间可以自由、开放地进行交易而不必担心受到欺骗。社区成员的交流不受地域、时间的限制，彼此之间能保持业已建立的关系。虚拟社区体现了成员的共性和社会相似性，有共享的伦理和道德规范，相互之间产生信任。

4.3.6 资本模式

阿里巴巴中国控股有限公司的资本初期主要来源于风险投资，中后期则依靠资本市场进行融资，主要分为以下三个阶段。

1. 基于私募基金的早期融资阶段

1999年3月马云与合作人创办阿里巴巴网站，并在团队成员蔡崇信的协助下，完成公司的规范化运作。同年7月，在香港成立阿里巴巴中国控股有限公司，9日在杭州成立阿里巴巴（中国）网络技术有限公司，10月吸收了美国著名投资公司高盛（Goldman Sachs）牵头的国际财团500万美元风险资金,实现第一轮融资。2000~2002年,公司先后获得以日本互联网投资公司软银(Soft Bank)为代表的多家公司的前后2500万风险投资,阿里巴巴管理层为控股方。2004年2月,阿里巴巴完成了第三轮融资,再次从软银等风险投资机构募集到8200万美元。

经过三轮融资之后,马云的管理层股份约占47%,软银约占20%,富达投资约占18%。

2. 雅虎入股与香港上市阶段

2005年,为支持淘宝网和支付宝业务的顺利发展,阿里巴巴开始第5轮融资。融资的结果为阿里巴巴收购雅虎中国,同时得到雅虎10亿美元投资。在此基础上,雅虎获得阿里约40%股份以及35%的投票权。在此轮融资之后,除软银以外的投资者,如高盛、富达等股东相继退出。对于阿里巴巴而言,不仅获得了大笔发展资金、大批优秀的技术人才以及雅虎中国的品牌,还同时为淘宝、支付宝的高速发展提供了现金支撑和技术力量保障,更为2007年B2B公司(1688的前身)香港上市打好了基础。

2007年11月阿里巴巴B2B业务成功于港交所主板上市。阿里巴巴上市公司的股权结构如图4-5所示。其中,阿里巴巴集团持有阿里巴巴上市公司83%的股权,阿里巴巴集团主要控股股东为雅虎(39%)、软银(29.3%)以及阿里巴巴的管理层及员工(31.7%)。以此计算,雅虎间接持有32.37%股权,成为阿里巴巴上市公司第一大股东,软银则以24.32%的股权成为单一第二大股东。此外,雅虎还以基础投资者身份,买进7.76亿港元的阿里巴巴上市公司1.2%的新股,雅虎的持股比例增至33.57%。

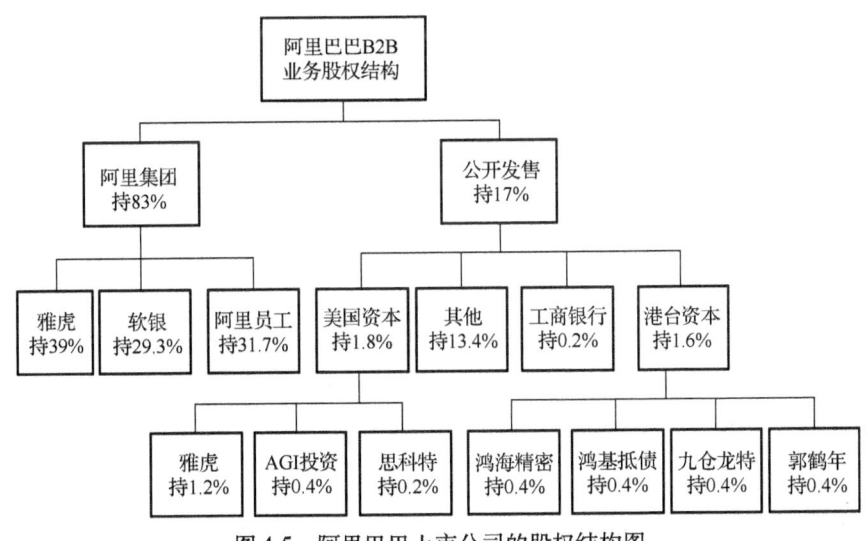

图4-5 阿里巴巴上市公司的股权结构图

3. B2B业务升级阶段

由马云及阿里巴巴管理层主导,开曼群岛的阿里巴巴(Alibaba.com Corporation)相当于中国内地的阿里巴巴集团的影子公司,分两次(2009年6月和2010年8月)将旗下支付宝全资转让给一家内资公司——"浙江阿里巴巴",公开理由是为了获得中国人民银行颁发的第三方支付牌照,但也有解读为马云及其管理层希望主导未来阿里巴巴的发展。

2012年2月,阿里巴巴B2B在港交会宣布停牌,阿里集团宣布私有化B2B业务从香港退市。阿里巴巴在要约中指,私有化的根本原因是为了实现公司的战略转型升级。7月,战略转型目标公开,即将淘宝、一淘、天猫、聚划算、阿里国际业务、阿里小企业业务和阿里云称为"七剑",宣布将其调整为七大事业群,组成集团CBBS(Consumer to Business to Business to Service partners)市场体系。新的CBBS市场体系目的在于打通B2B与B2C平台,打造完整的电子商务生态系统,是对原有阿里巴巴B2B业务的升级。

2014年5月6日,阿里巴巴集团向美国证券交易委员会(SEC)提交了IPO(首次公开招股)招股书,招股书中首次披露了阿里巴巴的股权结构。以机构持股来看,日本软银集团是阿里巴巴最大的股东,持股比例达34.4%;雅虎第二,持股比例为22.5%。二者合计57%。以个人持股来看,阿里巴巴董事局主席马云持股比例仅为8.9%。阿里巴巴联合创始人蔡崇信持股比例为3.6%,而阿里巴巴CEO陆兆禧、COO张勇等高管的持股比例均未超过1%。2014年9月19日阿里巴巴开盘价推出,相对每股68美元的发行价大涨36%。

2015年4月,阿里巴巴集团以76亿美元的价格回购50%雅虎所持的阿里巴巴股份,此项交易完成后,软银和雅虎对阿里巴巴集团的股权之和下降至50%以下,阿里巴巴集团、雅虎和软银的股权将维持在2∶1∶1的比例。阿里巴巴回购雅虎的股份,标志着马云及其管理层团队重新掌握了阿里集团控股权。

总体来看,在第一个阶段,阿里巴巴的融资目的是为了壮大处于萌芽发展期的B2B信息服务业务;第二阶段的目的是为了稳固淘宝及其相关的C2C业务,稳固并发展既有的B2B业务;第三阶段的目的则是为了打通集团下的B2B与C2C业务藩篱,为原有的B2B业务注入新的活力。同时我们也可以看到,在阿里巴巴融资的每个阶段,马云及其管理层团队从未放弃对阿里巴巴的控制(股)权的掌握。

4.3.7 总结与建议

1. 结论

互联网及通信技术的发展促进了全球经济的一体化,缩短了企业间的交易距离,类似1688这样的企业网络交易平台的出现变革了传统企业的贸易方式。作为我国甚至世界B2B行业的领航者,1688.com(即阿里巴巴中国站)的成功经验为我国在新经济条件下发展B2B行业提供了宝贵的借鉴。

从1688的运作模式看,其成功可归结为"准确的市场定位+优秀的团队+优质的企业文化"。1688的B2B电子商务为中小企业提供了发展电子商务的平台,可以使中小企业提升自身竞争力的前提下获取更多的市场机会;优秀的团队是阿里巴巴成功的人力保障,阿里巴巴从创业时18个人的团队到现在的1万多人的团队,一直讲究团队精神,团队执行力强;优质的企业文化是阿里巴巴超速成长的基石,优秀的企业家精神是阿里巴巴在商业上快速成功的基础。

第 4 章　网络经纪模式案例分析

事实上,通过多年的探索,阿里巴巴逐渐发现电子商务既不是 B2B、C2C,也不是 B2C、B2B2C,而是 C2B2B2S,只有把 C(消费需求端)当作原点,把 B(供应端)当作终点,并让 S(服务商)参与其中,整个产业链条才能被真正有效重构,而引爆点将是 C2B。并建立统一的数据、安全和风险防控以及技术底层,以此为基础构建阿里巴巴集团 CBBS 市场集群,打通覆盖消费者、渠道商、制造商、电子商务服务提供商等多个环节。由此更加强化"OneCompany"这一概念,并且在业务系统、信息管理系统、组织文化系统三个系统上进行融合与打通,实现整个集团一盘棋。

2. 建议

随着中国电子商务环境整体越来越成熟,1688 的商业模式的滞后性逐步显现,集中体现在平台推广效果上,主要包括三个方面:第一,推广效果无法准确衡量;第二,只能展示最基本的卖家信息;第三,卖家信息过度,买卖成交越来越困难。针对平台推广的效果问题,1688.com 需要对原有的商业模式进行改进,主要表现为:一是对原有商业模式横向的拓宽;二是向纵向的深化,包括向客户关系管理、融资、供应链等环节渗透;三是通过宣传推广,吸引更多的网商借助于 1688 进行网络采购。

4.4　案例3:大众点评网

4.4.1　基本情况

大众点评于 2003 年 4 月成立,是中国主要的城市生活消费平台之一,同时也是全球最早建立的独立第三方消费点评网站。借助移动互联网、信息技术和线下服务能力,大众点评为消费者提供值得信赖的本地商家、消费评价和优惠信息,及团购、预约预订、外送、电子会员卡等 O2O 闭环交易服务,覆盖了餐饮、电影、酒店、休闲娱乐、美业、结婚亲子、家装等几乎所有本地生活服务行业。大众点评手机客户端也是中国重要的本地生活 APP 之一,目前是国内许多城市消费者的重要工具。

截止到 2014 年年底,大众点评网月活跃用户数超过 1.9 亿,月综合浏览量(网站及移动设备)超过 120 亿,其中移动客户端的浏览量超过 85%,移动客户端累计独立用户数超过 2 亿。网站的点评数量超过 6000 万条,收录商户数量超过 1200 万家,覆盖全国 2300 多个城市及美国、日本、法国、澳大利亚、韩国、新加坡、泰国、越南、马来西亚、印度尼西亚、柬埔寨、马尔代夫、毛里求斯等近百个热门旅游国家和地区。除上海总部之外,大众点评网已经在北京、广州、天津、杭州、南京等 150 座城市设立分支机构。

在大众点评网网络经纪商务模式中,大众点评网将众多线下商家和线上消费者聚集在 O2O 平台,为商家与消费者提供信息的交流、交易的平台以及相应的增值服务,将他们集在一起形成了大众点评网的价值体系,如图 4-6 所示。

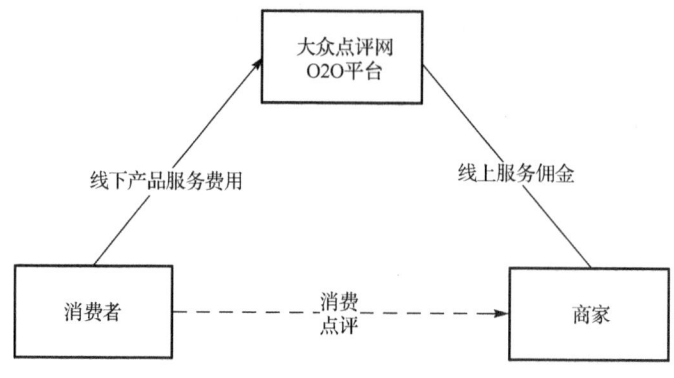

图 4-6 大众点评网价值网络

4.4.2 商业模式

1. 愿景与使命

连接消费者和线下的商户,借此深刻改变整个线下服务业,点亮精彩生活是大众点评网的愿景;深刻理解消费者与商户需求,为其创造非凡体验和最大价值,并引领本地生活方式则是它的奋斗目标。大众点评网的董事长张涛认为,用户在消费时最大的参考是朋友的口碑,大众点评网就是通过网络把这个口碑成百倍、成千倍地放大,引爆口碑营销,这是大众点评网最大的市场价值。

2. 目标客户

相关统计数据显示,20~39岁的城市消费者为点评网的主要人群,本科及以上的学历占有最大的比重。而在性别上,女性消费者的比例明显要高于男性消费者,约为62:38(女:男)。由此可以判断,大众点评网的目标客户主要以城市白领为主,且拥有较强的自主消费能力。

3. 产品和服务

大众点评网的服务产品按照需求来源主要分为两大类,即信息发布与面向商家的推广增值服务。

1)消费与点评信息发布

大众点评网最初提供的业务就是用户根据自己在一些饭馆吃饭的经验,对这些饭馆的环境、特色、口味、服务等进行评价,并写出自己的感受,并可以向其他人推荐自己最喜欢的菜。后来大众点评网在点评餐馆的基础上,又开始点评购物、休闲娱乐项目、酒店等有关生活的各个方面,让"大众点评"这个概念彻底走向了人们生活的各个方面。此外,大众点评还会累积餐馆信息和点评信息成册,出版餐馆指南。

2)面向商家的增值与推广服务

面向商家推广服务是大众点评网的重要盈利点,包括关键词推广(优先展示给目标消费者)、面向商家的团购推广(大力度促销迅速聚拢人气)、推广通(基于大数据分析,灵活获得更多品牌曝光)、电子会员卡(结合会员信息进行客户关怀)、团购服务以及预约预订(带来更多优质消费者)等。

4. 盈利模式

大众点评网目前盈利模式主要来源三方面,即佣金模式、上游企业或商家付费模式、下游用户付费模式。

1) 佣金模式

大众点评网通过积分卡(会员卡)实现佣金的收取。第一步,签约餐馆,达成合作意向。第二步,持卡消费。用户注册后,可以免费申请积分卡,用户凭积分卡到签约餐馆用餐可享优惠并获积分,积分可折算现金、礼品或折扣。第三步,收取佣金。大众点评网按照持卡用户的实际消费额的一定比例,向餐馆收取佣金,以积分形式返还给会员一部分后,剩下部分就是网站收入。大众点评网收取的佣金率为实际消费额的2%~5%左右。

2) 上游企业或商家付费模式

主要包括广告以及大众点评网提供的各类营销推广服务。大众点评网的关键字搜索类似于Google和百度,输入"菜系"、"商区"、"人均消费"等关键字后,会列出一长串符合条件的餐馆以及网友的评论,显示的先后顺序依据餐馆是否投放广告及投放规模而定。这一隐形的广告模式,并没有给用户的体验效果带来直接的负面影响,却拓宽了网站的营收渠道。电子优惠券是大众点评网上的另一种隐形广告。餐馆为了广告宣传,在大众点评网上发布电子优惠券,由用户打印该券,实地消费时凭券享受优惠。电子优惠券是网站、餐馆、用户三方共赢的方式。除此之外,团购、电子会员卡、预约预订等服务也是大众点评网的盈利点。

3) 下游用户付费模式

依托其庞大的生活服务信息数据库,提供满足不同消费者个性化需求的增值服务。例如,内容提供商(CP),与中国移动、中国联通、中国电信、空中网、诺基亚、掌上通等渠道服务商(SP)合作,推出基于短信、WAP等无线技术平台的信息服务,为中国近5亿手机用户提供随时、随地、随身的餐馆等商户资讯。相对于前两种模式,对盈利贡献非常有限。随着服务规模的扩大,未来其对利润贡献的力度也可能随之上升。

5. 核心能力

大众点评网成功地摸索出了一种依靠用户贡献内容的成功运营模式,提供了优质的内容和高黏性的服务。强大的POI(Point of Interest)数据运营以及优秀执着的管理与营销团队也是大众点评网的重要核心能力。

大众点评网的核心能力主要体现在以下三个方面。

1) 用户与网站共同推动的海量商户信息积累

大众点评的商户添加是由用户和大众点评网的销售人员共同完成的。一方面,部分喜欢分享的用户发现家附近出现了一些新餐馆或者美发店什么的就去添加在点评网上；另一方面，点评网同时拥有一支遍布各地的线下营销人员队伍。营销人员的主要任务是在搜集商户信息的同时，将关键词排名、电子优惠券、团购等点评网推广服务产品介绍给商户。

2）用户提供的海量点评内容

以饮食为例，大众点评的评价体系首先列出了餐厅总评分，然后是口味、环境、服务三项细则分数，基本上从这些就能够快速判断一个餐厅的情况。此外，之前用户提供的人均消费金额以及详细评论（如菜品照片、就餐环境、服务员态度、饭菜的口味等）也能帮助消费者对商家有更为清晰的认知。用户提供的海量点评信息可以最大限度地消除用户和商户之间的信息不对称，是大众点评的重要核心能力之一。

3）相对稳定的用户与线下渠道

从网站用户角度来看，大众点评具备非常好的工具性特征，本质上已经成为一个贴在公开网络上的商户黄页+用户经验分享平台。除此之外，各类会员卡或积分优惠服务、移动终端服务、O2O团购活动增加了用户对大众点评网的黏性。从商家角度来看，由于大众点评网具备较大的网络影响力，因而促使越来越多的商家加大了与点评网的合作力度。

4.4.3　技术模式

大众点评网的应用规模包括：服务器集群约800台服务器，平均日均处理动态请求1.2亿，日均内部远程调用请求约10亿。MySQL数据库，数据库容量约4TB，平均QPS约8万。Memcached缓存服务，集群容量约400GB，平均QPS超过10万，命中率达92%。MogileFS图片存储服务，存储量约30TB，用Vamish做二级缓存，缓存量5TB，命中率85%。Hadoop集群，约60个计算节点，存储空间约700TB。

为满足未来用户信息的海量增长，大众点评网已经开始从以下几个方面进行相关技术改进与研发。

第一，超级单机开发环境。通过进一步的环境整合，把所有服务、缓存、数据库都内置到每个开发人员的电脑上，进一步提升研发效率。

第二，统一的数据服务。构建通用的数据访问服务，包含自带缓存与NoSQL服务。

第三，支持弹性伸缩的IaaS平台。主要目的在于实现自动快速的动态调整与扩容，进一步提高运维效率，提高网站迅速响应的能力。

第四，享受开源，贡献开源。将优质的技术项目贡献给开源社区，使更多的开发者可以从开源中获益，共同把开源社区做繁荣。

第五，开放的O2O云平台。结合点评网特有的O2O资源优势，为广大服务企业与个人开发者提供有O2O特色的云平台服务，共同打造本地服务的O2O生态圈。

4.4.4 经营模式

1. 通过网站合作，获取重要的线下消费信息

网站合作主要包括三种形式。

1）餐馆搜索引擎合作

大众点评网免费提供搜索引擎的界面及程序，包括：日常维护和更新、升级；合作方应在其网站相关页面放置搜索引擎界面，并注明大众点评网是餐馆信息的提供方；大众点评网制作搜索结果页面及其他相关页面；页面按合作方网页风格设计，包含合作方网页的页头和页尾；双方在各自网站上注明双方的合作伙伴关系。

2）作为内容提供商合作

主要面向那些大的门户网站，成为其 CP。具体形式如下：由大众点评网与门户合作互建餐饮频道；其内容基本由大众点评网提供，页面按合作方网页风格设计，包含合作方网页的页头和页尾；里面的会员注册信息归大众点评网所有。

3）餐馆信息库合作

面向一些特殊的合作伙伴。这种形式主要是向合作伙伴提供大众点评网的特色信息（如向携程旅行网提供其网站餐馆信息和点评信息），或者向其后台提供大众点评网的餐馆信息库访问（如城市通网站）。

2. 借助扫街模式搜集补充线下商户信息供消费者进行点评

"扫街模式"起点低，无须用户积累，一般新兴网站都可以采取这种在短期内获得相当数量的基础资讯的做法，由此开展相关信息服务。而在扫街收集信息的同时可以借机和商户洽谈合作，顺势展开其他如订餐等服务，获得一定的收入。还有就是周边的点评用户，可以添加商户，然后大众点评网审核后再在网上发布。

3. 凭借用户点评构建商户服务质量评价体系

在大众点评网上，每个餐馆都有一块专属留言板，灵感来自亚马逊的"书评黑板"，用户可以跟帖留言，进行点评。同时，用户也可以自行添加餐馆，为餐馆"开户"，建立新的留言板。再次，规范引导、增强信息的有效性。为了使这些点评具备"导向性"，网站要求用户在发表点评的同时必须对餐馆的"口味、环境、服务"等特点进行评论，还设置了人均消费、喜爱程度、推荐菜、交通停车等可填项目，注重信息的实用性。

4.4.5 管理模式

1. 较为完善的人力资源招聘与培训机制

大众点评网有着自己独特的人力资源管理模式，主要体现在招聘与培训机制上。第一，大众点评网建立和完善了系统、科学的人力资源管理战略体系，为这家目标上市的互联网企业构筑起与之相适应的人力资源战略体系和企业文化。第二，建立战略人才储备，帮助大众点评网吸引和招募了大量的优秀人才，为大众点评网的二次创业在人才储备和发展上提供支持和领导，为大众点评的战略发展及业务增长奠定坚实的人才基石。第三，开发和完善了"点评大学"及员工发展体系，培养公司未来的管理类人员，为大众点评网大规模地域和产品垂直领域的扩张做好领导力层面的准备。

2011年1月7日，大众点评网人力资源副总裁凌震文先生因其在过去的一年内在人力资源领域内卓越的表现，喜获"2010-2011中国最佳人力资源经理人"大奖。

2. 中西合璧的管理风格

首先，大众点评网管理模式注重沟通、提倡对事不对人、分享、脑力激荡、创新意识、承担责任等。高管除了领导者的角色外，更多承担支持者的角色，推动员工的成长。公司的组织架构逐渐扁平化，并提倡自由沟通的氛围，任何一个员工都可以进入副总裁的房间畅所欲言，副总裁也会参与员工的大小会议，更多进行探讨。其次，追求通过环境来营造创新的氛围，员工可以自由装饰他们的办公室，大众点评的文化墙将企业文化凸显在企业的各个角落中。最后，在绩效管理方面，公司摒弃了传统的5分制打分，改成以能力为定位，而非简单的分数。大众点评网将员工设定为星级员工，如三星销售、五星上将等，增强他们的荣誉感。星级员工的设定与他们的业绩直接相关，一旦成为五星上将，公司将会为其开庆功会，共同庆祝。

3. 与腾讯打造高效的CRM系统

大众微生活是在整合大众点评用户触达优势与腾讯微生活会员互动优势的基础上，打造的全新的CRM服务平台。该平台打通了大众点评会员卡业务与微生活会员卡业务，使用大众微生活平台的商户将同时拥有大众点评和微信两大平台入口，能够更好地管理会员关系，提高用户忠诚度。原腾讯微生活合作商家将新增大众点评这一上亿规模用户的渠道，商家可以在大众点评平台上进行发卡和会员招募，提高用户的触达能力。与此同时，大众微生活还与大众点评既有的预订、外卖等业务打通。对于用户而言，无论从大众点评还是微生活，均可获取相同的会员资格，领用会员卡后便可享受相同的会员权益，如消费记录查询、积分查询、充值、折扣领用等多种常态的会员卡服务，还可以第一时间获得最新的商户优惠信息。

4.4.6 资本模式

1. 第一阶段——红杉资本的首轮小额融资

2003年4月，张涛在上海注册成立了大众点评网，正式开始了"点评"之路。2006年，中国融资市场复苏，大众点评获得红杉资本的首轮100万美金投资，这也是红杉资本成立之初投资的早期项目之一。

2. 第二阶段——Google与其他创投公司的巨额融资

2007年，Google给大众点评带来了400万美金的投资。2011年4月，大众点评再次获得4家风险投资机构联合投资，融资额超过1亿美元。当时，大众点评网在投资机构中的估值接近10亿美元。这4家风险投资机构分别是挚信资本、红杉资本、启明创投、光速创投。2012年，大众点评又获得红杉资本等机构追加6000万美元的第四轮融资。

需要特别指出的是，大众点评依靠积累的用户点评数和商家信息，在2008年11月实现了盈利。

3. 第三阶段——资本的引进来与走出去

2014年2月，腾讯宣布与大众点评战略合作，持后者20%股份，而大众点评网则获得了微信入口。大众点评在接受腾讯入股后，仍然采用AB股模式，创始团队有80%投票权。

此外，从2014年开始，大众点评开始频繁将上下游公司揽入怀中，扩充业务层面，从信息平台转型交易平台。2014年，大众点评在餐饮ERP领域投资了四家公司，分别为上海智龙、石川科技、天财商龙、食为天信息。另外，大众点评还在2014年5月以8000万美元战略入股"饿了么"，以5000万元注资"大嘴巴"。

4.4.7 总结与建议

1. 成功之处

大众点评网的成功之处主要体现在以下三个方面。

（1）抓住了长尾市场。大众点评网是抓住了餐饮业的长尾，即受众对于餐饮业的评价信息零散而琐碎，不属于互联网关注和提供的主流信息，而大众点评网提供了这些小众信息聚集的平台，创造了实现经济意义的新空间。

（2）以餐饮行业为主要目标，并兼顾休闲娱乐与生活服务等都市消费，在国内创立并引领了用户点评模式。借助Web 2.0，大众点评网这种自下而上的第三方点评创新模式聚合了庞大的会员群体、商务信息以及对于电子商务至关重要的网络流量，并在此基础上树立了品牌知名度。

（3）及时抓住了基于位置的服务（Location Based Service，LBS）、移动互联网以及餐饮娱乐业快速发展的趋势。随着3G/4G移动网络与WIFI、智能手机的大范围普及，更多的用户需要在移动环境下查询本地的商户信息。覆盖全国各地的海量商户信息是大众点评网的重要优势资源，因此当大众点评网推出移动服务及相关APP应用软件时，得到广泛的认同与引用。

2. 不足之处

（1）大众点评网的移动端产品仍主要依靠接入其他地图APP来辅助完成定位与路线规划，这使得其移动服务存在不确定风险。

（2）缺乏必要的信息过滤机制，导致点评信息鱼龙混杂，误导消费者。

（3）广告推送的内容与质量有待提高。2014年9月，大众点评网手机客户端竟然出现了"9.9元起带学弟学妹去开房"的恶俗广告语，造成了较为恶劣的负面营销。

3. 建议

(1) 与百度地图等地理信息提供商结成稳定的战略联盟，保证定位与路线规划信息的可靠来源。

(2) 发展信息过滤技术，剔除或提示恶意评价信息。

(3) 借助海量信息优势，整合行业资源，扩大其在服务行业的影响力。

□ 基于互联网和团队的练习

1. 1688.com（阿里巴巴 B2B 业务中国站）与慧聪网的 B2B 网络经纪模式比较

登录慧聪网（http://www.hc360.com/），分析其商业模式，并比较其与 1688.com 的异同。

2. 1688.com 的诚信通营销管理

(1) 登录阿里巴巴 B2B 中国站——http://www.1688.com，对 1688.com 进行案例分析。

(2) 访问网址（http://cxt.1688.com/contrast-a.html），从建网站、引流量和促交易三个方面了解 1688.com 诚信通会员服务所包括的具体内容。

(3) 登录阿里学院（http://www.alibado.com）学习相关网络营销内贸知识，并学习《阿里巴巴：电子商务初级认证教程（国内贸易方向）》一书，熟悉与掌握 1688.com 诚信通会员营销所需要基本的知识、技能与素质。

(4) 通过 1688.com，调查自己所在地区诚信通会员营销开展的总体情况，选取两三家诚信通会员营销较差的企业或个人会员进行诊断分析，撰写出该企业的诊断与优化改进方案，通过阿里旺旺与他们沟通交流，争取获得为他们提供免费服务与管理的实践学习机会。

3. 淘宝网店经营与淘宝直通车的使用

(1) 通过淘宝大学（http://daxue.taobao.com/）学习有关淘宝开店流程、店铺装修、店铺经营与管理等方面的知识，或购买相关方面的书籍。

(2) 通过支付宝认证、注册淘宝会员，发布规定商品后，开通淘宝普通会员店铺，选取比较熟悉的行业或产品进行试验经营，并对普通店铺进行装修。

(3) 团队合作，开通淘宝直通车（http://zhitongche.taobao.com/），比较在使用淘宝直通车前后店铺与店铺宝贝在淘宝网全域搜索结果上的变化，并在此基础上分析一段时间内相关产品的买家行为。

(4) 团队分工协作进行店铺日常运营管理，不断学习与总结经验，持续优化经营管理。

4. 团购商务应用价值分析

(1) 访问亿邦动力等专业网站，了解大众点评网发展态势的相关研究报告。

(2) 从美团网、拉手网、糯米网等几个知名团购网站择一访问，并通过互联网收集目标网站的知识，对其团购商业模式进行案例分析，并通过博客、微博、微信朋友圈、QQ 空间或人人网等平台将案例分析发布。

(3)分别在国内知名的 2~3 家团购网站(如美团网、58 团购、淘宝聚划算等)进行团购,体会不同平台团购过程的差异,并与大众点评网进行比较,要求使用不同支付方式。

□基于网上创业的学习

1. 网上开店创业

网上开店以成本低、启动资金少、交易快捷等优点得到了许多创业者的青睐,许多人通过在网上销售商品取得了丰厚的回报,也吸引了更多的创业者加入网上开店的队伍中来,可通过互联网收集一些网上开店成功与失败的案例,总结与借鉴经验。另外可在团队合作的基础上,实现网上开店创业体验。

2. 从 1688.com 批发商品

大型的商品批发市场一般集中于北京、上海或省会等大型城市中,相当一部分店铺老板很难不计成本地去这几个批发市场进行成本较高的线下货品的采购。在这种情况下,包括 1688.com 在内的国内 B2B 网络贸易批发平台就优势凸显,为中小淘宝店铺卖家提供了很大的选择空间。

1688.com 不仅有批发进货,还有小额的拍卖进货,这都是淘宝卖家很喜欢的进货方式。1688.com 有很强大的搜索功能,进货时可以最大限度地进行货比三家。此外,1688.com 推出的信用记录系统——"诚信通"已经有许多年。在通常情况下,如果卖家是多年诚信通会员(2~3 年以上),且具有较高的诚信通指数,理论上应当是比较可靠的商家。当然,具体交易结果还要视买卖双方的沟通情况而定。

3. 适时使用淘宝直通车推广服务

淘宝直通车是目前推广淘宝商品/店铺的重要营销工具之一。通过对买家搜索的关键词或淘内/外的展现位置出价,从而将宝贝展现在高流量的直通车展位上,也可自行选择在哪些买家眼前展现,让宝贝在众多商品中脱颖而出找到买家。

淘宝直通车具体使用方式是,通过竞价付费得到在淘宝搜索页上获得推荐位展示的机会。而用户每点击一次推荐位,你需要相应付出对应点击次数乘以你设置的竞价金额的总花费。然后会弹出淘宝直通车服务协议,点击确定完成后续操作之后就可以开通直通车服务。需要注意的是,淘宝直通车的使用前提是店铺星级达到 2 星以上,店铺动态评分各项分值均在 4.4 分或以上,店铺好评率在 97% 以上,首次预存金额最低 500 元。关键词是淘宝直通车使用成功与否的关键因素之一,设置的原则是热门、贴切、日常经常使用,具体办法可以参考系统推荐或者网上一些关键词设置教程。

参考文献

[1] 曹元青. 大众点评的创新服务商业模式浅析——基于 Osterwalder 模式 [J]. 经济研究导刊,2014,34:082.

[2] 高煜欣,朱文燕,陈军. 中国餐饮业 O2O 平台分类比较与启示 [J]. 商业时代, 2014, 33: 026.

[3] 李北伟,徐越,单既民, et al. 网络信息生态链评价研究——以淘宝网与腾讯拍拍为例 [J]. 情报理论与实践, 2013, 36(9): 38-42.

[4] 刘璇,张向前. "淘宝网"盈利模式分析 [J]. 经济问题探索, 2012, (1): 148-154.

[5] 秦敏花. 电子商务盈利模式分析——以淘宝网为例 [J]. 电子商务, 2013, (7): 16-17.

[6] 孙乐. 客户嵌入式盈和模式 [J]. 企业管理, 2013, (9): 74-76.

[7] 谭婧伶. 大众点评网定位及盈利模式浅析 [J]. 魅力中国, 2014, (20): 287-287.

[8] 王建福. 中小企业应用 B2B 平台开展外贸研究 [J]. 北方经贸, 2013, (6): 7-8.

[9] 吴娜娜,郑力,甄磊. B2B2C 电子商务模式研究: 以阿里巴巴为例 [J]. 商场现代化, 2010, (32): 131-132.

[10] 杨坚争,丁宇. 第三方 B2B 电子商务交易平台客户满意度评估研究 [J]. 预测, 2010, (4): 69-74.

[11] 杨荣伟. 大众点评网的架构设计与实践 [J]. 程序员, 2013, (9): 29-33.

[12] 李洪心编著. 电子商务案例分析 [M]. 大连: 东北财经大学出版社, 2013.

[13] 李晓明主编. 电子商务案例分析 [M]. 北京: 中国铁道出版社, 2012.

[14] 翟丽丽,刘科文主编. 电子商务案例教程 [M]. 北京: 科学出版社, 2014.

[15] 施志君主编. 电子商务案例分析 [M]. 北京: 化学工业出版社, 2014.

[16] Top Sites in China [EB/OL]. http://www.alexa.com/topsites/countries/ CN, 2015-7-22.

[17] 艾瑞网. 2014 年中国整体网络广告市场 [EB/OL]. http://www.domarketing.org/html/2015/ad_0202/13294.html, 2015-7-22.

[18] 亿邦动力网. 2014 中小企业 B2B 电商市场总营收 234.5 亿元 [EB/OL]. http://www.ebrun.com/20150126/122360.shtml, 2015-7-22.

[19] 池仁勇,刘道学等著. 中国中小企业景气指数研究报告(2014) [M]. 北京: 中国社会科学出版社, 2014.

[20] 搜狐 IT. 阿里巴巴股权结构解读 [EB/OL]. http://it.sohu.com/20140918/n404430420.shtml, 2015-7-22.

[21] 王玉琛. 生活搜索: 大众点评网解密(一)流量解密 [EB/OL]. http://blog.sina.com.cn/s/blog_3f17c1dd0100hhdt.html, 2015-7-22.

[22] 大众点评网的盈利模式 [EB/OL]. http://blog.sina.com.cn/s/blog_71bd37140100v52p.html, 2015-7-22.

[23] 郑文亮. 大众点评的优势是什么？谁能挑战大众点评网 [EB/OL]. http://www.cnblogs.com/zhwl/archive/2013/10/09/3358566.html, 2015-7-22.

[24] 杨荣伟. 大众点评网的架构设计与实践[J]. 程序员, 2013 (9): 29-33.

[25] 凌震文. 对待人才要适当"拔苗助长" [EB/OL]. http://finance.eastmoney.com/news/1368, 20110111114890398.html, 2015-7-22.

[26] 王聪佶(搜狐 IT). 大众点评吃进腾讯微生活 B2B 业务: 推大众微生活 [EB/OL]. http://it.sohu.com/20141209/n406800616.shtml, 2015-7-22.

[27] 葛存山著. 淘宝网开店·装修·管理·推广一册通 [M]. 北京: 人民邮电出版社, 2013.

第 5 章
网络销售模式案例分析

引言

  截至 2014 年 12 月，中国网民规模达到 6.49 亿，其中，网络购物用户规模达到 3.61 亿，占中国网民总数的 55.7%。巨大的网民规模和网络购物用户群体，为网络销售的开展提供了多样的市场需求和广阔的发展空间。另外，网络技术、网络支付、物流配送等相关环节的快速发展，进一步完善了网络销售的支撑体系。正是在这样的背景下，越来越多的产品生产企业、零售企业或者个体商户开始网络销售，借助互联网满足网络购物者的需求，从而获取收入和利润。网络销售已经成为电子商务重要的主流模式之一。

5.1 网络销售概述

5.1.1 网络销售定义

网络销售是指通过互联网渠道，针对顾客的需求销售商品或提供服务的销售业态。在这一业态中，顾客通过互联网获取信息，在线上下订单，付款和送货通过线上或者线下实现，最终完成整个购物交易。

网络销售模式就是生产企业、零售企业或者个体商户，利用网络渠道实现商品销售，从而获取销售利润的一种互联网应用模式。

近年来，我国网络销售市场呈现出强劲的发展势头，网络销售交易额持续增长。在传统网络销售模式的基础上，网络销售市场涌现出一些新的模式和机遇。例如，O2O(Online to Offline)发展迅速，线上线下融合加速，B2C网络平台发展迅速，移动电子商务飞速增长，基于社交模式的关系营销开始发力。

5.1.2 网络销售分类

1. 按开展网络销售的主体划分

1) 网络直销

网络直销是指生产企业借助互联网而不通过其他中间商，直接面对最终消费者，将网络技术的特点和直销的优势结合起来进行商品销售，直接实现销售目标的一系列市场行为。网络直销不仅仅是前端渠道的变革，也是后端供应链的整合、变革。在网络直销模式下，企业突破了时空的界限，生产过程和消费过程达到了和谐统一，使得企业的供应链更加简洁、高效、开放和灵活。目前国内典型的网络直销企业如表5-1所示。

表5-1 典型网络直销企业

序 号	网 站 名 称	网 址
1	联想网上商城	http://shop.lenovo.com.cn
2	海尔商城	http://www.ehaier.com
3	小米	http://www.mi.com
4	TCL官网商城	http://www.tcl.com
5	戴尔(中国)商城	http://eshop.dell-brand.com

2) 网上商店

根据《零售业态分类(GB/T18106—2004)》这一标准，将网上商店定义为：零售企业通过互联网络搭建自己的私有电子市场，进行商品买卖活动的零售业态。网上商店的开办主体是零售企业，网上商店可以进一步细分为传统零售企业网上商店(有实体门店)和纯网络型网上商店(无实体门店)。目前，在国内比较典型的网上商店网站如表5-2所示。

表 5-2 典型网上商店

序 号	网站名称	网 址	类 型
1	京东商城	http://www.jd.com	纯网络型网上商店
2	当当	http://www.dangdang.com	纯网络型网上商店
3	1号店	http://www.yhd.com	纯网络型网上商店
4	唯品会	http://www.vip.com	纯网络型网上商店
5	亚马逊(中国)	http://www.amazon.cn	纯网络型网上商店
6	王府井网上商城	http://www.wangfujing.com	传统零售企业网上商店
7	苏宁易购	http://www.suning.com	传统零售企业网上商店

3)网上开店

网上开店是指中小企业或者个体商户通过入驻 C2C 平台、B2C 平台等各种第三方网络销售平台，开设自有品牌或代理品牌的网上专卖店，借助平台累积的人气、流量和服务，实现商品销售，获取销售利润。与实体开店相比，网上开店投资较少，经营方式灵活，运营成本降低，日常管理效率较高，可以为经营者提供不错的利润空间，成为许多人的首选创业途径。目前国内典型的网上开店第三方平台如表 5-3 所示。

表 5-3 典型网上开店第三方平台

序 号	网站名称	网 址
1	淘宝网	http://www.taobao.com
2	京东商城	http://www.jd.com
3	当当	http://www.dangdang.com
4	聚美优品	http://www.jumei.com
5	美团网	http://www.meituan.com
6	中关村商城	http://www.zol.com

2. 按开展网络销售的途径划分

1)自建私有网上商城销售

网络销售企业自己建设网上商城推介并销售产品，该商城属于企业私有并自主经营。自建私有网上商城的优点是：企业拥有完全的自主权，不必受制于其他平台；可以开展形式多样的销售活动，更好地维系客户关系；可以在发布产品信息的同时宣传企业文化，有利于形成企业品牌。但是，自建网上商城需要硬件的投资和人员的配备，还要进行推广和宣传，维持大量的在线客户。这种形式适合于大型企业，例如，戴尔商城、联想网上商城、小米、京东商城、当当网、苏宁易购等企业就是采用这种形式。

2)依托电子商务平台销售

网络销售企业通过电子商务平台实现商品销售。电子商务平台是指由第三方(销售企业、消费者之外)开设，同时容纳多个卖家、买家的电子市场。电子商务平台能够在网络销售环节保持中立，大量销售企业通过平台发布信息，吸引更多的顾客访问平台，从而增加销售企业的商业机会。网络销售企业依托电子商务平台销售，能够拓展销售渠道，降低网店建设成本和销售费用，提高销售效率。这种形式适合于中小型企业或者个体商户，例如，阿里巴巴网站的诚信通会员、淘宝网站的个人开店和聚美优品的商户就是采用这种模式。

3. 按网络销售在企业的地位划分

1）主营网络销售

网络销售在企业的产品销售中占据主要地位，或者企业就是依托网络销售发展壮大起来的。但随着市场形势的变化，企业在继续开展网络销售的同时，也采用传统的销售方式，如线下代理制的间接销售渠道。戴尔公司就是主营网络销售的代表。

2）辅助网络销售

传统企业为了顺应互联网和电子商务的快速发展，拓展企业的销售渠道，扩大市场份额，也纷纷开展网络销售。但这种网络销售渠道往往只是企业传统销售的补充，在企业的整体经营运作中起着辅助作用，如海尔、联想、王府井百货、国美电器等企业。

3）单一网络销售

企业以现代化网络销售平台为核心，配合卓越的供应链管理方式及高效完善的配送系统，为消费者提供高品质的产品与服务保障。开展此类型销售的企业一般没有自己的传统销售渠道，网络销售是企业唯一的销售渠道，如京东商城、当当网、凡客诚品、唯品会等企业。

5.1.3 网络销售特征

1. 交易的高效性

网络销售大大减少了过去传统销售中的流通环节，改变了销售渠道。同时，推动销售基础从工业经济基础设施到以互联网、云计算为核心的信息经济基础设施的变革，从而提高了交易效率。据阿里研究中心测算，网络销售的交易效率是传统实体销售的4倍。

2. 购物的便捷性

在传统销售中，顾客的购物时间要受制于自己的空闲时间和传统商店的营业时间，而网络销售实现了全天候开放，顾客可以在自己方便的任何时候进行购物。同时，网络销售的无地域性，可以让顾客足不出户购买到不同地区乃至不同国家的商品，也为较小城市及较偏远地区提供了多种多样、过去无法购买的产品。另外，网络销售顾客还能享受到快速选购、商品对比、在线支付和送货上门等购物便利。

3. 商品的丰富性

网络销售的商品数量多，种类齐全，可以包含国内外的各种产品，充分体现网络的优势。在传统销售中，无论企业的实体店铺空间有多大，它所能容纳的实体商品都是有限的，而网络销售网站则是商品的信息展示，陈列的商品只是数据形式，不具有实体性，所以网络销售的商品可以无限多。另外，针对一些顾客群体狭窄的小众商品，在传统销售渠道中很难买到，但在网络销售中能很容易地搜索到，甚至于很多网络销售企业主营的就是"小而美"的商品。

4. 信息的时效性

网络销售企业商品信息的更新，只要将新商品的图片、介绍资料上传到网站，或者对商品信息、价格进行修改，购买者就可以看到最新的商品信息了，而且立刻在全球范围内统一更新。而在传统销售模式中，新旧商品的更替、信息价格的调整，都需要较长的时间。因此，在修改商品信息或调整价格，特别是要在较大地域范围内统一修改时，传统销售的时效性远远落后于网络销售。

5. 成本的节约性

对于网络销售企业来说，可以实现根据销售订单来进行产品生产或商品调配，所以能使资金更好地流动，大大降低企业的库存成本；产品的宣传和销售都是借助网络实现，节约了企业的人力成本和营销成本。对于消费者来说，网络销售模式提供了详细的产品信息，消费者也能更快、更容易地比较产品的特性及价格，从而减少了产品的搜索成本；网络销售取消了分销渠道中各级代理商，降低了渠道成本，使总成本及产品价格降低，消费者因此而节约了支出成本。

6. 服务的高质量性

网络销售企业通过网络交互式的交流沟通，可以与顾客建立充分的互信关系，更好地满足顾客的心理需求。同时，企业通过网络维系良好的客户关系，及时了解顾客对产品的意见和建议，并针对这些意见和建议提供技术支持和服务，迅速解决顾客在产品使用中遇到的问题，提高服务质量，提升顾客的信任度和忠诚度。

5.2 案例1：京东商城

5.2.1 基本情况

京东商城(www.jd.com)的定位是综合网络零售企业，一方面是自营商品，另一方面还为第三方卖家提供在线销售开放平台和物流等一系列增值服务。

2004年1月，刘强东建构了第一个在线销售网站，随后在当年开创了京东业务。2007年6月，京东正式启动全新域名www.360buy.com，并成功改版，正式更名为京东商城。2008年8月，大家电产品全线登录京东商城，3C产品战略布局正式完成。2010年11月，京东图书产品上架销售，实现了从3C网络零售商向综合型网络零售商转型。2010年12月，京东开放平台正式运营。2013年3月，京东域名正式更换为www.jd.com，并推出名为"Joy"的吉祥物形象。截至2014年底，京东已经有超过1亿的注册用户，网站日均独立访客超过1500万、访问量超过2亿，销售13大类商品，日订单超过100万单。

在京东商城的商务模式中，涉及的利益相关者主要包括供应商、第三方卖家、合作伙伴(运营商、基金等)和消费者，其价值网络如图5-1所示。

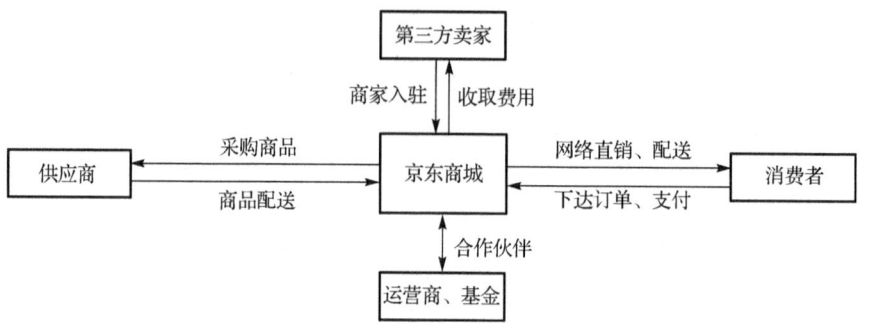

图 5-1 京东商城价值网络体系图

5.2.2 商业模式

1．愿景与使命

京东商城的使命是"让生活变得简单快乐"，其愿景是"成为全球最值得信赖的企业"，其价值观是"客户为先、诚信、团队、创新、激情"。京东秉承"客户为先"的经营理念，致力于为消费者提供丰富优质的产品、便捷的服务和实惠的价格，打造广大用户的优质网购入口。

2．目标客户

京东商城的目标客户主要定位于强调交易效率、购物体验和商品品质的中高端网络购物客户。这些客户学历水平整体较高，熟悉电脑和互联网操作，愿意接受京东提供的大规模品牌商品和统一服务标准。

3．产品与服务

1）商品销售

京东商城最主要的业务是自营商品销售，以满足消费者的网络购物需求。京东的自营销售流程如下：向供应商采购商品、运送到京东的仓库、充实网站商品信息、处理订单（包括支付体系、分拣、包装、配送、订单处理结果更新）、与供应商结款、继续采购。

2）开放平台

京东向第三方卖家开放在线销售平台，同时其配送、物流、仓储都向卖家开放，教卖家如何进行供应链管理，并且给卖家提供云、促销工具、ERP 软件等方面的服务。卖家可以根据业务需求选择经营模式，以通过京东开放平台向买家销售商品或提供服务。截至 2014 年 9 月 30 日，京东开放平台商家已达 50 000 家。

3）广告服务

京东为卖家提供多样化的广告服务：①广告展位，面向全网精准流量定价的展示广告模式，为客户提供广告位购买、精准定向、创意策略、效果监测、数据分析等一站式全网广告投放解决方案；②京东快车，以站内推广、京东联盟、EDM 邮件推广三大模块的推广为主,给第三方卖家、自营供应商及业务部门等广告主提供"整合营销"和"精准营销"平台；③京东直投,商家通过在京东直投可获得百亿级腾讯系海量流量,包含QQ空间、腾讯朋友网、QQ客户端(QQ秀)、每日精选页卡及腾讯网等海量优质资源位。

4. 盈利模式

京东的盈利模式主要有以下几个方面。

1) 自营商品收入

京东商城作为自营网络销售,其直接利润来源为所销售的商品采购价和销售价之间的差价。在整个过程中,京东赚取买卖差价,并同时承担IT、物流、配送等方面基础设施建设。销售额扣除采购成本、基础设施类固定成本,以及推广成本,剩下的就是京东的利润。

2) 开放平台收入

京东的开放平台为用户提供信息发布、交流,吸引第三方经营者开设店铺并经营,京东为其提供技术服务并收取费用。开放平台的服务收入包括：平台使用费,卖家依照与京东签署的相关协议使用京东开放平台各项服务时缴纳的固定技术服务费用,每年缴纳一次；费率,卖家根据经营类目在达成每一单交易时按比例向京东缴纳的费用。

3) 广告服务收入

京东为开放平台的第三方经营者和自营商品的供应商提供多样化的广告服务并收费,其收费方式涵盖了按天收费的广告展位、点击付费的站内推广和效果付费的京东联盟等。同时,通过与腾讯广告平台的合作,京东广告平台在移动端的实力得以大幅度的提升,有助于京东商家在微信与手机QQ上更加准确地定位目标客户群,从而获得更多流量,京东也因此获得更多的广告收入。近年来,京东的广告业务所产生的收入快速扩张。

4) 物流服务收入

2012年11月,京东正式开放物流服务系统平台,其物流系统除满足自身需求外还开始对外提供服务。京东向第三方商家提供的物流服务收入逐年提升,截止到2014年,京东平台上第三方商家订单中有30%都是由京东物流送货的,这一点也提升了公司的毛利润率。

5. 核心能力

1) 多种品类商品规模经济

营业收入、注册用户数量是判断网络销售商是否产生规模经济的参考尺度。从整体看,京东的网购平台因更多的注册用户形成了更大的网站流量,进而形成了更高的营业收入,其规模经济非常明显。

京东商城自成立以来不断进行品类扩展,为用户提供一站式的综合购物平台,同时坚持"正品行货",注重产品品质。京东提供13大类超过数千万SKUS(库存量单位)的丰富商品。品类包括：计算机、手机及其他数码产品、家电、汽车配件、服装与鞋类、奢侈品(如手提包、手表与珠宝)、家居与家庭用品、化妆品与其他个人护理用品、食品与营养品、书籍、电子图书、音乐、电影与其他媒体产品、母婴用品与玩具、体育与健身器材以及虚拟商品(如国内机票、酒店预订等)。这些品类齐全的商品能够很好地满足消费者日常的生活需要,从而将更多的消费者聚集到京东。

2)更高购物价值范围经济

范围经济是指消费者从一个网站购物比从其他地方(包括线上和线下)购买同样产品或服务时,获得了更低的价格或更大的购买价值,后者也意味着消费者获得了更高的用户体验。

京东商城从2009年开始调整了竞争策略,不再只依靠低价抢占市场和用户,而是通过提升用户体验来提高京东的竞争力。京东为消费者提供愉悦的在线购物体验,通过内容丰富、人性化的网站和移动客户端,以富有竞争力的价格提供具有丰富品类及卓越品质的商品和服务,以快速可靠的物流配送方式送达消费者,并且提供灵活多样的支付方式。

3)广泛认知品牌网络效应

京东品牌层次网络效应的创建与管理主要体现在两个层面。其一,企业核心价值的信息传播。京东的战略核心是产品流管理,在自有物流体系建设方面的长期深耕细作成就了市场对京东快递的广泛认知感和认同感。与靠低价兜售商品比较,京东在物流和快递方面创建的认知标签优势突出。其二,认知标签的品牌化管理。当网络销售商的某些特征已经获得市场和消费者认知和认同时,可以将认知标签纳入到自身品牌管理战略体系之中,并作为重点内容加以传播。例如,京东所投放的一些平面和视频广告,将快递速度、优质服务等内容作为广告传播要点,强化了认知标签,体现了利用营销扩散消费者认同感和认知感的目的。

4)供应链管理经验学习曲线

自营B2C的产业垂直渗透率相对较高,学习效应及经验曲线积累的广度和深度都相对突出。京东以线下传统渠道商的身份转型为自营式B2C网络销售商,原有销售经验和技巧帮助京东以更少的时间和更低的成本开拓新市场。当京东在3C产品在线零售方面具备一定规模优势时,累积了大量供应链管理经验,包括商务谈判、采购、物流、仓储、配送以及与供应链和在线零售商管理有效融合的各种技术管理经验,这些经验足以支撑京东销售其他品类商品。例如IT系统,如何与供应商建立一体化的采购和库存管理、库存总量安排及补货节奏、总仓位置选择和分拣点的选择、配送路径的优化等。

5.2.3 技术模式

1. 网上商城系统构架

京东网上商城系统初期的前后台开发、数据库、服务器操作系统均在微软技术平台实现(.Net/SOL-Server/Windows Server/IIS)。2010年,开始将后台服务重构,切换到Java平台开发,数据库切换为Oracle,后台操作系统切换为Linux;前台仍使用.Net构架,引入

PHP/MySQL 等开源应用(京东团购等);全站 UI 采用 jQuery 框架(包括触屏版,APP 版)。2013 年起,开始按照 SOA(面向服务的体系结构)的思路全面重构商城前后台;加速去微软技术,全面切换到 Java 及分布式应用;开放应用平台及接口。

2. 突发流量应急体系

京东的突发流量应急体系分为分流、降级和限流 3 种应对方式。在突发流量前面,通过智能算法把用户的请求分流到多个集群上,每个集群都有强大的计算能力保证用户的购物体验。万一出现个别集群无法高质量地为用户提供服务时,京东技术平台会按照业务优先级的不同对非关键业务进行降级或限流处理。

3. 智能现代物流中心

2014 年 10 月,京东位于上海的首个"亚洲一号"现代化物流中心(一期)正式投入使用。该物流中心(一期)分为 4 个区域,即立体库区、多层阁楼拣货区、生产作业区和出货分拣区。其中,"立体库区"库高 24 米,利用自动存取系统(AS/RS 系统),实现了自动化高密度的储存和高速的拣货能力;"多层阁楼拣货区"采用各种现代化设备,实现了自动补货、快速拣货、多重复核手段、多层阁楼自动输送能力,实现了京东巨量 SKU 的高密度存储和快速准确的拣货和输送能力;"生产作业区"采用京东自主开发的任务分配系统和自动化的输送设备,实现了每一个生产工位任务分配的自动化和合理化,保证了每一个生产岗位的满负荷运转,避免了任务分配不均的情况,极大地提高了劳动效率;"出货分拣区"采用自动化的输送系统和代表目前全球最高水平的分拣系统,分拣处理能力达 16 000 件/小时,分拣准确率高达 99.99%,彻底解决了原先人工分拣效率差和分拣准确率低的问题。

4. 智慧零售数据平台

京东智慧零售平台实际上是一条由大数据驱动的供应链,通过大数据能够实现预测产品、自动补货、库存健康、供应商罗盘、智慧选品和智慧定价。在每个环节有条不紊运行的背后,是数据的算法和学习。京东的销量预测,无论是订单数据、库存数据、商品数据还是促销数据等都是通过 Hadoop 计算平台进行计算,最终得出预测结果。而且这个运算是实时的,随时会根据实际情况的变化,为采销团队提供较为准确的信息。

5. 千人千面产品展示

京东的千人千面产品展示,是将用户群体按照某一特征进行划分,建立用户画像,通过用户画像,京东可以让每个消费者通过 APP、PC 端打开的产品页面都不完全相同,根据消费者过去的消费历史,动态组织页面,而不是静态展示页面。应用千人千面设计以来,京东平均用户回访频次和访问深度都有很大程度的提升。

5.2.4 经营模式

1. 供货商紧密合作强化产品流管理

自营模式对产品流管理要求较高,京东通过以下三种方式与供货商建立更加紧密的合作关系。第一，为渴望获得新业务的供应商提供机会。第二，签订有约束性的长期供应协议。例如，京东与西湖龙井茶产业协会五大成员、河北三利生态农业基地、TCL集团等建立起了更加紧密的产品流管理一体化关系。第三，建立有助于提升供应商利润的产业价值链服务关系。目前，京东利用产品流和信息流方面的优势，为供货商提供产业价值链服务。例如，共享库存信息、共享库存、快速调货及市场信息反馈等服务，都在供给层面形成了一定资源抢占优势。

2. 全品类一站式购物打造声望效应

京东商城搭建了一个完善的综合网购体系，很难被其他电子商务企业复制。从网络销售主体看，不仅是最大的自营电子商务企业，还开放了在线平台供第三方经营者入驻。从网络销售的渠道形式上，涵盖了网上超市、团购、夺宝岛、会员俱乐部、搭配购、智能云生活馆、企业频道等。

京东曾依靠打破渠道层级和"6.18"店庆活动等低价销售策略吸引消费者关注，但从2010年开始将打造个性化的流畅服务作为重要战略后，京东在消费者层面逐渐形成了品类全和一站式便捷购物、快速配送、货到付款、不满意就退货等声望效应。京东利用声望效应重构与消费者的价值关系，这有助于进一步增强消费者在京东平台的黏性。

3. 差异化管理服务提高平台转换成本

京东商城自营商品通过加强供应链管理，提高供应链效率，降低运营成本。同时，采取降低销售价格、薄利多销的措施，抢占市场份额，建立规模效益优势。

对供应商，京东主要通过随销售额增加逐级递减扣点的手段锁定优质供应商，这是一个巨大的利益诱惑，因为供应商可以从京东的成长和自身产品销售规模的扩大中获得明确的递增利益，从而使其能够主动地参与到京东网络销售平台的建设中。对消费者，京东根据消费者级别提供差别化的服务。京东的消费者分为钻石级、金牌级、铜牌级、铁牌级等，每个层级消费者在免费配送、特殊商品限购范围、价格折让等方面享受不同的待遇。京东还设置了"京券"和"东券"制度，以买赠、活动参与、积分兑换等形式发放给用户，用于减免购买支付。

4. 综合营销手段提升市场份额

京东的广告宣传采用线上线下相结合的模式。线上宣传包括在综合门户网站、专业性垂直网站、社会化媒体和百度搜索引擎上投放网络广告；在京东论坛和其他相关论坛与网民交流，开展口碑宣传；通过各种视频网站传播京东宣传片，进行病毒宣传等。线下方面，主要是通过传统媒体、市场活动、公共关系、赞助赛事等形式进行广告宣传。尤其是在目前物流布局三四线城市较好的条件下，通过线下广告落地等形式加大京东在当地市场的推广力度。

多样化的促销活动对于商城的销量提升起到了巨大推动作用，京东采取了多种促销措施，包括单品促销、套装促销、赠品促销、满赠促销和满减促销等形式。例如，2014年6月

18日是京东店庆日，京东就宣布投入价值6.18亿现金的优惠券回馈其开放平台的买家；而在之前的5月，京东就已投入10亿元用于店庆月的让利。多种多样的促销推广，迅速提升了京东在网络销售市场的市场份额。

5.2.5 管理模式

1."倒三角"管理

京东"倒三角"管理模型中，团队处在最底层，是京东高速成长的基石。处在第二层的是京东持续打造的供应链体系，由IT、财务和物流三大系统组成，管理着京东的信息流、现金流和产品流。第三层是京东公司全体人员的考核指标，即成本和效率。模型的最上层，是由"产品、价格、服务"三方面组成的用户体验，京东的"多、快、好、省"就来源于此，即始终追求更全的产品品类、更佳的产品品质、更低的产品价格、更好的用户服务。

2.人力资源管理

京东把原有的单一模块化人力资源管理转变为以人力资源业务的运营为核心，以招聘、培训为两翼的运营管理体系。在运营环节上，不再单纯地依照薪酬、绩效、员工关系等模块来划分工作，而是按着前端、中端和后端的业务来划分人力资源管理的任务，从而职责分明地来确定核心工作和工作重点。在注重人员招聘的同时，加大培训力度，进行企业文化的宣传，使员工在进入公司到胜任工作的过程中逐渐成熟。例如，京东通过"五星自我管理法"、"企业文化读本"、"京东人"内刊和"员工论坛"等，逐渐把企业的价值观、理念、价值导向等内容落地。从人力资源执行层面看，随着业务的快速扩张，京东拆分出区域和城市两种业务管控的平台，逐渐把执行层面的工作更多地赋予区域人力资源队伍，使其能够为基层的业务单元提供及时服务和有效保障。

3.供应链管理

京东的供应链管理依托电子商务业态，实现了互联网与销售的创新性结合，通过省去商品流通环节的大量中间成本，使商品从供应商工厂到达消费者手中的过程极大地简化，大幅提升了产业链的效率。通过供应链管理，努力提高供应链效率，使顾客可以以较低的价格获得品种齐全、特色鲜明的商品供应，提高顾客的忠诚度。在建立市场优势地位后，凭借规模效应实现经营成本的降低，进而强化竞争优势。

4.价值链管理

京东价值链管理借助低成本、高效率的互联网，构建完善、快速的价值链体系，为供应商和顾客创造价值。京东通过自营采销，实现商品从供应商直接进货，从而在源头上实现了对品质的把控，提升顾客价值。对于开放平台，京东也从一开始就坚持品质的把控，通过精选卖家和商品实现更好的顾客体验。同时，通过自建物流，不断将物流服务开放给第三方卖家，京东能够实现更好的配送服务，提升供应商价值。

5.2.6 资本模式

1. 风险投资

2007年8月，京东赢得今日资本的青睐，首批融资千万美金。2009年1月，京东获得来自今日资本、雄牛资本以及亚洲投资银行家梁伯韬先生的私人公司共计2100万美元的联合注资。2011年4月，京东完成C轮融资，投资方俄罗斯的DST、老虎基金等六家基金和一些社会知名人士融资金额总计15亿美元。2012年10月，京东完成第六轮融资，融资金额为3亿美元，该笔融资由安大略教师退休基金领投，京东的第三轮投资方老虎基金跟投，两者分别投资2.5亿美元和5000万美元。2013年2月，京东完成新一轮7亿美元融资，投资方包括加拿大安大略教师退休基金和沙特亿万富翁阿尔瓦利德王子控股的王国控股集团以及公司一些主要股东跟投。

2. 上市融资

2014年5月22日，京东集团在美国纳斯达克挂牌上市（股票代码：JD）。京东董事局主席刘强东敲响上市钟，发行价19美元，按此计算，京东市值为260亿美元。京东登录纳斯达克首日，开盘价21.75美元，较19美元的发行价上涨14.5%，报收于20.90美元，较发行价上涨10%。

5.2.7 总结与建议

1. 成功关键因素

京东成功的关键因素在于其以产品流管理为核心的产业价值链整合模式。凭借丰富的渠道管理经验和企业级客户关系方面的资源禀赋优势，京东将网络销售中的产品流通服务与代理销售作为利基市场，在国内网络销售业创建了富有特色的"京东模式"——突出表现在京东关于网络销售产品流管理的系统性建设思考及京东对自有物流体系建设的长期投入。京东通过围绕利基市场不断优化产业价值链要素的系统管理能力，最终成为值得信赖和能够创造新价值的价值链整合模式代表企业。

2. 面临的挑战

1）自身负担过重

京东的自有物流建设投入特别大，要投资构建一个覆盖全国的仓储、快递网络，需要上百亿的重金，等于自己去承担了社会的成本。为了塑造用户体验，就需要不断地进行投入，虽然现在京东已经初步构建了全国的物流网络和技术系统，但是为了适应商品交易的快速增长，这种投入还需要持续，决定了京东在未来一段时间会依然亏损。

2）盈利来源拓展

京东投入巨资实现用户体验的过程中，形成了"前端"和"后端"两大体系。前端包括用户资源和供应商资源,可以在庞大的用户和供应商身上获取除了商品销售以外的收益;后端体系包括物流网络、技术系统、售后体系等,这些基础设施专门为电商的目的构建,京东自己使用外完全可以将剩余能力开放给其他公司使用,从而为京东创造巨大的利润。京东未来的盈利来源,绝不能仅靠现在的电商业务挣钱,而是如何借助前端资源和后端基础设施来获得丰厚的盈利。

3) 购物体验保证

京东力图将与购物体验相关的环节全部纳入掌握,自营、商品的质量及配送都做的可圈可点,也成为京东向其他电商叫板的王牌。但是,开放平台上第三方卖家大量涌入,保障用户享受与京东自营同样的购物体验是极大的挑战。京东的决心毋庸置疑,但打假是个系统工程,需要信誉体系建设和管理经验的积累,光有"零容忍"的狠劲儿是不够的。另外,如果自建的物流体系进度跟不上商品交易总额的增长,即使克服了假货问题,也很难保证顾客的良好购物体验。

4) 市场区域扩张

京东"五大战略"中的O2O、渠道下沉和国际化都属于市场区域的扩张。通过O2O与便利店等合作,京东谋划的是实现对柴米油盐这些生活品社区市场的扩张;通过渠道下沉,京东谋划的是从一二线市场向三四线乃至更低级别地区的扩张;通过国际化,京东则谋划的是从中国市场向更广阔的海外市场扩张。这些探索,都面临着很大的挑战和失败的可能。

5) 移动购物探索

京东通过和腾讯合作获得了微信和手机QQ的入口,要将移动社交平台变成购物平台,探索移动社交购物的可能。但是财报显示,2014年第三季度京东通过移动端完成的订单量约占总订单量的29.6%,同比增长534%,但事实上京东的环比增长并不迅猛,因此微信和手机QQ对京东的作用还是相对有限。

5.3 案例2:戴尔

5.3.1 基本情况

戴尔是一家总部位于美国得克萨斯州朗德罗克的企业,由迈克尔·戴尔于1984年创立,其网络销售属于生产企业开展的以直销为主的网络销售模式。

戴尔成立之初,就根据顾客个人需求组装电脑,不经过批量销售电脑的经销商控制系统,直接接触最终客户,是第一家通过邮件生成订单来供应个人电脑的公司,"按单生产"一直是戴尔业务模式的奠基石。

20世纪90年代早期互联网的商业化给戴尔提供了迅速壮大的机会。戴尔积极地实施在线订购,在欧洲和亚洲设立子公司,并开始在网上提供其他的产品信息,到2000年,戴尔已成为全球PC销售商的老大。1998年8月,戴尔将网络直销模式引入中国。目前,戴尔(中国)(www.dell.com.cn)在厦门设有企业服务指挥中心和2家制造工厂,在成都建造旗舰生产基地和客服中心,在上海设有全球解决方案设计中心以及在大连的国际服务中心。2013年9月,戴尔完成私有化,业务重心从单纯的PC制造转移到为企业客户提供解决方案和服务。2014年,戴尔年收入超过600亿美元,在全球有近11万名员工为180个国家的客户进行服务。

在戴尔的商务模式中,涉及的利益相关者主要包括零部件供应商、渠道合作伙伴、第三方物流和客户,其价值网络如图5-2所示。

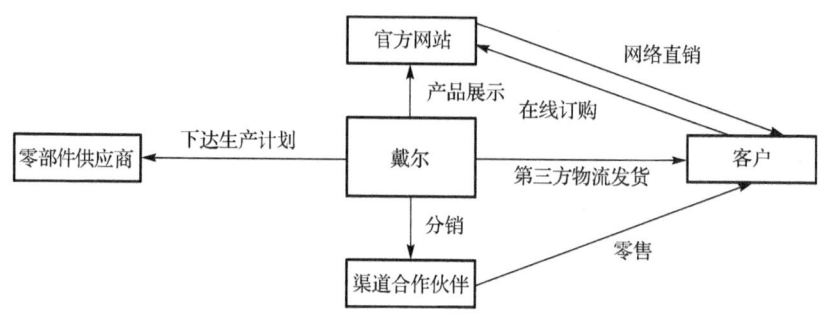

图5-2 戴尔价值网络体系图

5.3.2 商业模式

1. 愿景与使命

戴尔的使命是"提供先进的技术解决方案,成就你我,共创繁荣";愿景是"成为端到端的整体IT解决方案提供商";其价值观是"提供对世界可产生积极影响的成果,以博大胸襟开放和乐观精神心态引领发展,以诚信打造成功致胜"。简而言之,戴尔的企业目标就是提供帮助世界各地的人们成长和发展的技术解决方案。

2. 目标市场

戴尔公司致力于为消费者、中小企业、大企业以及公共部门等客户提供PC产品和IT解决方案。戴尔大部分的网络销售量则来自于中小企业和普通个人客户,其大企业客户主要通过网站查询产品信息、订单情况和技术帮助,并不直接从网上订购。而公共部门性质的客户,主要是通过招投标或者政府采购目录进行销售。

3. 产品与服务

基于持续发展以及产品和服务的不断革新,戴尔将内部调整为四大业务部门,包括软件事业部(DSG)、客户端解决方案事业部(Client Solutions)、企业级解决方案事业部(ESG)和咨询服务业务部门(Services)。

1) 硬件产品

戴尔所提供的硬件产品包括了服务器、存储设备、打印与成像系统、工作站、笔记本PC电脑、台式PC机、网络产品和软件与外围设备产品等一系列的硬件产品。

2) 咨询服务

戴尔在 2013 年开始转型，为医疗保健、教育（包括高等教育和中小学校教育）以及制造业等行业提供咨询服务，包括应用程序服务、业务咨询、业务流程服务、基于云的服务、部署服务、IT 咨询、受管服务、支持服务、应用程序现代化、培训服务和戴尔咨询服务等。

3) 解决方案

戴尔在 IT 消费化、云计算、数据洞察、安全及商业智能等方面为企业级客户提供端到端解决方案，包括：信息管理，利用软件简化数据访问，发掘复杂数据的价值；数据保护，为各种规模的企业快速轻松地构建全面优化的数据保护环境；数据中心和云管理，通过简化物理、虚拟和云环境的部署和持续管理，实现 IT 优化；移动工作人员管理，在不影响 IT 控制的情况下实现用户移动性；安全，增强 IT 安全性并降低风险；平台，解决企业异构环境中的 IT 管理难题。

4) 网络直销

戴尔利用其官方直销网站进一步推广其直销订购模式，为广大客户提供网络直销服务。在直销网站上，客户可以对戴尔的全系列产品进行评比、配置、获知相应的报价，也可以进行在线订购、监测产品制造及送货过程，并及时获取产品及技术支持。

4. 盈利模式

戴尔网络销售盈利模式体现在以下几个方面。

1) 销售利润

早在 1996 年 7 月，戴尔的客户就能够通过公司的站点直接配置和订购计算机。戴尔凭借这种根据订单进行生产并直销的营销模式，使得传统渠道中常见的代理商和零售商的高额价格差消失，其产品一般要比同类产品价格低 15%~20%。

根据 2014 财年第二季度财报数据显示（私有化后不再公布财报），戴尔 78% 的营收仍然来自于产品业务，来自于服务（包括软件相关业务）的营收占总营收的 22%。

2) 价值收益

戴尔网络销售提供的简化手续、简化操作的服务都是增值性服务。为了获得某种服务，以前需要消费者自己做的一些事情，现在由戴尔以各种方式代替消费者做了，从而使消费者获得服务变得简单，增加了客户的价值，很好地实现了与客户结盟，也为戴尔带来收益。

3) 成本收益

戴尔网络直销的精髓在于速度，优势体现在库存成本的降低。"零库存"不仅意味着减少资金占用，还意味着减少降价风险。另外，还可以充分利用客户货款与供应商货款中间的时间差，赚取戴尔自有资金的存款利息。同时，可以通过降低物流成本来发掘新的利润源泉。戴尔的网络销售通过采用第三方物流，与供应商联合采取物流共同化计划，采用比较适用但投资比较少的物流技术和设施设备等措施，提高物流的效率和效益。

5. 核心能力

1)在线直销运营能力

戴尔把"依据终端用户的要求设计及量身定制计算机"的经营理念搬到了网上,客户登录戴尔直销官方网站,可以在线对戴尔的全系列产品进行评比、挑选。同时,戴尔为有个性需求的客户量身定制,客户可以根据自己的需要对产品进行可选配置。然后,客户进行在线下订单,并随时了解产品制造及送货过程。

2)按单生产运作能力

戴尔建立在网络销售模式上的低成本配件供应与装配运作体系的实施能力非常强,在接受网络订单后,能够实现快速而低成本的配件供应与装配,使得消费者可以低价地接受个性化服务。

3)网络定制化能力

电子商务的出现,为网络销售产品定制化提供了有效的途径。网络销售使戴尔能轻松自如地同每一个客户进行持续的一对一对话,高效地收集大量数字化的定制数据,确切了解客户的爱好并迅速做出反应,满足客户的个性化需求。

4)电子合作供应链能力

戴尔有许多业务伙伴,它需要与这些伙伴进行合作与沟通。例如,戴尔靠专业运输商(像UPS、FedEx)给客户递送计算机,也利用第三方物流公司从其供应商处来提取、维护和配送计算机零部件,而且戴尔还有许多其他的合作伙伴。电子商务技术的发展,为戴尔与其合作者交流信息、减少库存提供了便利。

戴尔成功地利用网络技术整合了从零部件供应商到最终用户的整个供应链,搭建了一个比较完善的供应链系统,戴尔和供应商之间的信息共享可以像一个整体一样亲密无间地协调运转。通过网络技术,戴尔实现了高效且低成本的供应链管理。

5)电子化客户服务能力

戴尔一直采用大量的各类工具来提供优质的客户服务,为了做好客户关系管理,戴尔为自我诊断与服务以及直接获得技术支持的数据提供了一个虚拟服务平台。此外,电话服务平台能提供7天24小时的全天候服务。戴尔建立了一个庞大的客户数据库,通过运用数据挖掘工具来获得有关客户的大量信息,以便使客户购物愉快,提高满意度。

此外,戴尔直销官方网站系统对客户的响应总是及时而周到,其人性化的在线服务模式,让客户非常便利地感受到了最佳的购物体验。同时,该网站持续不断的客户体验优化,也为戴尔的网络销售带来了更多的网购客户。

5.3.3 技术模式

1.网站在线订购系统

戴尔的直销网站,提供了轻松的浏览和选购功能,产品图片和描述信息更加实用,导航操作更加简化，同时客户评级、聚焦和论坛等功能支持用户利用群体智慧做出合适的采购决定。

戴尔在线订购以方便的导航确保网站易用性，在关注推动交易达成的同时确保该网站的稳定性、功能性以及易于查找信息；以客户为中心，推出了针对快速发货的快车道（Fast Track）计划，在24小时内将受欢迎的预配置系统直接发送给客户；不仅仅出售产品，展示产品和性能，还演示这些产品可如何应用于客户的生活情境中；利用戴尔社区来强化和推荐戴尔品牌，借助综合的评分与评论，客户可轻松分享体验并从其他人那里了解到产品信息；通过个性化的购物体验，积极地进行客户互动，将业务与竞争对手区分开来；通过丰富的图像和内容来展示戴尔的业务内涵，提升品牌关注度。

2. 开放式融合产品设计

戴尔在为客户提供解决方案时，首先考虑能否优化工作负载，提供具有成本效益的技术连接方式，在此基础上为部署融合基础架构做好铺垫。戴尔所坚持的"开放式融合"就是服务于上述原则，并且在产品设计思路上得到了体现。戴尔通过提供核心的、极其重要的模块化组件来帮助客户搭建各自的基础架构，这些模块化组件是基于标准化的，甚至有许多构建模块是即插即用的。"开放式融合"策略不仅对戴尔的全线产品提供支持，并且能为企业的IT变革创新提供服务，与戴尔的客户一同成长。戴尔产品设计的立场是站在客户的角度考虑IT架构，帮助客户实现变革。

3. 网站基础技术系统

1）多服务器群

戴尔网站运行在由多个互为镜像的高端服务器组成的多服务器群上。这些服务器提供互联网内容服务、商务和非商务应用以及后台的SQL数据库服务。在这些产品服务器集群之后的是测试、原型和开发所用的一些服务器。整个站点每天进行备份，使用一组功能强大的后备设备。站点的前端互联网服务器上保存着静止的互联网页面并存储着所有信息的多个镜像副本。这些服务器是通往服务器后面的其他应用和数据的一个门户，包括站点分析以及业务量分析工具、搜索服务器、推技术服务器、个人化及成员关系系统和商务服务器。

2）功能元件和软件开发

戴尔在开发和升级过程中一直遵循着严格的程序并不断修改网站的核心部分及应用程序。所有的戴尔开发人员都用超文本语言页面或是在众多服务器上的应用程序进行创作，一些人使用微软公司的InterDev程序编制动态服务器页面（ASP）应用程序，一些人使用Visual Basic开发用户元件，还有一些人使用Java Scrip在基础的HTML语言中加入更加完善的功能。各个程序元件由微软的Visual Source Safe程序进行集中管理，经过认可的新元件将通过元件分发服务（CDS）加入到戴尔的多重服务器和全球服务器集群里去。

3）多重主机技术

戴尔在它的网站上使用了"多重主机"技术，使用了多个互联网服务提供商，连接进多重数据中心。这些包括了多重路由器、防火墙、侵入监测系统、域名服务器、Cisco 公司的分布式负载平衡控制单元、快速以太网交换机、实时全天的站点及服务指示器和报警软件。

4. 网络呼叫中心系统

戴尔建立了一个与网络、数据库技术相结合的呼叫中心，客户可通过 800 电话与公司进行对话。呼叫中心设有技术支持热线、售前咨询热线、投诉热线等，接到客户的呼叫，服务人员立即在内容丰富的数据库内查询客户的 PC 代码，在最短的时间内获得客户的详细资料，倾听客户的诉说，回答客户提出的问题，满足客户的需求，收集有价值的客户资料，使客户在较短时间内就能得到更快捷的答复，大大缩短了打电话的时间，同时减少了呼叫中心的成本。

5.3.4　经营模式

1. 需求拉动生产的定制产品策略

戴尔的网络销售理念很简单，即按照客户要求制造电脑并直接发货，这使戴尔能够最有效地了解客户需求，继而迅速做出回应。戴尔为各种客户类型提供了量身定做的"网上商店"，包括家庭用户、中小企业、大型企业、医疗业和高等教育机构等公共事业部及各级政府等。这些不同类型的客户都可以通过戴尔的网上商店自助定制符合他们需求的笔记型电脑、桌上型电脑、伺服器和储存设备、工作站、软体以及相关配备。这种定制甚至还包括了戴尔的服务支持方式。

2. 线上线下持平的低价格策略

戴尔网络销售模式摒弃了中间渠道，按照客户需求制造电脑，"以信息代替库存"，大大加速了资金周转速度，降低了成本，实现了价格优势。

就线上线下的销售渠道而言，戴尔在分销渠道进行销售的产品价格从原则上来说会与网络销售价格持平。渠道销售的产品是戴尔经过对零售市场调查后为客户特殊定制的，他们的配置与戴尔在官方网站上销售的标准配置的产品不同，因此具体价格也不一样。如果消费者选择在网上自选配置成渠道销售的电脑型号，会发现网上价格与零售店价格相比，有时高、有时低，但总体是持平的。这是因为，渠道备有一定库存，这些库存商品的成本在出厂时已经固定，所以价格在一定时间内会保持相对稳定。而戴尔网站上的自选配置产品价格受供应链等各种因素影响，在消费者下单时候才最终成型，价格就会瞬息万变，自选配置价格既可能比渠道低，也可能比渠道高。对于希望购买戴尔电脑的客户，首先考虑是否希望当场提货，如果是，当然首选渠道。如果对此不是很在意，那就可以选择在渠道看完货后，回家上戴尔网站，自选相同配置，比较一下价钱，再做决定。

3. 自建网站和借助平台相结合的渠道策略

1) 自有网站在线购买

戴尔靠直销模式起家，通过电话、网上订购的方式销售电脑，通过戴尔官方网站在线销售是戴尔销售的重点。每年戴尔全球网站的访问量达到 10 亿,每 2 秒钟就有一个在线的订单。通过戴尔的网站,客户可以了解报价、比较产品、开展订购、获得技术支持。在线购买与戴尔的直销模式配合得天衣无缝,可以方便用户选购,使得很多忙于生活的消费者不必花费时间去传统销售渠道购买产品。

2) 网上交易平台旗舰店

戴尔在拓展零售渠道、进入 IT 卖场后,于 2008 年 3 月开始正式在淘宝网上启动了基于淘宝 C2C 平台的戴尔淘宝官方旗舰店,以满足用户不断增长的在线消费需求。2008 年 5 月,登录淘宝商城,开设戴尔淘宝商城店,将业务范围扩大到淘宝的 B2C 平台,为用户提供更多体验戴尔产品及服务的机会。2008 年 11 月,开始正式进驻当当网,开设了戴尔当当网旗舰店,以进一步扩展消费者的购买渠道。2008 年至今,戴尔陆陆续续在亚马逊、京东商城、苏宁易购、国美在线、1 号店等网上交易平台开始了网络销售。

4. 网站优化结合网络推广的促销策略

1) 网站优化

通过不断完善优化客户体验的直销官方网站,戴尔增强了网站购物的吸引力。戴尔常常可以把一个客户留在网站上 30 多分钟之久,让客户有机会选择、比较、提问,并了解其他人关心的问题——这个过程,有助于他们最终找到自己真正想要的解决方案,同时也能给戴尔提供更多的客户需求信息。

2) 网络推广

戴尔充分利用各种网络工具进行促销,在门户网站上做网络广告,在百度上做"品牌推广",利用博客、论坛、社交网站、微博、维客等社会化网络媒体进行网络推广。

5.3.5 管理模式

1. 需求管理

戴尔实行的是"出售你有的产品",把需求和预先确定的供给联系起来。首席执行官迈克尔·戴尔每月要主持 MSP/MPP(主销售计划/主生产计划)会议,主要管理人员要对未来五个季度进行滚动预测,主要目标是未来三个月。会上,各职能部门的负责人要对内部生产战略、竞争因素和约束条件达成一致意见。会上,销售计划要等于生产计划,通过这种方式,戴尔使公司每 30 天就同步一次。

在每周的前置时间(Lead-Time)会议上,销售、营销、供应链等部门的高级管理人员一起来解释需求的趋势和供应方面的问题,判定部件是否会过多或过少。会上要管理产品的前置时间以确保客户不会取消订单,戴尔也不会出现部件卖不出去的情况。前置时间会议对戴尔文化有很强的影响,一旦管理人员们决定了要生产的产品,他们就要承担起销售这些产品的任务,产品的前置时间每天都要发布,所有人都能看到,这导致了日常的盈利能力管理过程。

2. 人力资源管理

戴尔充分利用内联网，用先进的手段管理大多数人力资源工作。在公司的内联网上有管理者工具箱，其中包含了多种自动网络应用程序，这些工具帮助管理者能够方便而有效地承担部分人力资源管理工作。雇员也可以利用内联网查询人力资源信息、监控各类明细单。有效地利用公司内联网，用电子技术管理人力资源，简化了人力资源部门大量繁杂的工作，大大降低了管理成本。

戴尔摒弃旧的组织结构，将人力资源管理部门划分成人力资源"运营"部门和人力资源"管理"部门。人力资源"运营"部门主要负责福利、薪酬、劳资关系等具体工作，直接与雇员接触，很少与其他部门的负责人打交道。这些工作虽然繁多琐碎，但属于日常事务性工作，可以借助例行程序、制度、方法完成，戴尔是通过集中的呼叫中心来协调这类人力资源管理职能。人力资源"管理"部门主要负责招聘、培训等工作，从事这些工作的专员要向事业部的副总裁和人力资源副总裁汇报，并且要以顾问的身份参加事业部的会议，为事业部制定专门的人力资源战略，并且从人力资源角度来帮助事业部实现战略。

3. 客户关系管理

1）网站自助服务

戴尔的客户关系管理系统是围绕着"以客户为中心"的主导思想建立的，即客户通过网站自选电脑配件、付费方式、网上获取产品信息、故障诊断和技术支持。戴尔在线通过自助服务保持与客户的联系，能够绕过大量中间销售环节，直接面对客户。戴尔让客户自己在网上获得信息，并进行交易，主要包括：客户自助查询产品信息；客户自助查询订货数据、支付或调整账单，以及获取服务；客户根据自身情况，自由选择获取信息的通讯工具（在线销售聊天室、QQ在线咨询、电子邮件咨询）；网上故障诊断和技术支持。

2）开放社区分享经验

为使更多企业能够分享他们自己的最佳实践经验、成功故事和技术理念，戴尔将其简单易用的Business Trailblazers网站的开放范围从美国扩大至加拿大、中国、法国、德国、日本和英国等国家。该社区专为寻求和分享切实可行的技术建议、建立企业信用的公司而创建。

3）网上客户业务群轻松交流

戴尔、英特尔和LinkedIn建立了业界首个客户业务群，即业务解决方案交换（Business Solutions Exchange）。这一业务群致力于为企业所有人提供有关数据存储、虚拟化、系统管理、移动性、安全性以及云计算等技术解决方案的最新视频、白皮书、案例研究、播客和新闻报道。通过使用这些内容并与相关主题专家和同行企业家进行轻松交流，企业可以了解到戴尔战略部署的更多信息。

4）社交媒体实现客户"零距离"

早在社交媒体红火之初，戴尔便成立了戴尔内部社交媒体和社区小组（Social Media and

Community)。这个团队的成立，不仅协助不同戴尔事业群在社交媒体上的拓展和提供有效的建议，最重要的是将戴尔社交媒体的准则传递给每一个热情的戴尔员工，让他们利用这个平台建立与客户之间长久的合作关系。目前戴尔已经在戴尔直通车、技术论坛、官方博客、新浪博客、搜狐博客、新浪微博、搜狐微博等多个社交网站开设了戴尔专区。

4. 供应链管理

戴尔的供应链管理主要强化了供应商管理、库存管理和流程管理。

戴尔公司之所以能围绕直销实现 JIT（Just In Time）生产，就是因为它有一个组织严密的供应商网络，有一整套的供应商遴选与认证制度。与此同时，戴尔致力于同供应商建立长期的合作伙伴关系，特别是在一些流程和管理工具的开发上，充分考虑了与供应商的配合。

戴尔的库存管理并不仅仅着眼于"低"库存，而是通过双向管理供应链，通盘考虑用户的需求与供应商的供应能力，使二者的配合达到最佳平衡点，实现"永久性库存平衡"。

戴尔的流程管理电子化体现在其供应链系统为处于链条两端的用户和供应商分别提供了网上交易的虚拟平台，戴尔绝大部分的采购程序通过互联网完成。不仅如此，电子化还贯穿了从供应商管理、产品开发、物料采购一直到生产、销售乃至客户关系管理的全过程。

5.3.6 资本模式

1. 自有资本

戴尔创业时，主要依靠自有资本。1985 年，本着"直销顾客"的信念，迈克尔·戴尔以 1000 美元的注册资金创立戴尔计算机公司。

2. 上市融资

在成长阶段，戴尔需求资本来自于美国雄厚的资本市场。1988 年，戴尔公司正式上市，首次公开发行 350 万新股，每股作价 8.5 美元。

3. 资本并购

在戴尔的资本运作中，收购一直是核心战略之一。2009 年底，戴尔收购了 IT 服务商佩罗系统（Perot），在之后的 4 年里，戴尔公司接连并购了 30 多家公司，涉及资金达 190 亿美元。

4. 私有化

2013 年 10 月 29 日，戴尔与银湖资本一起完成了 249 亿美元私有化交易，并从纳斯达克退市。

5.3.7 总结与建议

1. 成功关键因素

总体来看，戴尔网络销售成功的关键因素是其基于网络的大规模定制直销模式，通过网络获取个性化的需求，汇集订单后实现大规模生产，降低成本。

首先，戴尔率先采用了个人电脑的直销模式，然后又转变为网络直销。其次，戴尔采用了大规模按单生产的模式(即大规模定制)来补充直销模式。在这期间,直销模式消除了中间商的存在,大规模定制模式大大降低了库存量,改善了现金流,戴尔从中受益匪浅。另外,为了满足顾客对产品的大量需求,戴尔还引入了其他的电子商务模式,主要包括用以改善零部件采购的电子采购,与其合作伙伴间的合作商务,以及用于改善企业内部运作的企业内部电子商务。

2. 面临的挑战

1) 竞争对手

戴尔的竞争对手,如联想、惠普等,都有足够的实力和能力去开展自己的网络直销经营,在吸收消化戴尔直销模式的优缺点之后,融会贯通稍加修改即能为自己所用。最典型的例子就是联想,它在运用直销模式之后,使之和分销模式共同运营,已取得了不俗的业绩。在这样的情况下,戴尔不仅要面对分销模式的竞争压力,还要面临不断出现的其他直销模式的挑战。

2) 分销渠道

直销模式的优势是显而易见的,但是直销模式本身也有着无法避免的缺陷。首先,直销模式所节约下来的成本实质上是分销模式中渠道商的利润,这势必引起中间渠道商的抵触情绪。尤其在中国各种市场机制还不健全的情况下,直销还不可能完全取代分销,譬如中国广大的县级区域及农村市场,戴尔的直销模式不可能完全奏效。其次,直销的效率取决于完善的信用卡制度、网上交易体系、物流体系,以及一切有利于扁平化高效管理的制度和设施。而国内这些基础设施建设尚不完备,由此所造成的如发货延时、物流运输时间增加等,不易察觉的成本增加,在一定程度上挤压了直销模式所带来的成本节约,使得直销的成本优势不够明显。

而且由于经济发展上的地域性差异,网络普及情况在中国并不均衡。除去部分一、二线城市外,广大中西部和农村地区经济状况相对落后,这也使得戴尔的直销模式难以在全国大范围普及。再加上与现有渠道分销商之间的利益冲突,戴尔的直销模式要想在中国取得美国式的成功还有待时日。

3) 战略转型

2010年起,戴尔基本上已经放弃了开发消费市场产品的努力,开始加速公司战略转型,希望成为一个集成的、多样化的全球IT解决方案供应商。战略转型需要时间,私有化的架构可提供时间和灵活性,免去了上市公司受到的审查和诸多限制,有助于戴尔端到端解决方案战略的实现。

戴尔高利润率的企业解决方案业务确实在成长,但是转型意味着销售额的大幅下滑。同时,随着各种业务的界线日益模糊,市场进入了集成阶段,戴尔不得不面对日益激烈的竞争。戴尔瞄准的这个市场,在短期内,IBM和惠普都是其难以逾越的对手。后两者的企业一体化解决方案经过多年的发展,已经占据了大部分的市场。戴尔要想切入,只能先切

第5章 网络销售模式案例分析

入一部分的利基市场。此外,由于消费者市场的竞争日渐白热化,众多初创企业也已经开始转战企业市场。

面临着新老对手的夹击,可以预见,戴尔的转型之路会充满艰辛。

5.4 案例3:唯品会

5.4.1 基本情况

广州唯品会信息科技有限公司(简称"唯品会")成立于2008年8月,总部设在广州,旗下网站——唯品会名牌限时折扣网于同年12月正式运营,是一家致力于打造中高端品牌特卖的网站,主营业务为通过互联网在线销售品牌折扣商品。唯品会于2012年3月在美国纽约证券交易所上市,是华南地区首家在美国纽交所上市的电子商务企业。2013年11月,唯品会正式启用新域名 www.vip.com,同时连同企业 LOGO、网站首页、移动端版本、会员体系进行了全线升级。截至2014年底,唯品会合作品牌超过10 000家,其中有1600多家是唯品会的独家合作品牌。网站注册会员数达9000万,日均订单量超30万单。

在唯品会的商务模式中,涉及的利益相关者主要包括品牌供应商、第三方物流、唯传媒客户和消费者,其价值网络如图5-3所示。

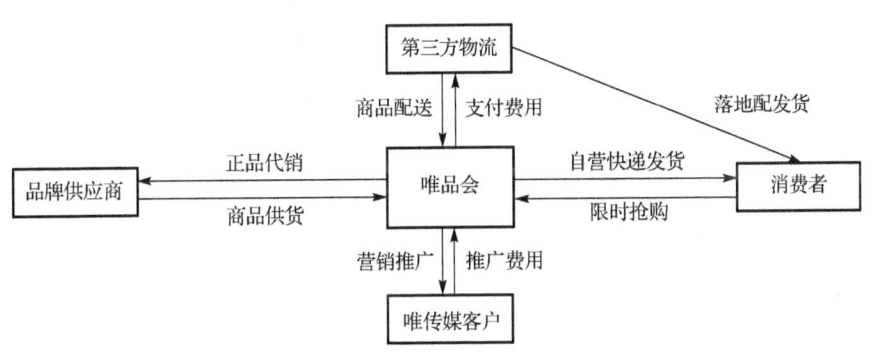

图5-3 唯品会价值网络体系图

5.4.2 商业模式

1. 愿景与使命

唯品会的使命是"传承品质生活,提升幸福体验";愿景是"成为全球一流的电子商务平台";价值观是"简单:简洁透明,平等开放;创新:突破常规,追求卓越;快速:快速有效,拥抱变化;协作:团队作战,相互补位"。区别于其他网络购物网站,唯品会定位于"一家专门做特卖的网站",通过每天上新品,深度折扣及限时抢购模式,为消费者提供"精选商品"、"独享低价"、"尊享服务"的全方位购物体验。

2. 目标客户

唯品会的目标客户是为数众多的年轻人群、白领群体以及品牌爱好者。创立之初,唯品会即推崇精致优雅的生活理念，倡导时尚唯美的生活格调，主张有品味的生活态度，致力于提升中国乃至全球消费者的时尚品位。目前，唯品会订单大部分来自二、三、四级城市。截至2014年，订单占比中，一线城市12%，二三线56%，农村32%。

3. 产品与服务

1）特卖商品销售

唯品会首先搜罗品牌，根据性价比、群体消费特征等初步框定商品品牌，然后进行市场知名度、使用评价等多方面调研，对不同商品、不同品牌进行比较，并调查了解消费者喜好，最后挑选出合适的商品上线销售。唯品会与知名国内外品牌代理商及厂家合作，向消费者提供低价优质、受欢迎的品牌商品。每天100个品牌授权特卖，商品囊括时装、配饰、鞋、美容化妆品、箱包、家纺、皮具、香水、3C、母婴等。

2）营销推广服务

唯品会的网站上可以为推广企业提供广告服务，让其广告展示在网站的明显位置。

另外，唯品会还为企业提供唯传媒推广服务。唯传媒是通过会员包裹实现精准传播的营销平台，传播形式是在包裹外包装和夹带物上进行广告宣传，其优点是受众精准、100%到达率和0干扰广告环境，能有效地帮助企业对精准人群推广品牌或产品。

3）手机团购服务

2012年4月唯品会独立的唯品团频道正式上线，目前仅限手机端购买，消费者下载安装了唯品团手机APP后进行抢购。唯品团在原有闪购频道基础上推出更多热销单品，品类更全、数量更多、折扣更低，满足更多用户抢购需求。同时，每天早上9点和晚上8点准时上新，与唯品会特卖会的10点更新错位销售，解决用户一心不能二用、顾此失彼的烦恼。

4）时尚资讯分享

唯品会网站中的时尚会频道，汇集了大量时尚资讯，同时为消费者提供潮流时尚服饰、饰品和鞋包搭配的最新资讯。

4. 盈利模式

唯品会的盈利主要来自于其网络销售商品的销售收入。

在唯品会销售的商品品类中，服装、家居饰品等占据了唯品会销售的大半。这些商品不像3C家电同质化程度很高，而是产品极其个性化、海量的SKU以及相对较高的毛利，这使得唯品会在售卖产品上具有很大的选择性，也有足够的可能实现差异化，从而不至于落入价格战的怪圈。此外，唯品会的主要品类在线上具有很大的市场，例如，服装是网络购物的第一大品类，近年来一直保持着快速的增长。

据唯品会2015财年第一季度财报数据显示，报告期内公司实现营收86亿元，同比增长100%；实现净利3.675亿元，同比增长125.3%。公司营收的增长主要是由于活跃用户人数、订单数量及来自移动平台营收持续增长。第一季度唯品会活跃用户数同比增长75%，达到1290万人，总订单数量为3850万份，比上年同期的2020万份增加99%。

5. 核心能力

1）供应链整合能力

唯品会品牌特卖模式的成功，很大程度上在于其很强的供应链整合能力。唯品会直接提供厂方的商品销售，省去了中间多级的销售渠道，价格自然低很多。而且唯品会与许多品牌厂方，经过长期的合作建立了信任的关系，价格可以更为优惠，甚至就是最基本的成本费。同时彼此间又有许多的合作模式，如跨季度的商品采购、计划外库存采购、大批量采购等，货源价格最大优惠化。另外由于"限时限量"的模式，不用担心商品的积压，并且可以根据订单制定货量，降低了经营成本，有更大的让利空间。

2）正品控制能力

唯品会的模式是自营特卖，其销售的商品均从合作品牌的正规渠道采购，并与之签订战略正品采购协议。

唯品会一万多个合作品牌的产品，均100%通过中国太平洋财产保险股份有限公司正品保险和70项专业质检确保品质，以进一步保证在其网站上售卖的商品均为正品。

3）商品精选能力

唯品会依靠对商品的精选优化了消费者的购物流程，使得消费者的购物行为变得轻松与快乐。唯品会也正是通过这样的模式实现了与大型电商平台淘宝、天猫以及京东的区隔，建立了独特的品牌形象。

唯品会并不是一家导购网站，但其最大的价值恰恰确是导购所创造的。购物本应当是件轻松、快乐的事情，但置身于网上海量的商品中往往感受到的是茫然。唯品会的价值就在于其站在独立第三方的角度，从海量的商品中为消费者做了一次精选，并且由于这些商品基本上都有一定的品牌认知度，产品质量也相对有保证，因此唯品会能通过口碑逐渐地在消费者中间建立信任感。

4）价格保障能力

唯品会最初做特卖时，由于用户少、订单小，唯品会多是与品牌代理商接触，卖不完的货不能退且采购成本较高。之后随着用户、订单和合作品牌数量的增长，唯品会逐渐掌握了议价能力，而且越来越强势，在进货价格压低的同时，剩余库存也可退还给品牌厂商，甩掉了库存积压的风险，同时也完善了用户购买体验。

5）仓储物流能力

唯品会的所有待售商品不由供应商自己发货，都是先进入唯品会仓库，唯品会统一发货。唯品会运配体系为"干线+落地配"。此前，唯品会主抓"干线"，与当地速递公司合作，完成"最后一公里"的配送。2014年，唯品会开始转变策略，以收购方式掌控"落地配"，开始布局自建配送体系。

截至2013年底，唯品会已经在华南、华北、华东、西南和华中地区建立起5个大规模物流仓储中心。同时，唯品会与多家快递公司合作配送商品，会员在唯品会成功购买商的每一个订单(限一个邮寄地址)，系统都会默认生成一个包裹。唯品会不提供自选物流的服务，而是根据订单中的收货地址和商品种类选择最合适的物流公司为会员配送。

5.4.3 技术模式

据唯品会2014年第四季度运营费用数据显示，其第四季度运营费用为1.337亿美元，而技术与内容支出为1420万美元，所占比重较小。通过这个费用数据比例可以看出，唯品会对线上的技术与内容投入相对较小。对比淘宝、京东、当当、亚马逊等电商的各种互动及社交功能，唯品会的官方网站建设相对比较简单，略显单薄。

1. 全新IDC网络架构

唯品会经过具体的规划以及项目实施，最终新项目——IDC网络架构取得了预期效果，消除了旧网络架构中的网络单点故障点，应用性能高，服务器带宽及可靠性提高，可快速扩展，网络整体容量提高10倍以上。在流程上也进行了优化，基于ITIL，进行了体系化，做了变更管理、事件管理、问题管理，并且采取了监控中心负责制。新IDC网络结构具备一些新的特点，包括高性能(10G骨干，核心交换机TB级转发能力)冗余性、可扩展性、模块化、合理收敛比、内外网融合，运维友好，并且安全性加强。

2. 层次化系统架构

唯品会原有的技术架构是单应用体系，系统庞大、结构复杂、开发效率低。随着唯品会业务的快速发展，对网络、数据库和服务提出了更高的要求。为此，唯品会进行了系统架构的重构，采用层次化系统架构。

层次化系统架构主要分为四个层次：唯品云平台，提升开发效率和代码质量，提升发布效率，节约成本；基础架构服务，提升系统稳定性、扩展性、高性能，支撑较大并发流量；核心业务功能模块，功能模块化、构件化，解决数据实时性和一致性问题，可复用，节省前台开发成本；前台应用，实现更轻量，扩展更快。

3. OSP技术基础

为了实现服务化应用，唯品会进行了技术基础重构，采用OSP解决方案。OSP的功能包括：多语言支持，基于Thrift-like的IDL语言，理论上可以支持任何通用语言；服务相关工具，具有强大的服务文档生成、服务在线测试和服务测试工具能力；服务路由控制，有更为丰富的服务公共信息，包括应用ID、用户IP和用户ID等信息，路由能力更强大；传输协议支持，任何服务可同时支持Binary、Compact Binary、JSON、XML等传输协议。另外，还支持动态扩容、服务自动注册、负载均衡、服务治理和监控等。

5.4.4 经营模式

1. 多项措施保障商品正品

唯品会采取了多项措施保障商品正品的销售。一是获取品牌或渠道授权。唯品会所销售的商品均从品牌方、代理商、品牌分支机构、国际品牌驻中国办事处等正规渠道采购。二是对供应商严格审查。唯品会与所有品牌商的合作，都必须经过至少3个月的严格审查评估，营业执照等五证、产品检验报告及品牌授权许可文件缺一不可。对于进口的商品，要求供货商必须提供进关单据等通关文件。对于3C、化妆品、食品等产品，要依据国家规定提供相应商品的销售资质证书。三是产品上线销售前检验。唯品会在上线前对供应商产品的样品进行检查，发现样品不符合要求时，会要求供应商重新提供，若未在规定时间重新提供合格样品，唯品会将根据不同情况对供应商货品进行延迟上线、取消上线档期或不予上线等处理。

2. 深化合作实现互利双赢

唯品会与品牌商建立长期的合作关系，以期实现互利共赢。一方面，唯品会采用品牌合作商寄售方式进行限时销售。因此，在前期无需支付商品采购费用，货品入库后再销售品牌商的库存产品。活动结束后，唯品会将剩下的商品退回给供应商，再按照实际产生的费用进行结算。通过此种销售模式，唯品会不需要自己承担库存积压风险，减少了资金积压和成本。另一方面，唯品会也为品牌合作商提供更多增值服务。例如，新款测试一直是困扰品牌商的大问题，以往主要采用新品发布会收集信息和听取经销商的反馈，很难直接获得消费者的意见。唯品会利用大数据库资源，为品牌合作商提供新款测试服务，品牌商可以自己选定销售区域、价格、款式来迅速测试消费者反应，为新品上市提供一手数据，因此，唯品会吸引到越来越多的品牌商将新品在其平台发售。

3. 限时抢购打造特卖销售

不同于其他大中型B2C网站的商品常规销售模式，唯品会定位于专门做品牌特卖。虽然品牌特卖网站在美国等西方国家已经非常成熟，但在我国"特卖"还主要体现在个别商品的促销上，专攻特卖的B2C网站较少。而国内消费者以低价格淘到心仪品牌产品的需求同样强烈，客观上需要一个专业的品牌折扣网站的出现。唯品会抓住了市场空白带来的商机，将自身打造成为一家专门经营品牌特卖的网站，通过超低折扣的正品特卖满足了消费者的需求，迅速积累了大量客户。

唯品会开始做品牌特卖之初，恰逢我国服装等行业产能过剩，品牌商、经销商等皆有大量商品积存。唯品会的出现，为各品牌商提供了一个体面地处理库存的平台。但品牌商不愿意经常性打折，担心损害品牌形象，此外对终端经销商的影响也比较大。唯品会采用"限时抢购"的方式解决了这一问题。一个品牌一个月之内最多特卖一次，一年不能超过10次。这种模式既满足了消费者的需求，又对品牌形象的损害较小；在限时抢购达到一定的规模时，反而对品牌的宣传推广起到促进作用。此外，唯品会设有专业的摄影棚，聘请专业模特，对部分特卖商品重新包装宣传，引导潮流时尚，特卖商品没有"尾货"的感觉，让消费者感觉物超所值。

4. 完善服务提升用户体验

唯品会通过提供"正品保险"服务和"七天无条件退货"等售后服务，强化了客户对唯品会的信任度和黏度。为消除客户对所购买商品是否"货真价实"的后顾之忧，唯品会为网站售卖的品牌商品购买了"正品保险",由中华保险进行承保。客户在唯品会购买商品后,会收到一张"正品保证保险卡",90天内若发现所购商品非名牌正品,即可通过保险理赔手续,得到全额赔偿。同时,唯品会严格履行7天无理由免费退货的承诺,有效地建立了公司在客户中的信誉和口碑。

唯品会通过主导供应链运营以保障服务质量。唯品会构建了完善的供应链管理机制,唯品会在全国建有五个仓库,进行特卖的商品需提前备货到五大仓库,借此提升供应链的响应速度和客户服务水平。

唯品会通过建立统一的400电话客服系统和网页在线服务系统,以保证客户与唯品会之间沟通的高效与畅通。目前,唯品会客服中心人员接近1000人,为客户提供业务咨询、办理、保障、投诉、建议、推广、调研等服务。客服部门还开通了服务监督邮箱、微信客服、官方微博、留言板等多种新型服务方式,为会员提供全方位的服务。

5.4.5 管理模式

1. 代销运营管理

唯品会在其代销经营方面构筑了一道强有力的防竞争门槛。很多尾货是一件一件入库的,五天一周期的商品排期,意味着超大的商品上传量,仅仅拍照一个环节就是件繁重的工作。何况还有退货,区域间库存调整,这是一个零售的细活累活。淘宝、天猫没有自营商品自然不必说,京东、当当等B2C网站虽然经营自营商品多年,但他们是长销模式,引进一个新品,接下来就是持续性销售、补货,哪怕是季节性商品,也有好几个月的销售周期,这与唯品会每五天一套的商品进销退循环的流程截然不同。唯品会构建了强有力的支撑系统和管理团队,实现常年性的、规模化的代销运营。

2. 特卖买手管理

特卖买手,就是以对品牌的敏感及对大众流行趋势进行预测分析,采购适合最广泛消费者的四季潮品。

唯品会经过特卖买手对品牌商进行综合分析,挑选合适的上架货品,设计抢购诱因,引爆消费欲望。买手步步为营精心设计,保证名牌正品的稀缺性,才能实现限时抢购的爆发性。所以,特卖买手无缝嫁接品牌商与消费者,实现了供货品牌商、唯品会及消费者的三方共赢。

唯品会有专门的买手团队,目前有1000多人,以瑞丽、昕薇等时尚杂志的编辑以及百货行业的女装买手为主,确保挑选的品牌符合潮流和消费者的欣赏角度。客户也可以在网站上提建议想要买到的品牌,公司再去检查。每次举办闪购前考虑历史数据、流行趋势、季节和客户反馈。收集、分析、使用客户行为交易数据,通过客户关系管理和智能商务系统,也向品牌商提供部分信息。

3. 寄售物流管理

唯品会的物流仓储运作模式——"寄售模式",表现为多品类、大货量地快进快出、大进大出。仓储中心的存货商品周转率相当高,唯品会仓储每5天左右商品全部周转一次,对整个供应链各环节高效、协调、有序提出严格要求。

截至2014年底,唯品会物流已经实现货物在仓储处理时间不超过4小时,一线城市配送次日达,二三线城市配送时间不超过72小时。

唯品会提出了物流开放平台计划:分拨中心承载货品的集合、分拨、包装、发运;通过唯品会自建第三方物流公司,以唯品会现有仓库为依托,帮助供应商进行库存管理。

4. 客户关系管理

唯品会实施了有效的客户关系管理:完善的在线客服积极解决客户售前售后问题咨询,七天无条件退换货、退货免邮等政策及自助退货通道减少了客户购物的后顾之忧;精美的唯品卡强化了客户对唯品会的身份认同,时尚会的会员特刊对唯品会品牌和销售产品做了进一步宣传,再有"用户体验提升计划"、"喜欢的品牌"和"客户留言"等活动,一方面为招商品牌提供了市场调研数据,另一方面加强了唯品会和客户的互动。

5. 运营资本管理

众多品牌商需要依赖唯品会清理库存,除价格上给予较大折扣之外,同时多数采用代销模式,卖不出去仍可退回给厂商,唯品会只需要预付部分押金,这种运营模式使得资金使用效率大为提高,在零售行业,这属于一种典型的运营资本策略。

由于预付保证金低,卖不出的商品可以退给供应商,库存周转快,使得唯品会对运营资金要求比较低,现金转化周期持续缩短。也就是说,唯品会的日常运营不需要动用自有资金,而是通过占用供应商资金就可应付自如。

5.4.6 资本模式

2008年,唯品会在广州正式成立,沈亚和洪晓波联合另外三个创始人共同出资3000万元,作为企业初始资本金。

1. 风险投资

2010年10月,唯品会获得第一轮风险投资(美国DCM和红杉资本)2000万美元。

2011年5月,唯品会获美国风险投资机构红杉资本和DCM第二轮融资5000万美元。

2. 上市融资

2012年3月23日,唯品会在美国纽交所成功上市,发行价为6.5美元,发行1118万股美国存托股票(American Depository Share,ADS)(每ADS=2股普通股),融资7264万美元。

2013年3月,唯品会和特定限售股东进行后续公开发行(增发)股票,发行800万股ADS,筹集资金约9140万美元。

2014年3月,唯品会发行5.5亿美元高级可转换票据及ADS。

3. 资本并购

2014年2月,唯品会投资1.125亿元美金,战略入股乐蜂网75%的股份;投资5580万美元,购入乐蜂网母公司东方风行集团23%股份。

5.4.7 总结与建议

1. 成功关键因素

唯品会成功的关键因素是其"精选品牌正品+深度折扣+限时限量"的网上特卖模式，走出了一条小而美的网络销售道路，从奢侈品网购逐渐转型到中高端品牌的"品牌特卖"。上游有品牌供应商持续、稳定地提供低价货源，下游是广大渴望以最低的价格买到知名品牌产品的消费者，唯品会适得其时充当了连接双方需求的重要纽带。

对诸多传统品牌商而言，唯品会的网络销售平台能有效地解决他们在电子商务取舍上面临的诸多难题，例如，线上与线下渠道窜货、网上低价对实体门店销售的冲击，以及自主运营带来的库存、物流以及售后压力。另外，从品牌线上推广的角度来说，唯品会不但以专业的摄影、模特、造型团队做足了产品网上页面的视觉包装，还进一步以"品牌故事"与"Flash 动画"为品牌商进行着免费的品牌传播与渗透，大大提高了品牌的知名度。

对消费者而言，唯品会的运营模式并非简单地迎合消费者需求，而是在制造需求。唯品会的"限时抢购"，不仅使消费者对即将上线的品牌产品充满了期待和关注，还在浏览的过程中带动了消费者非"迫切性"的购买。比如一些消费者本来想买条裙子，最后却把鞋子、外套、饰品尽收囊中。同时，唯品会在销售过程中积累的其他数据反馈，如顾客喜好、年龄层分布、性别、区域比重、客单价、购买力等，亦为各大品牌商后续市场动作的制定与调整，提供了最直接的依据。

2. 面临的挑战

1) 品牌合作定位

品牌合作方面，下一步需要拓展独家合作数量。唯品会的品牌定位永远不是最高端的，而是更贴近大众。唯品会未来仍会要专注于和 lifestyle 相关的产品及品牌。

唯品会为品牌商清理的只是很少一部分库存。唯品会闪购模式决定了其销售一定是有很多品牌参与和很多不同的档期，这样分摊到每个品牌商或者档期上的销售就是有限的，因此其议价能力和毛利的提升空间也都是有限的，尤其对一些优质商家而言。

2) 外部竞争风险

未来唯品会成长的道路上将会面临强大的竞争对手。对于综合性的电子商务企业来说，唯品会的模式并没有太高的门槛。闪购模式，平均 5 天仓库里的 SKU 就要发生 100% 的变化，每天一次的抢购峰值，IT 系统也经过了高度的定制化。但这些功能对于天猫、京东这种每天处理数十万乃至数百万订单的电子商务企业来说，比较容易实现。

2013 年，主流电子商务企业都在集中发力，天猫在"品牌特卖"的基础上推出了全新的"品牌特卖平台"；1 号店的"名品特卖"改为"1 号闪购"；当当网上线"尾品汇"；京东则推出"京东闪团"和"京东闪购"。

3) 品类扩充风险

从 2013 年 12 月开始，唯品会开始进行改版，重点推出了美妆、亲子乐园以及居家生活等几个频道,切入了化妆品、母婴、家居、汽车以及3C家电等几个水很深的领域,逐渐淡化自己服装鞋帽闪购的原始品牌定位。

对于垂直电商来说,品类扩充一定要谨慎进行。特别要强调软着陆,弄不好,企业长期以来积累的特色将会消失,聚集起来的优势也就瞬间瓦解。对于唯品会而言,如果说从服装鞋帽到母婴家居还属正常,那么从服装到3C就明显有些冒进了。

4) 价格优势减弱

唯品会的产品并没有太大的价格优势。就唯品会上售卖的一些品牌产品和京东、天猫相应品牌做一个对比,发现确实由于这些品类极度个性化和种类繁多,重复的产品极少。但就商品的折扣而言,其实三者相似商品的价格相差并不是很大。

唯品会是一个很好的依靠品类个性化而建立起模式差异化的小而美的网络销售模式,但其未来的高速成长仍然面临诸多的制约因素。

□ 基于互联网和团队的练习

1. 比较分析京东商城与1号店商业模式的异同点

(1) 访问1号店网站,并通过互联网收集相关资料,从企业战略、产品与服务、盈利模式和核心能力等方面对1号店的商业模式进行分析。

(2) 在对1号店进行分析的基础上,比较其商业模式与京东商城的异同点。

2. 戴尔应该如何采取措施,以应对其面临的挑战

(1) 2010年起,戴尔加速公司端到端解决方案战略转型,该如何处理好与硬件产品的关系?

(2) 对比分析戴尔网络直销和传统分销的优缺点。设计调查问卷,调研客户、经销商对于戴尔网络直销和传统分销的意见和建议。

3. 对比分析"天猫品牌特卖平台"、"1号闪购"、"当当尾品汇"和"京东闪购"的经营模式

(1) 访问上述网站,并通过互联网收集有关资料,对它们的经营模式进行案例分析。

(2) 结合本章案例,比较"唯品会"与上述网站的优劣势。

□ 基于网上创业的学习

1. 传统企业产品的网络销售创业

(1) 收集当地未开展网络销售的传统企业资料,通过互联网分析其产品在网络上进行销售的适应度。

(2) 针对适合网络销售的产品类型,形成产品网络销售可行性分析报告。

(3) 联系相应的传统企业,提供上述分析报告,寻求成为其网络分销渠道的机会。

(4) 达成合作关系后,开始进行网络销售创业。

2. 特色农产品的网络销售创业

(1) 组建网络销售创业团队,定位于特色农产品的网络销售。

(2) 分析当地的农产品,综合考虑特色、价格和货源等因素,选择网络销售的产品类型。
(3) 选择网络销售的渠道平台。
(4) 确定重点产品和畅销产品。
(5) 进行网络销售的产品推广。

参 考 文 献

[1] 中国互联网络信息中心. 第35次中国互联网络发展状况统计报告[R]. 2015-01.
[2] 中国连锁经营协会. 传统零售商开展网络零售研究报告(2014)[R]. 2014.
[3] 长江商学院全球化研究中心. 中国在线零售业:观察与展望[R]. 2013.
[4] 阿里研究中心. 新基础:消费品流通之互联网转型[R]. 2013-11.
[5] 麦肯锡全球研究院. 中国网络零售革命:线上购物助推经济增长[R]. 2013-03.
[6] 国家质量监督检验检疫总局等. 零售业态分类[M]. 北京:中国标准出版社,2004.
[7] 京东商城网站. http://www.jd.com, 2015-01-10.
[8] 京东. 2014年第三季度财务报表[R]. 2014-11.
[9] 冯强的IT博客. 淘宝,京东,苏宁易购技术架构(路线)分析和比较. http://blog.csdn.net/jhzyz/article/details/33737111, 2014-06-23.
[10] 中国新闻网. 京东首个"亚洲一号"现代化物流中心正式投入运营. http://finance.chinanews.com/it/2014/10-20/6695109.shtml, 2014-10-20.
[11] 刘强东. 京东亏损源自重模式 未来盈利依然靠重模式. http://yn.winshang.com/news-279714.html, 2014-08-26.
[12] 戴尔中国网站. http://www.dell.com.cn, 2015-01-16.
[13] 财富中文网. 戴尔自我革命. http://www.fortunechina.com/management/c/2014-11-14/content_227506.htm, 2014-11-14.
[14] 埃弗雷姆. 特班等著,李在奎等译. 电子商务-管理视角(原书第5版)[M]. 北京:机械工业出版社,2010.3.
[15] 搜狐IT频道. 戴尔模式解密:管理是企业盈利能力不是库存. http://www.fortunechina.com/management/c/2014-11-14/content_227506.htm, 2014-11-14.
[16] 36氪. 戴尔私有化:转型路漫漫,未来多挑战. http://www.36kr.com/p/201236.html, 2013-02-07.
[17] 唯品会网站. http://www.vip.com, 2015-02-06.
[18] 唯品会. 2014年第四季度财务报表[R]. 2015-02.
[19] 东方财富网. 唯品会:自建物流正进行. http://stock.eastmoney.com/news/1437, 20140708399219364.html, 2014-07-08.
[20] 虎嗅网. 唯品会反弹,代表垂直电商的逆袭?. http://www.huxiu.com/article/6359/1.html, 2012-11-26.
[21] 鲍大伦. 唯品会技术架构面临的挑战和应对策略. http://www.ciozj.com/ganhuo/Content.Aspx?G=f59e79b3-a370-4d16-9a88-fc25829107c7, 2014-07-25.
[22] iDoNews. 给唯品会泼泼冷水. http://www.donews.com/idonews/article/3461.shtm, 2014-07-15.

第6章
网上支付模式案例分析

引言

　　互联网的出现让人们从传统商务走向了电子商务,而与电子商务相生相伴的就是网上支付。截止到2014年底,中国电子商务市场交易规模达13.4万亿,同比增长31.4%。网上支付用户达到3.04亿,较2013年底增加4412万人。高效率、低成本的网上支付逐渐受到商户和网民的青睐,在已有的应用领域渗透率不断提高,网上支付前景十分广阔。

6.1 网上支付概述

6.1.1 网上支付的定义与特征

1. 网上支付的定义

网上支付又称为网络支付,是指通过互联网实现的用户和商户、商户和商户之间在线货币支付、资金清算、查询统计等过程。从现阶段的发展来看,网上支付包括直接使用网上银行进行的支付和通过第三方支付平台间接使用网上银行进行的支付,也包括使用在一定范围内流通的虚拟货币进行的支付。

网上支付是电子支付的一种形式。中国人民银行在2005年10月公布的《电子支付指引(第一号)》中规定:"电子支付是指单位、个人直接或授权他人通过电子终端发出支付指令,实现货币支付与资金转移的行为。电子支付的类型按照电子支付指令发起方式分为网上支付、电话支付、移动支付、销售点终端交易、自动柜员机交易和其他电子支付。"简单来说电子支付是指电子交易的当事人,包括消费者、厂商和金融机构,使用安全电子支付手段,通过网络进行的货币支付或资金流转的行为。

网上支付模式是传统银行以互联网为平台开展的网上银行业务或网络服务提供商通过建立第三方支付平台、发行虚拟货币等形式开展的网上支付业务。

2. 网上支付的特征

与传统的支付方式相比,网上支付具有以下特征。

① 网上支付是采用先进的技术通过数字流转来完成信息传输的,其各种支付方式都是采用数字化的方式进行款项支付的;而传统的支付方式则是通过现金的流转、票据的转让及银行的汇兑等物理实体流转来完成款项支付的。

② 网上支付的工作环境是基于一个开放的系统平台(即因特网)之中;而传统支付则是在较为封闭的系统中运作。

③ 网上支付使用的是最先进的通信手段,如Internet;而传统支付使用的则是传统的通信媒介。网上支付对软、硬件设施的要求很高,一般要求有联网的微机、相关的软件及其他一些配套设施;而传统支付则没有这么高的要求。

④ 网上支付具有方便、快捷、高效、经济的优势。用户只要拥有一台可以连接互联网的终端,便可随时随地,在很短的时间内完成整个支付过程。支付费用仅相当于传统支付的几十分之一,甚至几百分之一。

6.1.2 网上支付的分类

我们可以把网上支付做以下的分类。

1. 网上银行支付

网上银行又称网络银行、在线银行，是指银行利用 Internet 技术，通过 Internet 向客户提供开户、销户、查询、对账、行内转账、跨行转账、信贷、网上证券、投资理财等传统服务项目，使客户可以足不出户就能够安全便捷地管理活期和定期存款、支票、信用卡及个人投资等。可以说，网上银行是在 Internet 上的虚拟银行柜台。网上银行支付是指客户在银行柜台或银行网站上签约网上银行后，利用银行的网上支付系统所进行的资金支付活动。网上银行支付是电子商务企业提供的一种支付方式，一般流程为电子商务企业开通银行的特约商户，买方用所属银行的账号进行支付。

表 6-1 网上支付分类

种类	代表产品
网上银行支付	工行网上银行、农行网上银行等
第三方平台支付	支付宝、财付通等
虚拟货币支付	QQ 币、比特币等

2. 第三方平台支付

1）第三方支付的含义

第三方支付是指和国内外各大银行签约，并具备一定实力和信誉保障的第三方独立机构提供的交易支持平台。通过与银行的商业合作，以银行的支付结算功能为基础，向政府、企业、事业单位提供中立的、公正的面向其用户的个性化支付结算与增值服务。

2）第三方支付的价值

① 降低了电子商务商户（企业）的成本。虽然电子商务商户可与银行建立网上支付通道，但商户自建的网上支付模式需要投入很大的成本，而在第三方支付的支持下，任一商户只要与某一家支付服务企业完成技术连接、商业谈判，形成一套结算、收费、风险的流程，就可以接受该支付企业所连接的成百上千家银行的客户支付。

② 减少了消费者银行信息在公共网络上泄露的风险。一些第三方支付平台通过用客户的邮箱及密码代替信用卡号收款或支付，从而达到封装机密信息，减少暴露的风险。

③ 增强了电子商务活动过程的信用程度。第三方支付的出现，较好地解决了电子商务活动中钱货不对称问题，使交易双方在第三方平台的信用保障下完成电子商务交易。

④ 提供更为快捷方便的小额支付、微支付工具。网上交易的便利和较低交易成本，促进了许多小金额产品的生产和交易，如果采用传统的银行通道，又要输密码、又要用 US-BKey，不仅成本较高、操作起来也不很便利。而第三方支付围绕这些支付需求，专门创造了虚拟账户、无密码短信支付等多种方式，快捷又便宜。

3）第三方支付的类型

总结目前市场上的第三方支付公司的运营模式，可以分为三种类型。

① 独立的第三方支付网关模式。是指完全独立于电子商务网站，由第三方投资机构为网上签约商户提供围绕订单和支付等多种增值服务的共享平台。这类平台仅仅提供支付产品和支付系统解决方案，平台前端联系着各种支付方法供网上商户和消费者选择，同时平台后端连着众多的银行。由平台负责与各银行之间的账务清算，同时提供商户的订单管理

及账户查询等功能。国内以首信易支付、国付宝等为典型代表。

② 具备担保功能的第三方支付网关模式。是指由电子交易平台独立或者合作开发，同各大银行建立合作关系，凭借其公司的实力和信誉承担买卖双方中间担保的第三方支付平台。这类第三方支付模式的国内典型代表包括支付宝、安付通、财付通等，图6-1为支付宝的交易流程。

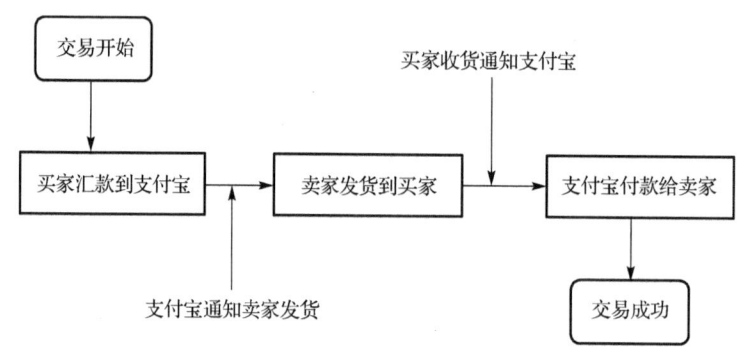

图6-1 支付宝的交易流程

③ 有电子商务平台的第三方支付网关模式。是指由电子商务平台建立起来的支付网关，这里的电子商务平台往往是指独立经营且提供特定产品（虚拟产品或实体产品）的商务网站。支付网站最初也是为了满足自身配送商品和实时支付而研发搭建的，逐步扩展到提供专业化的支付产品服务。其典型代表是苏宁云商旗下的易付宝。

3. 虚拟货币支付

1）虚拟货币的含义

对于虚拟货币的界定，目前国内外尚无权威定义，一般来说虚拟货币就是指由网络服务提供商发行的用于购买网络虚拟商品的电子储值与支付工具，如Q币、微币、各种网站积分、各种游戏币等。2009年6月，我国文化部、商务部联合下发《关于网络游戏虚拟货币交易管理工作的通知》（以下简称《通知》），此次《通知》中对虚拟货币定义为：虚拟货币是指由网络游戏运营企业发行，游戏用户使用法定货币按一定比例直接或间接购买，存在于游戏程序之外，以电磁记录方式存储于网络游戏运营企业提供的服务器内，并以特定数字单位表现的一种虚拟兑换工具。表现为网络游戏的预付充值卡、预付金额或点数等形式，但不包括游戏活动中获得的游戏道具。

2）虚拟货币的分类

随着电子商务经济的发展，虚拟货币的表现形式也变得多种多样，归纳起来，网络上的虚拟货币可主要分为三大类。

第一类是游戏币。游戏币存在于各款游戏的虚拟世界之中，其货币单位五花八门，游戏币的来源一般是在游戏的过程中通过"打怪"、"执行任务"、"交易"、"战斗"、"PK"等行为获得。游戏币可以在游戏中购买各种公用道具或者在某些拥有特殊道具的游戏中购买特殊道具，或在某些特殊游戏场次作为计分单位，以增加游戏乐趣。

第二类是门户网站或即时通讯工具服务商发行的专用虚拟货币，用于购买本网站内的服务。国内主要的专用虚拟货币情况如表6-2所示。不同的专用虚拟货币有不同的充值方式，但是目前消费者主要以现金购买充值卡和网上充值的方式来充值。

第三类是近年来在互联网上逐渐受人关注的以比特币为代表的数字货币。比特币的本质是一堆由复杂算法所生成的特解，其发行和流通通过开源的P2P算法实现，因而没有发行中心，币值也无法人为操控，由于算法限制其数量上限会是2100万个。中国官方目前不承认比特币作为流通货币的合法地位，但对民间投资和交易行为未明确禁止。

表6-2 国内主要的专用虚拟货币

币 种	发行公司	使用范围
Q币	腾讯	QQ会员、QQ秀、QQ游戏超级玩家、QQ交友包月、资料下载等
微币	新浪	微博会员、新浪阅读、新浪VIP邮箱、微游戏、微号等
百度币	百度	百度游戏、百度空间、百度阅读等
C币	网易	购买道具、经验加速卡、聊天室互动等
盛大点券	盛大	盛大游戏、起点读书、晋江文学等

6.1.3 移动支付

1. 移动支付定义

移动支付属于电子支付，且早已存在。关于移动支付目前尚无统一定义，行业内比较认可的说法是：移动支付，也称手机支付，是指交易双方为了某种货物或者服务，使用移动终端设备为载体，通过移动通信网络实现的商业交易。移动支付所使用的移动终端可以是手机、PDA、移动PC等。

2. 移动支付特征

移动支付具有电子支付的特征，同时由于其与移动通讯技术的结合，又表现出自己的特点。

1）支付场景灵活

移动支付的灵活性主要源自与移动终端的便携性。移动终端便于随身携带，用户可以随时随地利用移动终端进行消费、支付等操作，丰富了网上支付的场景。

2）支付方式多样

移动支付克服了传统IC卡类便携支付工具支付方式单一的特点，用户可以在移动终端安装不同支付软件，从而满足不同的支付需求。此外，用户还可以在移动终端对支付方式进行个性化定制，方便账户交易。

3）支付渠道集成

利用NFC（Near Field Communication，即近场通讯）等无线射频技术和指纹识别等身份认证技术，运营商可以将移动通信卡、公交卡、银行卡等各类信息整合到以手机为平台的载体中进行集成管理，并搭建与之配套的网络体系，从而为用户提供十分方便的支付以及身份认证渠道。

3. 移动支付的分类

移动支付根据不同的分类标准有不同的分类，但依据移动支付本身的特点，可分为两大类。

第一类是远程支付。远程支付是指通过移动终端利用移动通信网络接入移动支付后台系统，完成支付行为的支付方式。根据交易对象，远程支付也分为远程转账（个人对个人）和远程在线支付（个人对企业）。一个典型的远程支付流程是，用户通过移动终端在电子商务网站购买产品后，按照商家提供的付款界面，跳转至手机银行或第三方移动支付页面完成支付。此外，通过短消息服务（Short Messaging Service，SMS）、互动式语音应答（Interactive Voice Response，IVR）等方式进行的移动支付也属于远程支付。

远程支付对终端的硬件依赖性较低，而对应用客户端依赖性较高。一般而言，远程支付由两种方式完成，一种是应用模式，另一种是网页模式。在这两种模式下，通常一个完整的远程支付系统都是由四个部分构成：商品和支付信息来源管理部分；商户方或者服务方的结算系统；移动支付服务提供系统；交易支持系统。

第二类是近场支付。近场支付是指通过移动终端利用一些近距离通讯或识别技术，如NFC、声波、扫码等，完成支付的支付方式。目前NFC技术是移动支付领域的主流技术。此外，通过外接读卡器使智能手机具备POS终端刷卡功能的"类Square模式"，也被划分为近场支付范畴，这种支付方式起源于美国Square公司，PayPal等第三方支付公司也推出类似产品，国内类似服务有拉卡拉、盒子支付等。

近场支付拓宽了网上支付的应用范围，使原来主要服务于在线交易的网上支付与线下交易的结合更紧密，进而为电子商务提供了更大的发展空间。

6.2 案例1：工商银行的网上银行

6.2.1 基本情况

中国工商银行（以下简称工商银行，http://www.icbc.com.cn）于1984年成立，全面承担着原由中国人民银行办理的工商信贷和储蓄业务，2005年，工商银行完成了股份制改造，正式更名为"中国工商银行股份有限公司"，2006年，工商银行成功在上海、香港两地同步发行上市。

工商银行是我国网上银行的先行者之一。早在1997年12月，工商银行就在互联网上开办了自己的网站，并于2000年2月、8月分别开办网上银行企业版、个人版业务。工商银行网上银行自2000年2月推出以来，一直呈几何级数发展：2000年电子银行交易额为2

万亿元；至2014年，全年电子银行交易额突破400万亿元。工商银行网上银行的利益相关者包括企业(事业单位)、个人以及B2B、B2C、C2C商户、金融认证中心等，其价值网络如图6-2所示。

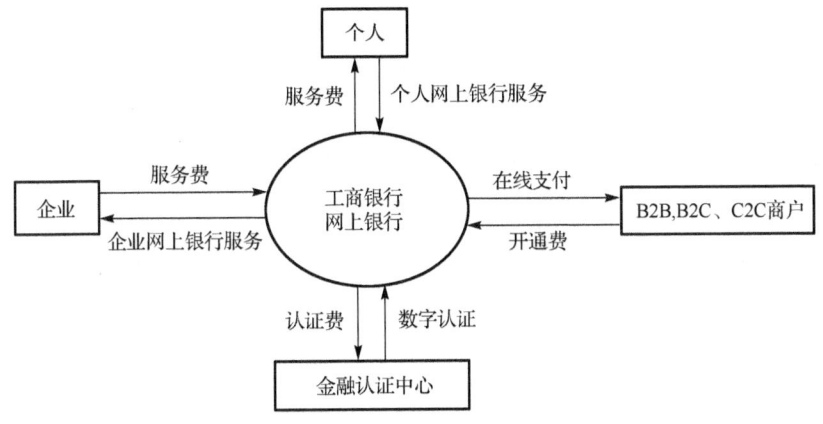

图6-2 工商银行网上银行价值网络

6.2.2 商业模式

1. 战略目标

工商银行网上银行的目标就是通过大力发展电子银行，构建包括企业网上银行、个人网上银行、电话银行、手机银行、多媒体自助终端、自助柜员机、自助银行等在内的多功能、多层次、多渠道的电子银行服务体系。使用户需要的功能基本上都能够通过网上银行实现，让客户可以足不出户就能够安全便捷地办理银行业务。

2. 目标用户

工商银行网上银行的客户主要包括企业客户与个人网络客户，截止到2014年末，工商银行个人网上银行客户数达到1.8亿户，手机银行客户数达到1.4亿户。

3. 产品与服务

工商银行网上银行集银行、投资、理财于一体，能够为客户提供包括账户查询、转账、7×24小时汇款、缴费站、网上外汇、网上证券、网上保险、网上黄金、网上期货、在线支付、集团理财、资金归集等多种服务，是目前国内功能最强大的网上银行之一。

1) 企业网上银行——工行财e通

企业网上银行是指通过互联网或专线网络，为企业客户提供账户查询、转账结算、在线支付等金融服务的渠道，根据功能、介质和服务对象的不同可分为普及版、标准版和中小企业版。

企业网上银行业务功能分为基本功能和特定功能。基本功能包括账户管理、网上汇款、在线支付等功能。特定功能包括贵宾室、网上支付结算代理、网上收款、网上信用证、网上票据和账户高级管理等业务功能。在工商银行开立账户、信誉良好的企业客户,包括企业、行政事业单位、社会团体等均可开通企业网上银行。

2)个人网上银行——金融@家

个人网上银行是指通过互联网,为工商银行个人客户提供账户查询、转账汇款、投资理财、在线支付等金融服务的网上银行渠道,品牌为"金融@家"。

个人网上银行为个人客户提供的全新网上银行服务,包含了账户查询、转账汇款、捐款、买卖基金、国债、黄金、外汇、理财产品、代理缴费等功能服务,能够满足不同层次客户的各种金融服务需求,并可为客户提供高度安全、高度个性化的服务。凡在工商银行开立本地工银财富卡、理财金账户、工银灵通卡、牡丹信用卡、活期存折等账户且信誉良好的个人客户,均可申请成为个人网上银行注册客户。除了企业网上银行与个人网上银行外,工商银行的网上银行还提供 B2B 网上支付与 B2C 网上支付等服务。

3)短信银行

工商银行手机银行(短信)产品于 2012 年 7 月 15 日升级为短信银行。短信银行是工行顺应移动通讯设备技术与现代金融服务发展,提升客户服务质量,在国内同业率先面向客户推出的综合、便捷、安全的短信服务渠道。短信银行为客户提供信息查询、动账交易、业务定制、业务咨询、缴费及手机充值等全方位的金融服务,是与网上银行、电话银行、手机银行相交互、相补充的电子银行服务平台。工行短信银行服务号码为"95588",所有移动、联通及电信手机客户编辑短信到 95588 即可享受方便、快捷的 7×24 小时全天候服务。

4)微信银行

工商银行微信银行是 2013 年 7 月推出的全新服务方式,用户只需下载安装微信客户端,并关注公众号"中国工商银行电子银行",即可随时随地畅享工行业务咨询、金融信息查询、产品及促销活动咨询等服务,享受时尚、便捷、贴心的服务体验。目前,工行微信银行为客户提供人工服务、自助服务、咨询获取三类服务,所有微信用户均可使用。

5)手机银行

工商银行的手机银行业务包括个人手机银行和企业手机银行。个人手机银行(WAP)是指工行基于 WAP 技术,依托移动通信设备,为个人客户提供的通过手机办理账户管理、转账汇款、缴费、理财投资等自助金融服务的电子银行业务。企业手机银行业务是指工行为企业客户提供的,通过手机查询企业账户余额及明细,对汇款、外汇、代发工资、理财、贷款等指令进行查询和授权的电子银行业务,包括企业手机银行(WAP)、iPhone 企业手机银行和 Android 企业手机银行。

5)工银 e 支付

工银 e 支付,是工商银行为了满足客户对快捷、安全、小额支付的需求,重磅推出的快捷支付产品。付款时,只凭借手机接收到的动态密码进行身份认证,无需 U 盾、电子银行密码器等,就可轻松完成 5000 元以下的小额支付,响应速度毫秒级。凡持有工行账户(借记卡、贷记卡、存折均可)且曾经在工行预留过手机号码的个人客户,就可以在门户网站、网上银行及手机交易渠道或B2C交易过程中自助开通"工银e支付"服务。

6) 工商银行电商平台——"融e购"商城

工商银行"融e购"商城于2014年1月12日正式上线。融e购以厂家直营为主,搭建B2C的直接销售渠道,工商银行网银用户可以凭借用户名和密码直接登录融e购商城,无需另行注册,为用户带来极大的方便。目前,融e购商城已汇集数码家电、汽车、金融产品、服装鞋帽、食品饮料、珠宝礼品、交通旅游等十几大行业,数百个知名品牌,近万件商品。融e购商城既把握电子商务发展规律和趋势,致力于提升客户体验,同时也重点突出银行支付灵活、融资便捷的金融服务优势,凸显"购物可贷款、积分能抵现、品质有保障、登录很便捷"的优势特色。

4. 盈利模式

1) 企业业务收费

工商银行网上银行的企业服务收入主要包括服务费、交易费和工本费等,其中服务费主要包括网上银行(包括银企互联和电子商务)证书年服务费、网上银行证书年服务费(CF-CA证书)、网上银行账户年服务费、网上银行贵宾室年服务费、企业网上银行(普及版)年服务费、银企互联开通服务费、银企互联账户年服务费等。交易费主要包括工商银行系统内网上银行人民币结算、跨行网上银行人民币结算、外汇汇款、企业财务室。工本费主要包括金卡、银卡证书工本费、普通卡证书工本费和U盾工本费。

2) 个人业务收费

工商银行网上银行的个人服务收入也主要包括服务费、交易费和工本费等,服务费主要包括网上银行年服务费、贵宾网银会员年服务费、贵宾网银会员升级服务费、工商银行信使服务费、网上个人理财服务费、电话银行年服务费等。交易费主要包括电子速汇、跨境汇出汇款、代缴学费等手续费。工本费主要包括U盾工本费、电子银行口令卡工本费等。

3) 电子商务收费

一是服务费,主要指特约单位开通服务费,每个B2B、B2C、C2C、C2B特约单位2000元(一次性收取)。二是交易费,包括工商银行账户B2B、B2C、C2C、C2B在线支付业务交易手续费,境外卡在线支付业务,工商银行商城业务,交易推介业务等收费。

5. 核心能力

1) 雄厚的实力和良好的信誉

中国工商银行作为国内最大、实力最雄厚的国有商业银行,具有发展电子银行的先天性优势。截至2014年末,中国工商银行总资产已达到20万亿元人民币,在国内商业银行中遥遥领先。

2) 庞大而固定的客户群体

截至2014年末,工商银行企业客户数量达到了509万余,个人客户达到了4.65亿。同时，工商银行注重与国有大中型企业、中外合资企业、跨国公司等企业保持着长期的、良好的合作关系，在长期为工商企业提供服务的过程中积累了大量的经验，形成了独特的客户优势。

3）坚实的电子化基础

中国工商银行已建立起以总行为中心的，覆盖全国的一、二、三级计算机网络，为各项业务的开拓与发展提供了有力的技术保障。工商银行的电子化水平继续保持在国内各家商业银行的领先地位，是国内服务功能最全的银行，全面实现了业务操作自动化、信息处理网络化、网点建设集约化、社会服务多元化，为网上银行业务奠定了坚实的基础。

4）广泛的网上银行覆盖面

工商银行自 2000 年 2 月陆续推出网上银行企业版、个人版和 B2B、B2C 在线支付系统以来，网上银行系统一直受到广大客户的青睐，其中不乏众多大型集团企业。工商银行网上银行基本覆盖了主要城市和地区，在网上银行新经济领域再塑工商银行点多面广的优势。

5）安全的网上银行系统

安全性高是工商银行网上银行业务的一个突出特点，例如，在利用手机支付时，除了通过手机发送支付指令外，额外增加了电子密码器认证，"银行端" + "客户端"的双重防范，共同确保交易安全。

6）强大的后台数据处理支持

1999 年 9 月 1 日，工商银行启动了"9991"工程，率先采取了走"数据大集中"的道路，创建了国内同业信息量最大、业务支持能力最强的数据仓库系统，形成了覆盖所有分支机构的金融业务和管理领域的电子化网络。数据的大集中，既能及时监测，又能利用数据挖掘技术，分析客户的操作行为、模式，发现客户需求，创新网上银行功能，加快网上银行业务的推广应用。

6.2.3 经营模式

工商银行网上银行业务的经营策略体现如下。

1. 构建完整的网上银行服务体系

工商银行网上银行的快速发展，得益于采取了"鼠标 + 水泥"的电子（网上）银行发展战略。从"水泥 + 砖块"到"鼠标 + 水泥"，无论是最亲切的营销网点还是最先进的网上银行、电话银行、自助终端、移动银行及智能网点，工商银行都持续创新服务模式和服务渠道。工商银行作为国内最大的商业银行，拥有庞大的分支机构网络，具有明显的网点优势。电子银行是以实体银行的信誉、信用和基本功能为平台，延伸出来的虚拟网点，两者相辅相成，可以达到"1 + 1 > 2"的效果。

2. 创新网上银行产品与服务

工商银行推出集团理财、网上收费站、银企互联、贵宾室、财务室、网上支付结算等多种国内首创的产品。而工商银行"金融@家"个人网上银行,不仅具有14项大功能、一百余项子功能,更配备了U盾、口令卡、电子银行密码器等领先的安全工具,成为安全级别最高、功能最为全面的网上银行之一,形成了集资金管理、收费缴费、电子商务和营销服务功能于一体的综合性金融服务平台。

3. 注重网上银行业务推广

工商银行网上银行的发展得益于不断加强市场营销。一是通过联合众多合作伙伴推出了丰富多彩的促销和推广活动,吸引了大量客户使用网上银行。例如,在电子商务方面,2007年工商银行联合包括国内多家知名网站推出了"用工商银行网上银行享百家网站好礼"活动。此外,还联合国内的各主要航空公司、保险、证券、基金等推出了电子客票、网上保险、网上股票、网上基金等多种专项促销活动。二是开展全方位的网上银行宣传,普及网上银行知识并引导客户体验和使用。结合网上银行的功能性、安全性、方便性等特点,利用网络、平面媒体、网点等多种渠道开展宣传,普及网上银行知识,在社会大众中普及网上银行应用。三是积极利用网点开展营销。对于来网点办理业务、具备使用网上银行的条件、能够通过网上银行办理的业务,都尽量引导客户通过网上银行办理。工商银行在数千家网点设立了电子银行服务区,配备向客户演示网上银行操作和使用的专用设备,让网点业务人员利用这些设备对客户进行演示,手把手教客户使用。

工商银行的业务推广从主要依托大众媒体宣传到网点营销传播系统等自有媒体的挖掘利用,逐渐形成了多元化、整合化、国际化的品牌营销传播格局,为形象塑造、业务营销、客户沟通提供了直接有力的宣传推广支持。

4. 顺应时事搭建移动支付平台

在互联网时代,随着智能终端设备的出现、无线应用的普及,移动支付作为一种新型的支付方式越来越受到广大消费者的青睐。2013年12月4日国务院正式向三大运营商发布4G牌照,网络带宽和速度都在不断提高,手机终端功能不断加强,加上三大运营商、第三方支付业务的日益成熟,电子商务在无线互联网领域有望取得比PC端更广阔的前景。

工商银行作为行业的佼佼者,顺势而为,迅速推出移动支付业务,并在Andriod和iphone等主要手机操作系统中开发APP,为手机用户量身定制客户端手机银行,更加符合用户习惯,注重用户体验,并且功能丰富安全可靠。

6.2.4 技术模式

1. 技术架构

工商银行的网上银行系统采用多层次体系结构,包括安全层、接入层、应用层、数据层和后台主机接口层。其中,安全层运行统一的认证和安全管理;接入层是运行Web Server,是网上银行及其他渠道的接入口,提供统一登录入口,处理网上银行与用户之间的页面交互,处理客户端请求以及将应用层处理结果反馈给客户端;应用层主要是完成网上银行的业务处理；数据层用于存储网上银行的各类数据信息；后台主机接口层是实现网上银行业务的交易处理过程。

2. 安全技术

工商银行自 2000 年推出个人网上银行以来，通过采用国际先进的安全措施，严格的风险控制手段，建立了一整套严密的网上银行技术安全体系，确保了网上银行安全运行。

在技术体系方面，工商银行网上银行采用了标准的 SSL 协议对通讯进行端到端加密，并采用了网络防火墙加网络入侵检测系统，构建了立体的安全防护体系。在业务应用方面，推出了网上银行客户身份确认：使用具有专利技术的客户证书——U 盾；使用电子银行口令卡；使用注册卡号和网上银行密码。对于使用 U 盾的客户，只要保证 U 盾、U 盾密码、账号（别名）、登录密码和支付密码这些所有的安全措施不被同一个人窃取，客户就可以放心安全使用网上银行。对于使用电子银行口令卡的客户，只要保管好自己的口令卡，使登录卡号、登录密码、口令卡不被同一人盗取，同样可以放心安全使用网上银行。对于使用注册卡号和静态密码自助注册客户除了可以在中国工商银行认定的特殊限额特约网站上进行消费支付外，不能办理其他对外转账支付业务。除了以上三种客户身份确认措施外，工商银行网上银行还推出了各种别具匠心的安全保护措施，如为客户提供了自助开关对外转账、预留信息验证、余额变动提醒、唯一 ID 登录、小 E 安全检测等，全方位确保客户安全使用网上银行。

6.2.5 管理模式

1. 风险管理

近来出现的假银行网站、病毒肆虐、黑客猖獗、网络诈骗等事件影响了很多人的判断，有些人甚至认为使用网上银行会很容易泄露个人资料，时刻存在被盗用的风险，这成为各家银行推广网上银行时碰到的最大障碍之一。为此，工商银行从系统安全保障、客户身份识别、交易过程和业务流程控制等三个方面进行银行端的风险布防。在交易过程与业务流程控制方面也采取了有别于其他商业银行的措施。在客户确认的每一笔支付交易中，工商银行网银都会加入客户签署的电子签名，由于电子签名是由客户证书中的私钥生成的，别人不可能仿制，可作为每一笔交易的不可抵赖的凭据。

2. 客户关系管理

基于"您身边的银行，可信赖的银行"的市场定位，工商银行采取了一系列措施提高客户关怀与管理水平。首先，工商银行借助强大的科技网络与数据集中优势，在国内商业银行中率先建立了拥有国内最大客户数量的 CRM，并以此为基础，围绕客户的需求提供优质的金融产品与服务，不断提高工商银行服务质量。其次，工商银行依托 IT 技术，建立了业内领先的客户关怀中心，客户可以随时随地拨打工商银行开设的全国统一电话银行号码"95588"、登录工商银行网站、发送手机短信或通过微信公众号进行业务咨询，反映对工商银行产品的问题和建议,工商银行先进的电子银行系统和专业的客户服务人员将在第一时间响应满足客户的多方面需求。此外,工商银行还通过电话、邮件、短信以及上门拜访等方式定期对客户进行回访,及时了解客户对工商银行服务的意见和建议,对于贵宾客户,工商银行还配备了专家级的客户经理与其联系,使客户享受到优质、贴心、便捷的服务。

6.2.6 总结与建议

工商银行的网上银行很好地结合了计算机技术和互联网技术的优势,在传统的银行柜面业务基础上衍生出新的网上银行业务,这种业务设计模式值得借鉴和推广。

中国工商银行网上银行成功的关键因素主要归结为以下几个方面。

1. 雄厚的资本和较高的市场份额

网上银行的建设需要资金支持,而工商银行的资本优势可以保证其在网上银行建设过程中资金充裕。此外,工商银行也可以利用其雄厚的资本对其网上银行业务进行更有效的市场推广,从而吸引更多的用户。而工商银行长期以来的市场份额优势使其网上银行业务更容易获得相当数量的用户,这有助于其网上银行业务的存续和发展。

2. 技术实力的支撑

网上银行的建设同样离不开技术实力的支撑。无论从网络覆盖,系统安全还是数据处理能力上说,工行网银系统在国内都处于领先地位,这显示了工行在技术实力上的优势。这种优势也保证了其网上银行系统的高效易用和安全。

3. 持续创新的驱动

从建设网上银行到手机银行、微信银行、移动支付的开发,工商银行一直紧跟时代发展,不断利用新技术、新工具来丰富和拓展自身的业务渠道,利用新的模式来创新服务,防止原有模式的僵化,这对其网上银行的成功起了很大作用。

总之,工商银行的电子银行业务顺应了互联网发展的趋势,不断创新发展模式,电子银行交易不断推陈出新,促进了自身的发展需要。但是,工商银行的网上银行业务也容易被竞争对手复制和模仿。互联网环境下用户的忠诚度不高,因为用户的转移成本很低,很容易就可以换一家银行实现同样的功能。这样,工商银行也应该通过区分用户的需求,体现出自己的特色业务,进一步增加用户的使用黏性。

6.3 案例2:支付宝

6.3.1 基本情况

支付宝网络技术有限公司(以下简称支付宝,http://www.alipay.com)是国内领先的独立第三方支付平台,由阿里巴巴集团于2004年创办。旗下有"支付宝"与"支付宝钱包"两个独立品牌。自 2014 年第二季度开始成为当前全球最大的移动支付厂商。

支付宝用户覆盖了 C2C、B2C，以及 B2B 领域，截至 2013 年底，支付宝实名认证的用户数超过 3 亿。支付宝单日交易笔数的峰值达到 1.88 亿笔。支付宝创新的产品技术、独特的理念及庞大的用户群吸引越来越多的互联网商家主动选择支付宝作为其在线支付体系。目前除淘宝和阿里巴巴外，支持使用支付宝交易服务的商家已经超过 46 万家，涵盖了虚拟游戏、数码通讯、商业服务、机票等行业。这些商家在享受支付宝服务的同时，更是拥有了一个极具潜力的消费市场。

支付宝的利益相关者涉及商家/个人、支付宝用户、非淘宝卖家、公用产品提供商等，其价值网络如图 6-3 所示。

6.3.2 商业模式

1. 战略目标

支付宝的目标是打造全球最大的电子支付服务提供商，并逐渐向海外市场、无线、B2B 等领域开展全方位的拓展。其经营宗旨就是致力于为中国电子商务提供"简单、安全、快速"的在线支付解决方案。支付宝公司从 2004 年建立开始，始终以"信任"作为产品和服务的核心，不仅从产品上确保用户在线支付的安全，同时让用户通过支付宝在网络间建立起相互的信任。这种建立信任、化繁为简、以技术的创新带动了信用体系完善的理念。

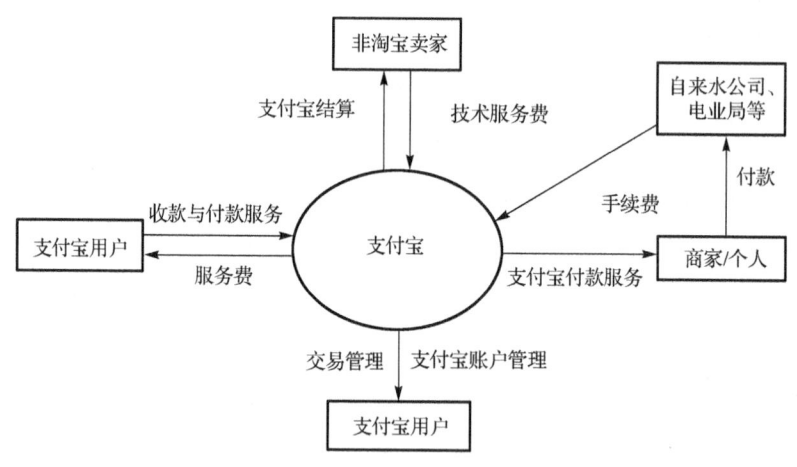

图 6-3 支付宝的价值网络

2. 目标用户

支付宝刚创立时的目标客户是淘宝网用户，为他们提供一种安全、便捷的支付方式。随着支付宝的影响力不断增加，支付宝开始为阿里巴巴中国网站用户以及其他非阿里巴巴旗下网站提供支付平台。由于支付宝钱包推出，支付宝钱包成为国内领先的移动支付平台，为移动互联网用户提供交易平台。

3. 产品与服务

从总体上看,支付宝服务内容主要包括以下几个方面。

1) 信用担保服务

支付宝四大功能中的会员保障功能,即提供交易过程中的信用担保,是指用户使用支付宝时所享受的信用担保过程。用户在购物网站(如淘宝)上选择并发起支付宝交易,之后整个支付和货物的交割过程将由支付宝负责监控,保证交易双方的资金的安全。

2) 账户和交易的收支管理服务

即提供安全快速的网上支付业务,并为买卖双方提供交易资金记录的查询和管理。主要涉及交易记录和我的支付宝这两大功能模块。交易记录模块主要包括了具体每笔交易记录、充值记录、提现记录、交易评价、电子对账单、记账等。我的支付宝模块主要包括了账户查询、充值、提现、我的账户、手机服务、电话支付宝、余额宝等。用户可以在银行账户与支付宝账户之间进行资金划转业务,并支持相应资金往来记录的查询和管理。

3) 支付宝的增值服务——红包与认证

"红包"是支付宝公司提供的一项增值服务。支付宝红包其实就是"互联网现金券",直接抵扣所购商品货款,折扣实打实。支付宝联盟为了解决中小型商家"做推广难,找买家更难"的问题,配合支付宝首创的免费网络营销工具——红包,特意开发了"红包频道",为支付宝商家又提供了一个免费推广平台。

支付宝认证服务是由支付宝公司与公安部门联合推出的一项身份识别服务。支付宝认证除了核实身份信息以外,还核实了银行账户等信息。通过支付宝认证后,相当于拥有了一张互联网身份证,可以在淘宝网等众多电子商务网站开店、出售商品。认证内容主要包括"支付宝个人实名认证"和"支付宝商家实名认证"。支付宝认证的优势包括:第一,支付宝认证为第三方认证,而不是交易网站本身认证,因而更加可靠和客观;第二,由众多知名银行共同参与,更具权威性;第三,除身份信息核实外,增加了银行账户信息核实,极大提高其真实性;第四,认证流程简单并容易操作,认证信息及时反馈,用户实时掌握认证进程。

4) 支付宝推荐物流公司服务

支付宝目前与三大物流公司亚风快递、圆通速递、宅急送签约,客户可以选择支付宝推荐物流公司,享受推荐物流公司给予支付宝用户的优惠会员价格,使用支付宝推荐物流公司享受三天超时机制,还可以代卖家做发货确认,更方便用户在网上进行交易。

5) 便捷生活服务

支付宝应用中心功能,使支付宝与其他一些公共服务网络连接起来,提高用户生活服务效率,主要包括转账、还款、缴费、贷款、理财、其他等应用。例如,水电煤缴费、交通罚款代办、物业缴费、医院挂号、固化宽带等,这些服务的开通极大地便利了居民生活。

4. 盈利模式

在2006年底前，支付宝对所有用户均是免费使用，自从2007年2月开始，支付宝开始进行收费服务，目前其收入来源主要包括以下几个方面。

1）非淘宝卖家的技术服务费

即向非淘宝网卖家收取一定比例的技术服务费用，收费标准约为交易总额的1.5%，淘宝网用户可以继续免费使用支付宝。

2）支付宝账户收款或付款服务费

支付宝公司针对在支付宝网站（http://www.alipay.com.cn）内，通过支付宝软件系统的"我要收款"功能向其他支付宝用户收取款项，或通过"我要付款"功能向其他支付宝用户支付款项的支付宝用户，按照支付宝账户类型和"交易流量"，向用户收取一定比例的服务费用。例如，2009年6月18开始的新收费标准以及优惠活动期间的收费标准，如表6-3所示。

表6-3 支付宝收费标准

免费额度与费率	原收费标准	新收费标准 09.06.18开始	优惠活动期间 09.06.18—09.09.18
费率	1.5% 1元起100元封顶	1% 1元起40元封顶	0.5% 1元起25元封顶
认证用户免费额度	5000元/月	5000元/月	10000元/月
非认证用户免费额度	500元/终身	500元/月	1000元/月

3）余额宝

即由天弘基金管理，依托互联网交易和支付平台，具备资本收益率及结算转账服务的灵活性投资基金产品。截至2013年末，余额宝收入为20.14亿元，收入来源结构中，存款利息收入占比93%，而债券利息收入和其他收入分别占比4%和3%。

4）广告收入

支付宝主页上发布的广告针对性强，包括横幅广告、按钮广告、插页广告等。总体上看，广告布局所占空间较少，布局设计较为合理，体现出了内容简捷、可视性强的特点。而且主页上也还有若干公益广告，可以让用户了解更多的技术行业信息。

5）其他金融增值性服务

如代买飞机票，代送礼品等生活服务。

5. 核心能力

1）依托阿里巴巴、淘宝网的良好品牌形象

阿里巴巴良好的品牌形象是支付宝的一笔无形资产，无论对支付宝前期的品牌推广，还是对目前巩固市场份额及对未来的市场开拓都已并将继续产生深远影响。另外，淘宝网

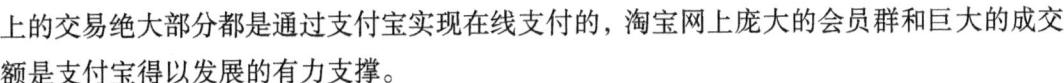

上的交易绝大部分都是通过支付宝实现在线支付的,淘宝网上庞大的会员群和巨大的成交额是支付宝得以发展的有力支撑。

2)多重安全保障增强用户信心

为了消除用户对使用支付宝进行在线支付的顾虑,支付宝做出了"你敢用,我就敢赔"的全额赔付承诺,全额赔付制度在一定程度上也取得了大多数用户的信任。另外,支付宝实行的登录和支付双密码制、手机绑定短信通知功能以及使用支付宝卖家的双重身份认证三项比较实用的服务,它们极大地提升了支付宝的安全性。

6.3.3 经营模式

1. 由交易担保向独立支付工具演化

2003年10月,支付宝诞生于淘宝网,其初始目的是提供交易担保。运作的实质是以支付宝为信用中介,在买家确认收到合格货物前,由支付宝替买卖双方保存支付款的一种增值服务。这种模式有效解决了电子商务发展过程中的支付问题和信用问题。生于淘宝的支付宝,与同期大多数凭借独门的技术优势进军第三方支付产业的逐浪者最大的不同是,支付宝从诞生之初就紧密结合了网络购物,而且是基于清晰的客户需求,即破解了网上购物的信任问题。

除了信用问题,支付手段的便捷性也是电子商务发展的必要条件。网上购物兴起后,由于支付流程问题,作为电子商务供需两端的消费者和商户迫切需要一种便捷、直接的支付方式。支付宝便集成了这两端,优化支付流程,商户和消费者通过支付宝接入银行,完成支付。2004年,各大银行先后推出了自己的网银系统,但都缺乏相关应用业务,支付宝接入各大银行平台后,解决了银行的业务难题,拓宽了网上银行的发展渠道。随着中国电子商务的不断发展,支付宝作为电子商务基础服务应用的地位越来越突出。2004年12月8日,浙江支付宝网络科技有限公司成立,支付宝正式从淘宝网独立,整个业务流程与淘宝网的业务流程剥离,支付宝网站上线并独立运营,支付宝开始从第三方担保平台逐渐向在线支付平台转变。

2. 会员免费积聚大量人气

对于C2C市场很多消费者之所以选择在互联网上购物不仅仅是因为其方便,更重要的是因为它便宜。支付宝正好抓住消费者的这一心理,凡是支付宝用户在交易中不收取任何费用。这种服务无异于"暂时免费的午餐",让网络商家和网络消费者非常感兴趣,借此,支付宝在推广前期聚集了大量人气,为其持续经营奠定了坚实的基础。

3. 推出"全额赔付"等措施,打造安全信用体系

2005年2月支付宝率先推出"全额赔付"制度,在使用支付宝支付的网站,如果在成交协议后,卖家没有向买家寄送货品或者买家收到的物品与描述不符,淘宝作为第三方监管将为

买家提供与货品价值等额的"全额赔付"。2006年6月,支付宝又推出国内支付领域首张数字证书,并向所有经过认证的网民免费发放,使网上购物者有了身份确认和全额赔付的双重保障。

另外,为了消除用户担心支付宝挪用"沉淀资金"的疑虑,支付宝于2006年5月与中国工商银行签订托管协议,支付宝所有的客户交易保证金都将统一存放在工行备案允许的资金托管账户,由工商银行总行对支付宝公司交易资金情况进行综合审计。

4.开展手机移动支付业务

2008年2月,支付宝发布移动电子商务战略,推出手机支付业务。根据艾瑞咨询的数据显示,自2013年第一季度以来,支付宝在移动互联网支付市场份额从67.6%逐步提升至78.4%,位居第一。截至2013年底,支付宝实名认证的用户数超过3亿。2013年,支付宝单日交易笔数的峰值达到1.88亿笔,其中,移动支付单日交易笔数峰值达到4518万笔,移动支付单日交易额峰值达到113亿元人民币。移动支付业务的快速发展,使得支付宝钱包在2013年正式成为一个独立的品牌。

5.与各大银行、金融机构合作,圈地电子支付市场

目前,支付宝同国内工商银行、农业银行、建设银行、招商银行、上海浦发银行等各大商业银行,以及中国邮政、VISA国际组织等各大机构均建立了长期的战略伙伴关系。与众多国内和国际的金融机构的合作,使支付宝可以满足用户不同的需求,从而使消费者和商家不需要在不同的银行开设不同的账户,帮助消费者降低网上购物的成本,同时也帮助商家降低运营成本。

2013年推出"余额宝"业务。余额宝是支付宝推出的理财服务,但也能用于日常的购物、还信用卡等支付。在用于支付时,余额宝的优势在于额度较大、支付成功率非常高。为用于支付时余额宝还能获得理财收益。余额宝占支付宝支付的比例正在逐步升高。

6.积极扩展外部商家,开拓海外市场

除了为国内用户提供服务之外,支付宝还为全球商户提供专业网上支付方案,业务范围涵盖实物海淘、国际航旅、退税、海外转运等。

1)海淘

用户即使没有外币信用卡,也能轻松实现支付宝人民币"海淘"购物付款。截止2014年3月,iherb、windle、Forever21、aoso、wiggle、MYbay、雅虎日本、莎莎、韩国乐天、DHC等32个国家和地区的上千家网站都支持支付宝购物付款,支持英镑、美元、瑞士法郎、欧元、韩元等15种海外货币结算。

2)国际航旅

当需要出国旅行时,支付宝也为用户实现机票、酒店等境外旅游产品的人民币购买服务。支付宝支持新加坡、阿联酋、港龙、大韩、全日等30家国际航空公司官网机票购买，以及UPTP、Agoda、HotelClub、亚洲假日等国际商旅平台的机票、酒店预订，为用户提供全球机票、酒店的购买捷径。

3）退税

2013年10月，支付宝首次推出海外退税服务，消费者出国购物可以使用支付宝办理退税，税金最快7个工作日到账支付宝，效率比传统信用卡退税方式提速5倍以上。这一服务已率先在韩国开通，预计2014年会逐渐推广至新加坡、欧盟等地区。目前支付宝海外购物退税的国家机场包括德国杜塞尔多夫机场、德国法兰克福机场和法国巴黎戴高乐机场等。

4）海外转运

针对一些海外商家尚未提供直邮中国的服务，支付宝与海外转运服务部合作，推出一站式海外转运服务。用户海淘时可以使用支付宝"海外转运"应用提供的转运仓库地址，作为收货地址去购物。转运仓库收到商品后，用户通过支付宝支付运费，就可以坐等商家送达，并且可随时跟踪物流信息。

未来支付宝会推出转运担保服务，进一步提供海外转运的体验。

6.3.4 管理模式

1. 独特的企业文化

1）手印文化

2004年，支付宝作为针对淘宝网开发的一个电子支付平台，马云让这个团队"三年之内不用考虑盈利问题"，对支付宝来说主要考核指标在于安全。作为一个涉及用户金钱的支付工具，取得用户安全方面的信任尤为重要。于是，支付宝确立自己的"手印文化"——在支付宝工作满一年的员工，都可以在一块盾牌上摁上自己的手印，并写下自己对公司的感言挂在墙上；盾牌上的手印意味着对交易客户安全的承诺。与其说"手印文化"是支付宝的企业文化，倒不如说这是支付宝员工的成人礼，手印文化对于员工责任感、以消费者安全为导向的具体业务形态，具有极强的个体指导意义。

2）裸奔计划

支付宝拥有了一种"裸奔计划"。当一个项目按期或超额完成，为了向员工表示庆祝，该项目的负责人会只穿一条短裤钻桌子、在公司楼内跑上一圈。公司管理层把"裸奔"当成一剂团队融合的良药，下属员工把完成项目后可以正大光明、开开心心地驱动项目负责人"裸奔"当成对自己的犒劳。"裸奔计划"不但纵向融合了团队，还调动了团队成员的积极性，然而当企业越来越大，横亘在横向部门间的隔阂以及制约效率提升的沟通流程，也愈发暴露出来。

2. 家族管理

支付宝的家族管理采取抽签分配制，所有的部门、所有的员工抽下来，然后采取抽签搭配的方式，组成一个个四五十人的家族。每个家族都会组织活动，推广家族的品牌，在公司的内部推广品牌，通过这样一个东西，能够把家族组合起来。

家族管理其实是一种游戏，然而游戏的表象下又切准了管理上的要害。家族管理既是支付宝公司"手印文化"、"裸奔计划"的延续，又突破了前者所不能解决的管理瓶颈。首先，家族管理打破了员工与管理层的隔阂，让更多的人也能够参与到公司管理上来；其次，家族管理可以打破横向部门之间的隔阂；再次，家族管理可以创造一种快乐和谐的团队氛围；最后，家族管理可以使管理者们通过角色扮演，深入到基层员工中去，了解符合企业发展的企业需求和员工需求。

3. 风险管理

为了加强风险控制能力，支付宝建立了全球领先的实时风险监控系统，能够侦测绝大多数非正常行为并予以实时处理，从而提供"7×24小时"的用户保护。2007年4月，支付宝建立了专门的风险管理部门，由专业的资深数据分析师和风险分析控制专家专门负责对支付宝安全形势的分析与风险控制策略的部署，另外还有专门的风险稽核专员对每日可能存在风险的交易进行分析与核查。随着每日流经支付宝账户的现金流逐渐加大，为了增强账面资金的安全性，谨慎行事的支付宝还主动向工商银行总行申请托管自己的账户，并每个月出具托管报告，公布资金状况，这是国内第一家，也是唯一一家将用户资金托管在银行的第三方支付公司。

6.3.5 总结与建议

支付宝商业模式成功的关键因素有以下几个方面。

1. 安全信用体系解决了买卖双方之间的信任问题

支付宝可以对买卖双方的交易进行记录，为后续交易中可能出现的纠纷提供证据。不管是全额赔付还是交易全程监控，支付宝保证交易双方的资金安全，都增加交易双方的信任。它适应了中国网络购物的本土化特征，满足了客户多样化需求，为支付宝吸引了大量"粉丝"。

同时，从价值网络上讲，商家和客户通过支付宝可以有效地解决钱货物不对称问题，银行可以扩展业务范畴，也节省了为大量中小企业提供网关接口的开发和维护费用。

2. 阿里巴巴、淘宝、天猫等品牌的先天优势

依托于阿里巴巴、淘宝、天猫等平台的先天优势，已经让众多竞争对手望尘莫及，在巩固市场份额以及对未来的市场开拓等方面产生深远影响。除此之外，天猫、淘宝的交易绝

大部分是依靠支付宝实现在线支付的,因此,淘宝平台上庞大的会员群和巨大的成交额有力地支撑支付宝的发展。

3. 移动互联网业务的拓展－支付宝钱包

支付宝钱包可以为消费者提供快捷服务、省去信用卡刷卡的手续,同时可以跟踪消费者的消费趋势,更好地为消费者服务等方面的优势,提升消费者忠诚度,扩大消费者使用范围,拓展了支付宝的市场份额。

但是,支付宝对银行依赖性强,支付宝必须依赖银行作为清算管理的核心,同时由于缺乏认证系统,为了支付信息的安全,必须依赖银行的专业技术。另外结算周期长,在途资金利用效率低,同时,由于买方在等待收货期间暂存在支付宝账户上的在途资金缺乏流动性,影响资金的周转进而影响到系统的结算效率。这种在途资金使支付宝具有了类似银行的部分功能,可能引起资金吸存行为,为非法转移资金和套现提供便利,形成潜在的金融风险。

另外,支付宝还面临同业恶性竞争与银行的竞争,产品的同质化导致价格战成为第三方支付平台争夺商户武器,很多公司为培养客户都提供免费服务,同时各商业银行已经看到第三方支付市场的大好前景,未来可能会改变目前对第三方支付平台的政策,势必会对支付宝等第三方支付企业带来严重威胁。

6.4 案例3:腾讯的Q币

6.4.1 基本情况

Q币是腾讯公司推出的网络虚拟货币。腾讯公司成立于1998年11月,是中国最早的互联网即时通信软件开发商,也是中国的互联网服务及移动增值服务供应商,并一直致力于即时通信及相关增值业务的服务运营。

腾讯公司于2002年依托即时通讯工具QQ推出了Q币,作为购买其互联网增值服务的凭据,并采取逐级代理的模式在全国发售。用户购买Q币,既可以到各地的经销点(网吧、电脑城)购买,也可以通过声讯电话充值、网上汇款、手机话费等其他方式购买。Q币的面值有1、2、5、10四种,1Q币的价格为1元人民币。腾讯公司未曾对外公布过Q币的发行数量,但根据腾讯公司2014年中期财务报表的数据,上半年的互联网增值服务收入为157.13亿元人民币,占总收入近80%,而增值服务的主要收入交易媒介就是Q币。从2003年至2013年,腾讯来自于互联网增值业务的收入总计1235亿,按照人民币与Q币1:1的比例换算,这十年腾讯发放的Q币总量已经超过千亿。

腾讯Q币的利益相关者主要包括Q币支付用户、为腾讯分销Q币的分销商、与腾讯公司进行战略合作的信息产品提供商或接受Q币支付的信息产品提供商以及通过网络进行Q币与人民币交易的信息产品提供商等,其价值网络如图6-4所示。

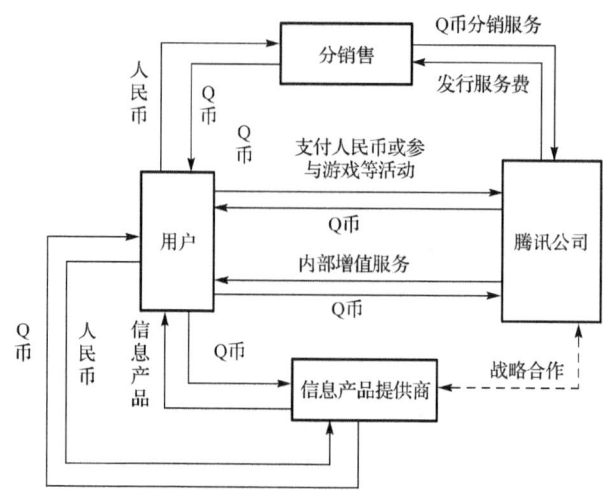

图 6-4 腾讯 Q 币的价值网络

6.4.2 商业模式

1. 愿景与使命

成为最受尊敬的互联网企业是腾讯的远景目标，通过互联网服务提升人类生活品质是腾讯的使命。腾讯一直秉承"一切以用户价值为依归"的经营理念，十分注重把握消费者的体验与心理，这也正是 Q 币获得成功的原因。Q 币本是腾讯为其增值服务而推出的，用途主要是购买 QQ 会员服务、QQ 网络游戏中的虚拟装备、QQ 网络游戏中的游戏钱币等，初衷是出于便捷用户交易、缩短成本考虑而衍生出来的。然而由于 QQ 的庞大用户群以及 Q 币充值的便利性，Q 币很快风行用户之间，成为流行的时尚。

2. 目标用户

腾讯的主要目标用户群年龄集中于 18 岁至 34 岁之间。由腾讯 2014 年 6 月数据显示，即时通信活跃账户数达到 8.293 亿。根据腾讯网站数据，目前 Q 币的使用者超过 2 亿人。同时，业内人士估计，国内网络货币市场正以 15%~20% 的速度在成长，Q 币的潜在用户不可估量。此外，随着 Q 币的盛行，出现了一批职业 Q 币交易人员，如 Q 币的各级代理商、倒卖 Q 币的"倒爷"。还有部分不以游戏为乐，而是通过打币练级，然后将虚拟金币和装备（或称道具）卖给第三方，以换取现实货币的"金币农夫"。

3. 产品和服务

Q 币可购买的产品和服务历经了两个阶段的演变。第一阶段，即在 Q 币产生之初，只能用来购买腾讯公司自身提供的各种增值服务，主要分为以下三类。

1）社区增值业务产品

腾讯公司的社区增值业务产品是基于其腾讯 QQ 客户端的一系列满足客户各种个性化需求所提供的相应增长产品，主要包括 QQ 会员、QQ 空间与 QQ 秀三个部分。在这一部分

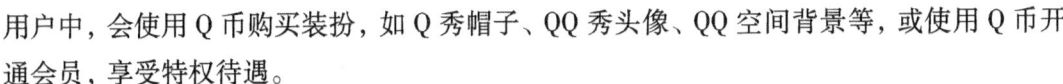

用户中,会使用Q币购买装扮,如Q秀帽子、QQ秀头像、QQ空间背景等,或使用Q币开通会员,享受特权待遇。

2)移动增值业务产品

这部分的产品主要有移动QQ、超级QQ、飞信QQ、QQ音乐等。用户花费Q币享受网站提供的QQ会员、QQ音乐等服务。例如,用户可开通绿钻,享受QQ音乐为绿钻用户提供高品质无损音乐,最大限度地保存了所有声音细节,再现音乐现场;同时,通过音乐云存储,让用户可以随时随地享受"个人乐库"所有好音乐;此外,绿钻还可以通过设置空间背景音乐和点歌,把好音乐分享给大家,让好音乐无处不在。

3)网络游戏产品

该项由QQ手机版与微信上的智能手机游戏,中型休闲游戏和腾讯代理的MMOG(大型多人在线游戏)三部分构成。用户会使用Q币购买游戏中的各种武器装备以及游戏币等虚拟商品。由腾讯2014中期财务报表显示,网络游戏成为腾讯增值服务主要的贡献点,目前,网络游戏收入在增值业务收入中所占比例达70.5%,成为腾讯产品中Q币吸金王。

随着QQ在国内即时通讯领域中霸主地位的确立,Q币的使用范围很快超出了最初的设想,除了自家的产品外,Q币还可以在互联网上购买其他游戏的点卡、虚拟物品、影片和软件的下载服务、有偿搜索服务及交纳宽带费用等。2005年4月,瑞星和腾讯公司合作,QQ用户可以用Q币购买瑞星的所有在线产品,包括瑞星杀毒软件下载版、个人防火墙和在线杀毒等,进一步扩大了Q币的使用范围。2006年Q币最热门的用途是给"超女"投票,据淘宝网统计,"超女"改为Q币投票后,QQ专区每天的交易额均超过55万元。此外,一些中小论坛甚至将Q币作为工资支付给版主,然后再由他们自己兑换成人民币。灵活、便捷的特性使Q币很快成为网络支付的最佳选择之一。

4. 核心能力

在Q币出现之初,由于消费者利用网上银行进行网上支付的成本过于"昂贵"。相较之下,通过可用于小额支付的Q币进行消费的方式却可以大大降低这种"交易成本"。不仅方便快捷,而且省去了用信用卡等支付的冗繁手续,为广大年轻网民所热衷。因此,Q币具有可用于网络小额支付、用户群体广泛、普及度较高、网民对其的支付能力较为认可且无使用期限限制等特点,这是Q币能够在网络经济中流通的基本原因。

作为国内最早的本土即时通信软件,QQ以其合理的设计、良好的易用性、强大的功能,稳定高效的系统运行,赢得了广大用户的青睐,几乎占领了国内即时通信软件的全部市场份额。与其他虚拟货币相比,Q币是最早推出而且依托于QQ平台,对于QQ用户十分具有吸引力。另一方面,腾讯十分重视分析用户心理需求。腾讯一系列个性化的娱乐产品,腾讯都着重把握用户的兴趣点。QQ宠物、QQ音乐、QQ游戏、QQ贺卡等增值产品服务深受用户喜爱,消费者愿意使用Q币购买这些虚拟产品和服务。

6.4.3 经营模式

1. 发行

1) Q币的购买

腾讯发行的大部分Q币都是需要用人民币进行预付费支付而获得。为了方便网民进行Q币支付，腾讯推出了QQ卡。QQ卡是腾讯公司推出的一种"Q币"使用卡，也可以说是腾讯公司在线全力打造的腾讯游戏通用充值卡，QQ卡支持多元化的支付手段，包括提供在线、电话、信用卡、手机、短信、神州行卡、其他非银行卡、会员等多种支付方式，QQ卡可多次进行在线支付、充值、消费等操作，直至卡内余额为零。Q币支付卡的面值包括10元、15元、30元、60元等。

2) Q币的推广

为了促进Q币的使用，腾讯在全国建立了Q币的渠道代理销售。另外在2006年，腾讯与兴业银行广州分行达成合作，推出了国内首张虚实合一的信用卡——QQ秀信用卡，将面向腾讯QQ秀一族提供包括虚拟卡支付、财付通还款、在线申请、电子账单通知、即时消息提醒等多种网络服务。此前，招行与腾讯合作推出了QQ一卡通（借记卡）。QQ秀信用卡持卡人仅需输入虚拟卡卡号、QQ号，及财付通支付密码，即可购买到腾讯网所有增值服务。用虚拟信用卡支付时，1元Q币需要花费0.9元人民币。除了在腾讯网站使用外，消费者也可以申请开通和兴业银行有合作协议的国外网上支付。由于有了这一新的支付手段，QQ一族将可以享受一定的透支额，并且有50天的免息期，而且不需要年费。

3) Q币在移动端的补充

自腾讯公司在2011年1月推出微信以来，微信每年的用户数量都在以几何级别增长。截止2014年底，微信月活跃用户数量达到5亿，成为亚洲地区最大用户群体的移动即时通讯软件。2013年7月，5.0版本中出现了微信支付一环，填补了腾讯在移动支付当中的空白。微信支付是集成在微信客户端的支付功能，用户可以通过手机完成快速的支付流程，而Q币也可以通过微信支付，在移动端进行充值。

2. 流通

在Q币流通的这一环节中，可细分为以下两个阶段。第一阶段是用户使用Q币支付腾讯公司所提供的内部增值服务，即人民币→Q币→内部增值服务。此时为防止用户将Q币回兑为人民币，腾讯公司将Q币与用户账号绑定，用户之间不能进行Q币转账，人民币与Q币只能进行单向流通，Q币仅作为一种可以进行在线支付的工具（商品）。目前Q币的二级市场交易已经进入到了第二阶段，此时用户间进行Q币买卖交易大多是通过C2C交易平台直接完成的，通过这一平台，用户可以非常方便地购得自己所需的Q币，进而用购得的Q币支付各种商品或服务。Q币的二级市场流通渠道如图6-5所示。

第 6 章 网上支付模式案例分析

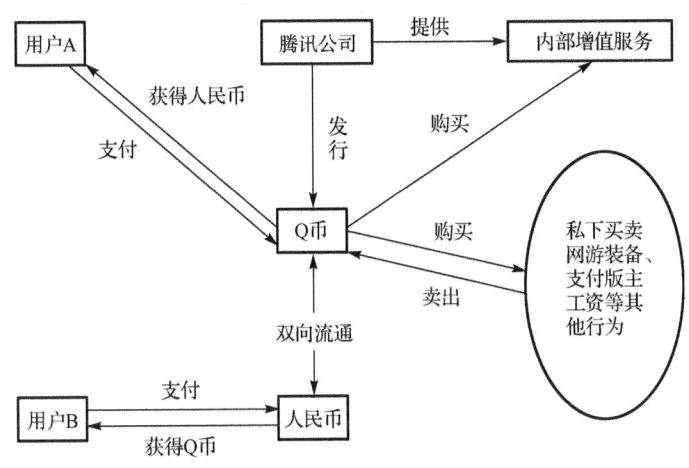

图 6-5 Q 币的二级市场流通渠道

6.4.4 总结与建议

Q 币的出现，减少了小额电子支付的麻烦以及降低银行账户泄密的风险，方便用户购买腾讯公司推出的虚拟产品，从而给腾讯公司带来了巨额利润。在经济利益的驱使下，越来越多的网络公司加入了发行网络"虚拟货币"的行列，由于腾讯 Q 币比其他虚拟货币流通更为便捷、交易量更多，成为了业内的翘楚。

腾讯的 Q 币作为使用最为广泛，交易量最大的虚拟货币，有以下几个优势。

1. 用户规模优势

核心业务产品 QQ 是具有很强网络外部性的数字产品，最初提供免费下载和运营，吸引了一定规模的使用群体。在网络外部性及马太效应的作用下，使腾讯 QQ 最终占据国内即时通信软件市场的 90% 以上，其使用率和普及度远远超过了 MSN 等其他同类型产品。依托庞大的客户优势，腾讯 QQ 扩展业务应用和周边产品，发展了规模可观的付费真实用户，为腾讯的发展提供了持续可靠的营业收入。

2. 品牌优势

品牌优势在于企业通过品牌的形象和价值传递使目标消费者能够对企业及其提供的产品和服务进行迅速定位，以其差异化的特征与其他同类型的企业进行区分。腾讯的品牌优势来自于 QQ，其品牌形象"企鹅"在网民中具有极高的知名度和号召力，上网聊 QQ 已经成为许多网民上网的固定习惯。同时，腾讯依托 QQ 品牌推出 QQ 游戏、QQ 音乐等其他周边业务也迅速地在网民中得到认同和普及，这为腾讯移动增值业务的品牌建设和推广提供了基础资源和强力后盾，使该业务的品牌价值得到运营商和消费者的一致认可。

3. 产业链优势

在移动增值业务领域，腾讯依托 QQ 的核心优势，构建了包括 QQ 游戏、QQ 音乐、QQ

阅读、超级QQ等诸多业务的多元化全产业链。同时腾讯以服务客户为理念，建立了完备的客户服务体系，即7*24小时客服体系，为现有及潜在消费者提供咨询以及售后等一系列贴心服务。

4. 技术优势

腾讯的产品系列有许多为自主研发，拥有较强的技术研发实力和创新实力，这主要源于腾讯人才至上的理念以及创新的发展观。腾讯重视人力资源的培训和人力资本的开发，尤其是技术人员，腾讯每年会拿出巨额资金用于研发人员的招募和培训，为未来产品的研发打造创新的技术团队。

5. 渠道优势

腾讯发行的Q币，拥有多种自主线下收费渠道，为消费者提供了多种快捷安全的支付购买途径。同时与中国电信、中国移动和中国联通等电信运营服务商建立了良好的合作关系，通过这种合作渠道进行代收费，也是腾讯的渠道优势之一。

Q币的主要用途是购买腾讯体系内的产品，但事实上，从2005年开始，Q币的流通范围已经突破了腾讯体系内部，Q币被网民们当作了可以购买网游装备或交换其他网络服务的网上"流通币"。因此，Q币的发行与流通所产生的一系列问题引起了不少专家学者的高度关注和担忧，主要表现在以下几个方面。

1. Q币的安全风险问题

在黑客猖獗的今天，任何网络中的东西都存在潜在的不安全因素。目前，由于技术不够完善和安全意识不够导致了QQ号被盗的情况时有发生，当QQ号被盗后，对应的Q币账户余额也被黑客通过不良手段出售从而获利，不但造成了消费者的损失，也对Q币的合理使用造成了一定的影响。同时，网上存在着大量虚假低价出售Q币的信息，会致使消费者上当受骗。

2. Q币的发行规模问题

可以用Q币购买的物品绝大部分都是一些虚拟财产，如QQ秀、QQ宠物等。发行者为了追求利益的最大化，很少会考虑是否限定这些网络"虚拟货币"的发行规模，以及维护货币的信用。并且对于发行者的发币行为也没有任何部门进行监督，这就使网络中"虚拟货币"的发行"源源不断"且数量无法统计。

3. Q币是否会冲击人民币的法定货币地位问题

支持方认为，Q币不仅能够购买腾讯公司的增值服务，而且逐渐可以购买其他网络上的商品与服务，有充当网络上一般等价物的趋势。如果Q币继续按照现有的发展趋势，则有可能形成"冲击人民币的法定货币地位"，成为网民在网络社会进行交换、流通的一般等价物，并且延伸到网下，作为一种"电子货币"的形式购买现实社会的一切物品与服务。反对方认为，Q币只是腾讯公司出于便捷用户交易、缩短成本考虑而衍生出的一种产品，是纯粹的商业行为，Q币价值的涨跌是商品价格的涨跌，Q币与人民币也不冲突，二者是附属两个世界的两套不同的游戏规则。

4. Q币回兑人民币渠道与洗钱问题

在实际流通中，Q币已被用户真实出售获利。Q币在民间存在着很多回兑成人民币的渠道，甚至网上还出现Q币"倒爷"、"钱庄"。而在一些网络商店，Q币也被店主允许用于购买网络货物。正由于Q币在流通中存在回兑人民币的现象，从而导致了可以通过Q币等虚拟货币洗钱行为的产生。

值得一提的是2014年12月12日，腾讯旗下的前海微众银行（Webank）正式获准开业，成为中国首批民营银行。这引得人们以存Q币送Q币进行调侃，当然以我国现行的法律这是万不可能的。而未来的微众银行会随着互联网发展趋势结合生物识别等创新技术，借力腾讯既有的移动互联生态，尤其是拥有数亿级庞大用户群的QQ、微信等资源，陆续推出创新产品和业务。今后的Q币会怎样发展，留给了人们不少的期待。

□ 基于互联网和团队的练习

1. 案例分析

（1）登录工商银行、交通银行、农业银行等网上银行，了解其网上银行服务，并选取一家银行网上银行进行案例分析。

（2）分析PayPal贝宝电子商务模式，并比较PayPal与支付宝在中国的差异化竞争策略有何不同？

2. 第三方支付平台发展现状及趋势分析

（1）通过互联网搜集资料，了解我国第三方支付平台的发展现状。

（2）比较支付宝、财付通、微信支付、银联电子支付四者之间的优劣。

（3）根据搜集资料，分析我国第三方支付企业存在问题有哪些。

（4）撰写一篇第三方支付平台发展的分析报告。

3. 网络虚拟货币应用分析

（1）查找资料，分析Q币与比特币之间的异同。

（2）结合Q币案例，对虚拟货币存在的问题提出建议。

（3）查找我国对虚拟货币的管理有哪些法规条例，分析我国对虚拟货币流通进行限制的原因。

参 考 文 献

[1] 中国电子商务研究中心. 2014年度中国电子商务市场数据监测报告[R]. http://www.100ec.cn/zt/upload_data/20150408.pdf, 2015-4-8.

[2] 中国互联网络中心. 第 35 次中国互联网络发展统计报告[R]. http://www.cnnic.net.cn/hlwfzyj/hlwxzbg/hlwtjbg/201502/t20150203_51634.htm，2015-2-3.

[3] 吕旭峰，尹亚伟，华锦芝. 移动支付技术发展趋势简析[J]. 软件产业与工程，2012(6).

[4] 左明宗. 中国移动近场支付业务发展新策略[J]. 中国金融电脑，2013(6).

[5] 王舫，解川波. 第三方支付的风险控制研究——基于对支付宝的案例分析[D]. 西南财经大学，2013.

[6] 赵远飞. 由淘宝网的结算体系看第三方支付[J]. 现代商贸工业. 2010(4).

[7] 罗丽艳. 支付宝：新商业模式典范[J]. 信息周刊. 2009(1).

[8] 阳志梅. 谈第三方支付平台应用优势及发展模式[J]. 商业时代. 2008(09).

[9] 李艳华. 第三方支付企业的创新特征及其演化研究—以支付宝为例[J]. 经管空间. 2012(12).

[10] 钟啸灵. 支付宝技术力养成记[J]. IT 经理世界·CEOCIO. 2014(383).

[11] 支付宝的安全哲学 兼顾便捷安全[J]. 新经济. 2013(09).

[12] 战宇. 支付宝"余额宝"基金销售支付战略解读[J]. 软件工程师. 2013(08).

[13] 支付宝. https://www.alipay.com，2014-12-25.

[14] 中国工商银行网站. http://www.icbc.com.cn，2014-12-25.

[15] 李燕. 由支付宝看我国第三方支付平台[J]. 经济与管理，2008，(2)：26~27.

第 7 章
互联网金融模式案例分析

引言

21 世纪以来,随着互联网技术和移动终端设备的广泛使用,借助网络实现资金支付、融通和信息中介服务的互联网金融飞速发展。2013 年我国互联网金融规模约 10 万亿元,其中,支付机构共处理互联网支付业务 153.38 亿笔,金额总计达到 9.22 万亿元;全国范围内活跃的 P2P 网贷平台已超过 350 家,累计交易额超过 600 亿元;非 P2P 网贷增长迅猛,仅阿里金融旗下三家小额贷款公司就累计发放贷款 1500 亿元。

7.1 互联网金融模式概述

7.1.1 互联网金融定义及发展历程

1. 互联网金融定义

互联网金融是传统金融机构与互联网企业利用互联网技术和信息通信技术实现资金融通、支付、投资和信息中介服务的新型金融业务模式。广义的互联网金融既包括作为非金融机构的互联网企业从事的金融业务，也包括金融机构通过互联网开展的业务；狭义的互联网金融仅指互联网企业开展的、基于互联网技术的金融业务。

互联网金融是互联网与金融的结合，其本质上仍是金融。互联网金融主要依托大数据和云计算，进而在开放的互联网平台上形成的功能化金融业态及其服务体系，包括基于网络平台的金融市场体系、金融服务体系、金融组织体系、金融产品体系以及互联网金融监管体系等，并具有普惠金融、平台金融、信息金融和碎片金融等相异于传统金融的典型特征。

2. 互联网金融发展历程

目前我国互联网金融的发展历经三个阶段。第一个阶段是2005年以前，互联网与金融的结合主要体现为互联网为金融机构提供技术支持，帮助银行"把业务搬到网上"，还没有出现真正意义的互联网金融业态。第二个阶段是2005年后，网络借贷开始在我国萌芽，第三方支付机构逐渐成长起来，互联网与金融的结合开始从技术领域深入金融业务领域。这一阶段的标志性事件是2011年人民银行开始发放第三方支付牌照，第三方支付机构进入了规范发展的轨道。第三个阶段从2012年开始。2013年被称为"互联网金融元年"，是互联网金融快速发展的一年。自此，P2P网络借贷平台快速发展，众筹融资平台开始起步，第一家专业网络保险公司获批，一些银行、券商也以互联网为依托，对业务模式进行重组改造，加速建设线上创新型平台，互联网金融的发展进入了新的阶段。

7.1.2 互联网金融分类

目前，互联网金融的形式主要包括互联网支付、网络借贷、众筹融资、金融机构创新型互联网平台、基于互联网的基金销售等，其中互联网支付在本书中有专门介绍，此处不再赘述。

1. 网络借贷

网络借贷主要包括P2P网络借贷和非P2P的网络小额贷款两种。P2P网络借贷指的是个体和个体之间通过互联网平台实现的直接借贷，这一借贷平台为借贷双方提供信息流通交互、撮合、资信评估、投资咨询、法律手续办理等中介服务，有些平台还提供资金移转和结算、债务催收等服务。我国的P2P网贷从2006年起步，截至2013年年末，全国范围内活跃的 P2P 网贷平台已超过 350 家，累计交易额超过 600 亿元。从规模和经营状况看，平台公司的门槛较低，注册资本多为数百万元，从业人员总数多为几十人，单笔借款金额多为几万元，年化利率一般不超过 24%。典型的 P2P 网贷平台机构是人人贷和宜信。

非 P2P 的网络小额贷款是指互联网企业通过其控制的小额贷款公司，向旗下电子商务平台客户提供的小额信用贷款。该种贷款方式凭借电商平台和网络支付平台积累的交易和现金流数据，评估借款人资信状况，在线审核，提供方便快捷的短期小额贷款。典型代表如阿里金融旗下的小额贷款公司，截至 2013 年年末，阿里金融旗下三家小额贷款公司累计发放贷款 1500 亿元，累计客户数超过 65 万家，贷款余额超过 125 亿元。

常见网络借贷网站如表 7-1 所示。

表 7-1　常见网络借贷网站

序号	网站名称	网址
1	人人贷	http://www.renrendai.com/
2	拍拍贷	http://www.ppdai.com/
3	搜贷 360	http://www.soudai360.com/
4	红岭创投	http://www.my089.com/
5	你我贷	http://www.niwodai.com/
6	有利网	http://www.yooli.com/
7	合拍在线	http://www.he-pai.cn/
8	阿里巴巴金融	http://www.aliloan.com/
9	平安直通贷款	http://www.10100000.com/loan/index.shtml

2. 众筹融资

众筹融资（Crowd funding）是指通过网络平台为项目发起人筹集从事某项创业或活动的小额资金，并由项目发起人向投资人提供一定回报的融资模式。众筹融资可以理解为向普通大众寻求资金供应者，并以之作为新兴项目的创业资金的过程。众筹融资平台扮演了投资人和项目发起人之间的中介角色，使创业者从认可其创业或活动计划的资金供给者中直接筹集资金。众筹的主体主要包括项目发起者、众筹社区平台和项目支持者三部分，其中项目发起者为资金的需求方，项目支持者为资金的供给方，众筹社区平台为第三方。

按照回报方式不同，众筹融资可分为债权众筹、股权众筹、回报众筹和捐赠众筹四种。债权众筹（Lending-basedcrowd-funding）是投资者对项目或公司进行投资，获得其一定比例的债权，未来获取利息收益并收回本金（我给你钱，之后你还我本金和利息）。代表性平台为拍拍贷、人人贷等。股权众筹（Equity-basedcrowd-funding）是投资者对项目或公司进行投资，获得其一定比例的股权（我给你钱，你给我公司股份）。代表性平台为天使汇、大家投、人人投。回报众筹（Reward-basedcrowd-funding）是投资者对项目或公司进行投资，获得产品或服务（我给你钱，你给我产品或服务）。代表性平台为众筹网、追梦网等。捐赠众筹（Donate-basedcrowd-funding）是投资者对项目或公司进行无偿捐赠（我给你钱，你什么都不用给我）。代表性平台为微公益。

众筹融资在我国起步时间较晚，目前约有 21 家众筹融资平台。其中"天使汇"自创立以来累计有8000个创业项目入驻，通过审核挂牌的企业超过1000家，创业者会员超过20 000人，认证投资人达840人，融资总额超过2.5亿元。

常见众筹融资网站如表7-2所示。

表7-2 常见众筹融资网站

序 号	网站名称	网 址
1	人人投	http://www.renrentou.com/
2	天使汇	http://angelcrunch.com/
3	大家投	http://www.dajiatou.com/
4	众筹网	http://www.zhongchou.cn/
5	追梦网	http://www.dreamore.com/
6	淘梦网	http://www.tmeng.cn/
7	希财众筹	http://www.csai.cn/zhongchou/
8	青橘众筹	http://www.qingju.com/
9	点火网	http://ditfire.diandian.com/
10	微公益	http://gongyi.weibo.com/

3．金融机构创新型互联网平台

金融机构创新型互联网平台可分为以下两类。一类是传统金融机构为客户搭建的电子商务和金融服务综合平台，客户可以在平台上进行销售、转账、融资等活动。平台不赚取商品、服务的销售差价，而是通过提供支付结算、企业和个人融资、担保、信用卡分期等金融服务来获取利润。目前这类平台有建设银行"善融商务"、交通银行"交博汇"、招商银行"非常e购"等。另一类是不设立实体分支机构，完全通过互联网开展业务的专业网络金融机构。例如，众安在线财产保险公司仅从事互联网相关业务，通过自建网站和第三方电商平台销售保险产品。

常见金融机构创新型互联网平台网站如表7-3所示。

表7-3 常见金融机构创新型互联网平台网站

序 号	网站名称	所属银行	网 址
1	善融商务	中国建设银行	http://buy.ccb.com/
2	交博汇	交通银行	http://e.bankcomm.com/
3	非常e购	招商银行	http://mall.cmbchina.com/
4	融e购	中国工商银行	http://mall.icbc.com.cn/
5	生活e站	中国农业银行	http://elife.abchina.com/
6	华夏龙网	华夏银行	http://www.hxb.com.cn/chinese/hotnews/hxlw/
7	众安在线	——	http://www.zhongan.com/

4．基于互联网的基金销售

按照网络销售平台的不同，基于互联网的基金销售可以分为两类。一类是基于自有网络平台的基金销售，实质是传统基金销售渠道的互联网化，即基金公司等基金销售机构通过互联网平台为投资人提供基金销售服务。另一类是基于非自有网络平台的基金销售，实质是基金销售机构借助其他互联网机构平台开展的基金销售行为,包括在第三方电子商务平台开设"网店"销售基金、基于第三方支付平台的基金销售等多种模式。其中,基金公司基于第三方支付平台的基金销售本质是基金公司通过第三方支付平台的直销行为,使客户可以方便地通过网络支付平台购买和赎回基金。以支付宝"余额宝"和腾讯"理财通"为例,截至 2014 年 1 月 15 日,"余额宝"规模突破 2 500 亿元,用户数超过 4 900 万;"理财通"1 月 22 日登录微信平台,不到 10 天规模已突破 100 亿元。

常见基于互联网的基金销售网站如表 7-4 所示。

表 7-4 常见基于互联网的基金销售网站

序 号	网站名称	网 址
1	余额宝	支付宝
2	理财通	微信
3	零钱宝	易付宝
4	微财富	https://www.weicaifu.com/
5	网易理财	https://8.163.com
6	天天基金	http://fund.eastmoney.com
7	腾牛网	https://www.tengniuwang.com/
8	嘉实基金	http://www.jsfund.cn/
9	普资华企	http://www.pccb.com/
10	汇添富基金	http://www.99fund.com/

7.1.3 互联网金融的特征

1. 互联网金融服务大众化

传统金融机构在产品销售等业务中对高收入群体关注较多,对中等和中下等收入群体关注偏少。互联网金融通过互联网、移动互联网、大数据等技术,基于互联网技术的金融创新,抵消了传统金融机构的规模和网点优势,并使金融子行业间的混业经营加速,出现了类似 P2P、众筹模式等更加自由化、民主化、分散化的模式,更关注居民和小微企业的金融需求。通过降低交易成本和信息不对称程度,让那些无法享受传统金融体系服务的人群获取金融服务,从而提高了金融的普惠程度。同时互联网金融新增顾客的边际成本极低,交易群体扩张迅速,有效开发普通大众这一潜在客户群体,达到聚沙成塔的效果,实现"长尾效应"。

2. 金融机构与互联网企业融合化

互联网金融是由不同的要素主体组成的,既包括银行、保险公司、证券公司等金融机构,又包括第三方支付平台、电子商务企业、搜索引擎企业等组成的互联网企业,金融机构与互联网的融合是互联网金融的重要特征。互联网金融模式主要分为三种方式:一是金融机构应用互联网技术,将传统金融产品放到网上销售,如电子银行、电子保险、电子证券等；二是电商模式，银行、券商等金融机构直接自己搭建电子商务平台，进入电商领域，如建设银行"善融商务"、交通银行"交博汇"、招商银行"非常e购"等；三是和网络公司合作，在对方的平台上销售产品，如方正证券在天猫商城开设旗舰店。互联网企业和金融机构的各要素主体之间呈现相互竞争、彼此融合、共同发展的趋势。

3．互联网金融的业态多样化

互联网金融的业态主要分为四种类型：一是第三方互联网支付企业，包括支付宝、财付通、银联在线、快钱、汇付天下、易宝支付、环迅支付等；二是小额贷款模式，包括阿里、苏宁为代表的独立放贷模式以及京东商城、敦煌网等在内的银行合作模式，这类模式的特点是拥有成熟的电商平台和庞大的客户基础；三是第三方信息平台，包括宜信为代表的P2P网贷、众筹模式、融360等，纯粹作为合作平台提供服务，除了必要的手续费用外，不接触任何交易双方的资金；四是其他模式，包括信用支付业务、融资性担保业务、互联网保险业务、证券投资基金销售业务、成立网络银行等。互联网企业大多为民营企业，机制灵活、创新能力强，未来还将不断涌现出新的业务模式。

4．行业风险扩大化

互联网金融的出现降低了金融行业的进入门槛，一定程度上实现了普惠，但同时也加剧了金融行业的风险。例如，缺乏金融风险控制经验的非金融企业的大量涌入，加之互联网金融行业发展迅速，涉及客户数量多，一旦出现风险事故，极有可能产生多米诺骨牌效应，使得风险迅速蔓延以至于造成群体性事件，可能给互联网金融行业及关联经济体造成损失；网络技术风险也是该行业的一个重要风险来源，若系统操作不当会引致系统性紊乱，网络病毒、黑客的网络恶意攻击等都是互联网金融的潜在风险。此外，由于互联网金融是一个发展迅猛的新生事物，相关法律空缺和监管相对滞后。

7.2　案例1：余额宝

7.2.1　基本情况

余额宝是由第三方支付平台支付宝与天弘基金于2013年6月合作推出的一项余额增值服务，是一种金融服务的创新。实际上，余额宝是以支付宝平台作为基金销售渠道来向支付宝用户募集资金，用户只需通过将资金转入或直接充值余额宝，即相当于申购基金产品，而当用户用余额宝内资金进行网上支付或转出资金，即等同于将基金赎回。通过余额宝，用户不仅能够得到相对较高的收益，余额宝内的资金还能随时用于网上购物、支付宝转账等支付功能。截至2015年1月底，余额宝用户已经达1.49亿。2014年年末余额宝规模为5789亿元，每万份收益1.2234元，7日年化收益率4.724%。

余额宝的利益相关者主要包括支付宝公司、余额宝用户、银行和天弘基金公司，他们之间的业务关系如图7-1所示。支付宝公司借助余额宝产品，成为提供基金客户资源和第三方结算工具的中间人；天弘基金公司将其基金产品植入余额宝产品中，成为基金销售方；支付宝用户通过将其账户资金在余额宝中的转入或转出，实现其对基金产品的买入或赎回，成为基金投资者。

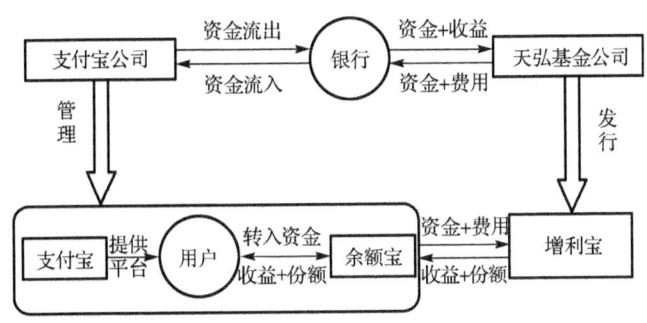

图7-1 余额宝价值网络

7.2.2 商业模式

1. 愿景与使命

余额宝依托支付宝，提出"支付宝钱包，会赚钱的钱包"的口号，将拥有亿万用户的支付宝平台与基金公司对接，让用户享受网络一站式生活服务的同时，顺带享受金融理财服务。

2. 目标客户

余额宝以支付宝资金的长尾人群为目标客户。传统金融机构目标客户基本上是拥有百万级以上资金规模的人群，从这些客户中获取资金的单位成本要远低于从那些资金量低的客户中获取资金的单位成本，因此传统金融机构会将关注点集中在处于金融资产分布密集的人群。而资金规模较小的客户，在传统金融机构中被认为是获取单位资金成本较高者，而被排除在目标客户以外，不被金融机构所关注。余额宝恰恰就将目标客户定位于这部分长尾人群，借助互联网的优势，低成本、快速地发掘了资金规模较小的客户，从他们手中吸纳了大量资金。在传统金融体系得不到服务的人群便成为了余额宝的珍贵客户。

阿里商业评论数据显示80、90后用户是余额宝用户的主力军，占比合计76%，70后占比16.60%，60后占比5.70%，还有1.88%的60前用户，余额宝用户平均年龄为29岁，但人数占43.82%的80后用户持有余额宝金额达49.76%，贡献了余额宝的半壁江山。从地理区位来看，华东、华中和华北的用户占比分别为34.65%、21.42%和11.19%。55%的余额宝用户在手机端进行余额宝申购，手机端的余额宝申购金额占比达62%。

3. 产品与服务

1）闲散资金理财服务

为支付宝用户提供理财服务是余额宝最核心的产品与服务。客户借用支付宝公司的支付平台购买余额宝，而余额宝服务其实是将基金公司的直销系统内置到支付宝网站里，客户将资金转入余额宝实际上是进行货币基金的购买，相应资金均由天弘基金公司进行管理，因此客户所得余额宝的收益也不是利息，而是客户购买货币基金的收益。客户如果使用余额宝内的资金进行购物支付，则相当于赎回货币基金。所以，支付宝公司只是天弘基金的第三方支付平台，因而只能获得各种服务费，而不是直接获取货币基金收益的分成。

2) 安全保障及其他相关支撑服务

余额宝通过与众安保险公司的合作，当用户账户出现被恶意盗取资金丢失的情况下，为用户提供全额赔付的保障。余额宝还提供收益随时查看服务，余额宝用户只需登录到支付宝即可查看资产总额、每天收益、累计收益、万份收益以及7日年化收益率等信息。

3) 自动购彩

余额宝还为用户提供利用余额宝赚取的收益买彩票服务，余额宝版的"永不停彩"彩票购买费用只会从余额宝余额扣取，用户就有机会以较小的成本获得500万元收益。余额宝还提供分期扣款彩票购买服务，系统将按用户的定制方案从余额宝中自动扣除彩金，并自动为用户出票。

4) 信用卡还款

余额宝还为用户免费提供跨行还款服务，余额还款额度需符合各银行还款限额规定。储蓄卡网银以银行网银本身的支付额度为准，其中招行同一个信用卡号每月还款金额不得超过25 000元，每月还款笔数不得超过5笔；广发银行信用卡单笔单日49 999元，无月限额，每天还款笔数不超过50笔。此外，余额宝也支持水电费等生活缴费。

4. 盈利模式

投资理财收益是余额宝的主要盈利模式。余额宝实为天弘基金旗下的增利宝货币市场基金，属于证券投资基金中的低风险品种，其预期收益和风险均低于债券型基金、混合型基金及股票型基金。余额宝就相当于起到了一种"团购"的作用，凭借着支付宝数量庞大的用户群将众多零散资金汇聚形成庞大的资金规模，天弘基金就可以凭借如此庞大的资金规模获得对银行较强的议价能力，以远高于一般存款的利率存为同业存款，这就能使普通投资者以少量资金享受到同业存款的高额收益。截至2014年9月30日，余额宝资产组合中，银行存款和结算备付金合计4806.3亿元，占基金总资产比例的89.81%；债券、资产支持证券等固定收益投资412.4亿元，占基金总资产比例的7.71%；买入返售金融资产120.6亿元，占基金总资产比例的2.25%；其他资产12.4亿元，占基金总资产比例的0.23%。

5. 核心能力

1) 交易平台优势

首先，支付宝平台的品牌效应。作为余额宝与基金买卖之间的桥梁，支付宝作为重要的网络第三方支付平台，已经充分渗透在人们的日常生活中，支付宝为余额宝提供了优秀的交易平台。在支付宝的品牌和号召力的影响下，对支付宝的信任使得较多用户毫无顾虑地将闲置资金投入余额宝，投资者根本不在乎买谁家的基金产品，重要的是阿里巴巴的品牌和号召力。

其次，平台的便捷性。支付宝已经实名认证过了，用户也不必重新再填写身份信息做额外的认证和审核。消费者普遍对于繁琐的登记流程感到麻烦，存在非目标特指性的消费者（即只是看一眼，没有很坚定一定要购买）因大量繁琐流程的手续登记而流失的现象。传统理财产品大部分为银行代销，银行会从中收取较大比例的销售佣金，这使得理财产品的最终收益率受到影响，而余额宝产品则使用网络渠道，大大降低了渠道费用，提升了最终收益率。

最后，平台的庞大用户群体。目前余额宝用户已经达 1.49 亿，并且使用群体主要集中在 80、90 后一代，年轻人对于新事物的接受与喜爱，决定了余额宝上线之后，很多人抱着试试的态度去尝试新方式，这样一个广泛的群众基础，为余额宝的快速普及奠定了坚实的基础。

2）良好的用户体验

入手余额宝无金额限制，最低一元即可购入，不存在购买基金起步的价格壁垒。而传统理财产品一直被视为精英理财产品，理财产品门槛较高，在进行投资时起点高，动辄十万甚至百万起，并非所有人群都能达到这个门槛，而余额宝强调的是低门槛，并未对投资的金额进行限制，一元即可起购，这让更多的普通阶层也可以享受资金的保值增值服务。此外，传统理财产品一般为固定期限投资，理财期间内资金不允许赎回，产品流动性较差。而余额宝为非固定期限投资，客户可以在购买余额宝产品后随时采取赎回操作，部分银行支持 2 小时内到账，资金流动性强。余额宝还支持实时消费功能，客户在购入产品后可以在进行网上交易购物时选择使用产品份额进行支付，完成整个交易过程。从而免去了从基金赎回、银行卡取现再消费的繁琐步骤，使得投资出去的钱随时都可以当现金一样进行支付使用，给客户带来了极大的便利性，因此吸引客户将更多备用消费资金投放到产品中。

余额宝网上购买的便利设计，是赢得客户的首要优势。支付宝平台的操作便捷，不管是从支付宝转入余额宝还是从余额宝转入支付宝，操作步骤都很简单，不需要额外地学习就可以掌握，因此降低了用户使用余额宝的学习成本。余额宝在结算公布方式上也进行了创新。货币基金收益虽然天天计算，但基金管理给持有人的结算却不是日日进行，通常隔段时间后再将累计收益转化为份额，增加持有人份额数。余额宝则能做到日日结算，每日将收益转化为基金份额，归入持有人名下，这样投资者可以看到每日都有入账，给人一种余额宝比其他基金产品能赚钱的"幻觉"。

7.2.3 经营模式

1. 零用钱理财经营模式

余额宝针对市场上基金起购限额的规定，创新性地推出投资 1 元起步价，改变以往动辄几万元、几十万元甚至上百万元的资金规模才能进行投资的产品要求。客户只要转入金额满足大于等于 1 元，就可以即时转入"余额宝"并享受投资带来的高收益。不设置高门槛，"余额宝"的零用钱理财模式使储蓄金额较小的客户也能进入理财市场，实现对闲置活期存款的有效经营。余额宝产品通过降低投资要求，使得更多的资金长尾用户被吸纳到产品客户中。此外，余额宝理财存取灵活，用户转入余额宝的资金不仅可以获得收益，还能随时消费支付，非常灵活便捷。

2. 低风险短期项目投资

余额宝投资时优先考虑安全性因素，选择央票、短期国债等高信用等级的债券品种进行投资以规避风险。在基金投资的个券选择上，余额宝首先将各券种的信用等级、剩余期限和流动性（日均成交量和平均每笔成交间隔时间）进行初步筛选；然后，根据各券种的收益率与剩余期限的结构合理性，评估其投资价值，进行再次筛选；最后，根据各券种的到期收益率波动性与可投资量（流通量、日均成交量与冲击成本估算），决定具体投资比例。

天弘增利宝货币市场基金招募说明书数据显示余额宝投资组合平均剩余期限不得发生超过120天的情况。持有的剩余期限不超过397天但剩余存续期超过397天的浮动利率债券的摊余成本总计不得超过当日基金资产净值的20%。本基金不得投资于以定期存款利率为基准利率的浮动利率债券。余额宝还规定基金不得投资于股票、可转换债券、剩余期限超过397天的债券等。

3. 利用第三方投资理财

余额宝本质是将基金公司的基金直销系统嵌入支付宝平台，天弘基金是余额宝的幕后支持者。用户将资金换入或转出"余额宝"时，后台将自动购买或赎回基金，并且按照账户中资金的额度按日计算利息并支付给投资者，其中投资者所获得的利息收益其实就是所投资基金的收益率。余额宝为支付宝客户提供了操作便捷的基金购买渠道，盘活了资金，也为基金公司提供了购买基金的客户资源。余额宝利用互联网平台优势和信息技术大大提高了产品的运作效率，这也是互联网和金融行业的跨界合作。通过整合价值链，余额宝这种经营模式不再需要传统金融中介，更多的是为用户提供良好的客户体验、优质的创新金融产品，这也是对传统金融行业经营模式的革新。

7.2.4 总结与建议

余额宝是基金行业与电商行业跨界合作的典范，以简易操作、资金安全、收益率高等特性得到了广大互联网用户的追捧，其规模也在不断刷新历史新高。其成功的主要因素在于：第一，低门槛理财；第二，短期低风险投资策略；第三，理财与生活需求结合。

余额宝定位于长尾用户，一改以往理财产品的高门槛要求，将理财产品开放给小额资金的众多拥有者，让他们获得远超出银行活期存款的增值服务；余额宝通过使用短期投资策略，将大部分资金投向短期市场，大大提高了资金流动性，同时由于有较好的资金配比也同样可以获取较高的收益率；从交易平台分析，余额宝增值服务具有天然优势的交易平台以及安全的资金与收益保障体系，为余额宝的快速发展提供了基石。

第7章 互联网金融模式案例分析

余额宝的普及以及社会舆论的扩散使得货币基金产品因此被全民所认识与接受。与此同时,余额宝已经发展成为阿里金融的成功标志与代言产品,也为整个互联网金融的发展树立了一面旗帜,引领着互联网与金融的不断变革前进。余额宝的兴起,暴露出我国现有金融机构产品设计和策划上的弱点,即采用自上而下的业务开发模式,对顾客需要什么产品缺乏关注。互联网是非常好的形象宣传和产品销售渠道,但是优秀的销售要与优秀的产品结合起来才能如虎添翼,而后者才是互联网电商无法取代的。对于金融机构来说,重要的是在互联网准确定位自己,依据自身核心价值所在,寻找一条可持续发展道路。

在余额宝仍然处于迅速蓬勃发展的同时,其收益率从长期角度考虑将回归理性,基金管理者未来也会加强投资管理以解决投资去向配比不平衡、投资期限不能过长等问题,而用户也应根据自身实际情况采取谨慎的投资策略。余额宝需要从以下四个方面优化发展:第一,提前预测促销活动可能带来的巨额赎回情况,及时做好应对;第二,谨慎选择未来合作的基金公司,从而弥补电商出身对货币基金运作和风险把握的不足;第三,不断提高服务质量和水平,增强客户黏度和忠诚度,应对来自其他电商、基金公司和银行的挑战;第四,积极寻求与监管部门进行对话,严格遵守相关法律法规,保障广大用户的权益。

7.3 案例2:人人贷

7.3.1 基本情况

人人贷(renrendai.com),系人人友信集团旗下公司及独立品牌。作为中国最早的一批基于互联网的P2P信用借贷服务平台,人人贷以其诚信、透明、公平、高效、创新的特征赢得了良好的用户口碑。现在,人人贷已成为行业内最具影响力的品牌之一。

在人人贷平台上主要的参与主体包括人人贷平台、借款人和理财人,它们之间的关系如图7-2所示。

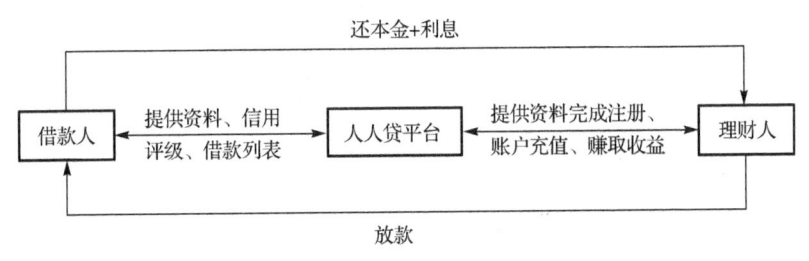

图7-2 人人贷价值网络

7.3.2 商业模式

1. 愿景与使命

人人贷的愿景是打造一个人人参与、人人自由、人人平等的互联网个人金融服务平台。实现个人的信用自主和金融自由则是其坚持的使命。

人人贷的兴起使得资金绕开了商业银行这个媒介体系,实现了"金融脱媒(Financial disintermediation)",出借人可以自行将钱出借给在平台上的其他人,而平台通过制定交易规则来保障交易双方的利益,同时还会提供一系列服务性质的工作,以帮助借贷双方更好地完成交易。在人人贷诞生之前,个人如果想要申请贷款,首先想到的是银行,需要身体力行地前往银行设立的网点递交申请、提供繁复的材料,之后经过冗长的等待,才能获得想要的资金。人人贷则大为不同,个人通过登录网站成为注册用户后,填写相关信息,通过相关验证,便可以发布个人贷款信息。

2. 产品和服务

1) 面向投资者的产品和服务

在人人贷平台,有三个项目可供投资者投资,分别是优选理财计划、散标投资、债权转让。优选理财计划是人人贷推出的,用来投资人人贷平台现有信贷产品(机构担保标、实地认证标等)的投标计划。在选购平台产品时,优选计划的资金将优先于平台普通用户的资金,优选理财计划采取分散投资原则进行投资。散标投资则是投资者根据平台上现有标的进行投资,投资者需自己筛选平台产品。债权转让是投资者在平台上交易原有产品的债权,方便债权变现。

2) 面向借款者的产品和服务

在人人贷平台,有工薪贷、生意贷、网商贷三种产品可供借款者选择。工薪贷的申请条件适用工薪阶层,生意贷适用于私营企业主,网商贷适用于淘宝网点商户。如表7-5所示。

表7-5 人人贷借款产品介绍

贷款产品	工 薪 贷	生 意 贷	网 商 贷
申请条件	年满22~55周岁的中国公民;在现单位工作满3个月;月收入2000元以上	年满22~55周岁的中国公民;企业经营时间满1年	年满22~55周岁的中国公民;在淘宝或天猫平台经营网店满半年;近3个月交易总额满3万,并且交易笔数超过50笔
借款用途	装修、结婚、买房、买车、教育(进修、出国留学)、其他消费	流动资金、采购设备或原材料、市场推广费用	流动资金、采购设备或原材料、市场推广费用
借款额度(元)	3000~500 000	3000~500 000	3000~300 000
借款年利率	10%~24%	10%~24%	10%~24%
借款期限	3、6、9、12、18、24个月	3、6、9、12、18、24个月	3、6、9、12、18、24个月
审核时间	1~3个工作日	1~3个工作日	1~3个工作日
还款方式	等额本息,每月还款	等额本息,每月还款	等额本息,每月还款
必要申请材料	身份证;人民银行个人征信报告;带公司公章的劳动合同或工作证明;近3个月工资卡银行流水	身份证;个人征信报告;经营证明;注册满1年的营业执照;经营场地租赁合同+90天内的租金发票或水电单据;可体现经营情况的近6个月常用银行卡流水(对公账户或个人账户)	身份证;提供网店地址及阿里旺旺账号;需QQ视频审核

3. 盈利模式

人人贷主要的盈利模式为收取手续费,共有两部分,分别为借款人费用和投资人费用。

1) 借款人费用

信用等级不同的借款人需要向人人贷缴纳不同比例的服务费,人人贷将服务费全部用于建立风险保证金,即本金保障计划。表7-6为各信用等级服务费。

表7-6 人人贷各信用等级借款人服务费率

信用等级	AA	A	B	C	D	E	HR
贷款利率	0	1%	1.5%	2%	2.5%	3%	5%

人人贷根据借款人的借款期限,按照每月借款人借款金额的0.3%向借款人收取管理费。借款人还需要向第三方支付平台支付提现费用和充值费用。当用户的借款发生逾期时,正常利息将停止计算,按照逾期天数对逾期本息计算罚息,1~30天内罚息率为0.05%,31天以上为0.1%。

2) 投资人费用

投资人需要向第三方平台支付充值费用和提现费用。加入优选理财计划的投资者要支付三项费用:(1)加入费用a%。加入计划金额的a%,期初额外收取,即加入计划金额为10万元,则另行收取10万元*a%作为加入计划费用归人人贷所有。(2)服务费用b%。即计划中投标所得利息收入的b%作为服务费用归人人贷所有。(3)退出费用c%。退出计划时按退出计划金额的c%收取退出费用归人人贷所有,退出费用在资金转出优选理财计划账户时收取。

债权转让费。债权转让的费用为转让管理费。平台向转出人收取,不向购买人收取任何费用。转让管理费金额为成交金额*转让管理费率,转让管理费率目前按1%收取,具体金额以债权转让页面显示为准。债权转让管理费在成交后直接从成交金额中扣除,不成交平台不向用户收取转让管理费。

7.3.3 技术模式

(1)人人贷运用先进的安全技术,保护用户在人人贷账户中存储的个人信息、账户信息以及交易记录的安全。人人贷拥有完善的安全监测系统,可以及时发现网站的非正常访问并做出相应的安全响应。

(2)人人贷公司内部设有严格、完善的权限管理体系,以保证每一位内部员工都只能查看自己职责和权限之内的数据和信息。

7.3.4 经营模式

人人贷在经营的过程中十分重视目标用户的选择,制定了严格的用户信用评价体系,大力推广互联网金融服务这一商业模式,并以此为优势进行人人贷平台的运行。

1. 选择合适的目标用户

作为一家 P2P 借贷机构，一定会想要一些容易审核、风险极低又愿意承担较高贷款成本的客户。但事实上，由于中国个人信息数字化程度很低，征信体系建设又相对滞后，除非有其他增信手段，不然对任何客户进行审核都不会那么容易。另外，虽然中国的个人金融服务并不发达，但是风险极低的优质客户往往有能力通过传统金融渠道或其他方法进行融资。在资金成本方面，P2P 借贷行业在相当长一段时间内相较传统金融机构难以形成优势又是一个不争的事实。

基于以上几个原因，在开发产品、选择用户时应遵循以下标准。

1）传统金融机构无法进行覆盖、融资渠道相对匮乏、愿意承担较高贷款成本、风险并不是最低的一类客户

此类目标用户借款往往用于突发事件，他们的典型特征是借款金额并不大；相较借款成本更加在意借款的效率与每月需还款数额是否可以承受；拥有相对稳定的工作或小生意；易于进行贷后管理。

这类客群普遍存在于中国的一、二、三线城市以及几乎所有行业中，所以不管从地域上还是行业上都具有极强的个体分散性。加之每个客户的借款金额又相对很小，整个资产的抗市场风险及周期性风险的能力都是比较强的。

随着 Web2.0 精神的逐渐深入以及理财人群的逐渐年轻化，理财人通过交易结构清晰、可被理解的方式管理自己资产的需求变得越来越强烈。而这种需求，特别是对于金融专业知识并不丰富的理财人来说，是传统理财产品无法满足的。加之，可获得较高回报的传统理财产品受边际服务成本较高等原因，通常会设置很高的进入门槛，造成很多中低净值客户无法享受理想的理财体验。而基于互联网的 P2P 借贷服务可以帮助熟悉电脑操作的理财人以清晰、透明、易于理解的方式管理自己的资产，在充分理解交易结构的前提下享受较高的理财回报。

加上以互联网方式服务每一个客户的边际成本极低，无须设置过高的门槛，使得互联网 P2P 借贷服务机构可以服务几乎所有客户，并能充分整合碎片资金，提高资金使用效率。所以，长期看来以互联网端作为资金入口可以有效降低机构运营成本、打破固有的理财产品资金门槛、为理财人提供更加透明清晰的交易结构，从而大大拉近了借贷两方之间的距离，并将中间成本出让给借贷双方，降低借方的贷款成本，提高贷方的资金回报。随着技术的发展、信息数字化程度的提高以及更多的这类借款客户熟练掌握电脑操作，有朝一日借贷双方距离将会进一步缩小，以至最终完成金融脱媒。

2）此类目标用户普遍资质较好，虽然实物资产并不见得很丰富，未必能从传统金融渠道获得贷款，但是资金一般是用于扩充生意规模，单笔借款金额相对较大

此类目标用户由于生意本身利润率限制可接受的贷款成本是相对较低的，那么经营这类客户留给服务机构的成本及利润空间就很小，如何低成本地获得数据、如何深入地挖掘数据、如何在风险可控的情况下利用数据精简审核流程、如何合理地对客户进行个性化风险定价就变得极其关键。

除此之外,基于目前的个人征信信息完整程度以及其他一些客观条件,可发掘的其他客群不能说绝对没有,但是至少不容易实现模式的简单复制与大规模开发。

2. 制定用户信用评价体系

人人贷将用户的信用等级从高到低分为 7 个等级,分别是 AA、A、B、C、D、E、HR。人人贷用户的初始信用评级为 HR(Higher risk),通过不断完善自身信用获取加分。如表 7-7、表 7-8 所示。

表 7-7 人人贷信用评分项目

项 目	人人贷评分
个人详细信息、身份证认证、工作认证、收入认证、央行信用报告认证、房产认证、技术职称认证、购车证明、结婚认证、居住地证明、视频认证、实地考察认证	100 分
学历认证	+10 分
手机实名认证	+10 分
微博认证	+2 分
还清笔数	+1 分/笔,加分间隔 28 天,上限为 20 分

表 7-8 人人贷信用等级

信用等级	AA	A	B	C	D	E	HR
信用分数	160+	145~159	130~144	120~129	110~119	100~109	0~99

信用机制的引入,树立了一个评价借款者资质的标准,方便投资者衡量借款风险。而评分的成长机制也鼓励筹资者长期参与平台交易,培养忠实平台用户。

人人贷的信用评级机制,很大程度地体现国内贷款平台的自我增信行为。作为一个高风险的行业,平台想要取得投资者的信任,就得让投资者认可平台控制风险的措施以及对投资者的保障行为。人人贷是一个注重风险控制的平台,投融资者参与平台交易时,容易受到平台制度的影响,培育自身的风险意识。信用评级的现实性,使得借款人想要减少资金费用,就得提供更多的信息,充足的借款人信息有利于平台对借款人进行辨别,淘汰劣质借款人,减少贷款逾期的笔数。而信用评级的成长性,便于平台培育长期注册用户,提供用户的忠诚度。

7.3.5 管理模式

人人贷公司文化中有一条是以人为本,公司希望每位员工都能处于比较幸福的状态。人人贷目前估值的受益者,除了创始人,还包括高管。2014 年,人人贷也在做"多数人计划"的长效激励机制,公司发展的丰硕成果将分享给优秀员工。

7.3.6 资本模式

人人贷的资本模式涵盖了自筹资金型和风险投资型两种资本模式。按照时间顺序,在人人贷成立初期,其资金来源主要为自筹,之后得到了风险资本的融资。

1. 自筹资金

2010年5月，人人贷商务顾问（北京）有限公司成立，初始注册资金100万，公司地址位于北京CBD核心的万达23层，当时公司只有四个人，三个老板和一个财务。2010年10月人人贷网站上线时，线上的第一笔贷款资金都是三个合伙人从家人、同学和朋友身上募得，全都来自友情牌。

在这个100多平方米的办公室里，三个初出茅庐的创业者有了初具规模的架势。他们决定做一个中国版的"Lending club"，通过互联网实现个人对个人的网络借贷。那时在国内这种纯信用无抵押小额贷款在银行中，只有花旗银行的"幸福时贷"和渣打银行的"现贷派"在中国的几个城市做试点，P2P借贷公司也只有拍拍贷和宜信，但借贷规模都很小，很多人甚至不知道P2P借贷是什么。

2. 风险投资

2014年1月9日，人人贷母公司人人友信集团宣布，前者已获得挚信资本领投的1.3亿美元A轮融资，这是迄今为止全球范围互联网金融领域最大一笔投资。此后，人人贷稳居国内网贷行业第一梯队，成为引领中国网贷行业发展的平台之一。该笔融资敲定后，公司估值已接近10亿美元。

但是在2013年，P2P行业从政策上来说还没有那么明朗。人人贷还有个Pre-A轮战略融资，但公司并未对外公布。人人贷创始人杨一夫称，Pre-A才是人人贷拿到的第一笔融资，而首笔融资的意义非同小可，它意味着人人贷模式已经得到市场认可。Pre-A轮融资也是人人贷创始人初次获悉公司估值已接近10亿美元，此后的A轮融资因此变得顺理成章。后来人人贷召开新闻发布会，正式披露A轮融资1.3亿美元这一消息。

7.3.7 总结与建议

1. 人人贷成功关键因素

（1）优选的互联网金融服务平台。人人贷的产品设计在国内P2P行业中是顶尖的，人人贷的产品与平台用户的需求良好匹配，特别是人人贷的优选理财计划。

（2）优秀的风险控制机制。不论是信用等级评分制度，还是风险备用金制度，又或是贷款前的严格审核，都在验证人人贷良好的风险控制能力。良好的风险控制能力，也提升了人人贷在用户中的形象，产生品牌效应。

（3）互联网金融服务领域经验丰富。人人贷的创始合伙人出身科班，还有丰富的金融行业从业经历。人人贷还重金雇用了一批知识丰富的专家、人才，以增强自身的竞争力。

2. 人人贷的机会

首先，小额信贷的需求大。2013年全国小微企业的贷款规模达到13万亿元，而据有关研究，80%小微企业存在融资难的实际问题。深圳市政府在2013年中提交给深圳市人大的报告中称：2013年深圳市中小企业融资需求是1.5万亿元，传统金融机构能够解决8000亿元，剩余6000多亿元需要走民间渠道。再加上老百姓的理财渠道过于匮乏，没有稳定、门槛较低的投资渠道，只能放在银行，连通胀都不能抗过。余额宝的疯狂也在侧面表明P2P行业面临的市场需求是广大的。其次，良好的用户体验设计。人人贷平台的设计十分简约，平台以自动、智能的方式为用户服务，这种智能的方式是引领未来网络金融发展的趋势。

3. 人人贷的挑战

首先，行业内同类竞争对手过多。虽然人人贷的模式设计、风险控制都做得非常好，但是国内P2P行业中存在着相同类型的竞争对手，用户可以在其他平台获得相同甚至是更好的服务。其次，风险审核太严。虽然严格的风险审核降低了平台的逾期率，但是，这同样带来了较低的贷款规模，接触过人人贷平台的用户普遍都会提及难以抢到标的。这就需要人人贷考虑一下如何平分交易规模与风控的关系了。最后，过于强大的潜在竞争对手。P2P网络贷款的需求是广大的，但是P2P平台的潜在竞争对手也是强大的。传统的金融机构已经开始试水P2P行业。例如，平安的陆金所、招商银行的小企业e家以及国开行背景的开鑫贷，这些都给P2P行业的平台敲响了警钟，如果商业银行进入，P2P平台们能否经受住考验。

7.4 案例3：Kickstarter

7.4.1 基本情况

2009年4月成立的Kickstarter，是美国目前最成功的大众筹资平台，致力于支持和激励有创造性的活动。众多创意工作者将自己的创意与梦想付诸分享，然后从支持者处筹集资金，将创意变成现实产品。

网站成立的最初两年一直不温不火，在2011年迎来了暴涨。而在2012年，Kickstarter总融资项目是3.2亿美元，投资人数达220万人，成功项目有1.8万多个，平均每分钟资助者会捐出606.76美元。2014年，Kickstarter成功资助了2.2万多个项目，总融资5.29亿美元，平均每分钟资助者会捐出1000多美元，投资人数达3300万人。

因为Kickstarter，那些有着非凡创意的普通人可以依靠普通人的帮助让梦想得以实现。拥有创意和想法的人不再需要东奔西跑地寻找合适的投资人，不再需要撰写细致繁琐的商业计划书，不再需要接连不断地与投资方进行唇枪舌剑。Kickstarter的价值网络如图7-3所示。

7.4.2 商业模式

1. 愿景与使命

Kickstarter希望可以通过自己的众筹平台去实现普通民众的梦想，改变这世界上数百万人的生活，并且也已经成功地实现了自己的目标。未来，Kickstarter的使命是为生活带来有创意的项目。

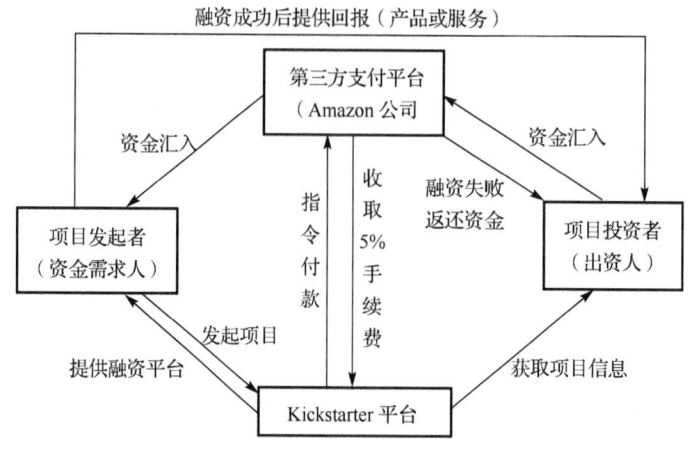

图 7-3 Kickstarter 的价值网络

众筹这一模式就是起源于 Kickstarter，就是通过搭建网络平台面对公众筹资，让有创造力的人可能获得他们所需要的资金，以便使他们的梦想有可能实现。这种模式的兴起打破了传统的融资模式，每位普通人都可以通过该种众筹模式获得从事某项创作或活动的资金，使得融资的来源者不再局限于风投等机构，而可以来源于大众。

2. 目标用户

Kickstarter 的目标客户包括"有创意、有想法，但缺乏资金"与"有资金，也愿意捐款支持好创意"的这两类人，所以说所有人都可以成为 Kickstarter 的目标客户，集结众人的力量来集结资金与精神上的鼓励，可以让好点子得以实现。

一开始，Kickstarter 的目标市场主要在美国，随后向英国、加拿大开放了业务，这样更多的人不需要透过美国账户就可以轻松上线了。目前，除了美国、加拿大、英国，Kickstarter 还计划在澳大利亚、新西兰推出服务，扩展亚太地区市场。未来，公司已经要开启"Kickstarter 学校"进行推广，指导当地创业者，并了解当地人更感兴趣的项目类型。

越走越远的 Kickstarter 不仅拥有相对固定的用户群体和影响力，在众筹界乃至整个投资行业也建立起自己的品牌口碑和优势。对于 Kickstarter 来说，或许以后面临的最大考验是如何制定一个合适的国际化战略来应对不同的文化环境和创业氛围所带来的问题。

3. 产品和服务

Kickstarter 上的项目分为 13 个门类，包括艺术、漫画、工艺品、舞蹈、设计、流行服饰、电影与录像、食品、游戏、新闻、音乐、摄影、出版、技术和戏剧。

其提供的产品和服务包括两个方面。一方面是网络创意融资的平台。需要集资的个人或团队把项目提交给 Kickstarter，然后网站会对项目的估值、信息披露、融资额等情况进行严格的审核。在富有创新性的前提下，能够最大限度地确保可行性的项目才能通过审核。另一方面，对于出资者而言，其对项目的捐助，除了创意项目有本身的实现价值之外，

Kickstarter 在连接项目方和出资方上采取了很多小技巧。它一般会要求项目给出资人一些实实在在的好处,如预购名额、折扣、限量个人化商品、抢先试用等。这不仅满足了出资人先睹为快的好奇心,还能带来自我实现的自豪感。

4. 盈利模式

Kickstarter 的盈利模式比较简单,主要是从成功获取资助的项目中抽取一定比例的金额作为平台的盈利。Kickstarter 会从所有成功的项目募集的资金中收取 5% 的金额作为盈利。

5. 核心能力

(1) Kickstarter 众筹模式降低投融资门槛。

相较于传统的天使投资,在 Kickstarter 众筹网站上,每个人的投资看起来额度很小,可能少则几十元,多则上万元,但是却能够完成一些看起来目标融资金额很大的项目。

(2) Kickstarter 众筹模式可以降低信息传播成本,提高信息传播速度。

信息是金融市场框架的核心,传统金融市场主要通过发行标准化的金融工具,并建立金融中介、信用评级公司等机构收集借款人的相关信息,以解决由于信息不对称带来的逆向选择与道德风险问题。Kickstarter 众筹模式利用网络平台传播融资信息:一方面,互联网拥有庞大的用户群和一定的社交功能,信息传播更为方便、快捷且成本低廉,相比于传统的广告推广、拜访投资人或是扫街式的宣传,Kickstarter 众筹模式以更低的成本为项目进行了宣传;另一方面,互联网信息交互性强,用户使用 Kickstarter 众筹平台发送信息和接收信息,项目发起人除了在计划中阐述项目的优势,还能在互动平台上回答投资者一些计划书中没有或是不明确的地方。借助众筹平台,借款人与投资方可以较低的成本进行高效的交流互动。

(3) Kickstarter 众筹模式满足消费者个性化定制。

Kickstarter 众筹平台不仅为项目发起者提供了一种融资渠道,也为投资人提供了对于产品个性化定制的途径。Kickstarter 众筹网站为这种满足需要的个性化定制的低成本运作提供了可能性。在 Kickstarter 众筹网站上,一些原本面向小众的产品被放在这一平台进行推广,满足了投资人的各类需求。项目发起人与投资者交流的项目评论版块的设置,使得网站不仅是一个简单的融资渠道,还拥有市场调研的功能。一些投资者可能有着丰富的管理经验或技术经验,可以在不同方面为发起人提供良好建议。一些投资者本身就是产品的潜在使用者或消费者,他们提出的建议能够帮助发起人更好地了解市场,使得产品更好地适应市场的需求。

(4) Kickstarter 众筹模式应用长尾效应鼓励创新。

相较于传统的天使投资,Kickstarter 众筹平台上,长尾效应在众筹融资方式中有着良好的应用。传统市场中,资金的投入更倾向于有名的艺术家或有一定实力的企业,而Kickstarter 众筹平台鼓励每个人都发挥自身的创造能力,发起大量具有创新性的项目,一些不是很知名的艺术家或企业的产品或项目也能拥有宽广的展示平台和交流的渠道，降低了这类项目的营销成本，使得看似需求极低的商品获得了广泛的支持，使得它们所能够筹集的资金可以与主流的产品相比较。因而，Kickstarter 众筹在一定程度上，鼓励了产品的创新。

7.4.3 管理模式

Kickstarter 的成功取决于其对项目的严格管理，以及对出资者参与程度的良好管理。

1. 对项目严格的管理

Kickstarter 众筹模式提供了一种成本低廉、流程简单的融资模式。

对于融资，传统的融资办法是，向自己的社交圈（包括亲戚朋友）借款，或者以自己的资产作为质押或以自己的收入、职业背景等材料向金融机构咨询是否可得到贷款。但在 Kickstarter 众筹模式下，项目发起人只需向众筹平台提交项目方案，向公众争取融资的支持，同时承诺以项目相关的产品、感谢等方式作为回报即可，流程非常简单。在得到社会公众的认可后，即可获得低成本甚至是零成本的项目启动资金。Kickstarter 众筹模式，让项目发起人不必过多依赖自身的人脉资源，也可以省去借款沟通的时间以及带来的尴尬，从而使项目发起人专注于项目本身。

Kickstarter 对项目的管理遵循以下三个原则。

1）项目必须创造出可以与他人分享的东西

Kickstarter 可以用来创造各种各样的东西，如艺术品和小工具、事件和空间、想法和经验。但是每个项目都需要创造出一些东西，并且可以拿来与全世界分享，在某个时刻，项目的创作者可以说："It's finished. Here's what we created. Enjoy！"

2）项目必须诚实，并且被明确地提出和呈现出来

Kickstarter 的社区是建立在信任和沟通之上的，项目不能误导任何人或歪曲事实，并且项目的创作者应该毫无隐瞒和毫无保留地介绍他们的完成计划。当一个项目涉及生产和销售一些比较复杂的东西时，比如说一个小工具的时候，我们要求项目展示出他们制作的模式，而不仅仅是一个效果图。

3）项目不能为慈善机构筹款，提供经济刺激或涉及违禁品

Kickstarter 非常支持慈善事业和投资，但是他们不允许出现在 Kickstarter 平台上，项目不能许诺会捐赠资金给慈善机构或事业经费，不能提供股票或资金回报等财政奖励等。

2. 对出资者参与程度的良好管理

Kickstarter 项目的筹资规模普遍较小，大部分都不足 1 万美元，平均每人的支持金额不超过 100 美元。正因为募集规模小，单个人支持的金额相对不大，使得社会大众对众筹有良好的参与性，募集规模相对较小，相对容易实现。

7.4.4 总结与建议

1. Kickstarter 众筹模式的成功因素

Kickstarter 众筹模式从商业和资金流动的角度来看，本质是一种团购的形式，和非法集资有着天壤之别，所有的项目均不得以股权或资金作为回报，项目发起人更不能向出资者许诺任何资金上的收益，必须以实物、服务或者媒体内容等作为回报，对一个项目的支持属于购买行为，而不是投资行为。除去本章之前提到的若干因素之外，Kickstarter 众筹备受青睐还有以下的成功因素。

(1)对于企业来说，通过众筹平台可以了解市场对自己研发的新产品的市场需求，同时通过非常廉价的产品展示及与众多的关注者进行互动，可获得相对真实的市场潜在需求。与传统的市场调研方式相比，这种方式不仅结果更加可靠，而且成本也大幅下降了。

(2)众筹平台本质上是一个社交平台，因此，它不仅有融资功能，还相当于免费的市场推广，特别是对于 Kickstarter 这种流量大的众筹平台而言，效果更突出。项目被更多的人了解和关注，相当于完成了一次成功的前期市场推广。对于好的创意得到支持，就会通过众筹这个平台转变成产品。

2. Kickstarter 众筹模式的挑战

虽然 Kickstarter 众筹融资在美国发展迅速，但也存在着许多问题，制约了其进一步的发展。这些问题可以概括为以下两个方面。

1) 股权融资限制

美国现有的众筹融资平台，都基本着眼于给投资者一次性的短期回报，缺乏以股权形式让参与众筹的投资者分享项目收益的长期激励机制设计，而这一激励机制对于激发更多的投资者参与众筹是十分重要的。这并不是这些众筹融资平台不愿意设计这种股权激励机制，而是因为受到美国金融监管法规的限制。在 2012 年美国 JOBS 法案出台之前，美国法律实际上限制众筹以股权作为标的物。美国 1933 年证券法第 5 款规定，除非满足该法第 3 款和第 4 款规定的免除条款，否则只要发行者发行或销售的证券没有在美国证券交易委员会(SEC)登记，就会被认为是非法的。在众筹融资中，因为融资金额较小，假如要向 SEC 登记的话，必然会大大提高融资成本。此外，在美国，除联邦的金融监管法规限制众筹的股权融资外，州一级负责实施的蓝天法案也是众筹采取股权融资方式的一道障碍。

2) 投资者保护问题

以 Kickstarter 为例，许多人批评该平台缺乏对融资者欺诈行为的约束机制。融资者欺诈行为可以发生在实现融资目标之前和之后。在实现融资目标之前，虽然 Kickstarter 对项目进行了评估，并通过在互联网上向公众展示以接受检验，但仍然出现了一些融资者在创意项目中造假。例如,"同步"是纽约大学学生 Shimada 在该平台上推出的电影项目,在成功融资 1726 美元并且所拍电影在校园电影节上获奖后,被发现该电影抄袭了法国一部动画短片《重播》。在融资之后,Kickstarter 也不对项目能否按时完成,甚至项目能否完成负责。项目的融资者在法律上有义务实现承诺,但如果未能实现承诺,Kickstarter 对投资者也没有任何退款机制。虽然目前在 Kickstarte 上融资者挪用资金还比较少见,但不能按期向投资者提供所承诺的产品则较为常见。Mollick(2012)曾对 Kickstarter 上成功融资的 471 个项目进行研究。471 个项目中有 381 个项目明确要给资助者某种形式的回报,381 个项目中有 3 个项目已经退款,11 个项目的筹资者没有给投资者任何反馈,因此总体的失败率为 3.6%,还是比较低的。但是在剩下的大部分项目中,都不能按期向投资者提供所约定的产品或服务。Mollick 还发现,在约定提供产品的 271 个项目中,平均延误的期限为 1.28 个月。

与美国相比,众筹融资模式不仅在国内还鲜为人知,而且遇到的监管阻力将更大,很有可能被当作非法集资。

互联网金融模式在未来 20 年将成为主流,虽然这种判断还有待历史证明,但借助于互联网技术的发展,众筹融资模式必将迎来大发展。正是预见到这种历史发展趋势,美国才在 JOBS 法案中提前作出制度安排,引导其良性发展,并在为众筹融资松绑的同时,仍然把保护投资者利益放在首位。虽然 SEC 的相关细则还未完全出台,但该法案的通过已在美国掀起了新一轮众筹热潮。

□基于互联网和团队的练习

(1)P2P 和众筹两种筹资方式的比较分析。

注册登录人人贷和众筹网,了解其基本产品和服务,并利用互联网收集它们的相关资料,根据这些资料对人人贷和众筹网进行全面的比较分析。

撰写一篇分析报告,在各小组间交流。

(2)陆金所电子商务模式案例分析,并登录注册陆金所和人人贷,了解其基本功能,通过互联网搜集这两个案例的相关资料,以会议讨论形式,从商业模式的组成要素对陆金所和人人贷进行比较分析,并展望这两种模式的发展前景。

(3)P2P 和众筹在我国都相对比较年轻,很多有关的法律法规并没有完善,通过互联网搜集国外这两种筹资模式的发展,对未来这两种模式在我国的发展做出合理性的预测。

(4)从债权众筹、股权众筹、回报众筹和捐赠众筹四种众筹融资模式中,分别找出一个具有代表性的网站,梳理其对应的产品与服务,进一步说明这些众筹融资模式的优缺点及适用范围。

(5)随着银行、基金等机构的电商平台悉数亮相,余额宝同质产品的增多,探讨下余额宝未来的发展策略及前景。

基于网上创业的学习

目前国内的大学生创业环境很好,但是资金瓶颈及对市场的认识能力不足也严重阻碍了他们前进的脚步。众筹网不仅门槛低、项目丰富,还为项目发起者提供包括投资、募资、孵化、运营等专业化的众筹服务,拥有很强的线上线下整合能力。它的介入,不仅可以帮助现在的大学生创业首先解决资金问题,还能帮助他们试探市场风向,帮助其更好地认清市场前景,准确预测市场风险。总之,众筹网承担了天使投资人、市场调查员,以及社会化营销工具等多重身份。

参 考 文 献

[1] 谢平,邹传伟. 互联网金融模式研究[J]. 金融研究,2012,12:11-22.
[2] 中国人民银行《中国金融稳定报告(2014)》:http://www.pbc.gov.cn/publish/goutongjiaoliu/524/2014/201404291621561252545333/201404291621561252545333_.html.
[3] 谢平,邹传伟. 互联网金融模式研究[J]. 金融研究,2012,12:11-22.
[4] 皮天雷,赵铁. 互联网金融:范畴 革新与展望[J]. 财经科学,2014,6:22-30.
[5] 刘澜飚,沈鑫,郭步超. 互联网金融发展及其对传统金融模式的影响探讨[J]. 经济学动态,2013,8:73-83.
[6] 黄海龙. 基于以电商平台为核心的互联网金融研究[J]. 上海金融,2013,8:18-23.
[7] 王静. 基于金融功能视角的互联网金融形态及对商业银行的冲击[J]. 财经科学,2015,3:56-65.
[8] 余额宝主页:https://financeprod.alipay.com/fund/index.htm.
[9] 天弘基金管理有限公司旗下基金2014年12月31日基金资产净值公告:http://www.thfund.com.cn/info.dohscontentid=61585.htm.
[10] 证券时报网:http://kuaixun.stcn.com/2014/0311/11235602.shtml.
[11] 阿里商业评论:http://www.aliresearch.com/blog/article/detail/id/20060.html.
[12] 天弘增利宝货币市场基金招募说明书(更新)http://www.thfund.com.cn/data/20150112082518zlbzmmew.pdf.
[13] 乔海曙,李颖. 余额宝的鲇鱼效应、存款利率市场化及其应对[J]. 当代财经,2014,8:41-49.
[14] 黎四奇,李时琼. 对余额宝所引发法律问题的思考——基于金融创新的视角[J]. 中南大学学报(社会科学版),2014,3:113-119.
[15] 董梅生,杨德才. "余额宝"交易成本、有限理性及其相机治理[J]. 改革,2014,4:141-150.

第 8 章 网络聚合模式案例分析

引言

随着互联网的不断发展，网络上的信息及资源呈几何级速度增长，根据 CNNIC 统计，2014 年底，中国网页数量已达 1899 亿。但用户要从海量的、分散的信息中获取有价值的内容却非常困难。为此，专业人士采用各种技术和方法为用户提供想要获取的信息及资源。例如，搜索引擎提供关键词的检索方式，但由于其技术局限性，搜索结果不尽如人意；Web2.0 网站采用置顶、置精等方式使自身网站的精华信息便于用户获取浏览，但同一网站中精华信息相对有限，用户只能摄取其中的一小部分。于是，人们就探索如何将资源聚集到一处，通过同一个网络平台呈现给用户，从而解决信息分散的问题，用户也因此能够获取更多、更有价值的信息，这就是网络聚合模式。

8.1 网络聚合概述

8.1.1 网络聚合的定义

网络聚合是指在将互联网上的海量信息与资源(如博客、论坛、影视、音乐、供求信息、文件等)进行人工或机器的内容挑选、分析、分类基础上,为用户提供有用的、更具针对性的信息。

网络聚合不是简单的信息堆积,而是对海量信息进行深度挖掘分析之后的分类、挑选。例如,BBS是互联网的一种应用模式,网民在BBS中发表大量内容迥异的信息,这些"原生态"信息良莠不齐,且分散于不同网站,而网络聚合可以通过深度的挖掘为广大用户贡献更具价值含量的信息。

聚合与搜索有相似之处。无论是Google还是百度都没有原创内容,通过搜索工具,它们为用户提供高效获取所需信息的服务。与之相似,聚合网站也不生产原创信息,却能在海量原创信息中萃取出有价值的信息,供用户方便快速地浏览,这与搜索引擎模式有些类似。但网络聚合模式也与搜索引擎有很大区别。网络聚合模式往往会采用人工编辑的方式对内容进行挑选、分类,甚至附加评论,其精选程度远高于搜索引擎,且内容选择的风格受网络编辑喜好的影响。

聚合与分享既有联系也有区别,聚合与分享是用户获取资源的全过程。聚合是分享的前提,分享是聚合的目的;聚合是由信息提供者完成的,而分享的对象是用户;聚合强调不同来源的资源整合,而分享强调用户贡献。

网络聚合模式就是聚合网站运营商凭借网络聚合为用户提供更具针对性的信息,提升用户获取信息及资源的效率,据此吸引大量企业用户、个人和资源合作者,并采取收取广告费、用户增值服务费和资源销售分成等盈利模式的互联网运营模式。

8.1.2 网络聚合的分类

网络聚合的分类有多种角度,主要的分类方法有两种,一种是按照聚合采用的技术来划分,另一种是按照聚合的内容来划分。

1. 按照聚合采用的技术划分

按照聚合采用的技术来划分,可以分为人工聚合、混合聚合、RSS聚合等。纯搜索引擎的聚合不属于该类模式,例如,纯由搜索程序分类的百度新闻,属于搜索引擎模式,而不属于网络聚合模式。

1)人工聚合

人工聚合是指信息或资源是由聚合网站编辑纯人工挑选的一种方式。目前,纯人工聚合模式的网站很少。值得注意的是,许多个人网站整站转载其他网站的模式是一种侵权行为,不能算作人工聚合网站,因为聚合类网站往往仅提供网址链接而不是复制他人网站的内容。

2)混合聚合

混合聚合是指采用机器搜索、归纳加上人工编辑挑选的一种方式。这种方式是网络聚合类网站最普遍的一种。混合聚合类网站一般拥有技术先进的搜索及数据分析程序,并具有较强的数据挖掘功能,但搜索及数据分析程序仅是信息及资源聚合的第一步,更为重要的是人工编辑的挑选、分类及评论。目前主流的部分混合聚合网站如表8-1所示。

表8-1 混合聚合网站

序号	网站名称	网址
1	大旗网	http://www.daqi.com
2	迅雷在线	http://www.xunlei.com
3	聚合网	http://www.joohe.com

3)RSS 聚合

RSS 聚合是指采用 RSS 技术进行信息聚合的一种方式,通常在时效性比较强的内容上使用 RSS 订阅能更快速获取信息,网站提供 RSS 输出,有利于让用户获取网站内容的最新更新。网络用户可以在客户端借助于支持 RSS 的聚合工具软件,在不打开网站内容页面的情况下阅读支持 RSS 输出的网站内容。

RSS 有三种解释:Really Simple Syndication、RDF(Resource Description Framework)Site Summary、Rich Site Summary,这三个解释都是指同一种 Syndication 的技术。RSS 聚合要成功完成,首先需要信息发布网站发布一个 RSS Feed,其中的数据都是标准的 XML 格式,能够直接被其他网站调用,也能通过 RSS 阅读器直接浏览。表8-2 列出的是部分 RSS 聚合门户网站。

2. 按照聚合的内容划分

按照聚合的内容来划分,可以分为资源聚合、社区聚合等。

1)资源聚合

资源聚合是指通过人工及搜索程序对图片、视频、音乐、动画、文件等资源进行聚合的一种方式。表8-3 列出了部分资源聚合网站名称及网址。

表8-2 RSS 聚合门户网站

序号	网站名称	网址
1	抓虾网	http://www.zhuaxia.com
2	豆瓣9点	http://9.douban.com/
3	鲜果网	http://xianguo.com

表8-3 资源聚合网站

序号	网站名称	网址
1	迅雷在线	http://www.xunlei.com
2	VeryCD	http://www.verycd.com
3	百度文库	http://wenku.baidu.com
4	e拍客	http://www.epaike.com

2)社区聚合

社区聚合是指通过人工及搜索程序对博客、论坛、SNS 等网站用户原创信息进行聚合的一种方式。表8-4 列出了部分社区聚合网站名称及网址。

表8-4 社区聚合网站

序号	网站名称	网址
1	大旗网	http://www.daqi.com
2	帖易网	http://www.teein.com
3	聚合网	http://www.joohe.com

8.1.3 网络聚合模式的特征

1) 聚合分散资源，降低用户获取资源的成本

互联网的高速发展，尤其是 Web2.0 的发展，使网络资源呈几何级速度增长。但由于各种资源分散于庞大的互联网中，用户获取资源非常困难，寻找目标资源需要较大的时间成本。而网络聚合很好地解决了这一问题，它不仅具有搜索引擎的特点，还明显体现在人工挑选上。因此，网络聚合能够为用户提供比搜索引擎更精准的资源，大大降低了用户获取资源的成本。

2) 网站不需要自创内容，仅需进行挑选和编辑

非网络聚合类网站的内容均由网站编辑或用户产生，需要较大投入。而聚合类网站的内容完全来自其他网站，仅需对其进行挑选和编辑。这相对于网站自创内容而言，投入大大降低，且能够保证网站内容丰富以及不断更新。

3) 聚合互联网的精华资源，资源优势远高于单一网站

由于网络聚合类网站的内容来自互联网，且经过网站挑选和编辑，内容聚集了各类网站的精华，资源优势远高于单一网站。

4) 仅提供互联网资源链接，硬件成本大大降低

网络聚合类网站仅提供互联网资源链接，减少了服务器、带宽及存储介质的投入，大大降低了硬件成本。而且，随着网站流量的增加，硬件投入成本的优势更加明显。

8.2 案例1：鲜果网的 RSS 聚合

8.2.1 基本情况

鲜果网（http://xianguo.com/）于 2007 年 6 月创建，是国内最大的在线订阅服务提供商。用户可以在鲜果上订阅自己喜爱或希望随时关注的新闻、博客以及各类网站信息，鲜果会将用户订阅的最新内容自动、及时地推送给用户。网站定名为鲜果，也正是取其新鲜的含义，用意是鲜果网可以把散落在互联网各个角落的信息，根据用户的需要及时提炼出来，像新鲜的水果一样给用户。

鲜果网获得 KPCB、盛大等机构投资，与行业内众多领航者建立合作，其中包括新浪、雅虎、百度、和讯、Tom、CSDN、中金网、阿里博客、Blogbus、Feedsky、南方周末、一五一十等。数以万计的博客网站将鲜果作为订阅首选工具，2012 年 10 月，鲜果已经拥有超过 900 万注册用户，日活跃用户比例超过 10%，近 500 万的移动端用户。鲜果数据中心拥有超过 36 亿个信息条目，并以每天 700 万条的速度增长，约 450 万个信息源，每天更新资讯数量超过 500 万条。

鲜果网的价值网络是以鲜果网为中心，向广大鲜果用户提供新闻、博客及各类网站信

息的订阅服务，为了能够给用户提供更全面、优质的内容，鲜果网与众多资讯网站、博客网站等建立了合作关系，鲜果网与国内主流的报社、杂志社、出版社和优质网站等版权方建立了良好的合作关系，将用户从近300万个博客、新闻网站、报纸杂志、电子书、网络小说中订阅的新内容在第一时间推送给用户，为用户提供更丰富和方便的在线阅读服务。其价值网络如图8-1所示。

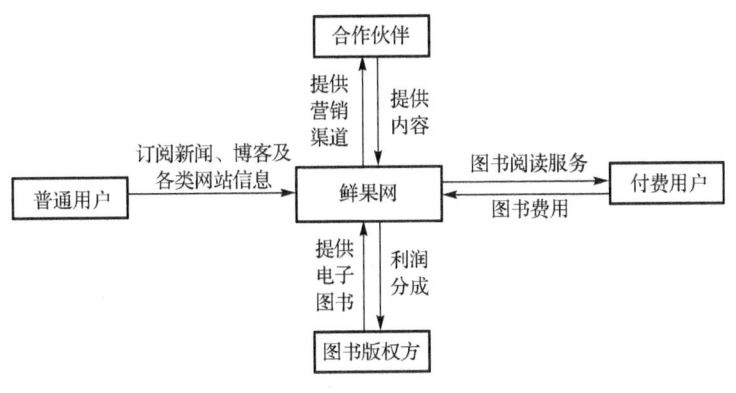

图8-1 鲜果网的价值网络

8.2.2 商业模式

1. 战略目标

鲜果网的使命就是立足于为全球互联网用户提供网站内容聚合服务，在互联网信息爆炸的时代，帮用户过滤、提炼信息，并第一时间将与用户相关的高价值信息展示给用户。其战略目标是成为信息爆炸时代人人皆可从中得益的信息聚合、智能推荐平台，国内Blogger及信息工作者的首选，其愿景就是做好移动阅读这件事情，希望能让更多的人通过鲜果，阅读到自己喜欢的、更有价值的资讯，包括新闻、博客、电子图书、小说连载等。

2. 目标用户

鲜果网的目标用户群是Blogger和信息工作者，主要分为四类，即活跃博客及其读者、互联网从业人员、传媒从业人员和大学生。对于这些用户来说，鲜果可以帮助他们聚合其常用的、感兴趣的网络资讯，将信息推送给用户，极大地提高他们的信息获取效率和工作效率。

随着鲜果用户群的扩大，鲜果的用户群也开始呈现多样性的特征。有传统公司用户使用鲜果做市场情况跟踪的，有传媒机构用户使用鲜果做资讯采集整理的，也有大学生、中学生使用鲜果订阅学习资料的，还有更多的用户使用鲜果来跟踪关注朋友们的博客。

3. 产品与服务

鲜果网向广大用户提供的主要服务就是订阅功能，鲜果只专注于做好"阅读"这一件事情，为此，鲜果提供以下具体的产品和服务。

1) 推荐服务

为了让用户更易找到质量高的频道内容，鲜果推出了"热点"、"读书"和"鲜果榜"三个基本的服务频道。"热点"是按照新闻、财经、科技、娱乐、体育、时尚六个主栏目分类列出时下热点文章供用户浏览，为了让用户看到新鲜又好看的文章，鲜果按推荐时间和推荐次数整合对文章进行排序，同时用户也可对热点文章进行推荐、分享、收藏、打标签和评论。"鲜果榜"将所有收录进鲜果频道库的频道整理起来，通过排行榜的形式分门别类地展现给大家。"读书"是按照综合、财经、人文、小说、生活五个栏目，网罗互联网上的热点图书并向用户加以推荐的一项服务，用户还可针对自己阅读过的图书书写书评，书评会被同步到社区与别人进行分享和交流。

2) 阅读增值服务

对于鲜果网的用户，鲜果提供了绑定博客服务。在积分达到500之后，鲜果用户可以绑定一个博客（如新浪博客、百度博客、搜狐博客等），将自己在博客上新发表的文章自动分享给用户在鲜果上的读者，这一功能对很多博客写手和知名博主意义很大。针对手机和平板电脑用户，鲜果推出了"鲜果联播"。鲜果联播是鲜果网推出的一款免费阅读工具，该工具聚合了9000家媒体，为人们在碎片时间的阅读提供个性化订阅和简洁的杂志排版服务，将内容以杂志的方式呈现给用户，目前有iPad版、iPhone版、Android版和Windows Phone和Win8版。用户可以使用鲜果联播从数百万名人博客、各大新闻网站和知名报纸杂志中订阅自己喜欢的内容，参与讨论、收藏、转发自己感兴趣的信息，在社交网站上分享阅读信息，以及离线下载新闻资讯，实现移动阅读，也可以绑定新浪微博账号，实时跟踪好友动态，了解热点资讯。

4. 盈利模式

鲜果网期望首先通过优质的产品和服务将用户吸引到这个平台上来，鲜果网专注于移动阅读，目标是两年内不盈利，而把盈利的节点放在2015年后。

目前，其盈利模式主要有两个方面：一方面是面向普通用户，提供付费阅读等服务；另一方面是面向企业提供知识管理、广告等服务。同时，鲜果网也在不断探索和尝试商业化，例如，使用"贝壳"作为鲜果的虚拟币推进付费阅读，和出版商洽谈新书引进获得分成，和电商网站商洽流量导购等。鲜果网目前已经在付费阅读方面进行了盈利尝试。鲜果与版权方合作，向用户提供付费电子图书，用户付费购买的图书可以永久在鲜果网进行在线阅读。

5. 核心能力

鲜果网的核心竞争力在于其专注阅读服务和极佳的用户体验。从以前的旧版，到现在的新版，鲜果网的每一个举措都是从用户角度出发提供持续、可信任的服务，在细节上，通过对用户反馈持续的跟进，根据用户的需求不断更新功能，力求做到最符合用户的浏览习惯、使用习惯，为用户节约时间、提高效率。

鲜果网拥有一支持之以恒、不断创新的团队，只专注于做好"阅读"这一件事，创立以来通过和新浪、和讯、百度、阿里、雅虎、Tom 等数十家网站紧密合作持续提供可信任的服务。

8.2.3 技术模式

鲜果网是一个在线订阅服务提供商,作为一个典型的功能型网站,它为用户提供订阅、浏览、检索服务。能够对海量、无序内容进行自动分类对团队人数不多的鲜果网非常重要,因此,鲜果网运用了关键词抽取技术、文章语义关联技术等,实现网页内容聚类、网页内容分类、Tags 标签抽取、文章语义关联等功能,在极大的方便鲜果用户使用的同时,也减轻了鲜果网人力方面的压力。

8.2.4 经营模式

1. 借助 SNS 特性扩大网站影响

在对外推广方面,鲜果网借助 SNS 特性和基于病毒性传播的邀请制,来扩大网站影响。首先,新版的鲜果对文章增加了分享功能,用户可将自己感兴趣的文章分享到新浪微博、腾讯微博、开心网、人人网、白社会、豆瓣网、若邻网、QQ 空间、百度收藏等热门 SNS,借助用户的好友圈子,扩大文章的传播范围,同时提高网站的知名度。其次,鲜果的用户首页具有明显的 SNS 特性。像微博一样,用户可成为鲜果其他用户的读者,可以发表 140 字以内的日志,首页可以显示用户关注的内容。同时,积分达到 500 分的鲜果用户可以绑定一个博客,将自己在博客上新发表的文章同步分享到鲜果日志。最后,鲜果通过奖励贝壳的方式鼓励用户邀请好友到鲜果来,借助这一方式扩大鲜果的受众范围。

2. 开发移动阅读产品,进军移动互联网市场

近几年,移动互联网市场发展迅猛,手机用户数量增长迅速,据 CNNIC 所发布的《第 36 次中国互联网发展状况统计报告》显示,截至 2015 年 6 月底,手机用户数量达 5.94 亿,手机网络新闻在用户手机上网应用使用率中排名第二,达到 83.1%,手机网络文学的应用率也达到 42.6%。鲜果网在移动互联网市场也加快了部署步伐。2011 年鲜果网获得 KPCB China(凯鹏华盈中国基金)800 万美元融资,全部投入移动阅读市场,全面提升鲜果阅读的服务品质。2014 年鲜果网关闭 RSS 订阅服务,集中力量关注移动客户端"鲜果"产品的发展。针对手机版本的"鲜果联播"上线苹果的 APP Store、Windows Phone、Android APP On Google Play,使手机用户也可享受到 RSS 服务。同时,加大在移动阅读产品方面人才的招聘力度和招聘规模,并且将 SNS 特性融入到其移动阅读产品中。

8.2.5 管理模式

鲜果网是一个仍处于成长期的 RSS 平台,因此,其管理模式类似于创业成长期的企业管理模式。

1. 员工选择

鲜果网在选择团队成员时把关非常严格，他们认为早期的一个团队成员，会影响到后期的 10 个，甚至是 100 个，因此他们不会因为工作安排紧急，就勉强找个成员加入到自己的团队中，而是会综合考虑其综合素养。

2. 注重沟通、把握好关键点

在从创意到产品的过程中，鲜果团队克服了大量的困难，其中包括市场调查数据的缺乏、团队的凝聚力、上下游合作伙伴的支持、产品的前景等。在这一过程中，鲜果团队内形成了平等、务实、直击要害沟通的氛围。鲜果团队的管理者也强调异议者的作用，广纳意见，在处理事情时力争把握好关键点，清晰产品定位。

3. 资本模式

鲜果网已获 KPCB、盛大等机构投资，2009 年获得盛大 100 万美元投资，2011 年获得 KPCB China（凯鹏华盈中国基金）800 万美元融资，投资机构均看好鲜果网长期积累的大数据和良好的发展前景。

8.2.6 总结与建议

1. 鲜果网的成功因素

鲜果网不急功近利地专注于用户阅读，一直在很踏实地满足用户的需求，改进自己的服务。鲜果重视用户的意见，对于用户提出的意见和建议能够认真考虑，并融入到产品设计中。谦虚低调的做事态度、认真的做事风格，使得鲜果网能够设计出越来越贴近用户需求的功能和服务，也越来越受到大家的认可。

2. 鲜果网与抓虾网的比较分析

抓虾网和鲜果网在为用户提供订阅信息方面的服务大同小异。主要运行方式都是汇聚网络上的 RSS 资源，并通过用户对文章内容的评价排列这些资源。每一位用户既是信息的接受者，也是信息的传播者。前一个用户的判断将直接影响下一个用户是否能看到这个资源。这种依靠前端用户意愿集合而非网站后台控制的方式，结果更加具有公信力，与百度的竞价排名截然不同。

除此之外，在提供的附加产品上，二者略有不同。鲜果网更加倾向于 SNS 特性，而抓虾网则进一步向信息聚合发展。抓虾聚搜就是典型的代表产品，它将百度、Google 等算法各异的搜索引擎的搜索结果权重，呈现到用户面前。

在盈利方式上，鲜果网的盈利是付费阅读，抓虾网则推出了互动营销平台，通过和给抓虾网提供内容的 web2.0 网站利润分成的方法，来组织广告业务。

但鲜果网要做大做强，还要面临以下几个问题。

1）加强推广

鲜果网对于用户有很大的用户价值，每一个用户都有高效获取相关性强的信息的需

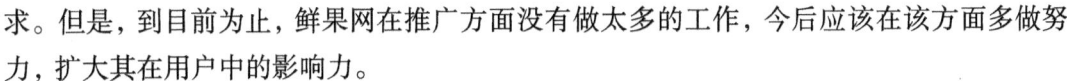

求。但是，到目前为止，鲜果网在推广方面没有做太多的工作，今后应该在该方面多做努力，扩大其在用户中的影响力。

2) 重视内容

尽管鲜果网本身不是做内容的，但是却是靠内容聚合吸引众多用户的注意力。内容没有吸引力，也终将失去用户。因此，在做好阅读工具的同时，鲜果网也应该帮助博主们挖掘博客更多的价值，强调内容建设和更新。

3) 探索盈利

鲜果网盈利模式不同于一般电子商务网站，也不属于单纯依靠广告实现盈利。盈利模式不明确将影响其进一步发展。

8.3 案例2：豆丁网

8.3.1 基本情况

豆丁网(http://www.docin.com/)创建于2007年，是一个专业的社会化阅读分享平台及文档内容营销平台，属于资源聚合型的网站。豆丁网已成功跻身互联网世界全球500强，成为提供垂直服务的优秀网站之一。豆丁网拥有分类广泛的实用文档、众多出版物、行业研究报告，以及数千位行业名人贡献的专业文件，各类读物总数超过两亿，是目前全球最大的中文文档库。豆丁网支持PDF、DOC、PPT、TXT在内的数十种格式的文档文件上传，用户可以通过豆丁播放器浏览文档，也可以通过下载直接取得文档。豆丁网鼓励原创、鼓励分享、尊重和维护上传者的权益。在豆丁网，除了可以以非常环保的方式、低廉的价格看到热门图书，用户还可以借助豆丁，分享文档，并通过豆丁发表到不同博客、论坛以及各种平台上，进行广泛传播。

豆丁网的价值网络是以豆丁网为平台，为用户提供文档的上传、浏览、分享、下载、评论等功能。在此基础上，为企业提供广告投放服务。为了给用户提供全方位和最具专业性的文档内容，豆丁网与多家出版社、行业组织、数据机构、会展等机构进行合作。此外，豆丁网还向个人站长免费开放豆丁API，其价值网络如图8-2所示。

8.3.2 商业模式

1. 战略目标

豆丁网的目标和使命是"分享智慧，原创价值"，持续专注于文档分享和价值挖掘。在文档浏览、查找、分享、上传等方面做阅读体验方面的专家；在内容引入、输出、运营等方面做内容管理方面专家；在文档定价和支付、定制、付费阅读、机构与UGC等方面做文档营销专家。其战略目标是致力于打造全球最大的中文社会化阅读平台，为用户提供一切有价值的可阅读之物。

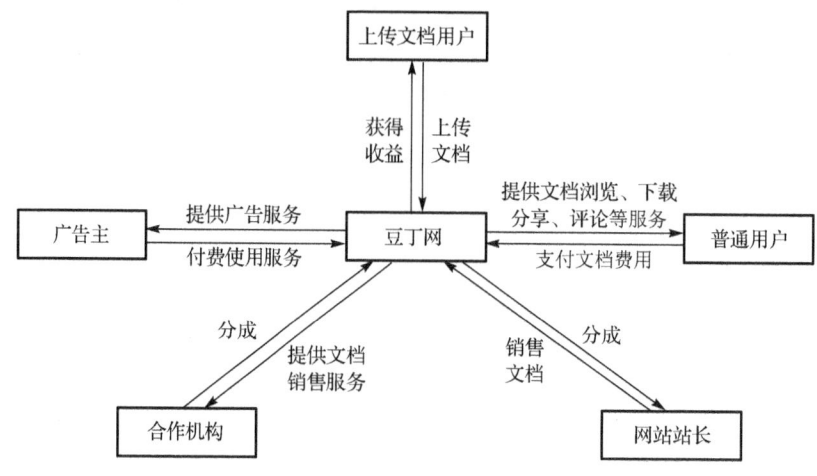

图 8-2 豆丁网的价值网络

2. 目标用户

豆丁网的目标用户主要是学生和职场白领,这两类群体渴求方便快捷并费用低廉地获得自己想要的知识。豆丁网创立的初衷就是帮助这两类用户提供更多、更便宜、更方便的获取知识的途径,克服由于经济原因或者文化原因带来的不公平,让每个人都能有平等的机会来获取知识。截至 2013 年 12 月底,豆丁网总注册用户达 9000 万,文档总数超过两亿,日均上传文档数在 70 万~90 万,日活跃用户超过了 1200 万,文档日均浏览总量接近 7000 万人次。

3. 产品与服务

豆丁网提供的产品和服务包括用户浏览、上传、分享、下载、评论文档等个人服务,以及文档销售、广告投放等商业服务。

1) 个人服务

豆丁网向用户提供教育、考试、计算机、论文、经济等方面文档的上传、下载、浏览、分享、评论和销售等功能。自 2007 年创建以来,豆丁网在很长时间内都以 UGC(User Generated Content,用户生成内容)为主,原创内容占到网站内容总量的 90% 以上。和视频网站所历经的从用户分享到推广正版原创内容的步骤一样,豆丁网于 2010 年加大与机构方面的合作,打造更加全面的社会化阅读平台,以应对越来越规范的互联网环境和数字阅读行业日益激烈的竞争,并开始 B2C 业务的探索。

为便于用户管理自己购买、收藏的文档,豆丁网推出阅读管理平台——"我的书房",用户可以在 PC、手机、iPad 等终端设备上随时随地对文档进行查阅和管理;为帮助用户更方便快捷地上传文档,豆丁网向用户提供了自主开发的文档批量上传工具——豆丁桌面;为了让用户能够拥有更全面、更专业的文档内容,豆丁网"股票"和"会议"频道,聚合的文档内容全部来自于版权方的提供;为使用户更易识别专业性较高的原创文档资源,豆丁网推出用户身份认证服务,针对乐于原创且拥有某个领域或行业内专业性资源的用户,可获

得豆丁网认证用户特有标志；针对乐于原创的业内名人、大众名人、知名企业、机构的管理层人员，可获得豆丁网行业名人特有标志。

2) 商业服务

针对企业客户，豆丁网提供一般的互联网广告服务；针对合作机构，豆丁网为它们提供了良好的互联网营销渠道，首创机构入驻的"店中店"模式，合作机构可自主定价，自主设定自身内容的用户阅读模式，自主选择是否采用豆丁网付费阅读产品等，实现内容营销；针对互联网网站的站长，豆丁网为其提供豆丁 API 这一免费的开放式"文档分享营销系统"的应用接口工具。站长可自主管理其定制的豆丁 API，自定义文档分类，设置分类属性限制，查看用户文档的访问统计详情等，且豆丁 API 针对搜索引擎的 SEO 卓有成效，可帮助站长增加网站流量，提升 Alexa 排名，另外，豆丁 API 提供了文档销售和专卖机制，通过站长网站交易的文档，站长可获得分成。

4. 盈利模式

1) 广告收入

豆丁网的广告形式主要包括页面广告和文档内嵌广告两种。页面广告包括首页通栏广告、首页右侧 button、终极页中间广告、播放器页间通栏广告、按钮广告、分类页右侧 button 等。文档内嵌广告即在用户自愿的情况下，在用户的文档里增加豆丁广告位，其他用户观看或点击这些广告时，豆丁将会与文档上传者分成，豆丁广告系统也会分析文档内容，在其上精准地投放广告。

2) 文档交易手续费收入

在豆丁网上的每笔文档交易成功，豆丁要收取 50% 的交易手续费。另外，基于手机终端阅读的人群越来越庞大，豆丁网开发并推出基于 Andriod、ios 等平台的阅读工具，培养起一定数量的用户之后，盈利重点向移动终端转移。

5. 核心能力

在国内数字阅读行业，不乏像百度、淘宝这样的用户基础好、实力强的知名互联网企业，但是，豆丁网却能在这激烈的竞争中占据一席之地，其核心能力主要有以下几点。

1) 内容差异化优势

豆丁网从创建之初就致力于为学生和白领提供学习和工作方面的帮助，侧重于行业分析、研究报告及策划书之类的实用性质的文档建设。纵观豆丁网几年的发展历史，从网站以前的豆丁校园、豆丁 PPT，到"机构内容"、"书城"、"会议"、"行业名人"以及现在的"工作总结"、"作文"等频道和与人人网合作共建的针对高校的"文档频道"，都是针对于这一目标群体进行的专业性较强的实用性文档内容建设。

2) 产品优势

豆丁网持续专注于文档分享和价值挖掘，豆丁 API 即是其为了扩大文档分享范围推出的一款产品。豆丁 API 是豆丁网针对网站站长开发的免费开放式"文档分享营销系统"的应用接口程序。当网站站长将豆丁 API 代码嵌入到网站中，相当于豆丁网向他们提供了文档销售专卖机制，网站上的每一笔文档交易，站长都将获得 50%的佣金，通过这种方式吸引网站站长加入豆丁 API 内容联盟。并且该网站也拥有了一个文档分享频道，网站的用户可以不必登录豆丁网，自由上传、销售各种格式的文档。

8.3.3　技术模式

作为产品主导的技术型公司，豆丁网坚持研究和利用 Flash/DRM 等数字内容版权加密保护技术，为通过豆丁发布和销售的文档提供版权加密保护。通过豆丁封装的文档，不再是一个真正的文件，而是基于网页的 Flash 演示代码，它只能被嵌入到互联网的任意网页或 Email 中进行传播。豆丁播放器是这种技术的完美体现，它完全基于 Flash 技术在网页上展示，使用户可以直接在线浏览 Word、PowerPoint、TXT、PDF、PSD、JPG 以及更多其他格式的文件资料。这种独特的 DRM 应用，能够保护用户的文档安全，避免恶意盗取。另外，在保证文档版权的前提下，豆丁播放器还特别针对搜索引擎做了优化设置（SEO），使文档被更多的搜索引擎收录。并且豆丁播放器还提供直接发布到博客、邮件发送、WEB 代码嵌入等多种分享方法，使任何人都能通过这些方法将"封装"的文档分享给其他人，扩大文档分享范围。

8.3.4　经营模式

1. 立足实用文档，实施需求差异化竞争战略

目前，数字阅读行业处于飞速发展期，很多互联网企业都看好这一新兴市场，盛大文学、淘宝等都宣布进军数字阅读。为了做到能够在竞争中取胜，豆丁网立足实用文档，寻求差异化竞争。为了给用户提供高质量的实用文档，豆丁网引入行业名人及原创用户认证机制，同时积极寻求机构合作，为用户提供正版化数字内容，合作方包括出版社、行业组织、数据机构、会展等多种类型的行业机构。截至 2015 年 1 月，豆丁网的合作机构包括出版类版权方 365 家和非出版类版权方 693 家。豆丁网"会议"频道整合国内大型会议中高价值文档的内容，新推出的"工作总结"频道提供工作总结的写法和各行业各类工作总结的模板，"作文"提供各年级不同题材的作文范本，来满足部分小众用户端需求。

2. 推出 iPhone、Android 等客户端产品，争夺移动互联网战场

近几年，我国移动互联网发展迅速。基于无线通信技术，以手机为代表的移动终端，成为展现资讯内容的"第五媒体"，进一步促进了媒体的融合化和信息分享行为，推动了网络在人们生活中的深层次渗透。面对移动互联网快速发展的态势，豆丁网也非常重视移动互联网市场的开发。为了满足不同用户的需求，豆丁网在 2011 年 5 月首次发布 iPhone、Android 客户端产品，并致力于通过内容展示方式、搜索技术改进等来提升用户体验。

3. 与 SNS 建立联盟合作关系，体现社会化阅读分享理念

SNS 是互联网的主流应用之一，借助 SNS 的社会化特性，豆丁网扩大了其文档分享和传播的范围。目前，豆丁网与多家 SNS 网站建立联盟合作关系，用户可通过人人网账号、QQ、新浪微博账号、盛大通行证、MSN 等直接登录豆丁网，同时可以将其在豆丁网发布、分享的内容即时同步到这些 SNS 网站，扩大了豆丁网内容的展示渠道，并且可以通过用户在 SNS 上好友的转播和互动使豆丁网的内容得到进一步传播，这进一步体现了豆丁网要建立社会化阅读分享平台的理念。2011 年 6 月，豆丁网与人人网达成官方战略合作，联手在人人网上推出文档应用功能(doc.renren.com)，针对人人的网友开辟文档功能，使人人网的用户能够在人人网自由查找各高校的海量学习文档，并且可以根据该用户的目前人际关系网络对文档进行分享，以推进实用性文档应用的大众化和普及。这是豆丁网推进社会化阅读分享的又一举措，并且借助这一战略，豆丁网的用户数量也得到了大幅增长。

8.3.5 管理模式

1. 文档上传审核管理

随着互联网的发展，版权保护问题越来越引起人们的关注，数字阅读行业的侵权案件时有发生。豆丁网一直比较重视文档内容版权的管理，针对版权内容建立版权文档库，如用户上传文档与版权库中文档重复，则不能通过文档上传审核，拒绝重复或相近文档的"一稿多投"现象，从源头解决侵权盗版问题，从而有效提高了文档的版权保护力度。豆丁网的内容审核管理也为其与电子出版行业奠定了扎实的合作基础。

2. 文档编辑管理

豆丁网的文档编辑以豆友为核心，所有文档都由豆友提供和管理。豆丁网深信在自己擅长的领域内，豆友就是最卓越的编辑。豆丁会根据豆友擅长领域关键词来为豆友分配所属领域的文档，以提高文档整理后的审核通过率。豆友也可以围绕自己擅长的领域，如"计算机"、"英语学习"等，在社区领取文档任务，将文档分类、添加简介，并依据文档的"完整度"、"清晰度"、"内容质量"对文档进行合理的评分。最后由豆丁管理员审核用户的整理结果，并给予合理的经验值奖励。同时，豆丁管理员会根据审核结果对于恶意赚取经验值的用户进行相应的惩罚——扣取其经验值或有限期封闭账号。

8.3.6 资本模式

豆丁网持续专注于文档分享和价值挖掘，一直在这一细分领域悄悄地成长，网站拥有不可复制的注册用户和文档资源吸引了大量资金的关注。但是网站坚持自己的理念，在融资方面保持谨慎的态度。

1. 天使投资

在网站初创时期获得天使投资基金嘉丰资本的投资。

2. 战略投资

2011年，盛大旗下盛大在线协助豆丁网融资500万美金，完成了豆丁网首轮融资，豆丁网文档资源与盛大文学旗下产品也实现了资源共享。

8.3.7 总结与建议

1. 豆丁网的成功因素

豆丁网立足数字阅读行业，已跻身互联网世界500强，其成功的因素本质上是其立足实用文档，满足用户差异化需求。

1）海量文档，轻松浏览

豆丁网拥有世界最大的中文文档库，文档超过2亿份，覆盖各领域。豆丁播放器支持多种文件格式，使用户获取海量内容，轻松实现在线浏览。

2）专业品质，最优体验

豆丁网持续专注于文档分享和价值挖掘，为用户提供专业的服务。播放器无须安装任何软件或插件，操作简便、阅读流畅，使用户获得畅快的文档浏览和下载体验。

3）鼓励原创，尊重用户权益

豆丁网与众多行业机构及认证用户进行广泛合作，为用户提供全方位的专业性文档内容。保护文档原创者的创造性和正当收益，同时注重保护原创作者的文档安全，避免恶意盗取。

4）一键搜索，沟通无限

豆丁网平均每天有超过300万用户进行文档搜索，文档有更多的机会被浏览。用户也可以针对自己的问题发出需求，通过豆丁社区服务为用户提供优化的文档索取和查找支持。

2. 豆丁网与百度文库、中国知网的比较分析

与百度文库相比，在文档资源方面，尽管二者目前都主要是UGC模式，但运营侧重点各有不同。在中国的文档分享领域，百度文库进入时间较晚，但是百度凭借其庞大的用户资源、便利的搜索以及完全免费的分享机制，于2010年迅速崛起，很快便抢占了半壁江山。百度文库中的文档种类齐全，包括"幼儿小学教育、中学教育、高等教育、外语学习、资格考试、专业文献、应用文书、文学作品、生活娱乐"等。由于百度文库在创建之初将运营重心放在了文档扩建上，而忽视了文档（尤其是文学类文档）的版权保护及原创作者的关系维护问题，因此发生了百度文库侵权事件。随着互联网环境越来越规范、公民的版权意识的逐渐提高，这是一个必然现象。百度也意识到了这一点，2011年3月，"文库合作平台"上线。与百度文库相比，豆丁网在上线不久就引入付费阅读模式，是国内文档分享行业最早做付费阅读的平台。与此同时，豆丁网很早就关闭了UGC模式的小说以及电子书频道，所以豆丁网没有明显的侵权内容和版块，豆丁网也是国内最早引入机构合作的平台，在运营模式上较重视版权的保护。另外，与百度文库文档的包罗万象不同，豆丁网一直立足实用文档，致力于满足学生和职场白领这类用户的学习和工作需求。

与中国知网相比，二者的商业模式不同。中国知网是走专业期刊和精英学者合作的路线。大部分的资源都是由这些出版类媒体提供，虽然优质，但时效性受传统平面限制一般会在一个月以后才能发布，并且中国知网上所有文档用户必须付费才能阅读。豆丁网则不同，目前其90%的文档都由普通大众提供，时效性强，并且大多数文档都是免费的。尽管豆丁网现在也开始与版权方进行合作，版权方的类型与中国知网也有所不同，包括期刊、杂志类的出版类版权方和机构类的非出版类版权方，而且版权方对其提供的很多文档也都是实行免费策略。

豆丁网在今后的发展中也面临着以下几个问题。

1）提高响应速度

目前豆丁网存在的一个比较普遍的问题就是响应速度慢，这体现在很多方面。例如，文档审核转换的时间较长，豆友上传的文档长时间地得不到回应，这样会降低豆友上传文档的热情；另一方面，豆友在社区提出的问题也长时间得不到解答，这也会降低用户对网站的信任度。豆丁网应该在这方面尽快改进，提高响应速度和服务质量。

2）完善文档分类

豆丁网目前对文档的分类还不是很完善和合理，因此，豆友在上传文档时需要自己对文档进行一个比较合理的分类定义，这就使文档分类不够科学，影响读者的搜索效果。

3）加大营销力度

通过搜索会发现在很多网站和论坛上有关于豆丁的一些负面评论，很明显这些评论会对豆丁网产生非常不好的负面影响，一些不明就里的网友可能会对豆丁产生先入为主的不好的看法，尤其是互联网的传播速度如此之快和广泛，更应该引起对这方面问题的重视。针对这种情况，豆丁网应该加强网络营销管理，做好舆情管控，通过各种方法和手段来消除负面影响，做好豆丁网的宣传，让众多网友对豆丁网产生正确的认识。

8.4　案例3：优酷网

8.4.1　基本情况

2005年11月，原搜狐总裁和首席运营官古永锵创立合一网络技术有限公司，管理300万美元的"搜索资金"。2006年3月，合一网络将所有搜索基金投入优酷网，运营视频分享网站，同年12月，优酷网（http://www.youku.com）正式上线。2007年，优酷网成为盛大网络独家游戏视频支持网站，并先后与百度、搜狐达成战略合作。同年7月，中国互联网协会发布互联网行业调查报告显示，优酷网在品牌认知度、用户喜好度领域位居行业第一，成为国内网络视频行业的第一品牌。2008年，优酷网先后成立上海分公司及华东地区营销中心、广州分公司，继续拓展国内市场。在资质方面，优酷网于2008年7月获得了国家广电总局颁发的"信息网络传播视听节目许可证"及北京广电总局颁发的"广播电视节目制作经营许可证"，成为正版影视节目发行、传播和营销的合法平台，为网站的持续经营铺平了道路。2010年12月8日，优酷挂牌纽交所，成为全球首家在美独立上市视频网站。2014年，艾瑞多屏用户行为数据库 iMediaMatrix 发布8月数据显示，优酷多屏使用次数率先突破100亿，是视频行业首个实现该项突破的品牌。

"优酷"网名的"优"代表服务品质，优酷所倡导的精品视频文化使精品内容浮出水面，使用户价值得以充分展现；"酷"代表用户体验，第一时间品味独特的视频自助餐，满足用户参与的热情和与个性化生活方式的表达。优酷用户可以方便快捷地浏览、上传、搜索、分享丰富多彩的微视频内容。优酷网支持一切以微视频形式出现的视频收藏、自创与分享，是国内首家为微视频免费提供无限量上传与存储空间并具备个人发起视频擂台及评分系统的网站，利用多纬度的 TOP 排名、频道分类索引、标签、个人发起擂台、视频俱乐部等有效手段，兼顾技术搜索功能与人气推荐手段，最大化发挥 C2C 内容聚合与推荐的力量，帮助用户迅速找到喜好的视频和感兴趣的社区，让用户"看得爽、找得快、传得广、比得酷"。优与酷的融合，吸引大批崇尚自由创意、喜欢收藏或欣赏微视频的网民。优酷的目标人群归属和分众聚合力为优酷的商业价值创造无限可能，也为传统媒体的发行和推广提供新的平台。

优酷网"阳光、真实、主流、有梦想"的品牌形象，以"合计划"为导向，联合众多合作伙伴展开资源整合和内容拓展，利用视频媒体独特的属性开创"台网联动"传播模式，推动网络视频行业主流化进程。优酷网践行"三网合一"覆盖 PC、电视、移动三大终端，兼具影视、综艺、资讯三大内容形态，贯通视频内容制作、播出、发行三大环节，成为真正意义的互联网电视媒体，引领视频行业格局及全媒时代。如今，在 PC 端，优酷是唯一同时领跑三大核心指标的视频平台；在移动端，优酷 APP 是全球网民最喜爱的中文视频应用；在智能电视端，优酷 TV APP 在安卓系统上下载量排名第一，优酷的多屏合一战略正逐步实现。2014年8月22日，优酷旗下移动产品"优酷 APP"用户量已突破5亿，是首个获得该项突破的移动产品。2014年11月3日，艾瑞发布9月 MUT 移动端统计数据，优酷 APP 周使用时长已超越手机 QQ，跃居全球中文应用第二，在人均周使用时长与人均日使用时长两个维度上，优酷 APP 已超越微信与手机 QQ。

优酷网已成为中国互联网领域最具影响力、最受用户喜爱的视频媒体和互联网拍客聚集阵营。优酷网的利益相关者主要包括用户、广告主、影视制作公司，其价值网络如图 8-3 所示。

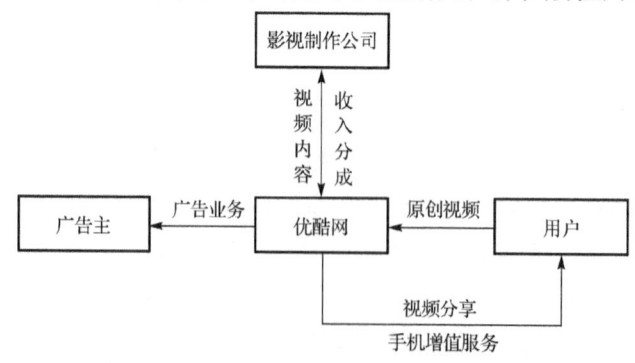

图 8-3 优酷网的价值网络

8.4.2 商业模式

1. 战略目标

优酷网的品牌口号是"优酷,世界都在看",其具体解释是"足不出户看世界,优酷的海量视频库应有尽有,无论是观看或分享,与世界同一节奏,尽情满足你对视频的期待、需求与幻想。全球60亿人同步感受视频文化多元魅力,世界都在看"。从优酷网的品牌口号可见,优酷网的战略目标是成为全球华人最主要的视频来源,打造多屏文化娱乐生态系统,成为全球最大的视频存储库和全球访问量最大的视频网站之一。

2. 目标用户

优酷网把"速度定成败,你我定成败"和"合作第一,一人一口"作为企业文化,可以随时随地把用户的精彩通过优酷网与全世界分享。优酷网的目标市场以国内互联网用户为主,客户群主要有以下几个特点。

1) 在性别方面,与总体网民性别比例基本一致。

2) 在年龄方面,客户群体分布呈现"两头翘"的特点,即中老、青少年龄层次比重相对较大,中青年龄段比重小。

3) 未婚用户比例较高;家庭和网吧上网型较突出,公司上网比例低。

3. 产品与服务

优酷网的产品与服务包括为用户提供视频上传、视频欣赏、视频搜索、视频收藏、视频评论等。从视频内容划分,包括资讯、原创、电视剧、娱乐、电影、体育、音乐、游戏、时尚、母婴、汽车、旅游、科技、教育、生活、搞笑、广告等内容,涵盖内容非常广泛。

优酷网将其产品与服务总结为"看、找、玩、传、拍"五方面。

"看视频"包括视频库、频道、专辑、优酷 iPhone 频道四方面。视频库中的内容既有用户原创视频、影像专业人士上传的内容,也有影视媒体合作联盟提供的内容资源;频道按视频内容分类,实现垂直定向检索;专辑由用户自定义及网站编辑,实现视频达人专辑、影视剧连播、明星专场点播功能;酷 iPhone 频道专为 iPhone 用户提供"掌上"优酷频道。

"找视频"为视频搜索功能,2011年5月16日优酷推出专业视频搜索品牌搜库(www.soku.com)是优酷网在自主研发的定向搜索技术和海量数据精准处理模式的基础上,支持用户通过多种搜索方法找到最想看的视频,包括关键字搜索、人气榜单搜索、相关视频推荐、兴趣分类匹配及会员 ID 搜索等。

"玩视频"包括视频空间和看吧,视频空间是用户的个性化私人专区,它是以视频为基础的人际关系网络,支持视频管理、好友圈、评论等功能。看吧是用户创建并管理的以视频功能为主打的交流平台,汇聚了最具人气的视频、最热门的话题,是视频用户表达、交流的平台。

"传视频"提供一站式视频上传功能,上传超过2G的视频(优酷客户端最大支持10G),

支持多种视频格式,支持断点续传,多个文件同步上传。

"拍视频"为视频爱好者提供拍摄各类主题视频的机会,不但组织拍客训练营,还在创作主题上进行重点引导。

从提供的产品与服务可以看出,优酷网并不局限于视频分享,随着视频行业的发展,视频分享网站正在逐步转型与扩展业务范围。在未来,视频分享将不再能定义某一种类型的视频网站,而仅是其提供服务的一种类型。

4. 盈利模式

1) 广告收入

优酷网的广告形式主要包括视频内广告和页面广告两种。视频内广告即贴片广告,体现方式就是在视频播放中插播广告,这种方法就相当于把传统电视的盈利模式搬到网络上。但与传统电视广告相比,网络视频贴片广告用户选择性高,定位精准,易于监测。优酷网的视频内广告包括视频播放前的前贴视频广告格式、视频播放 8 秒钟后的图片或 Flash 格式的视频横幅广告(IVB-In Video Banner)、视频播放途中图片或 Flash 格式的暂停广告以及视频播放完后的后贴视频广告。页面广告包括首页广告、播放页广告、搜索结果页广告、频道和其他页面广告。页面广告的形式与其他网站的页面广告形式一样。

作为一个视频类网站,优酷网的广告形式呈现多样化特点,广告收入是网站最主要的收入来源,这充分体现了优酷网的媒体特性。

2) 手机增值收入

随着 3G 的普及和 4G 的应用,优酷网开始进军手机视频,优酷网的酷 iPhone 频道专为 iPhone 用户提供"掌上"优酷频道。目前,优酷网对于手机视频基础应用服务实行免费,只有增值业务对用户收费。但随着 4G 的普及,手机增值收入将不断增加,与移动运营商分成、移动广告收入将逐渐增长。

5. 核心能力

分析优酷网的核心能力,主要有较强的资源整合能力和合理的产品理念。

1) 资源整合能力

视频资源也是视频网站的核心竞争力之一,优酷网与众多企业、机构合作,包括电视台、影视机构、传媒及音乐机构在内的数百家合作伙伴,拥有大量视频资源。另外,优酷网与百家知名网站进行跨行合作,形成强大的媒体合作联盟。2012 年 8 月,优酷网合并土豆网后进一步加强了视频资源的整合能力。

2) 合理的产品理念

优酷网以"快者为王"的产品理念,注重用户体验,不断完善服务策略,其"快速播放、快速发布、快速搜索"的产品特性,充分满足用户日益增长的多元化互动需求,使之成为国内视频网站中的领先者。

8.4.3 技术模式

目前，视频网站主要采用 P2S 和 P2P 两种模式。P2P 模式采用 P2P 技术缓解服务器端的压力，其数据不仅来源于服务器传输的数据，同时客户端会在内存中缓存若干秒的数据，并直接提供给其他客户端下载。P2P 模式的优点在于节约运营商的带宽资源，缓解服务器压力，从而能够支持更多用户。但缺点是用户需要逐渐找到邻居节点，数据可能经过若干节点才能到达客户端，因此会出现缓冲时间较长和节目延迟等现象；如果观看同一个节目的用户少，效果会更差。而优酷网以其强大的资本优势，主要采用 P2S 模式，即用户/服务器模式。服务器是网络核心，用户完全依靠服务器获得所需的数据资源。P2S 模式可支持的用户数量受到服务器能力及带宽条件限制，对带宽要求高。

优酷网为用户提供了足够的上传空间，可以上传超过 2G 的视频，且支持多种视频格式。为了让用户方便、快速地上传大容量视频文件，优酷网还专门开发了"优酷超 G 上传"软件，该软件支持断点续传及多个文件同步上传等功能。

在视频搜索方面，优酷网也进行了技术革新。优酷网支持分类检索，以充分满足用户的需求。优酷网还对关键词搜索结果提供相关程度、最新发布、最多播放、最多评论、最多收藏等排列方式。其中相关程度是根据科学的计算与分析综合取得的，其中影响的因素还包括视频的播放数、评论数和收藏数，以及视频的上传时间、清晰度和时长等。

8.4.4 经营模式

在经营推广方面，优酷网主要表现在以下方面。

1. 构建主流、安全、健康平台，注重用户体验

自成立之初，优酷网就确立了差异化的内容定位，强调对社会热点、生活百态、公益事件的关注，坚定不移地走主流文化路线，从鼓励、引导网友原创和严控内容源两个方面保证视频分享的主流方向。在此基础上，优酷网还着力打造了一个主流、安全、健康的视频分享平台。在内容监管方面，优酷建立了严格的内容审核机制，对上传的视频进行及时、不间断的审核和监控，切实把好内容关。同时，优酷还从技术方面入手，凭借业界领先的技术手段为内容审核助一臂之力。在保证用户上传的视频能够及时展现的同时，确保内容的合法、健康。优酷网通过内容主流化，不断提升用户体验，品牌认知度和用户规模节节攀升，领先视频分享平台的行业地位已经确立。

优酷网非常注重用户体验，在产品建设上一直贯彻"快者为王"的理念，目前已经形成了"快速发布、快速搜索、快速播放"的产品特征，充分体现了以用户为中心的平台理念。除了产品理念的领先之外，优酷还依靠强大的自主技术优势，不断提高网站的响应速度、稳定性和可靠性，确保用户可以获得良好的应用体验。

2. 建立拍客文化，培养活跃用户

拍客文化是优酷网的一大特色，优酷网也因此被誉为新拍客的大本营。为了体现拍客文化，优酷网不但组织了多次拍客训练营，还在创作主题上进行了重点引导。优酷网围绕拍客组织的"优酷狂拍客！中国一日 2 小时主题接力"等系列活动，赢得了广泛的响应和良好的社会效应。在关注度较高的热点视频中，优酷拍客发布的社会热点事件类视频也处于视频类网站的前列。

拍客系列活动的开展，使优酷网聚集了一大批网络活跃用户，引导了网站内容的走向。由此也印证了视频文化的主流需求，揭示了视频文化的主流动向。拍客文化已经成为优酷网一道独特的风景，优酷拍客也成为视频原创阵营的中流砥柱。

3. 开展深度合作，扩大内容资源

在内容方面，优酷网还与传统媒体和相关机构展开了深度合作。目前已经建立合作关系的包括凤凰卫视、北京卫视、广东卫视、天津卫视等国内电视台、中影、百代、英皇等音乐影视机构以及诸多传媒集团。这些合作伙伴的加入，极大地丰富了优酷的内容，也为用户提供了丰富的视频资源，为视频跨入主流应用奠定了内容基础。

2012 年 8 月 23 日，优酷网合并土豆网后推出"网络视频联播模式"，在强化媒体化定位，提升影视综艺节目运营效率，提高服务质量，拓展新业务，实现与土豆网的自由分享与链接，使优酷更好的运作。

4. 整合多种营销方式，提高营销价值

在苦练内功的基础上，优酷网也非常注重营销平台建设。2008 年初，优酷网推出了以"有用、有趣、有效"原则为核心的视频互联网营销服务模式，既有互联网的互动性和匹配度，又兼有电视媒体的优点。以千人点击率收费销售模式为主，兼顾用户体验。针对互联网视频的各种特色应用，优酷网还着力发展种子营销、创意营销、植入营销、拍客营销和版权营销五大互动营销模式，从视觉、听觉上冲击着目标客户，为用户带来真实愉悦的产品体验，实现广告信息有效发布、品牌多次传播的目的。优酷网还拥有业内领先的广告发布系统，可以保证客户的广告能够准确的匹配，不但广告的品牌记忆度高，而且能够有效地覆盖目标群体。此外，优酷的用户群为高学历、高收入、消费能力强的群体，具有较高的营销价值。

8.4.5 管理模式

优酷网的价值观中合作第一、一人一口、为赢而作强调合作和分享，在团队精神中积极奋进、卓越进取，坦诚相待，为达目标共同进退；速度定成败、你我定成败、快比慢好强调高效，乐于挑战以专业实力有效管理时间，以高效的职业能力打造最有竞争力团队；热爱视频、勇于创新、边跑边唱强调兴趣和创意，与喜欢的人做喜欢的事有爱的团队执行事业，推陈出新，拥抱变化及风暴思维。

出色的管理团队、专业的技术研发人员和经验丰富的市场开拓人员，使优酷网成为视频领域高起点的明星型公司。充满激情和创造力、富有经验和高度执行力的团队凝聚在一起，形成了十分具有战斗力的企业文化。

8.4.6 资本模式

优酷网具有较强的融资能力。基于 P2S 模式的视频类网站的一个重要特点是需要大量带宽资源、服务器和存储设备，门槛高，投入大。因此，视频网站的融资能力非常重要。

1. 风险投资

优酷网拥有世界级的风险投资支持，是国内视频领域屈指可数的获得 1 亿元人民币以上投资的网站之一。投资方包括国际性投资机构 Bain Capital（贝恩资本集团）旗下的 Brookside Capital LLC、硅谷历史最悠久的风险投资公司 Sutter Hill Ventures，世界上最大投资基金之一、目前全球管理资金超过 160 亿美元的 Farallon Capital，还有中国本土唯一的常青基金 Chengwei Ventures。这些投资机构实力强劲，其共同特点是资金雄厚，具有远见卓识，为优酷网稳健、有序的长远发展战略提供了充足的资金。

2. 证券融资

2010 年 12 月，优酷在纽交所挂牌上市总融资额 2.33 亿美元。

3. 战略投资

2014 年 4 月 28 日，优酷土豆集团与阿里巴巴集团宣布建立战略投资与合作伙伴关系，获得 12.2 亿美元投资，共同打造线上线下融合的互联网文化娱乐生态系统。

在资金的雄厚支撑下，优酷网将迎来更具规模的行业发展，呈现更完善的视频时代的互联网应用。优酷网以视频分享为基础，开拓三网合一的成功应用模式，为用户浏览、搜索、创造和分享视频提供最高品质的服务。

8.4.7 总结与建议

优酷网从模仿 YouTube、以 UGC（User Generated Content）为主要内容的视频网站起家，发展成为国内最大的视频网站之一，有许多值得借鉴之处。内容定位方面的成功是基础，创立良好的品牌形象、强大的资源整合能力和注重用户体验是助推剂，同时拥有一支出色的管理团队和高效的管理模式，最终成就了优酷在用户规模和竞争力方面的腾飞。

但优酷网要做大做强，还要面临以下问题。

1. 内容监管与版权问题

内容监管和版权问题是视频类网站的敏感话题。在自我监管方面，视频网站由于监管不力，经常受到广电总局的处罚，优酷网也有过类似的经历。网站一旦被处罚，非常不利于网站品牌形象，并导致用户大量流失。当然，优酷网已经开发了内容识别技术，从文字的角度、图片的角度、视频颜色的角度、数码记录的角度去辨认不同的内容。另外，优酷网还有专门的审核团队，24 小时不间断地审核用户上传内容。但作为敏感问题，优酷网应该进一步加强内容监管，以防万一。另外，版权问题也不容忽视，优酷网应该进一步扩大与视频内容提供商合作，并对上传视频进行版权审查，不断减少版权问题。

2. 竞争对手带来的压力

优酷网与土豆合并后虽然增强了与酷6、六间房等同类网站竞争能力，但是还要承受门户网站视频频道的压力，同时还要与PPlive、PPstream、悠视、迅雷看看等P2P模式网站挣夺用户，竞争依然非常激烈。另外，由于各大搜索引擎均提供视频搜索，因此也会对优酷网的站内搜索服务带来冲击，进而影响其关键词竞价排名业务。因此，优酷网要保住业内领先优势，还需不断创新，提供差异化产品，才能在激烈的竞争中处于不败之地。

□基于互联网和团队的练习

（1）登录鲜果网、豆丁网和优酷网了解其基本产品和服务，完成注册成为其会员体验网站的功能，并利用互联网收集其竞争对手相关资料，根据这些资料和自己的亲身体验撰写一篇分析报告，说明哪些突出特点使这三家网站赢得人们的信任，并在小组间进行交流。

（2）聚合网站不生产原创信息，是在海量原创信息中萃取出有价值的信息，供用户方便快速地浏览。在聚合网站的发展过程中，总是伴随着违规和侵权，利用互联网收集聚合网站违规和侵权的典型案例。登录鲜果网、豆丁网和优酷网，分析这三家网站为避免违规和侵权所采取的措施，撰写一篇分析报告，并在小组间进行交流。

（3）随着移动互联网的普及，鲜果网、豆丁网和优酷网加大了移动应用的开发。用手机下载安装这三家网站的移动APP，体验其功能，分析三家网站在移动商务应用中在技术开发、用户定位等方面存在的问题，并提出改进的建议。

（4）视频网站的内容提供分为用户贡献、网站自制和网站购买三种形式。选取国内主流视频网站（如优酷、爱奇艺、PPS等），团队成员讨论并确定统计方法，分别对网站的三种内容提供形式的流量进行统计，计算每种形式的贡献率，并运用商业模式理论给予解释，撰写一篇分析报告，并在小组间进行交流。

（5）登录豆丁网和百度文库，通过互联网搜集这两个案例的相关资料，从商业模式的组成要素对豆丁网和百度文库进行比较分析，并展望两种模式的发展前景，撰写一篇分析报告，并在小组间进行交流。

□基于网上创业的学习

利用网络聚合的个人创业主要体现在网络视频播客和病毒性营销。

网络视频播客，也称网络视频制作者，他们根据独特的构思和创意，拍摄并制作DV短片传到视频网站，让网友分享。制作网络视频能够获得收益的原因并不复杂。视频网站主要通过高访问量来获得广告收入，而高访问量的基础就是视频内容。由于网络的特性，构思和创意独特的网络视频，能够吸引较高的访问量。

病毒性营销是利用用户口碑传播的原理，其基础是提供有价值的免费服务、吸引人的免费信息等，并且这些服务和信息是容易通过互联网用户自动传播的。病毒性营销是一种高效的几乎不需要费用的信息传播方式和网络营销手段。利用聚合网站可以方便地实现信息的再传播，进行品牌推广和产品销售获得收益。

参 考 文 献

[1] CNNIC. 第35次中国互联网络发展状况统计报告. http://www.cnnic.net.cn/hlwfzyj/hlwxzbg/201502/P020150203551802054676.pdf.

[2] 鲜果网. http://xianguo.com/about/about.

[3] 任晓宁. 鲜果联播——在海量信息中"挖"阅读[N]. 中国新闻出版报. 2011-03-31 (008).

[4] 周永琳. 手机阅读&"鲜果"style——新媒体浪潮下的手机阅读模式探析[J]. 出版广角. 2013, (11): 28-29.

[5] 豆丁网. http://www.docin.com/about/aboutus.jsp.

[6] 姚平, 网络文库的发展及运营模式的比较研究——以豆丁网与百度文库为例[J]. 科技传播, 2014, (23): 118-119.

[7] 任晓宁. 豆丁书房：专业文档随身翻阅[N]. 中国新闻出版报. 2013-10-10(008).

[8] 优酷网. http://c.youku.com/aboutcn/milestone.

[9] 吕晓轩, 王素新. 中国分享型视频网站盈利模式探析——以优酷网为例[J]. 管理现代化 2015(01): 94-96.

[10] 胡杰. 垂直网络视频行业市场势力的判定——以优酷网、土豆网兼并为例[J]. 生产力研究, 2014 (03):6-9.

[11] 李洪心编著. 电子商务案例分析 [M]. 大连:东北财经大学出版社, 2013.

[12] 陈德人, 张少中, 高功步, 徐林海编著. 电子商务案例分析. 北京:高等教育出版社, 2013.

[13] 翟丽丽, 刘科文主编. 电子商务案例教程 [M]. 北京:科学出版社, 2014.

第9章
网络社区模式案例分析

引言

　　网络社区是最能反映互联网本质的一种互联网应用模式，随着社交网络的快速发展，基于社交关系的网络社区为人们提供了一种全新的沟通、交流、工作、购物方式，甚至是一种全新的生活方式。从最初以BBS为典型代表的网络社区1.0，到以天涯社区、西祠胡同为代表的依托PC互联网的网络社区2.0，再到移动互联网时代以唱吧、美拍、微信为代表的网络社区3.0，网络社区的数量正以前所未有的速度增长，并影响着传统社区中的每一个人，网络社区正在成为互联网的主流，未来所有网站都将社区化，用户在不同的网络社区里开展自己的社区行为已成为人们日常生活的一部分，并成为许多企业网络推广的重要手段。

9.1 网络社区概述

9.1.1 网络社区的定义

社区(Community)一词,早在互联网诞生之前便已经存在,传统的社区是指居住在同一地域内的人们依据共同的生存需要、共同的文化、共同的风俗、共同的利益以及共同关心的问题发生互动而形成的地域性的"共同体"。它具有一定的地域、一定数量的公众、相应的组织、公众的参与和某些共同的意识与文化等共同的特质。

网络社区(Virtual community,又叫虚拟社区)一词最早在 Howard Rheingold 于 1993 年出版的"虚拟社群"一书中被提出,它与典型的现实社区相对应,是基于互联网的交互社区,是人们以文字、图片、音频、视频等形式,实现意见、见解、经验和观点分享与交流的网上互动平台。网络社区不以物质为基础,更强调精神层面的互动,如价值观、归属感、兴趣爱好等,同一个主题的网络社区中常集中大量具有共同兴趣的访问者。网络社区的关键成功因素是基于关系网络的高点击、高关注带来的顾客黏性,而良好的互动机制是维持顾客黏性的前提。随着移动互联网的发展,2014 年底,我国的手机网民已经达到 5.57 亿,而微博、SNS、即时通信等基于社交功能的网络社区新形式不断涌现,改变着人们日常的生活习惯。

网络社区模式是网络社区类网站运营商凭借用户原创的个性化内容而聚集人气,基于用户的网络关系提高网站黏性,据此吸引大量企业用户和消费者登录网站,并采取收取广告费、用户增值服务费、原创内容收入分成等盈利模式的互联网运营模式。

9.1.2 网络社区的特点

1. 网络虚拟空间

网络社区与典型的现实社区相对应,是网民获取信息、交流、娱乐的网上场所。网络社区是在网络上开辟独立的区域,并不是地理位置上的聚集,参与者通过网络连接到该区域,采取线上互动而不是面对面方式交流。无地域限制的交流和分享是网络社区的最大特点,纯娱乐性网络社区可能有上百万甚至更多的用户,这是和现实社区最大的区别。

2. 参与者驱动

网络社区中讨论的内容或话题来自于社区参与者本身,而不是由网络社区服务供应商来驱动,这也是网络社区独特之处。网民在网络社区中根据个人兴趣和爱好,主动表达个人观点、分享个人情感,甚至通过原创内容来影响他人,所有人有着平等的发言权,是信息的生产者、发布者和传播者。另外,社区成员往往一起浏览某个主题并发表意见,成员间是群体互动,并不局限于两两互动,并最终产生成员归属感,这一点可以明确地区分网络社区和在线信息服务。例如,邮件列表、竞争情报协会等,虽然提供信息给会员,并允许会

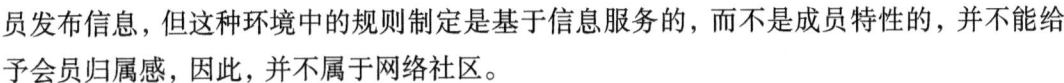

员发布信息，但这种环境中的规则制定是基于信息服务的，而不是成员特性的，并不能给予会员归属感，因此，并不属于网络社区。

3. 形成一定社会关系

网络社区的显著特点是互动，一个好的社区中的交流氛围非常浓厚，用户之间常进行深度情感交流，经过一段时间的群体交流，网络社区中最终通常会形成一种社会人际关系。因此，一些互动性较强的购物网站，如淘宝，虽然也提供一些交流、互动等网络社区功能，但并不能算作网络社区，主要是因为这些网站虽然也允许会员进行交流，但这种交流关系由商品引发，并且只限于商品交流，而不是单纯的人际交往，因而并不能算是网络社区。

4. 需要技术支持

网络社区需要技术的支持。网络社区的进入方式要通过电脑或电子媒介来进行，包括实现对群组、板块进行管理，设置一些规则，限制用户权限以及进入和发帖的方式等。

9.1.3 网络社区的分类

随着社会化媒体的快速发展，从社会化媒体应用形式的视角对网络社区进行分类，有助于加深对网络社区的理解。参照美国 Ross Dunn 的细分方法，网络社区按照基本功能可以划分为以下八类形式：1）社会关系网络（Social Networking Sites），典型代表有 Facebook、Twitter、微信、微博、开心网、人人网、Qzone 等；2）视频分享网络（Video Sharing Sites），典型代表有 YouTube、优酷、美拍等；3）照片分享网络（Photo Sharing Sites），典型代表有 Flickr、Instagram、啪啪等；4）新闻共享网络（News Sharing Sites），典型代表有 Flipboard、Zaker 等；5）合作词条网络（Collaborative Directories Sites），典型代表有 Wikipedia、百度百科、搜狗百科等；6）内容推选媒体（Content Voting Sites），典型代表有今日头条、鲜果等；7）商务关系网络（Business Networking Sites），典型代表有 LinkedIn；8）社会化书签网络（Social Collaborative Bookmarking Sites），典型代表有：Delicious、QQ 书签等。下面对其中的典型应用进行重点介绍。

1. 微博

微博，即微型博客（MicroBlog）的简称，是一个基于用户关系和关注机制的信息分享、传播以及获取平台。用户可以通过 Web、WAP 等各种客户端组建个人社区，以 140 字左右的文字更新信息，并实现即时分享。利用微博可以广交朋友，并从微博中获取自己感兴趣的信息。国外典型的微博平台为 Twitter，国内各大门户网站都推出了自己的微博平台，如新浪微博、腾讯微博、网易微博、搜狐微博等。

2. 微信

微信（Wechat），是腾讯公司于 2011 年初推出的基于智能终端的社交平台，借助该平台，用户可发送语音短信、视频、图片和文字，支持多人群聊。目前，微信已经具有微博的部分功能，且整合了腾讯的街景、电商、阅读、视频、音乐、交友、翻译等功能。

微博和微信之间存在很多相似点，但也存在着明显的不同，它们之间的不同之处见表9-1。

表9-1　微信与微博之间的区别

区　别	微　博	微　信
网络结构差异	开放信息平台，网友间基于兴趣进行关注，以"信息"为重点	封闭社交平台，需经对方同意方可成为好友，基于"社会关系"图谱建立联系
用户关系差异	不需互加好友，网友间是多对多、单向关注关系，"微博"用户可拥有大规模粉丝	好友之间双向对等、一对一关系，"微信"粉丝基数较小
信息发布差异	信息发布公开、效率高，传播及时，但信息私密性差	信息发布私密性高，信息只在好友间传播，信息传播效率较低，但沟通效率高
时效性差异	偏重信息发布，粉丝需通过主动刷新所关注对象方式获取最新信息	偏重实时性沟通，注重双方在线聊天，可通过公众账号平台推送消息给网友

3. 图片分享

Flickr 是雅虎旗下图片管理和分享网站，为用户提供免费及付费的照片存储、分享服务和网络社群服务，用户可以在 Flickr 上进行图片的上传与存放、分类、加标签、图片搜索等操作，还可以通过加入一个组群或创建一个组群，进行群组内朋友之间交谈、分享图片、知识分享和互发邮件等活动。

"啪啪"是国内和 Flickr 类似的图片分享网站，是著名的图片语音社交应用，通过图片与语音结合的全新模式，让照片"有趣更有用"。啪啪内容可以同步、分享至微博、微信 QQ 空间、人人网等国内主流社交网络，且用户可以关注收听其他用户发布的各类语音节目。

4. 视频分享

YouTube 是创建于美国的世界著名视频分享网站，2006 年 10 月被 Google 收购。YouTube 为用户提供上传、观看及分享视频或短片等服务，方便朋友之间分享录影片段，并逐渐成为网民的回忆储存库和作品发布场所。YouTube 支持多种格式视频内容，要求视频容量不超过 100MB、长度不超过 10 分钟，用户可以针对 YouTube 上的视频进行浏览、评论、评分等，并允许用户创建、寻找、加入以特定兴趣为中心的群组。

优酷是国内首家提供微视频免费无限量上传与存储的视频分享网络社区平台，通过多维度 TOP 排名、频道分类索引、标签、个人发起擂台、视频俱乐部等兼顾技术搜索与人气推荐等手段，发挥 C2C 内容聚合与推荐的力量，帮助用户迅速找到感兴趣的视频和感兴趣的社区。

5. 商务关系网络

LinkedIn 是一个全球著名职业社交网站，人脉关系网是其运营模式的基点。LinkedIn 以实名为基础，将职业生涯、教育经历等有价值的信息与社区网络融合，让注册用户维护他们在商业交往中认识并信任的联系人（俗称"人脉"），用户可在 LinkedIn 社区中创建、管理和分享个人职业档案与人脉网络，并可邀请认识的人加入"人脉"圈，形成了基于公司、职业等维度的关系网，各类信息在各关系网中公开，形成强大的价值。LinkedIn 利用其商

第9章 网络社区模式案例分析

务社交的特质为会员提供专业招聘，并通过数据挖掘等技术提供招聘解决方案、营销解决方案和高级订阅等服务，为求职者和招聘公司提供个性化推荐服务。

9.2 案例1：Facebook

9.2.1 基本情况

Facebook(http://www.facebook.com)是由美国人马克·艾略特·扎克伯格(Mark Elliot Zuckerberg)创办的一个社交网络服务网站，于2004年2月4日上线，总部位于美国旧金山的加利福尼亚大街。创办之初，网站会员仅限哈佛大学学生，后扩展到美国其他高校，为在校大学生提供交流、社交等服务。2006年9月，Facebook面向全球所有用户开放，此后，发展迅速，目前已经发展出70多种语言版本。2012年5月18日在纳斯达克上市，估值1040亿美元，2014年10月，Facebook市值超过2000亿美元。调查机构We Are Social在2014年11月份的调查显示，Facebook月活跃人数达到13.5亿，在全球社交网站中排名第一。目前，Facebook不但为用户提供网络社交服务，还为企业提供精准的定向广告和品牌宣传服务，并提供多种针对性较强的特色服务和丰富的应用程序(游戏)服务。

Facebook的价值网络是以Facebook网站为平台，为用户免费提供真实身份的网络社交服务，在此基础上，通过数据分析技术，为企业投放精准的定向广告和品牌宣传服务。此外，Facebook也与应用程序开发商合作，为Facebook用户提供数量丰富的免费或收费的应用程序(游戏)服务。Facebook平台参与者之间的关系如图9-1所示。

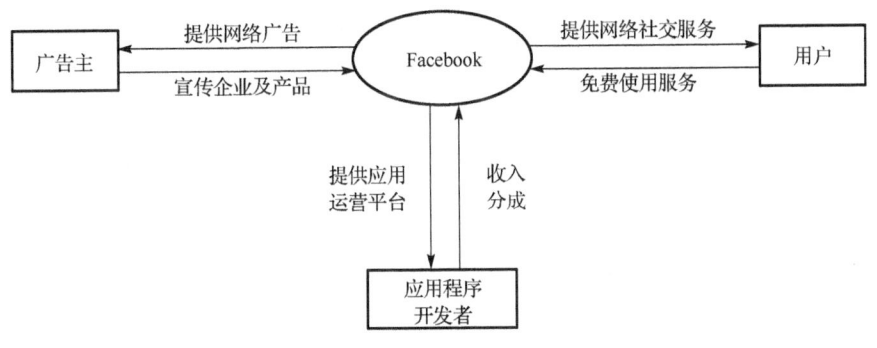

图9-1 Facebook价值网络

9.2.2 商业模式

1. 愿景与使命

马克·艾略特·扎克伯格创办Facebook的目的是建立一个更为开放的世界，使人们可以按照自己的想法共享或访问信息，将现实世界中的社会交往搬到网络中去，真实、单一的用户身份是Facebook的特色。Facebook网站首页上给出其使命为："Facebook's mission is to give people the power to share and make the world more open and connected. People use Facebook to stay connected with friends and family, to discover what's going on in the world, and to share and express what matters to them."由此可见,Facebook 希望为人们提供一个真实的网络交流平台,让世界更加开放,人与人更加紧密相连。

2. 目标用户

Facebook 网络社区起初目标用户是哈佛大学的学生,后来扩大到全美高中、高校,然后又扩大到所有国家的高校,目前,Facebook 的目标用户是全球所有互联网用户。2004 年初创立,2004 年 12 月用户即突破 100 万,2006 年 9 月向所有互联网用户开放后,用户数量一路飙升,到 2014 年 11 月达到 13.5 亿,图 9-2 为 Facebook 用户数量增长情况统计。

3. 产品和服务

Facebook 产品和服务覆盖用户、开发者和广告主三大群体。它为注册用户提供真实身份网络社交平台,海量的用户吸引广告商在 Facebook 平台投放定向广告,而面向开发者的开源代码和开源社区则促进了基于 Facebook 平台的应用大量涌现,而用户接入 Facebook 的方式也非常灵活,可以是台式机、智能手机或其他设备。

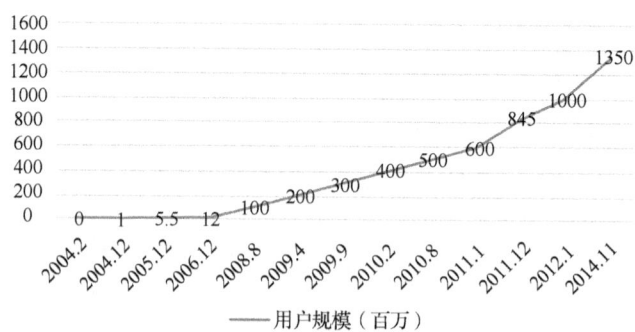

数据来源:Facebook首次公开募股(IPO)文件、网络媒体报道

图 9-2 Facebook 用户增长情况

为用户提供的产品与服务:有效的联系、分享、发现和交流的工具,主要包括时间轴、新鲜事、照片和视频、即时信息、小组、列表、活动、地点、订阅、实时信息流、通知、个人主页等(见表 9-2),实现用户信息分享和朋友交流等基本信息需求。

表 9-2 Facebook 为用户提供的产品

产品名称	内 涵
时间轴(Timeline)	帮助用户缩小关注范围,按时间排列和组织用户关心的信息,管理用户在时间轴上分享的信息
新鲜事(News Feed)	Facebook 用户主页核心功能,展示好友最新动态及其他用户分享到 Facebook 上的海报、相片、事件、活动等,每个用户的新鲜事基于其个人爱好和其他用户的分享活动进行推荐

第 9 章 网络社区模式案例分析

续表

产品名称	内 涵
照片和视频(Photos & Videos)	用户可以上传和分享照片与视频,并对其加入说明,允许设置分享受众,"圈人"功能允许用户在视频或照片中标记其某位好友
即时信息(Messages)	为用户提供 Email、聊天和文字短信服务,保障用户的稳定沟通
小组(Groups)	为一群相同爱好的用户进行讨论提供公共页面,用户可以对建立的小组设置隐私选项
列表(Lists)	允许用户列出其关心的用户,并让这些用户的信息显示在好友动态上,可个性化设置自己分享内容的接收者
活动(Events)	用户可组织聚会、散发邀请,并发出活动通知及提醒好友参与
地点(Places)	为用户提供位置共享、查看附近好友、地点签到、标记好友、查看好友对地点评价等服务
订阅(Subscribe)	帮助用户获得好友公共动态
自动收报机(Ticker)	是一个实时信息流,为用户提供用户好友活动信息和用户选择的其他相关内容
通知功能(Notification)	为用户展示诸如新的好友申请,新的信息与圈人请求等最新相关信息
Facebook 页面(Facebook pages)	为用户提供一个公共个人主页,允许用户通过其联系感兴趣的用户、展示最新动态、回复问题、获得反馈等

为开发者提供的产品与服务:包括一系列的工具和 API,帮助开发者创建 APP 并将其网站整合到 Facebook 上,这些产品主要包括开放图谱、社交插件、支付功能、APP 及网站整合等(见表 9-3),从而创造更多有价值的产品和服务。

表 9-3 Facebook 为开发者提供的主要产品

产品名称	内 涵
开放图谱(Open Graph)	由一系列 API 组成,帮助开发者制作 APP 和网站
社交插件(Social Plugins)	方便开发者将自己的网站与 Facebook 整合,如"like"按钮、免登录功能等
支付(Payments)	方便开发者有效而安全地向用户收费
APP 与网站整合	帮助开发者利用 Facebook 平台创建一系列用户体验,包括 Facebook APP、桌面 APP、移动 APP、网站整合等

为广告主提供的产品与服务:主要是基于社交关系的广告服务,包括 Facebook 广告、赞助内容、Facebook 广告系统、移动广告网络等(见表 9-4),以分析用户真实身份和社会行为为基础,为广告主提供针对特定企业及产品的精准定位广告投放服务。

表 9-4 Facebook 为广告主提供的主要产品

产品名称	内 涵
Facebook 广告(Facebook Ads)	广告主通过定义一个标语、文字内容、图片以及目标页面或 Facebook 页面,创建一个 Facebook 广告,用户点击广告后转到此页面;广告主可结合社交内容和广告信息,吸引特定受众,并只向其好友展示
赞助内容广告(Sponsored stories)	广告主在用户的信息流中投放广告,向用户告知其好友是否曾使用某个企业的产品和服务,或是否对某家公司的页面点过"赞",且这些广告中,常含有与在 Facebook 网站上做广告的企业进行过互动的用户资料(该服务因涉及用户隐私已于 2014 年 4 月取消,但精准营销是未来大趋势)

续表

产品名称	内涵
Facebook广告系统（Facebook Ad System）	基于用户属性信息组合，为广告主提供精准定位广告服务
Ad Analysis（广告分析）	为广告主提供其广告效果的实时跟踪服务，提供"哪些广告被展示和点击"等信息，帮助广告主修改广告计划，优化广告效果
受众网络（Facebook Audience Network）	以用户在Facebook上留下的信息为基础，提供精准的横幅广告和定制化的移动应用安装广告服务，使内容提供方在不同软件中识别用户并有针对性地发放推广内容

4. 盈利模式

社交网络服务作为Facebook基础服务，对所有用户免费，其收入来源主要依靠网络广告和收取第三方应用开发商服务费及分成，还有部分利润来源于支付业务和其他服务费营收。2014年Facebook总营收为124.66亿美元，其中广告收入为115亿美元，而移动广告收入达到74.32亿美元，占广告总收入的比例为64.6%，移动端广告收入已成为Facebook收入的主要来源，而支付业务和其他服务费营收虽然占比较小，但未来发展前景良好。

1）网络广告

网络广告是Facebook最主要的收入来源。广告具有媒体属性，受众数量直接关系到广告效果。Facebook经过近11年运营积累起来的超过13亿的用户群体，是对广告主最大的吸引力，也为Facebook选择网络广告收入模式奠定了坚实的基础。另外，与Yahoo等资讯类门户网站按照传统媒体按CPM（Cost Per Thousand 千人展示成本）投放广告和Google等搜索引擎通过用户搜索行为获取目标群体定向投放广告的方式不同，Facebook针对真实和唯一身份用户群体，为广告主进行精准定向广告投放，在提高投放效果的同时降低广告费用。目前，Facebook已经成为广告主在线广告重要投放平台，而其广告模式也成为网络广告的一大亮点。根据Facebook财报显示，2014年Facebook的广告收入达到115亿美元，占其总收入的92.25%。可以预见，广告会是Facebook未来很长一段时间内的主要营收来源。

2）收取第三方应用开发商服务费及分成

Facebook开放平台为满足用户的个性化需求提供了优秀的解决方案，这也是长尾理论的最佳实践之一。由于Facebook拥有数以亿计的用户以及大量开放的API，各大应用开发商纷纷开发基于Facebook平台的虚拟产品和数字产品，并通过Facebook平台进行销售，Facebook则提供平台并为交易提供支付支持并从中收取一定的服务费。另外，Facebook还从平台游戏开发者收入中抽取至多30%比例的分成。该类盈利模式将成为Facebook的另一个重要收入来源。

3）其他收入来源

Facebook其他收入是指为应用内购买交易提供支付服务、推广贴、测评服务以及Facebook Gifts 等增值服务所带来的收入,这些收入相对于广告收入、应用分成与服务费而言,非常少,但却是 Facebook 寻求多元化收入来源的探索。

5. 核心能力

Facebook 并非 SNS 的先驱,它晚于 MySpace,后又有微博类网站 Twitter,但 Facebook 比 Twitter、MySpace 更为成功,其核心能力主要体现在以下三点。

1) 真实、单一的用户身份,将现实社交网络搬到互联网

与 MySpace 的用户虚拟身份不同,Facebook 创立时就坚持以"极度透明"的理念来设计网站,即在互联网中,用户的身份是真实且单一的,用户之间的网络社交是基于真实社会的。这种设计理念不仅有利于 SNS 网站吸收会员注册,也将线上与线下社会交往整合在一起,大大提高了网站的黏性和活跃度,也使网站的用户行为数据分析变得简便而精准,非常利于广告主投放广告或展开营销活动,也为 Facebook 提供了利润来源。

2) 注重用户体验,而不仅仅是利润

注重用户体验是 Facebook 的又一特色。无论是界面设计或功能设计,Facebook 始终坚持"用户第一"的原则,坚持使用户能够方便、快捷、舒适地使用 Facebook 进行社会交往,而不仅仅考虑利润。从新闻流(News Feed)、开放 API 到 Facebook Connect(可用 Facebook 账号登录其他网站),每一次重大的产品升级都在遵循着这种思路。早期的 Facebook 为了避免用户不满,曾拒绝投放广告,后来虽然以广告作为主要盈利模式,但也充分考虑到用户感受,投放的广告也是用户正需要了解的内容。

3) 开放 API,划清平台与应用的界限

Facebook 非常清楚平台与应用的界限,自己只做平台,不做应用。Facebook 通过开放 API,让最广泛的第三方应用开发商参与应用开发,使 Facebook 积累了数以十万计的应用程序。根据用户需求理论,用户的需求可分为基本需求和扩展需求,基本需求对于每个用户都是一样的,但扩展需求却是个性化的长尾需求。平台可以将基本需求做到最好,但却不能全面满足用户的扩展需求,这可以通过第三方应用服务提供商来实现。找到用户的基本需求和扩展需求,划清平台与应用的界限,这正是 Facebook 成功的重要原因之一,也为 Facebook 构建社交网络生态系统奠定了坚实的基础。

9.2.3 技术模式

Facebook 以尽量使用开源产品作为技术开发的原则,并根据实际情况对产品进行优化并反馈给社区,且主要围绕可伸缩性、性能、成本和可用性等方面,进行不断的优化与改进。

在建站技术方面,Facebook 主要使用开源平台 LAMP(Linux + Apache + MySQL + PHP)作为技术构架。对于一个全球最大的社交网站,每天有数以亿计的用户访问及上传图片,为了满足用户访问,Facebook 对 LAMP 构架进行了改进与扩展:为 PHP 建立了一个编译器,将 PHP 代码编译为在 Web 服务器上执行的本地代码,从而提高性能;针对需求对

Linux进行了优化,特别是在网络吞吐量方面;将MySQL作为持久性存储系统,将连接查询和逻辑操作放在Web服务器上进行等。

除LAMP技术构架外,Facebook也采用了一系列的软件和技术,保证Facebook的正常运行。这些软件和技术包括:运用Memcached作为Web服务器和MySQL服务器之间的缓存层;运用HipHop提高Web服务器性能;运用Haystack完成高并发、海量图片存取;运用BigPipe处理动态网页;运用Cassandra解决分布式存储;运用Scribe处理超大规模的日志记录;运用Hadoop和Hive分析海量数据;运用Thrift解决跨语言开发(PHP、Java、C++等);运用Varnish实现负载均衡并快速地对内容进行缓存;利用The Graph API解决对象之间的链接与访问。

当然,Facebook不仅使用已有的开源软件,还把自己内部开发的软件开源,以不断优化自身的服务。其中HipHop、Cassandra、Thrift和Scribe等就是Facebook内部开发并对外开源的软件。

9.2.4 经营模式

1. 以校园推广为切入点,采用Email病毒营销方式逐渐扩张

Facebook诞生于哈佛大学校园内,最初的用户也仅限哈佛大学的学生,2004年底开始扩展到了美国高校的学生。到了2005年9月,Facebook将用户群体扩展到美国的高中生。然后,向加拿大、英国、墨西哥、澳大利亚、新西兰、德国、以色列等国家大学生扩展。2006年9月,Facebook对全球所有互联网用户开放。在推广过程中,Facebook结合真实、单一身份设计的特点,创新性地使用"用户通过Email向其朋友(熟人)邀请加入Facebook"的病毒推广模式,快速地增加了网站会员数。这种推广方式既非常恰当地迎合了用户"跟风"和"猎奇"的心态,也符合人与人之间社会交往的习惯。

2. 做互联网门户,开放平台

经过10余年的运营,Facebook拥有了13.5亿用户,已经发展成为典型的互联网门户,这和Facebook"专注做社交网络服务,开放平台"的经营策略有着密切的关系。一方面,Facebook重视用户体验,不断改进和增强其基础功能,以满足其用户的根本需求。Facebook最初只具备添加个人资料、浏览他人资料和"poke(戳一下)"等简单功能,后来增加了小组涂鸦墙、照片、博客及新闻种子、信息流(news feed)、视频、虚拟礼物、like、加强隐私控制等功能,2013年推出"社交图谱"类搜索,2014年推出移动端基于内容图谱的关键字搜索,增加"buy"按钮实现消息流广告内购买等服务,Facebook在不断改进功能的同时,不断完善用户隐私保护机制,体现了Facebook专注用户体验、提高用户黏性的定位。另一方面,Facebook实施开放平台战略,在2007年开放API,将用户的长尾需求转交给应用开发商,自己专注于平台中用户需求发现、终端设备、支付、规范等基础设施建设,致力于营造社交网络生态系统,这也成为Facebook从Google、苹果等IT巨头手中抢夺合作伙伴的最佳方式。

3. 不断收购优秀初创企业，吸收优秀人才

Facebook 所进行的外部收购活动，多数情况是看中了收购目标的人才，而不是这些创业公司的具体产品。从 2007 年收购 Parakey 公司开始，Facebook 开展了一系列的疯狂收购活动，最大规模收购活动是 2012 年 4 月耗资 10 亿美元收购 Instagram 公司，截止到 2014 年 12 月，Facebook 已经收购了超过 50 家公司。这些被收购的创业公司的 CEO 加盟 Facebook 后，通常会给 Facebook 带来自己的技术团队，从而使 Facebook 拥有大批具有实力的技术开发人员，这些人才中，有的已经被提拔为 Facebook 首席技术官，有的则负责手机应用程序开发工作，其他人员也被安排到 Facebook 不同部门当中成为具体产品开发的负责人，这些人才为 Facebook 的发展提供了强有力的智力资本，也为 Facebook 实施市场战略带来了积极影响。

9.2.5 管理模式

Facebook 以"快速行动，打破成规"为公司信条，2012 年 12 月围绕主要产品领域进行了业务结构重组，简化产品开发流程，把业务分为移动业务部门、广告业务部门、一般产品业务部门、技术部门、时间轴/个人主页五个产品部分，且直接接受 CEO 扎克伯格的领导，扁平化的组织架构避免了不稳定性，提高了整体运营和技术研发效率，加快了新产品的开发速度。

9.2.6 资本模式

1. 最初投资

Facebook 在创立之初，马克·艾略特·扎克伯格注册了 thefacebook.com 域名，并与萨瓦林（Eduardo Saverin）、莫斯科维茨（Dustin Moskovitz）按 65%、30% 和 5% 的权益组建了 thefacebook 公司。到了 2004 年暑假，肖恩·帕克（Sean Parker）加入，新的股权结构变为 51%、34.4%、6.81%、6.47%。这次重组中，萨瓦林反对帕克及其主张的融资策略，冻结了公司账户。为维持运转，扎克伯格把积攒的学费及父母的一些钱投入了公司。暑假结束时，萨瓦林等人返回哈佛继续学业，扎克伯格和莫斯科维茨继续发展公司。

2. 五轮融资

从创立到 2010 年的 7 年间，Facebook 接受了五轮融资，但没有公开上市。在每一轮需要给投资者董事席位的融资过程中，扎克伯格都注意避免他失去对公司的管理控制权。

第一轮融资是在公司成立数月后，以 500 万美元市值的估价获得彼得·泰尔（Peter Thiel）等人 50 万美元的资金。注资后，Facebook 重建了董事会，成员为扎克伯格、泰尔、帕克以及由扎克伯格控制的一个空余席位。

第二轮融资是在 2005 年，以 1 亿美元市值的估价获得阿克塞尔合伙公司 1270 万美元以及其主要合伙人詹姆斯·布雷耶（James Breyer）个人 100 万美元的资金。随后，Facebook 董事席位变为 5 人：扎克伯格、布雷耶、泰尔、帕克和扎克伯格控制的一个空余名额。该轮

融资让萨瓦林的股份被稀释到10%，这使其与扎克伯格决裂，完全退出了公司的管理。

第三轮融资是在2006年，以5亿美元市值的估价获得由格雷洛克、美瑞泰克资本、泰尔和阿克塞尔等公司的2750万美元投资，格雷洛克公司的斯泽成为Facebook董事会的观察员。

第四轮融资是在2007年，以150亿美元市值的估价获得微软、香港李嘉诚等3.75亿美元的投资。之后，在布雷耶的要求下，扎克伯格挖来谢丽尔·桑德伯格（Sheryl Sandberg）出任COO。

第五轮融资分两次进行，第一次是2009年以100亿美元市值的估价获得俄罗斯的数字天空科技公司2亿美元投资；第二次是2010年底以500亿美元市值的估价获得高盛4.5亿美元和俄罗斯数字天空科技公司0.5亿共5亿美元的投资。

3. IPO上市融资

2012年5月18日，Facebook在纳斯达克上市，融资规模达到160亿美元。

9.2.7 总结与建议

1. Facebook的成功关键因素

Facebook通过10余年的发展，从大学校园社交网络发展成为全球访问量最大的互联网企业，发展速度迅猛，其成功可以总结为以下三点：第一，迎合了用户需求（即网络社交化），将满足用户需求放在第一位，而不是利润至上；第二，Facebook划清了平台与应用的界限，自己只做平台，不做应用，通过开放API，让大量的第三方应用服务开发商参与应用开发；第三，通过不断收购初创企业，吸收大量优秀技术人才，为Facebook的持续发展提供了强有力的智力资本。

2. Facebook未来可能面临的挑战

Facebook目前拥有13.5亿用户，是全球最大的社交网络平台，但是，伴随着移动互联网的快速发展和Tumblr、Snapchat等移动社交平台的快速崛起，Facebook在未来的发展中可能会遇到以下两方面的挑战。

1）移动端广告展示挑战

移动智能设备已成为人们进行社交活动的首选工具，移动广告收入目前已经占到Facebook广告总营收的60%以上，而广告收入占据Facebook营收的绝对比例，因此，移动端的广告展示是Facebook未来布局广告服务的重点，但是Facebook在移动设备上的表现一直为人诟病，受制于智能手机的屏幕尺寸，屏幕越小，所能展示的广告就越少，这势必影响Facebook的广告营收。

2）年轻用户流失挑战

Global Web Index2014年的社交网络调查显示，Facebook的用户活跃度下降，超过1/4的用户年龄在45岁以上，Facebook的用户，特别是年轻用户，对隐私方面的顾虑正在超过分享的欲望，纷纷转向诸如 Tumblr、Instagram、Snapchat 等社交平台。例如，Tumblr 成为 13~25 岁年轻人最喜欢的社交平台，原因在于可以在多个身份之间进行切换。另外，用户在 Facebook 上的停留时间也越来越短，这种用户社区和互联网文化的变革可能会使 Facebook 遇到用户活跃度下降、业务受损的局面。

9.3 案例2：天涯社区

9.3.1 基本情况

天涯社区（http://www.tianya.cn/），由海南天涯在线网络科技有限公司于 1999 年 3 月创建，是中国大陆很有影响力的网上论坛社区。最初开设的栏目有股票论坛、电脑技术、天涯杂谈、情感天地、艺文漫笔等几个版块。2008 年天涯论坛启动开放平台战略，开始构建天涯生态营销体系，探索社区营销。目前，天涯社区已经成为以论坛、部落、博客为基础交流方式，综合提供个人空间、相册、音乐盒子、分类信息、站内消息、虚拟商店、来吧、问答、企业空间等一系列功能与服务的综合性独立网络社区。随着移动互联网的快速发展，2013 年 9 月，天涯社区推出无线客户端产品"微论"，致力于通过持续创新来打造全球移动兴趣社交平台。2014 年底，天涯社区注册用户超过 9800 万，月覆盖用户超过 2 亿。

天涯社区的价值网络是以天涯社区为核心，涉及天涯提供的网络社区服务、使用天涯社区服务的用户、天涯社区提供的品牌专区服务、购买天涯社区互动营销服务的广告主、应用平台开发商、品牌空间入驻企业、购物街入驻企业等，它们之间的关系如图 9-3 所示。

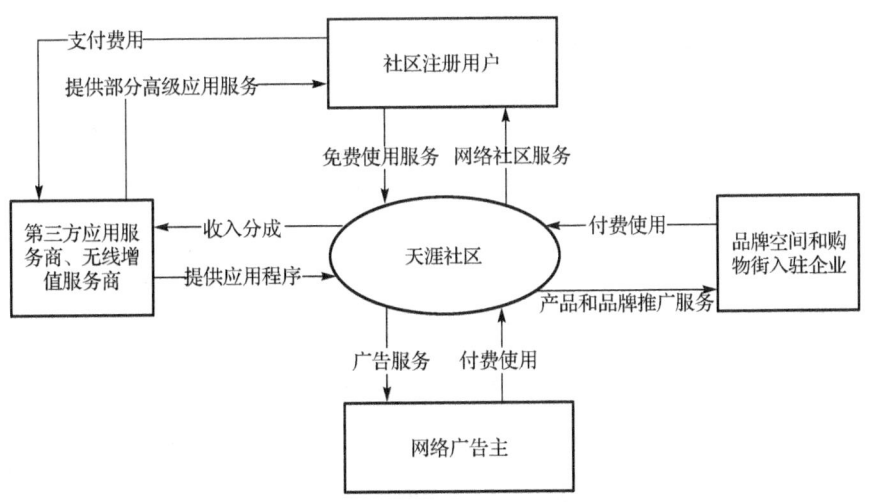

图 9-3 天涯社区的价值网络

9.3.2 商业模式

1. 愿景与使命

天涯社区以"全球华人网上家园"为愿景，自1999年创办以来，以其开放、包容的思想和充满人文关怀的特色受到全球华人的推崇，形成了强有力的品牌号召力。天涯社区一直以个人为中心，致力于满足个人沟通、创造、表现等多重心理需求，拥有大量高忠诚度、高质量用户群体，努力营造全球华人范围内的公共影响力和线上线下信任交往的文化氛围，是华语圈中重要的网络事件聚焦平台和颇具影响力的全球华人网上家园，更是一个典型的内容黏性很强的"人文气质"社区。

2. 目标用户

天涯社区的用户有两大类：第一类是在天涯社区发布帖子的个人用户，这类用户为天涯社区带来流量和人气，主要来自全球的华人，目前天涯社区的注册用户超过9800万，经常在线用户达到80～100万；另一类是与天涯社区有业务往来的企业用户，如入驻天涯社区品牌专区和购物街的商家、天涯社区第三方应用程序开发商、无线增值服务商等。

3. 产品与服务

作为国内最早的综合性论坛之一，天涯社区以人文情感为核心，已经从最初的单纯BBS论坛，演变为提供个人服务和商业服务的综合性虚拟社区和大型网络社交平台。

1) 个人服务

个人服务主要是为个人注册用户提供免费交流平台，天涯论坛是个人服务的核心，以论坛、博客、微博为基础交流方式，综合提供个人空间、无线端、分类信息、来吧、问答、音乐等一系列功能与服务（详见表9-5）。

表9-5 天涯社区主要的个人服务

个人服务名称	内　　涵
我的天涯	天涯用户的个人管理中心，可管理个人资料、帖子、博客、相册、部落、消息等，并可定制个性化主页及交友
天涯博客	为注册会员免费提供博客服务，将社区公共论坛与个人博客相结合
天涯微博	为注册会员免费提供微博服务
天涯部落	以话题和关系为纽带，为用户提供各种群组交流服务
天涯聚焦	为用户提供网络热门事件、网络热门文章
天涯问答	根据用户需要，提供提出、回答、关注、交流感兴趣的问题与话题等服务
天涯相册	为社区用户提供创建相册、分享照片、参与在线摄影比赛、照片交流等服务
分类信息	为用户提供本地个人商务信息发布服务，满足用户在互联网上发布所在地区生活消费信息或商品需求信息等需求

2)商业服务

商业服务主要是为入驻天涯社区的商家、第三方应用服务开发商、无线增值服务商、广告主等提供的商业化服务,主要包括企业空间、AdSense 广告、Adtopic 话题营销、应用程序服务等(详见表 9-6)。

表 9-6 天涯社区主要的商业服务

商业服务名称	内　　涵
企业空间	(1)品牌空间:为品牌客户提供投票、试用、抢楼等品牌工具,帮助企业进行品牌曝光、产品推广、粉丝互动、舆情监控等品牌塑造与宣传 (2)商务空间:借助竞拍、优惠券等营销工具,帮助电子商务客户进行商品展示、在线销售、品牌塑造、消费者沟通等,提高商品销售 (3)天涯商家:为中小型客户提供自助型广告投放服务
第三方应用、增值服务	天涯社区为第三方应用开发商、增值服务提供商提供接口,帮助其基于天涯社区开发应用服务
网络广告	为广告主提供分众互动关系广告、互动营销、舆情服务等

4. 盈利模式

天涯社区的盈利以网络广告为主,收入主要来自于以下几个方面。

1)网络广告

网络广告是天涯社区的主要收入来源,天涯社区凭借其庞大的人气,吸引了大量的广告主。天涯社区的 Adtopic 社区分众互动关系广告平台可让企业根据自身需要为品牌选择合适的广告位置,并有针对性地吸引相关的人群,借助优质的讨论环境增加品牌和消费人群的信息互动,让具有流行价值的品牌信息通过论坛迅速在网络上传播,而信息可借助目标受众实现高效率传播,达到网络分众广告的效果,甚至比分众传媒的广告还要精准。目前,天涯社区门户广告占据了广告收入的一半左右,新型的广告模式也为天涯社区带来一定的收入,如企业空间(为中小企业建立的品牌空间,客户自主管理个人空间,发布产品广告)、互动营销收入(通过软文和热点话题植入,体现客户品牌价值,以在天涯社区中带有一个"商"字的贴文为代表)等。

2)无线增值服务

随着 4G 网络和智能手机的流行,无线增值服务成为天涯社区另一个重要的收入来源。通过手机端让天涯用户随时随地参与社区互动,增加用户黏性,而近几年互联网及移动增值服务的交叉融合发展趋于成熟,使得手机无线社区服务转向盈利,如无线阅读(增值阅读)就是天涯社区手机端的一个重要收入来源。

3)第三方应用程序服务

随着 Web2.0 的快速发展,网络社区的黏合度增加,许多小应用成为社区用户闲暇时常用的消遣方式。天涯社区像 Facebook 一样提供应用程序接口,应用程序开发商可以开发网民常用的各种应用程序,并借助于天涯社区平台运营这些应用,从而获得收入,天涯社区按照一定比例获得分成。目前,在天涯社区上的应用包括小游戏、日常生活、娱乐、休闲和工具等几大类,其中,运营效果最好的是各种小游戏程序。

4) 天涯舆情服务

天涯舆情属于天涯社区最新拓展的网络广告服务的延伸,客户可借助天涯舆情全面、及时地监测到天涯社区内与之相关的显性与隐性舆情,而天涯舆情服务可对这些信息进行抽取、挖掘、聚合和分析等,使客户借助天涯社区提供的自助化系统平台及时掌握日常舆情动态,做到早发现、早准备、早防范,尽量避免舆情危机事件的发生。

5. 核心能力

1) 强大的内容创造力与内容黏合力

天涯社区是一个典型的"人文气质"社区,高质量的原创内容是其成为内容黏性社区的关键所在。一方面,社区管理团队努力营造自由和宽松的言论氛围,使"十年砍柴"、"宁财神"、"当年明月"等原本默默无闻的小人物,借助天涯社区的平台成长为意见领袖和知名作家,并对天涯社区有着极高的忠诚度和认同感,为天涯社区不断提供高质量的原创内容和非凡的影响力;另一方面,天涯社区营造的"知无不言,言无不尽"的自由言论的氛围,又促使大量网民迅速地融入其中,层出不穷的诸如"卖身救母"、"山西黑煤窑事件"等原创社会热点内容,使天涯社区成为社会热点事件"散播大厅"。基于人文和情感为主要联系纽带的"人带人"发展模式,使天涯社区成员数量像滚雪球似的"繁衍",并带来超高人气。

2) 成熟的社区管理能力

天涯社区拥有一套成熟的社区管理体系。一方面,天涯社区具有完善的版主选拔、内容管理、会员申诉与处理等方面的规则,上千个版主各尽其能,各司其职;另一方面,天涯社区在内容安全方面积累了丰富的经验,与中央、地方的管理部门保持了良好的互动关系,能及时把握政策的方向。另外,天涯社区内部形成自我管理、自我净化、自我提升机制,使网友之间、版块之间相互竞争,共同发展,而宽松的舆论氛围给天涯社区用户提供了独特的社区体验。

9.3.3 技术模式

天涯社区是一个技术型的网站,服务器端采用典型的分布式网络结构,17个服务器主要分布在海口、广州等天涯社区业务做得较好的城市,采用自行运行维护和主机托管相结合的方式,不同地理位置的用户在访问天涯社区网站时,由较近的服务器负责响应用户的请求,以保证服务的稳定性和高效率。

在网站开发技术方面,天涯社区网站最初是采用微软的 ASP 技术开发的,随着用户数量的激增,服务器端程序的访问压力变大,网站响应速度变慢,天涯对网站系统进行了升级,改由功能更加强大的 JSP 来开发网站系统。

9.3.4 经营模式

1. 捕捉热点话题，营造宽松言论氛围

天涯社区注重交流、互动，既有严肃高水准的讨论，也有娱乐八卦等颇具时代气息的话题存在，话题的深度和广度相比其他同类网络社区具有绝对优势，满足人们对信息的个性化需求。天涯社区鼓励社区成员发表高质量、原创内容，天涯社区是论坛型社区网站中为数不多要求发帖时选择"自创"还是"转载"的网站，这种鼓励原创文化的机制，形成了对原创内容和写手的鼓励，在用热点话题捧红大批网络红人的同时，聚集了海量的人气，使天涯社区成为社区领域的领袖。

2. 加强与传统媒体互动，塑造天涯社区舆论平台形象

天涯社区在诞生之初，就注重与杂志、报纸、电视台等传统媒体的合作与互动。一方面，通过与报纸、杂志等传统媒体合作，塑造天涯社区的"人文气质"形象。例如，在天涯社区与《天涯》杂志合作，推出以著名学者李陀为版主的人文思想类论坛"天涯纵横"，吸引了以老冷、王怡为代表的大量学者和教授来到天涯社区，从而成功打造中国著名思想学术论坛——"关天茶舍"；另一方面，天涯社区注重与传统新闻媒体的互动，借助传统新闻媒体的报道，放大网络事件产生的网络舆论传播力度，提高自身知名度。例如，"陕西华南虎"和"陕西黑砖窑"等天涯社区中点击率高、评论跟帖量大的网络事件，经过传统媒体以专题报告或解释性深度报道等形式的追踪与全面解读，发酵为全社会普遍关注的社会热点事件，从而塑造了天涯社区有思想、有深度的舆论平台形象。

3. 构建开放社区平台，打造生态营销服务体系

天涯社区一直以用户为中心，为了提升用户体验和满足用户的多样化需求，天涯社区为应用程序开发商提供应用程序接口，吸引应用程序开发商基于天涯社区平台开发多种应用，满足社区用户游戏、日常生活、娱乐、休闲和工具等多方面的个性化应用需求。

作为具有较高人气的网络社区网站，天涯社区拥有上亿用户，是企业网络营销的极佳场所。天涯社区自主研发的 Adtopic 社区分众互动关系广告平台，充分利用天涯分类分众、互动关系的特点，以满足天涯注册用户的实际需求为切入点，导入商家的生活资讯、产品、活动等，开拓全新社区广告模式，通过企业的话题与平台用户互动，为企业面向定向人群提供互动营销服务，制造口碑，在推动商家销售的同时，也更好地服务于用户的需求。

9.3.5 管理模式

1. 分布式组织结构

天涯社区设有总部、广告业务部、战略合作部、市场部共四个部门，其中，总部设在海南省海口市，市场部和广告部设在北京市。除总部外，天涯社区还在全国设立了14个运营中心（办事处）。

2. 管理权三分模式

天涯社区的民主代表着参与社区的各种网友力量的平衡，社区民主体现在管理类型、制度和操作程序三方面，对此天涯社区采取的管理权三分模式发挥了良好的作用。天涯社区的管理层结构如图9-4所示。

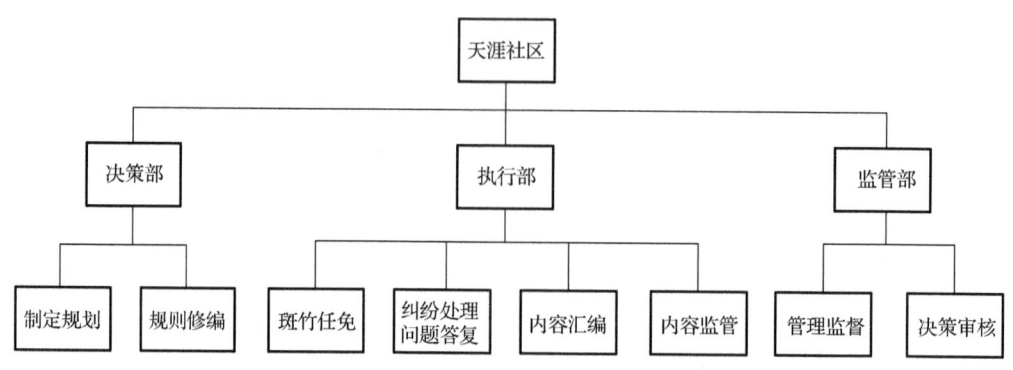

图9-4 天涯社区管理层结构图

天涯社区管理工作主要涉及规划、站务、编辑、监督等方面，这些管理工作主要由决策部、执行部和监督部三个部门来完成。其中，决策部主要职能是制定社区发展规划及规则修编；执行部主要职能包括斑竹任免、纠纷处理及问题答复、内容汇编、内容监管等四个方面；监督部主要分为管理监督及决策审核两个方面。天涯实行三权分立改变了权力运作的传统规则，拉开了网络社区管理创新的序幕，在发展的同时合理协调了社区与网友的公平、公正、公开的关系。从这个意义上来说，天涯实施管理权三分是对社区运营模式的一种创新。

9.4.6 资本模式

1. 最初投资

1999年邢明与另外两名合伙人投资了海南在线、海南旅游网和天涯社区三个项目。最初，很少有人在天涯社区投放广告，而整个天涯社区只有一个人在维护。网络社区的发展主要依靠点击率和访问流量的增加来聚集品牌人气，没有盈利模式支撑的天涯社区，在相当长一段时间内，靠海南在线、海南旅游网和邢明自己不断的投入来维持运营。

2. 风险投资

2005年之前，天涯社区一直处于亏损经营状态，2005年开使，天涯开始小规模盈利，2006年获得了联想、清科集团、Google等机构注入的500万美元风险投资，天涯的发展进入了快车道，各项服务得到了改善，但仍缺少持续大规模盈利的能力。

2007年分众传媒CEO江南春个人入股天涯社区。

2010年3月，博瑞传播斥资800万收购天涯社区1%股权。

2010年底，天涯社区完成了Google手中天涯社区股份的回购。

9.3.7 总结与建议

1. 天涯社区成功关键因素

天涯社区经过10余年的发展，在国内社区类网站中处于领先位置，其成功的因素主要有以下几个方面。

1) 高质量的原创内容

天涯社区的核心竞争力在于其构建和维系的拥有高质量原创内容的"人文气质"社区形象。天涯社区对用户的吸引力在于其内容的丰富、多样和深度，天涯社区的内容绝大多数为社区内用户原创。借助天涯社区逐渐成长起来的网络作家和意见领袖，构成了高创作能力的写手群，他们对天涯社区有极高的忠诚度和认同感，是原创内容的重要贡献群体，这是其他网站难以与之竞争的一个核心优势。在当前各门户网站内容趋于同质化的境况下，天涯社区丰富而高质量的原创内容是其保持高用户黏性的重要因素。

2) 成熟的社区管理模式和独特的网络社区体验

天涯社区具有的完善的社区管理系统，使其在版主的产生、内容的管理、会员的申诉和处理等方面均有较完善的规则，提高了运行效率，而与中央、地方的管理部门的良好关系使天涯社区能在内容安全方面有很好的把控。另外，天涯社区内部长期以来形成的开放、自由、宽松的舆论氛围，使天涯社区成为网友网上家园，带给网友独特的社区内归属感。

3) 话题和关系搭建的强大社会影响力

天涯社区以话题和关系为纽带，依靠大量的用户群体，实现"小圈子、大影响"的社会价值，如"山西黑砖窑"、"陕西华南虎"等知名网络事件经过南方周末等传统媒体的深度报道和采访，迅速成为热点社会事件，引起国内外的广泛关注。另外，知名写手的社区影响力也是天涯社区发展中有力的推动者，例如，知名博客"竹影青瞳"曾实现单日访问量150万人次，而标题为"竹影青瞳博客弄瘫天涯社区"的报道见诸于国内外数百家媒体；而天涯社区资深写手的文学、影视作品在传统出版渠道发行，获得较高的赞誉，如由宁财神编剧的《武林外传》、当年明月的历史小说《明朝那些事》、慕容雪村的小说《成都，今夜请将我遗忘》等，在获得社会较高关注度的同时，也极大地提高了天涯社区的知名度。

4) 线上线下媒体之间的良好互动

天涯社区从建站初就注重与媒体建立良好的关系，与《南方周末》、《天涯》等人文媒体的紧密联系，为天涯社区带来了最初的优质用户，并为天涯社区发挥社会影响力奠定了基础。天涯社区中的知名人文栏目，如天涯杂谈、关天茶社、舞文弄墨、诗词比兴、贴图专区、同性之间、影视评论等，不仅在网络界影响广泛，同时也受到了传统媒体的高度关注。南方周末、南都周刊、中央电视台等传统媒体都曾对天涯社区中发生的知名网络事件进行过深度报道和采访，极大提升了天涯社区的媒体形象。

2. 天涯社区面临的挑战

天涯社区经过15年的发展，有过非常辉煌的时期，2009年曾一度酝酿上市，目前的注册用户数量为9800万，这和同时期建立的腾讯QQ，后来者居上的豆瓣、新浪微博等相比，仍显逊色很多。天涯社区在未来的发展中将会面临如下两方面的挑战。

1）盈利模式不够清晰

早期的天涯是一个几乎没有收入的单纯论坛，但是在2005年获得风险投资的注资之后，天涯开始探索如何获利，包括与Google合作、开发Adtopic话题营销、推出品牌公园和购物街等，而广告一直是天涯社区的主要营收，但从2010年Google停止大陆服务后，天涯的广告业务损失较重。虽然Adtopic话题营销服务的设计初衷与Facebook基于社交关系的营销有着相同之处，但由于品牌公园和购物街中入驻的商家数量没有达到一定规模，Adtopic在实际运营中并没有发挥出应有的作用。因此，未来相当一段时间内，梳理盈利模式和拓展盈利来源将是天涯社区面临的最大挑战。

2）用户增长与用户黏性问题

与天涯社区经过近十五年的发展积累起来的9800万用户相比，新浪微博、腾讯微博、微信、豆瓣等新社交媒体经过短短的几年时间用户数轻松过亿，这对天涯社区来说无疑是巨大的挑战。如何在移动互联网时代实现用户的增长，吸引90后甚至是00后用户，对天涯社区是一个巨大的挑战。另外，随着人们可选择的社交媒体的不断增多，如何增强用户黏性，使原有的天涯社区用户不流失，也是摆在天涯社区管理者面前的一个迫切需要思考的问题。

9.4 案例3：新浪微博

9.4.1 基本情况

新浪微博（http://www.weibo.com）由新浪创建，是一个基于用户关系的信息获取、分享及传播的社交网络平台。用户可通过Web、WAP以及各种APP，在新浪微博平台上以不超过140个字的文字更新信息，再附上一张图片或者一段视频，来实现即时分享与社交。新浪微博是目前中国最具影响力的社交网络平台之一，自2009年8月推出以来，不断优化应用，以提升用户体验。2009年9月25日新浪微博正式添加了@功能以及私信功能，此外还提供"评论"和"转发"功能，供用户交流。2009年11月3日，Sina APP Engine Alpha版上线，允许用户通过API用第三方软件或插件发布信息。2014年3月29日，新浪微博正式更名为微博。2014年4月17日，新浪微博正式在纳斯达克挂牌上市，IPO发行价格为17美元。截止到2014年12月，新浪微博注册用户数超过5亿，12月份月均活跃用户数（MAUs）达到1.757亿人，同比增长36%，领跑中国社交圈。

新浪微博的价值网络是以新浪微博为核心，涉及新浪微博提供的微博相关服务、使用新浪微博服务的用户、在新浪微博上提供第三方应用服务的开发商、在新浪微博上进行广告与营销推广的企业用户、新浪微博平台战略合作伙伴等，它们之间的关系如图 9-5 所示。

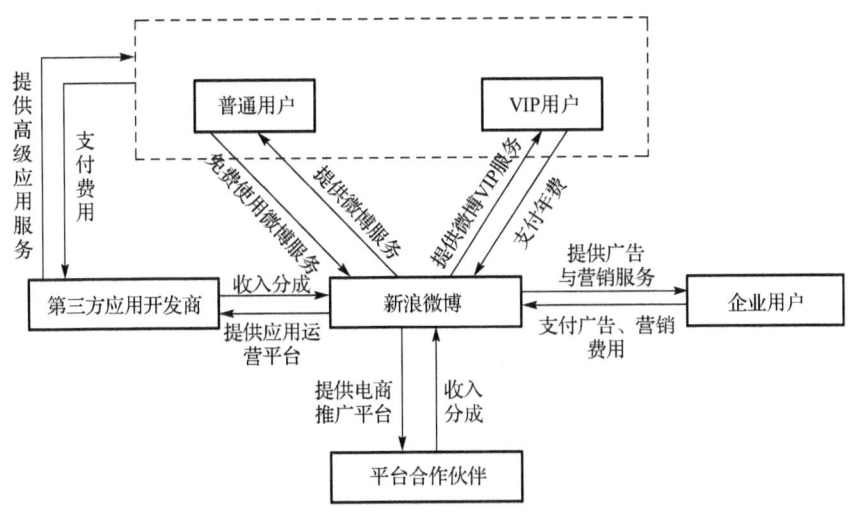

图 9-5　新浪微博价值网络

9.4.2　商业模式

1. 愿景与使命

新浪微博的主页上展示着"随时随地发现新鲜事"标语，由此可看出，新浪微博以帮助用户随时随地与任何人联系及分享信息为愿景与使命，致力于成为用户发布、获取信息的首选社交媒体平台。在微博上，用户可以分享心情，可以记录身边琐事，可以结交朋友，也可以第一时间看到很多新闻媒体上看不到的内容。在微博上，用户可以零距离地跟不认识的名人、明星、学者等互动，做到人人平等，相互尊重，甚至不容忍出现作假，因为有太多的人会十分有效地站出来揭开真相。

2. 目标用户

根据微博用户的规模、行为习惯及心理特征，可把微博用户分成两大类，即个人用户和机构与组织用户。个人用户包括名人用户和普通用户，名人用户是通过新浪实名认证的用户，包括明星、企业个人实名认证、媒体人、学者和各行各业知名人士、草根明星等。机构及组织用户包括公司、公益机构、慈善组织、政府部门及相关机构等，它们都是经过新浪微博实名认证的用户。

3. 产品与服务

作为一个拥有 5 亿用户的社交媒体平台，新浪微博为个人用户、机构及组织用户、第三方应用开发商、广告营销商等客户提供多样化服务，主要包括如下几种服务。

1）微博客

注册成为新浪微博用户后，可以拥有一个自己的独立新浪微博账号，基于此账号，用户可以免费发布和浏览信息，还可以个性化设置个人主页，并可以自主选择浏览信息的方式。目前，新浪微博为用户提供PC版和手机版微博客服务。2013年8月，新浪微博与淘宝进行战略合作，推出新浪微博淘宝版，实现账号互通，淘宝卖家可在新浪微博淘宝版直接发布商品，并通过后台进行商品管理及商情监控。

2）微群

微群是微博群的简称，通过聚合有相同爱好或者相同标签的朋友们，将所有与之相应的话题全部聚拢在微群里，让志趣相投的朋友们以微博的形式更加方便地进行参与和交流。用户可以选择创建自己的微群或加入自己感兴趣的微群，而新浪微博则为没有加入微群的用户推荐热门微群。在微群发言界面中，参与群组的用户可以互相交流，并且同步发布到微博。

3）粉丝服务平台

粉丝服务以用户主动订阅为基础，所有认证用户均可申请。粉丝服务平台帮助认证用户为主动订阅的粉丝提供精彩内容和互动服务，包括定时私信、语音回复等。另外，新浪微博还针对粉丝服务平台增加了开发者模式，鼓励差异化服务。

4）企业微博

企业微博是为企业、机构用户量身打造的微博服务，为新浪微博的企业用户提供丰富的个性化页面展示功能、更精准的数据分析服务以及更高效的沟通管理后台，特有的蓝色V字认证，能使粉丝和消费者产生信赖。企业微博帮助企业用户便捷地与目标用户进行沟通，提升营销效果，挖掘更多商业机会。

5）微博衍生产品

主要包括微访谈、微直播、微话题、大屏幕、同城微博等。

6）应用服务

主要包括微电台、音乐播放、投票、活动、微数据、微盘等。

4. 盈利模式

新浪微博平台从2012年开启货币化之路，目前的主要营收来源包括广告、游戏服务和会员服务等，对于普通用户，新浪微博采取免费策略。2014年新浪微博总营收为3.342亿美元，其中广告和营销营收为2.648亿美元，占新浪微博总营收的79.23%，而移动广告营收现在已占据新浪微博广告营收总额的一半以上，微博增值服务营收为6940万美元。

1）广告与营销业务收入

新浪微博的广告收入主要来自于为品牌广告主提供的展示广告，也是新浪微博的主要营收来源。营销业务收入来自于2013年开始的营销微博（Promoted feed）服务，主要采用千人展示成本（Cost Per Mille，CPM）及按照参与度收费（Cost Per Engagement，CPE）两种收费模式,这里"参与"包含用户点击一个链接、成为粉丝、转发微博或收藏微博。随着移动互联网的深度普及,移动广告和社交广告将会为新浪微博带来更丰厚的利润。

2）API 开放平台应用分成

2010 年初,新浪微博推出 API 开放平台,覆盖了新浪微博的全部功能,鼓励开发者开发游戏、团购、网络购物等多种服务,新浪微博平台与开发者采用 3:7 的比例进行收入分成。对于游戏类应用,新浪微博通过为微博游戏平台上的用户提供充值或购买道具等服务获得收入。

3）VIP 会员年费

新浪微博 VIP 会员服务主要是向 VIP 用户收取一定金额年费(目前为 3000 元/年),提供 VIP 会员特权服务,这些服务主要包括身份特权、功能特权、手机特权、安全特权等特权服务。

5. 核心能力

1）精准捕捉用户需求的能力

新浪微博满足了互联网时代人们快速获取和分享信息的需求。首先,140 个字的发表模式迎合了当今快节奏生活方式下人们碎片时间"浅阅读"需求,为用户随时随地发现、分享信息并发表个人观点提供平台;其次,新浪微博裂变式信息传播机制,满足了人们对现实关照的需求,变革了传统新闻进程,使一条关注度高的微博信息几分钟内即可到达微博网络的每一个角落,满足人们对新闻即时性的需求,这对新闻传播界的影响也更具颠覆性;最后,新浪微满足了企业、政府、媒体等与普通民众互动的需要。截止到 2015 年 3 月,新浪微博月活跃用户达 1.98 亿,日活跃用户 8900 万,有超过 8 万个政府机构和官员的微博账号、70 多万个个人认证账号和 40 多万家企业认证账号,新浪微博在政府、企业、明星名人与普通网友的互动中扮演了重要角色。

2）保持用户交互热情的能力

新浪微博通过设计多维互动机制,依靠自身的媒体和社区功能,融合多种传播类型的特点,保持用户交互热情。一方面,新浪微博借助关注、转发、评论、赞、私信等简易操作,实现了一对一、一对多、多对多的广泛和即时互动;另一方面,新浪微博便捷的转帖、评论及图片上传设计,大幅提升了交互性,使信息可以通过转发和评论像病毒一样被疯狂传播,并保证信息的相对无缺失,最终达到意想不到的传播效果。因此,新浪微博的良性、多维互动机制构成的人际沟通网络,满足了每个微博用户的情感诉求、信息获取、人际沟通等多方面的需求,创新了人们信息获取途径和情感交流的渠道。

3）维持平台强黏性的能力

新浪微博依靠名人策略拉动了粉丝增长,并依赖平台培育的平等、互动、鼓励原创等氛围增强了平台的黏性。首先,新浪微博凭借新浪在博客时代获得的名人资源,在很短时间内就拥有了大批的名人入驻新浪微博,通过拉近名人与普通民众的距离,吸引了数以百万计的"粉丝"入驻新浪微博,这不但提高了名人的社会影响,也增加了新浪微博的知名度，成为新浪微博的核心竞争力；其次，名人微博吸引了大量草根阶层的关注，而新浪微博为草根与他们朋友之间进行交流、沟通提供了一个良好的平台，也充实了新浪微博的用户基础；最后，新浪微博凭借其"人人都能发声、人人都可被关注"的独特传播模式，让网络上"沉默的大多数"感受到了空前的平等与民主，草根阶层也有了在网络平台上表现自己的积极性，通过"关注"、"爱特(@)"，形成独特的聚合性，使新浪微博成为完整的社区传播平台，满足名人和草根两类人群的不同需求，实现了新浪微博的高人气、高用户黏性。

9.4.3 技术模式

同大多数网站一样，新浪微博也是从一个小网站发展起来的。简单的 LAMP 架构，支撑起最初的新浪微博，应用程序使用 PHP 开发，采用 MySQL 数据库存储数据。随着访问用户的逐渐增加，后台系统从 PHP 替换为 Java，逐渐形成面向服务的 SOA 架构。目前新浪微博平台采用的是第三代技术体系，采用正交分解法建模，分为水平层和垂直层。其中，水平方向采用典型的三级分层模型，即接口层、服务层与资源层，上层的服务依赖下层，下层的服务不会依赖上层，构建了一种简单直接的依赖关系；垂直方向，进一步细分为业务架构、技术架构、监控平台与服务治理平台，垂直方向以技术框架为地基支撑点，向两侧驱动影响业务架构、监控平台、服务治理平台。新浪微博平台的整体架构如图 9-6 所示。

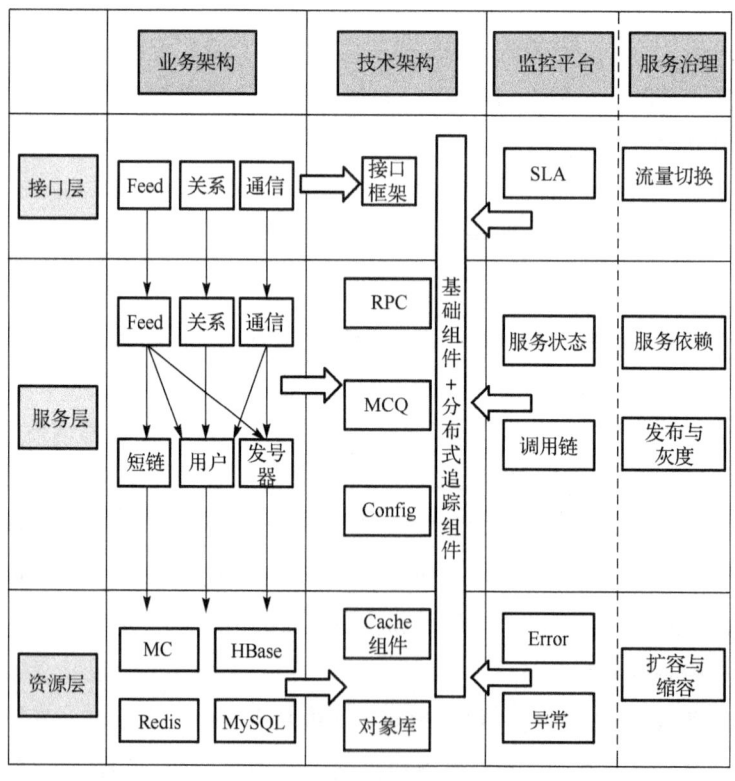

图 9-6 新浪微博平台架构图

系统分为三个层次，最下层是基础服务层，提供数据库、缓存、存储、搜索等数据服务，以及其他一些基础技术服务，这些服务支撑了新浪微博的海量数据和高并发访问，是整个系统的技术基础；中间层是平台服务和应用服务层，新浪微博的核心服务是微博、关系和用户，它们是新浪微博业务大厦的支柱。这些服务被分割为独立的服务模块，通过调用和共享基础数据构成新浪微博的业务基础；最上层是 API 和新浪微博的业务层，各种客户端（包括 Web 网站）和第三方应用，通过调用 API 集成到新浪微博的系统中，共同组成一个生态系统。这些被分层和分割后的业务模块与基础技术模块分布式部署，每个模块都部署在一组独立的服务器集群上，通过远程调用的方式进行依赖访问。

9.4.4 经营模式

1. 利用名人和媒体资源，实现高用户黏性

在新浪微博中，普通用户除了与现实生活中的朋友进行互动外，还经常关注明星大 V、垂直行业 V 用户、草根大号、媒体官方微博等，新浪微博汇集了从娱乐明星到行业意见领袖，再到热门媒体、政府机构等大量明星用户和海量草根用户。截止到 2014 年底，新浪微博用户规模超过 5 亿，其中包括超过 8 万个政府机构和官员的微博账号、70 多万个个人认证账号和 40 多万家企业认证账号。普通用户通常会对其关注的"明星账号"发布的某一话题通过主动围观、参与、互动三个步骤，形成一个非常庞大的追随网络，而裂变式信息传播机制会产生强大的传播效应。微博赋予每个人话语权，用户的关注、围观、评论多数都是围绕身边的人和事展开，从评论时事到危机救助，通过庞大的追随网络，拉近普通人与名人、传统媒体、政府机构的距离，满足了人们对现实的关照的需求，也直接对经济和社会产生影响。

2. 关注用户使用细节，提升用户体验

新浪微博的产品设计一直注重用户的使用细节，并不断优化和提升用户体验。140 个字的发表模式满足了人们碎片时间"浅阅读"需求，也满足随时随地发现、分享信息发表个人观点的需要，同时也满足个人表达的随意感；借助关注、转发、评论、赞、私信等简易操作，实现了一对一、一对多、多对多的广泛、即时互动，方便用户使用；开设 VIP 用户服务，为有高级服务需求的用户提供个性化、特权服务，提升用户体验。

3. 实施开放平台战略，加强战略合作

新浪微博实施开放平台战略，为合作伙伴提供超过 200 个数据接口，包括微博内容、评论、用户、关系、话题等信息，并为合作伙伴接入网站、开发应用提供帮助，并提供应用卡片、消息通道、页面推荐位、活动运营等服务支持。新浪微博的开放平台策略，吸引了多家平台合作伙伴，包括媒体机构和游戏及其他应用开发者，这些平台合作伙伴为新浪微博贡献了大量的内容，并将微博内容广泛发布到他们的平台上，同时还为新浪微博平台开发产品和应用，提升用户体验。开放平台战略为合作伙伴带来收益的同时，也提高了新浪微博的盈利能力。

2013年4月29日，新浪微博与阿里巴巴集团签署战略合作协议，双方依托各自领先的社交媒体和电子商务优势，在用户账户互通、数据交换、在线支付、网络营销等领域进行深度合作，探索基于数亿微博用户与阿里巴巴电子商务平台的数亿消费者有效互动的社会化电子商务模式，是新浪微博拓展利润来源的重要尝试。

9.4.5 管理模式

1. 分布式组织结构

新浪微博设有总部、产品开发基地和运营中心三个部门，其中，总部和主要产品开发基地设在北京，另外，公司还在天津、上海、成都和杭州设有运营中心。作为新浪旗下网站，新浪微博是新浪的核心业务板块，分为微博事业部和微博开放平台部两大业务板块。其中，微博事业部的业务分为PC端业务和移动端业务，且PC端和移动端都拥有各自的产品、技术和运营；微博开放平台部负责第三方应用服务商与新浪微博平台的合作，提高新浪微博商业化的效率，打造一套以新浪微博为平台的生态系统。

2. 监督与被监督式管理制度

新浪微博拥有完善的社区管理制度。《新浪微博社区管理规定（试行）》、《新浪微博社区公约（试行）》、《新浪微博社区管理委员会制度（试行）》等社区管理制度于2012年5月28日正式实施，新浪微博社区管理由微博平台和社区委员会共同完成。在具体管理上，对于可明显识别的违规行为，由站方直接处理，其他违规行为，由社区委员会判定后处理。新浪微博提供举报功能，认证用户可通过"举报"功能对违规进行举报。而名为"微博信用"的用户信用体系，则鼓励用户举报从"骚扰他人"到"发布不实信息"的各种行为，而被举报的用户一经裁定违规，即会被扣除相应积分，而用户的信用积分一旦低于60分，该用户就会在微博首页等页面被打上"低信用"标签，如信用被扣至0分，新浪便会删除该用户账号。新浪微博通过完善的社区管理体系，维护新浪微博社区秩序，有效保障着用户的合法权益。

9.4.6 资本模式

1. 最初投资

新浪微博作为新浪的重要业务板块，从成立开始，一直依靠总公司新浪的出资支持。2010年10月11日，新浪为微博注册成立独立公司，名为微梦创科技有限公司，注册资本2000万美元，法人代表为曹国伟，这意味着新浪微博将依靠自身的营业收入支持公司运转，也是为新浪微博独立上市做准备。

2. 上市前投资

2013年4月29日，阿里巴巴集团战略投资新浪微博。阿里巴巴通过其全资子公司阿里巴巴（中国），以5.86亿美元购入新浪微博公司发行的优先股和普通股，占新浪微博全部稀释摊薄后总股份的18%左右。另外，新浪授予阿里巴巴一项期权，允许阿里巴巴在未来按事先约定的定价方式，将其在新浪微博的全部稀释摊薄后股份比例提高至30%。

3. 新浪微博上市

2014年3月14日，新浪微博接到阿里巴巴增持微博股权至30%的通知，经过新股权稀释之后，新浪在新浪微博大约占股50%，阿里巴巴占股约30%，新浪微博仍是新浪控股的公司，新浪拥有绝对控股权和投票权。2014年3月15日，新浪微博正式向美国证券交易委员会提交了上市申请文件，计划融资5亿美元，迈出上市的重要一步。

2014年4月17日，新浪微博在纳斯达克挂牌上市，最终确定IPO发行价为17美元。2014年5月阿里巴巴在提交给美国证券交易委员会的招股书中披露，阿里巴巴在新浪微博IPO时认购了4.49亿美元股票，使得阿里巴巴对新浪微博的总投资额上升到10.35亿美元。

9.4.7 总结与建议

1. 新浪微博成功关键因素

新浪微博从2009年成立至今，经过5年多时间的发展，总用户数已超过5亿，2015年3月的月度活跃用户数(MAU)达到1.98亿，日均活跃用户数(DAU)达到8900万，成为国内最重要的社交网络平台之一，其成功的关键因素主要体现在如下几个方面。

1) 名人效应带来高人气

通过与大量名人合作来提升新浪微博的关注度。新浪微博在内测之初就邀请包括演艺界、企业界、传媒界等各界名人开通新浪微博，"名人微博"产生了巨大的影响力，吸引了数以百万计"粉丝"的关注。名人的加入使得新浪微博人气大涨，而新浪微博的蹿红也提升了名人的人气，取得了双赢的效果。以名人微博为基础，逐渐建立起完善的"意见领袖"系统，是新浪微博得以取得巨大成功的原因之一。

2) 创新大众信息获取方式

新浪微博通过人与人之间的"关注"、"被关注"网络，使信息内容以裂变式层层传播，从根本上改变了用户获取信息的方式，且信息传播覆盖面更广、速度更快。而基于用户社会关系的传播，信任度高，信息被接受程度高。另外，它满足了人们即时即兴表达的需求，且赋予每个人平等话语权，用户的关注、围观、评论多数都是围绕身边的人和事展开，满足人们迅速获取信息和表达情感的需求。

3) 传统媒体加盟微博丰富信息资源

大量的传统媒体注册微博，丰富了新浪微博的信息资源。传统媒体利用其社会地位和社会资源，通过开设微博专栏、微博特色专栏等方式，在微博上迅速获得了大量粉丝，提高其微博话语权，而传统媒体通过自身的影响力扩大在微博上知名度的同时，也为新浪微博培育了大量的忠实用户，也提升了新浪微博的影响力。

2. 新浪微博面临的挑战

新浪微博作为颇具影响力的社交媒体平台，已经在中国及世界上190多个国家的华人社区积累了庞大的用户基础，吸引了包括普通民众、名人明星和其他公众人物，以及媒体机构、企业、政府机构和慈善组织在内的大量用户。但是，在未来的发展中，新浪微博可能会面临如下几个方面的挑战。

1）保持和增加活跃用户的能力

根据新浪微博数据中心数据显示，2014年全年月均登录天数在15天以上的高黏性用户占比与2013年持平为32.11%，且月活跃人数和日均活跃人数增速都在放缓。另外，移动互联网快速普及和以朋友圈为基础的微信社交媒体的崛起，将对新浪微博的用户黏性和用户活跃度产生巨大的冲击。因此，如何保持和增加活跃用户的增长，是新浪微博在未来很长一段时间都将面临的挑战。

2）提高可持续营收及盈利的能力

根据新浪微博的财报显示，2014年全年净营收为3.342亿美元，但净利润仍为负值。目前新浪微博的收入来源仍以广告和营销营收为主，其次为微博增值服务，营收来源比较单一。如何拓展新浪微博的营收来源，实现盈利，是新浪微博努力保持用户活跃度和黏性的同时，面临的另外一个重要挑战。

□基于互联网和团队的练习

1. 网络社区商业模式分析

选择3家以上网络社区网站，登录其网站全面了解其基本情况和基本功能模块，并利用互联网收集他们的相关资料，据此全面分析中国网络社区类网站的商业模式，并撰写一篇分析报告。

2. 微信和腾讯微博的比较分析

登录微信和腾讯微博网站，了解其基本情况和基本功能模块，并利用互联网收集他们的相关资料，并根据这些资料，对微信和腾讯微博进行全面的比较分析，撰写一篇分析报告并进行交流。

□基于网上创业的学习

利用网络社区的商务模式可以建站创业，也就是自己思考一个网络社区的商务模式，组建团队，建立网站，运营网站，当网站运营到一定程度，可以吸引风险投资。基于关系网络的社区商务模式是目前比较热的一个创业领域，个人创业的前景良好。要学习网上创业，可以仔细阅读本书，了解清楚商务模式的内涵，分析互联网企业的商务模式，研究确定你要选择的创业领域及其商务模式的特征。

参 考 文 献

[1] 唐兴通. 社会化媒体营销大趋势: 策略与方法(第二版)[M]. 北京: 清华大学出版社, 2011.

[2] 中国互联网络信息中心(CNNIC). 第35次中国互联网络发展状况统计报告[R]. 北京: 中国互联网络信息中心, 2015.

[3] GlobalWebIndex. GlobalWebIndex's quarterly report on the latest trends in social networking [R]. United Kingdom: GlobalWebIndex, 2014.

[4] 新浪网站. Facebook公布第三季度财报: 净利润同比增90%[R]. http://tech.sina.com.cn/i/2014-10-29/05099741566.shtml? sina-fr = bd.ala.cb, 2014-10-29.

[5] 微博数据中心. 2014年新浪微博用户发展报告[R]. 北京: 新浪微博, 2014.

[6] 新浪网站. 微博发布2014年第三季度财报[R]. http://tech.sina.com.cn/i/2014-11-14/05309789970.shtml? sina-fr = bd.ala.cb, 201411-14.

[7] 卫向军. 亿级用户下的新浪微博平台架构. http://mp.weixin.qq.com/s? __biz = MzA4ODAyOTI4Ng = = &mid = 201320389&idx = 1&sn = 47eadf22183348c6982e24bf66287ef1&scene = 1#rd, 2014-12-03.

[8] 天涯社区网站. http://www.tianya.cn, 2014-12-20.

[9] 魏寿华. "天涯"现象——网络论坛是怎样炼成的. 新闻战线, 2010(4).

[10] 上海艾瑞市场咨询有限公司. 2014年中国移动互联网用户行为研究报告[R]. 上海: 艾瑞集团, 2014.

[11] 中国互联网络信息中心. 2014年中国社交类应用用户行为研究报告[R]. 北京: 中国互联网研究中心, 2014-07.

[12] 新浪网. 新浪微博招股书全文概要[R]. http://it.sohu.com/20140315/n396642576.shtml, 2014-03-15.

[13] 同花顺. 微博发布2014年第四季度及全年财报[R]. http://stock.10jqka.com.cn/usstock/20150311/c572321987.shtml.

[14] 同花顺. 新浪微博2015年第一季度财报[R]. http://stock.10jqka.com.cn/usstock/20150515/c572752092.shtml.

第 10 章 网络娱乐模式案例分析

引言

中国网络娱乐产业经过十多年的发展,已经形成了较大的产业规模。截至 2015 年 6 月,中国网络游戏用户规模达到 3.80 亿,较 2014 年年底增长了 1436 万人,占整体网民的 56.9%,其中手机网络游戏用户规模为 2.67 亿,较 2014 年年底增长了 1876 万人,占手机网民的 45%;网络文学用户规模为 2.85 亿,网民使用率为 42.6%;网络视频用户规模达 4.61 亿,用户使用率为 69.1%。这些数据表明,我国的网络娱乐产业用户基础庞大,网络娱乐及其商务应用已经受到人们的广泛关注。

10.1 网络娱乐模式概述

10.1.1 网络娱乐的定义

娱乐是大众调剂、放松的一种休闲方式,它以娱人、快乐为宗旨。网络娱乐是依托于互联网,提供在线游戏、音乐、视频、文学等娱乐服务的互联网应用。

网络娱乐模式是指网络娱乐运营商通过自主制作或取得其他娱乐项目制作商授权运营网络游戏、网络音乐、网络视频等网络娱乐项目,以出售娱乐项目或相关服务为用户提供增值服务和内置广告(In-Game Advertising,IGA)获得收入的互联网运营模式。

10.1.2 网络娱乐的分类

目前,网络娱乐的形式主要包括网络游戏、网络音乐、网络视频、网络文学等。

1. 网络音乐

根据2009年8月文化部印发的《文化部关于加强和改进网络音乐内容审查工作的通知》,网络音乐是指用数字化方式通过互联网、移动通信网、固定通信网等信息网络,以在线播放和网络下载等形式进行传播的音乐产品,包括歌曲、乐曲以及有画面作为音乐产品辅助手段的MV等。网络音乐的主要特点是形成了数字化的音乐产品制作、传播和消费模式。

根据音乐播放终端和网络载体的不同,网络音乐又可分为互联网在线音乐和移动音乐两种类型。互联网在线音乐是指通过电信互联网提供在电脑终端下载或者播放的数字化音乐产品;移动音乐是指无线网络运营商通过无线增值服务提供在手机终端播放的数字化音乐产品。目前常见的网络音乐网站如表10-1所示。

表10-1 常见的网络音乐网站

序 号	网 站 名 称	网 址
1	一听音乐网	http://www.1ting.com
2	QQ163音乐网	http://www.qq163.com
3	好听音乐网	http://www.haoting.com
4	九酷音乐网	http://www.9ku.com
5	我99娱乐	http://www.wo99.com
6	世纪音乐网	http://www.ssjj.com
7	我爱音乐网	http://www.520music.com
8	九天音乐网	http://www.9sky.com
9	音乐翻唱	http://www.yyfc.com

2. 网络游戏

网络游戏,又称在线游戏(Online Game),简称"网游",是电子游戏在互联网络上的一种延伸发展。网络游戏已经成为互联网的重要组成部分,推动互联网经济向良性循环和应用化发展。对于网络游戏的概念,目前较为普遍的描述是:以互联网或局域网为传输媒介,可以多人同时参与,旨在实现娱乐、休闲、交流和取得虚拟成就的电子计算机游戏。每个网络游戏都要有运营商。网络游戏运营商是指运营自主开发的游戏或代理运营网络游戏开发商的游戏,以出售游戏道具、游戏时间、相关服务或游戏内置广告获得收入的网络公司。而网络游戏产业,则是"通过信息网络传播和实现的互动娱乐形式",是"网络与文化相结合的产业"。

参照行业惯例及目前主流网络游戏的类型和特点,可按照不同的标准对网络游戏进行区分,不同的分类标准形成不同的网游类型。

1) 按照游戏运行方式划分

按照游戏运行方式,或者说按照运行游戏对服务器的依赖程度可分为三类,即单机版移植式网游、客户端链接式网游和 Web 网游。

① 单机版移植式网络游戏,是单机游戏产品中增加了网络对战功能。如《帝国时代》、《反恐精英》等。这类游戏虽然可以联机对战,但游戏内容已经固定,没有定期升级等网络服务。

② 客户端链接式网游,必须下载客户端,并通过客户端注册进入,链接到游戏运营商的游戏服务器,并根据游戏厂商提供的客户端版本及时升级才可以进行游戏。服务器端直接控制游戏的进程和规则,玩家所在的客户端只能进行输入输出的控制,如《剑侠情缘》等。

③ Web 网游,也叫网页游戏,是最近两年新兴起的一种网游类型。其特点是不需要手动下载安装客户端程序,升级更新都是自动完成,注册 ID 后通过浏览器即可直接进行游戏,如《三国风云》等。

2) 按照游戏形式划分

① 大型角色扮演类网游,或者叫大型多人在线角色扮演类网络游戏(Massive Multiplayer Online Role Playing Game,MMORPG),是支持多人同时出现在同一场景的一种游戏类型。这类游戏大都以一定的历史或故事为游戏背景,其游戏过程是持续的,不以局或盘等为限制。游戏形式主要是用户通过游戏技能或其他各方面的投入实现在虚拟社会中的成长,参与游戏虚拟世界的人际沟通等。这种网游类型在当前的中国网游市场中占据主导地位,如传奇、大话西游、魔兽世界等。

② 休闲网络游戏,则是通过游戏运营商使用互联网构建的虚拟空间进行游戏,对战通常在一个有人数限制的房间中进行。休闲类网游具有三个显著的特点:一是游戏题材多与文体活动有一定联系;二是游戏过程主要是回合制;三是收费模式多以会员及道具为主。休闲类网游按其游戏特性又可细分为棋牌类、对战类、文化体育类游戏,按其运营方式可以分为平台游戏和大中型休闲网络游戏。

3) 按照收费方式划分

① 计时收费网游:按照游戏时间的长短来收费,一般分点卡、月卡、季卡等形式进行销售。

② 增值服务收费网游：也就是通常所说的免费游戏，游戏区可以免费进入，游戏时间不受限制，运营商靠提供道具、服装等增值服务来盈利。

此外，还可以按照游戏产地、画面风格、营运阶段等来进行划分。目前常见的网络游戏运营商如表10-2所示。

表10-2 常见的网络游戏运营商

序 号	运营商名称	网 址
1	盛大	http://www.shanda.com.cn
2	网易	http://nie.163.com
3	腾讯	http://game.qq.com/index.shtml
4	九城	http://www.the9.com
5	巨人	http://jr.ztgame.com/index.shtml
6	完美时空	http://www.wanmei.com
7	搜狐	http://games.sohu.com
8	久游	http://www.9you.com
9	51wan	http://www.51wan.com

3. 网络视频

网络视频是指通过压缩处理成网络常用的流媒体格式而放在视频网站或专门的播放软件中供用户在线观看或下载的视频。

根据视频内容不同，网络视频又可细分为网络电影、网络电视和原创视频。目前常见的网络视频网站如表10-3所示。

表10-3 常见的网络视频网站

序 号	网站名称	网 址
1	酷6网	http://www.ku6.com
2	优酷网	http://www.youku.com
3	土豆网	http://www.tudou.com
4	PPLive网络电视	http://www.pptv.com
5	PPS网络电视	http://www.pps.tv
6	中国网络电视台（CNTV）	http://www.cntv.cn
7	迅雷看看	http://www.xunlei.com
8	奇艺	www.qiyi.com

4. 网络文学

网络文学是一种新近出现的文学样式，它是指以互联网为发表平台和传播媒介，借助超文本链接和多媒体演绎的手段来表现主题，在网上创作发表，供网民阅读的文学作品、类文学文本及含有一部分文学成分的网络艺术品，其中以网络文学原创作品为主。目前常见的网络文学网站如表10-4所示。

表 10-4　常见的网络文学网站

序　号	网站名称	网　　址
1	起点中文网	http://www.qidian.com
2	小说阅读网	http://www.readnovel.com
3	逐浪小说网	http://www.zhulang.com
4	新浪读书	http://book.sina.com.cn
5	腾讯读书	http://book.qq.com
6	搜狐原创	http://yc.book.sohu.com

10.1.3　网络娱乐的特征

1. 用户规模较大

据中国互联网络信息中心 CNNIC 的调查报告显示，截至 2015 年 6 月，中国网络游戏用户规模达到 3.80 亿，较 2014 年年底增长了 1436 万人，占整体网民的 56.9%，其中手机网络游戏的用户规模为 2.67 亿，较 2014 年年底增长了 1876 万人，占手机网民的 45%；网络文学用户规模为 2.85 亿，网民使用率为 42.6%；网络视频用户规模达 4.61 亿，用户使用率为 69.1%。

2. 发展速度较快

据中国互联网络信息中心 CNNIC 的调查报告显示，从 2013 年到 2014 年的一年时间内，网络游戏用户增长规模达 3008 万，手机网络游戏用户增长规模达 3648 万；网络文学用户增长规模 1498 万；网络视频用户规模增加 1057 万人。由这些数据我们可以看出，网络娱乐的发展速度是比较快的。

3. 盗版现象严重

在网络娱乐的四种类型中，有三种（网络音乐、网络视频、网络文学）都存在严重的盗版问题，这些盗版主要体现在两个方面：一方面是网络娱乐网站将已经存在的有版权的音乐、电影、小说等未经版权方许可直接放置到网站用于经营，而不向版权方缴纳版税；另一方面是由于音乐、视频、小说等内容在互联网上的存在形式导致其很容易被下载或复制，所以网络娱乐网站上原创的这些内容一旦发布到网站上，就会在未经许可的情况下被很多其他同类的网站复制过来用于经营。以上谈到的两点在中国是普遍存在的，这也严重影响了中国网络娱乐业的发展。

4. 运营网站无备案情况较为普遍

网站备案的目的是为了防止在网上从事非法的网站经营活动，打击不良互联网信息的传播，如果网站不备案的话，很有可能被查处以后关停。在网络娱乐的四种类型中，有三种（网络音乐、网络视频、网络文学）存在大量的个人运营者，这就导致了从事这些服务的众多网站没有备案，这些网站经营的随意性较强，网站上放置的内容随意性也较强，有时甚至会放置一些违法或者违规的内容，严重影响了中国网络娱乐业的发展。

10.2 案例1：盛大网络的网络游戏模式

10.2.1 基本情况

盛大网络于1999年11月投资50万元创建，早期从事网络游戏业务，历经多年发展，盛大集团拓展业务，在多个领域进行全方位发展，通过互联网为用户提供多元化的娱乐服务。盛大网络为用户提供一系列目前最受欢迎的大型多人网络游戏、休闲益智游戏与在线竞技游戏，同时提供动漫、文学、音乐等丰富的相关娱乐内容。以文化产业为依托，不断向周边产业进行拓展，如今已发展成为一个自有资产数百亿元的大型投资控股集团。

盛大网络游戏的价值网络以盛大网络游戏为核心，涉及盛大网络自主开发和代理运营的网络游戏、盛大代理运营的网络游戏的开发商、衍生出的道具和游戏指南等周边产品、网络游戏玩家、代理运营盛大网络游戏的网络游戏运营商、盛大网络游戏中提供的网络广告服务、购买盛大网络广告的广告主，他们之间的关系如图10-1所示。

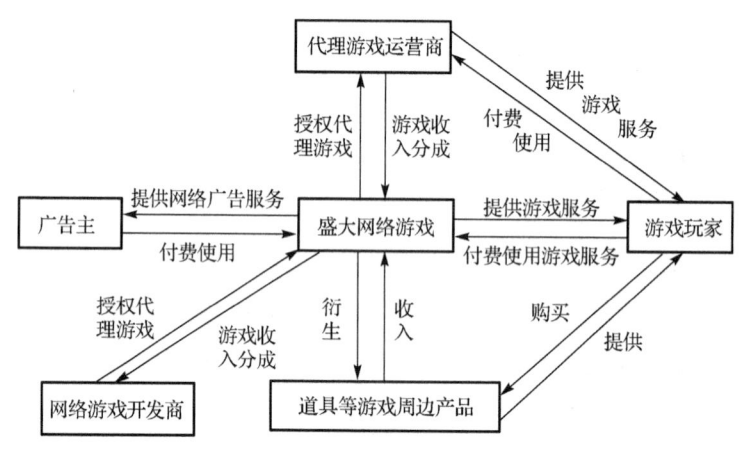

图10-1 盛大网络游戏价值网络

10.2.2 商业模式

1. 愿景与使命

盛大网络希望在今后继续挖掘包括互联网及文化等多领域的新生力量，培育和壮大它们，成为业界领先的互动娱乐媒体企业集团、业界领先的数字出版商。娱乐指的是内容，盛大网络是通过不断向用户提供内容带来欢乐的公司；互动指的是服务平台，只有在互动平台上，盛大网络才可以同世界级企业处在同一起跑线。

2. 目标用户

盛大网络的目标市场主要是在中国，其目标用户范围十分广泛，涉及中国所有需要网络娱乐的用户，包括网络游戏、网络文学、影视、音乐、动漫等。并且盛大网络集团从线上到线下，从虚拟到现实，进军实体经济文化创意地产，运用盛大在虚拟世界所积累的实力和经验，运营现实的社区，打通虚拟和现实两个世界，努力扩大其目标用户人群，以满足不同层次的网民需要。特别是盛大的网络游戏运营平台试图覆盖7岁至70岁的网民，这样的定位完全是和中国网民的年龄结构相一致的，盛大网络针对中国网民的年龄结构特点开发和代理网络游戏。

3. 产品和服务

目前，盛大网络旗下有若干业务体系，包括盛大游戏、盛大文学、盛大动漫、盛大影视、盛大云和其他投资。

1) 盛大游戏

盛大游戏有限公司（NASDAQ：GAME）是集网络游戏开发商、运营商和发行商于一身，处于中国领先地位，致力于打造国际化的网游平台。盛大游戏有限公司拥有两千多名研发和运营人员，一直勇于创新，坚持优秀和丰富多样的产品线，向用户提供基于PC客户端、浏览器以及智能移动终端等多平台50多款网络游戏产品。

2) 盛大文学

盛大文学（www.cloudary.com.cn）作为中国最大的社区驱动型网络文学平台，是盛大集团旗下文学业务板块的运营和管理实体，2008年7月宣布成立。盛大文学占整个原创文学市场72%的市场份额。运营的原创文学网站包括起点中文网（www.qidian.com）、红袖添香网（www.hongxiu.com）、小说阅读网（www.readnovel.com）、榕树下（www.rongshuxia.com）、言情小说吧（www.xs8.cn）、潇湘书院（www.xxsy.net）六大原创文学网站以及天方听书网（www.tingbook.com）、悦读网（www.zubunet.com）、晋江文学城（50%股权）（www.jjwxc.net）。同时还拥有"华文天下（www.huawentianxia.cn）"、"中智博文（www.zzbwbook.com）"和"聚石文华（www.jswhbook.com）"三家图书策划出版公司，是国内最大的民营图书出版公司，签约韩寒、于丹、安意如、蔡康永等多位当代一线作家。

3) 盛大云

盛大云隶属于上海盛大网络发展有限公司，是在整合盛大集团资源的基础上，百分百自主技术研发而成的公有云平台。2011年7月22日，盛大云宣布开放公测。盛大云以国际领先的AWS模式，已推出按需计费的云主机、第一家面向公有云专门开发的Key-Value云存储、第一家云硬盘、第一家自助化的CDN加速产品、永久免费的云监控，以及视频云、网站云、数据库云、移动云服务等产品。盛大云以用户为中心，以快速的步伐不断满足客户在主机租赁、存储扩展、网络加速、快捷建站、数据库服务等方面的基础设施需求，并陆续推出了视频云等行业垂直云服务。产品以按需使用、弹性扩展、高可靠、高安全、高可控为核心特点。

4. 盈利模式

盛大网络涉及业务众多,其中盛大游戏与盛大文学是其目前主要的盈利业务,因此下面分别介绍其盈利模式。

1)盛大文学

① 在线付费阅读——网络文学网站最主要的收入来源。

盛大文学对于VIP章节采取收费订阅的方式,并且拥有自己的注册作者及签约作者,签约作者更新作品,网络将其收益的一部分支付作者稿费。

② 实体书出版代理费用。

盛大文学在他的签约合同中有这样的条款:"因作品出版所获得的稿费,20%用于代作者协调各个环节中如维权、出版内容进度控制、财务结算、加印版税和其他衍生收入的实现以及缴纳税款等事务,剩余80%归作者享有。"也就是说,在扣除相关税费之后,作者通过实体出版获得的稿费有20%将归网站所有。代理出版费用也是网络文学网站重要的收入来源之一。

③ 影视游戏等衍生品。

作者授权网站在全球范围内独家地、排他地与出版机构、图书公司、影视剧制作机构、游戏厂商等商谈将签约作品以图书、漫画、游戏、广播、电影、电视剧、有声读物等作为载体而出版,和/或开发和销售玩具等衍生产品。因上述版权输出所获得的收益,除出版签约作品所得稿费外,其余各项版权收益50%用于网站与版权使用方之间接洽、商谈、签约及协调各个环节中如维权、版权使用进程控制、财务结算和其他衍生收入的实现以及缴纳税款等事务,剩余50%归作者享有。

④ 无线版权。

伴随4G时代的到来,手机无线阅读也将成为网络文学网站的收入来源之一。网站与作者实行五五分成。

⑤ 广告收入。

以盛大文学旗下的晋江文学网为例,网站最高日PV超过5500万,累计注册用户近370万,作者近42万名。全世界共有211个国家和地区的用户访问晋江,海外流量占全站流量35%以上,是全世界覆盖最广的中文网站之一。庞大的读者群不仅给网站带来了收益,也带来了巨大的流量,文学网站也成为广告商青睐的对象。

2)盛大网络游戏

盛大网络游戏的收入主要来自于玩家所付的游戏费用、网络游戏广告和游戏周边产品(短信、出版物、游戏指南和杂志等)。

玩家所付的游戏费用包括玩家购买游戏预付卡的费用和购买游戏增值道具的费用。通常,盛大网络的休闲游戏是免费的,但是有很多玩家选择付费购买"点数"来获得游戏的增值道具,从而增强游戏体验。

网络游戏广告是一种以网络游戏的固定用户群为基础,通过固定的条件,在游戏中适当的时间,适当的位置上出现的广告。这种广告是与玩家的游戏体验紧密结合的广告,它可以减少玩家对广告的反感情绪,有利于广告效果的提升。盛大网络游戏广告形式以活动冠名、官网活动、NPC(Non-Player-Controlled Character,非玩家控制角色)、游戏道具、游戏装备(人物装饰、建筑物等)、游戏版本、植入广告(游戏内场景冠名、游戏内广告牌、游戏过场动画、游戏读地图页广告、游戏内公告牌广告)等为主,盛大会根据不同网络游戏的情况放置不同形式的广告。

截至2014年6月30日的第二季度,盛大游戏的净营业收入为9.64亿元人民币(1.57亿美元),上季度为9.92亿元人民币,去年同期为10.93亿元人民币。盛大游戏在经历母公司退市之后,其营收对于集团来说具有重要意义,也承担了更大的压力。其业务本身,面对着中国客户端游戏市场整体低迷与行业激烈竞争的现状,盛大游戏在从传统的客户端游戏主营业务向新兴的网页与手机游戏转型,短期来看,转型中的盛大游戏营收面临巨大挑战。

近年来,盛大网络游戏的盈利空间正在逐步缩小,造成这种趋势的原因主要表现在三个方面:一是出生率的下降造成游戏适龄人口的减少,致使玩网络游戏的人群数量增长动力不足,导致整个网络游戏行业进入平台期,网络游戏市场规模连续3年增速放缓;二是游戏的类型更加多样化,很多小的网络游戏公司推出了新型的游戏,吸引了大量的用户,压缩了盛大网络游戏的盈利空间;三是盛大网络业务过于分散,除网络游戏外,还有文学网站、电子书、视频网站和影视版权分销,而且每条业务线都有强敌,这影响了盛大网络游戏的发展和竞争力,而其他这些业务近期的盈利能力又不是很强。

5. 核心能力

1)综合性互动娱乐平台

盛大通过其强大的游戏运营能力、周到的客户服务能力、完善的技术保障与支持能力、广泛的销售网络和健全、高效的支付平台,形成了面向用户的综合性互动娱乐平台,并在该平台上凝聚了庞大的用户群体,各年龄层的玩家均可以借由盛大网络互动娱乐平台与其他成千上万的玩家进行互动,体验互动娱乐带来的乐趣。对目前的盛大网络来说,最重要的就是要致力于保证其在行业内的这种核心竞争力。

2)紧密控制销售渠道,网吧渗透能力极强

"E-sale"的成功运营可以直接控制销售终端(网吧),减少了交易成本及渠道建设费用,还可以有效地扩大销售终端。

3)游戏服务领域经验丰富

目前运营着世界上同时在线人数最多的网络游戏,这对公司的技术和综合服务能力要求很高,盛大网络所积累的经营及技术经验有助于管理更加复杂的在线游戏,提供稳定、不间断的服务,吸引用户并维持其忠诚度。

4)有拓展相关新业务、丰富收入来源的能力

综合娱乐业务的推进既可以开拓家庭互联网用户,同时也会增加新的收入来源。

10.2.3 技术模式

1. 基础服务技术系统

网络游戏自身的高技术含量以及宏大场面的展现,对服务器提出了很高的要求。作为网络游戏后台的核心支撑系统,服务器承担着认证、软件运营、数据存储等关键任务,服务器的稳定性和可靠性在很大程度上决定了游戏为玩家提供的服务质量。游戏运行中一旦宕机或者回档,对玩家来说意味着游戏中断及金钱的损失,对于运营商而言则意味着用户满意度下降,运营状况将受到损失。所以,网络游戏运营商选择服务器便成为了游戏运营的关键。

盛大网络每年都会采购大量的服务器,其采购服务器时,主要看重机器的 CPU(Central Processing Unit,中央处理器)处理能力,磁盘 I/O(Input/Output,输入/输出),网卡 I/O(Input/Output,输入/输出)以及部件故障率等方面。盛大有专门的团队对不同架构的服务器做持续的测试,为不同应用选择最好的服务器。盛大的服务器类型有游戏服务器、DB(DataBase,数据库)服务器、下载服务器、网站服务器、缓存服务器以及计费服务器等。不同类型的服务器针对应用来选择优化配置,大概70%~80%是游戏服务器和DB(DataBase,数据库)服务器,其他服务器占20%~30%。

为了节约电能,降低成本,盛大的数据中心在节能方面也做了一些工作,主要有两点,一是采用虚拟化技术,二是使用高密度节能服务器。虚拟化会成为高效利用服务器计算资源的主流方向,未来的 IDC(Internet Data Center,互联网数据中心)必将是虚拟机和物理机的混合。

2. 用户服务技术系统

为了更好地服务用户,盛大网络从三个方面建立了为用户服务的系统。

1)娱乐互动的统一平台——EZ-Center

随着盛大网络的发展,它提供的游戏项目逐渐增多,每个游戏独立的用户体系不适合为用户提供统一可靠的服务。同时,盛大网络除了游戏业务之外,还提供各种娱乐应用,也需要建立统一的用户平台;另外,用户在盛大网络的每个应用都需要使用不同的账号也带来了很多繁琐。基于此,盛大网络于2005年推出了基于 Windows server system 和.Net 体系的娱乐互动统一平台——EZ-Center。EZ-Center 全称是 Easy Center,意思就是容易操作的媒体中心,它从技术上解决了用户认证、授权、计费等关键性技术问题,从而大大提高用户体验。用户可以通过 EZ-Center 很方便播放来自不同厂商的电影,浏览不同厂商的新闻。EZ-Center 的推出,为广大互联网用户在多元化的娱乐互动应用访问和选择上提供了更为方便和快捷的统一平台。实现了所有网络游戏项目和娱乐应用项目的用户整合,不仅实现了"一号走天下",同时也为实现对用户的统一认证、统一计费、统一安全、统一客服等奠定了基础。

2)账号安全技术

密码丢失和账号被盗等问题一直都是网络游戏运营商与游戏玩家面对的重要问题,盛大网络也一直对游戏玩家的账号安全特别关注,不断通过先进技术开发出盛大密宝、盛大安全卡和认证手机等系统。

盛大密宝动态密码认证系统由国家密码委员会批准立项研发,通过与游戏账号的绑定,采用先进算法,每次登录游戏,在输入原游戏密码的同时,要输入"盛大密宝"即时产生的一组数字作为验证码,方能登录游戏,两个因素缺一不可。并且盛大密宝可以绑定盛大网络旗下各款产品的账号。

盛大安全卡绑定账号后,在进行账号认证或其他敏感操作时,该卡提供一层矩阵密码保护。安全卡的功能主体由两种规格大小(40格和120格)的密码矩阵组成,密码矩阵中的每一个格子中随机设有两位阿拉伯数字,并且每一个格子都对应有一个坐标。在进行安全卡密码验证时,必须按系统要求正确输入指定坐标上的数字才能通过验证。

认证手机系统在将手机与账号绑定后,可以开通密码修改提醒、短信修改密码、账号屏蔽/解除屏蔽、账号上线提醒、事件处理回复提醒等多种防盗保护服务。

3)服务器安全技术

为了保证网络游戏服务器的安全,盛大网络首先采用防火墙和防 DOS 设备在网络层面保护服务器的安全,其次为每台服务器上都装两套查病毒木马的软件,每天进行定时扫描。

4)支付系统

作为一家基于互联网开展业务的公司,盛大网络一直在借助网络技术进行着资金流的结算和管理。2003 年盛大网络就推出了 E-sales 系统,并且与中国银联、招商银行合作推出了面向个人用户的网上银行支付;2004 年 8 月盛大网络电子支付正式向第三方企业推出,一经推出就受到广大第三方商户的欢迎,在不断发展和开拓的过程中,盛大网络电子支付无论在安全保障、系统先进性还是在业务多样性方面都获得了迅速的发展,与各大商业银行建立了紧密的合作关系。盛大网络是国内首批与各大商业银行实现专线直联的互联网企业,一站式整合各个银行网关,覆盖了国内超过 98% 的支付卡种。盛大网络相继与中国工商银行、中国农业银行、中国建设银行、招商银行等商业银行建立了战略合作伙伴关系,在品牌推广、产品促销、发行联名卡等方面开展了一连串的市场活动。

10.2.4 经营模式

盛大网络的经营模式主要包括了盛大网络的产品推广、产品销售渠道、并购活动等。这些活动体现了盛大网络的经营理念,构成了盛大网络的经营模式。

1. 进行有效的产品推广

盛大网络的产品推广主要通过广告、推荐新产品、搜索引擎营销、电子邮件、社交网络等来实现。

1）广告

广告是传统而有效的宣传方式。盛大网络主要印制大幅精美的游戏宣传画，发放给各省市的网吧和游戏点卡专卖店张贴进行宣传。随着网络广告的出现，盛大网络又制作了各种动画（flash），在各个网站展示进行宣传。

2）新产品推荐

在某些书刊、论坛和网站上经常有精彩的游戏内容简介，很多读者、网民都可以通过这些介绍了解到盛大网络的游戏动态。

3）搜索引擎营销

各大门户网站都为用户提供搜索服务，盛大网络通过与这些网站的有偿合作，换来搜索结果中的醒目位置，以此提高盛大网络网站的点击率，既方便了用户的搜寻，又提高了自己的知名度。

4）电子邮件推销

用户在注册时被要求填上电子信箱，一旦有新游戏的发布，盛大网络就可以将游戏内容信息及时发送到各玩家的电子邮箱中，这种积极的推销方式十分奏效，这样客户不需要搜寻就能轻松获得最新游戏信息。

另外还有举行大型网络游戏比赛以吸引客户、参与展示会或开游戏新闻发布会等颇有成效的宣传措施。

2. 开拓创造性的销售渠道

2002年初，盛大网络开发了"E-Sales"网络营销系统，把销售渠道直接铺进了网吧，这套系统把各地的网吧作为销售终端，网吧老板只要在盛大网站上登录注册，就可成为盛大在各地的经销商，而玩家也可以在网上直接获取账号。网吧老板通过这个系统可以从盛大那里得到不同游戏时段的账号和密码，这样就可以最直接地卖给在网吧的玩家和附近的人，而资金流则通过传统的邮政汇款或者信用卡划账的方式汇集到盛大的账户。这样，不仅减少了分销渠道，降低成本，而且加快了盛大的资金回收速度。这种创造性的销售渠道提高了盛大网络的效率，使得盛大网络迅速扩大了其网络游戏市场，为盛大网络积累了大量的资金，在盛大网络的发展史上具有里程碑式的意义。

但是网络游戏电子商务的快速发展和新模式的涌现，使得E-sales迅速衰老。网游的电子商务新模式——第三方在线平台的出现，丰富了网络游戏的销售渠道，数字卡模式，也称在线卡发展起来。"实物卡和在线卡是互补的，在线卡不会取代实物卡，但在线卡是一种趋势"。

目前，除了"E-Sales"网络营销系统外，盛大网络还在盛大在线（http://www.sdo.com）网站上设立了充值中心，为用户提供了盛大快买、盛大快送、银行卡购买、手机购买、固定电话购买等多种盛大卡购买方式。

3. 打造B2C模式新模态

盛大游戏与淘宝宣布，双方将在互联网领域展开全方位的战略合作，打造集网游与电商于一体的 B2C 模式新形态。淘宝和盛大此次合作从客户端网游开始，充分整合双方资源，盛大旗下的代理游戏《时空裂痕》成为第一款试水之作。业内人士认为，借势电商流量，是盛大游戏迫不得已做出的选择。游戏用户群体毕竟是小众，远不如淘宝、京东等电商平台覆盖的用户广泛。通过和电商合作，盛大游戏可以获得更多流量。

4. 构建独立的第三方支付平台

上海盛付通电子商务有限公司（简称"盛付通"）是国内领先的独立第三方支付平台，由盛大集团创办，致力于为互联网用户和商户提供"安全、便捷、稳定"的支付服务。

5. 并购扩张

从 2003 年开始，盛大网络为了实现"成为世界领先的互动娱乐媒体企业"的战略目标，开始发展互动娱乐领域各种业务，展开了多轮并购行动，先后并购了与自己要开展的新业务相关的多家企业，通过一系列的并购活动，一方面体现了盛大网络通过产品多元化经营来打造其成为世界领先的互动娱乐媒体企业的战略目标；另一方面也体现了盛大网络善于捕捉游戏产业新的增长点，通过合理地选择投资项目，并购中小游戏同行，扩展游戏业务，巩固自身竞争力。

10.2.5 管理模式

1. 内部的游戏式管理

盛大网络的"游戏式管理"，是由盛大独创的一套企业组织和人力资源管理系统。"游戏式管理"将游戏中用户的体验，通过真实的环境进行了还原。围绕企业发展战略和目标，建立一个经验值管理系统，采用实时记录的方式，让所有员工犹如游戏中的打怪、做副本一样，完成自己的工作，既充满乐趣，又促进员工的自我激励和自我管理，实现员工个人价值和企业价值的完整统一。

盛大游戏式管理的核心是经验值管理系统（如图 10-2 所示），它就是一套独立的激励系统。通过科学的设计与评定后，全面改造员工的个人发展和回报（工资、奖金、福利等）体系，真正调动员工的主动性和积极性，让员工自身的发展命运牢牢掌握在自己的手中。与此同时，根据员工经验值管理系统，全面梳理公司的职务职级体系，形成双梯发展模式（如图 10-3 所示），让员工人尽其才，才尽其用。

2. 客户服务管理

盛大网络服务的核心首先是一个大服务的概念，也就是说，盛大网络首先是一个服务企业，所有部门、所有人，每一环节都是为客户服务的。企业的运转首先要满足于服务客户的概念，以服务为中心架构组织层次上的分工。盛大网络的服务理念是要求全方位、全民的服务，在盛大网络现有的组织架构里，各个中心都是以服务为导向开展工作，并互为支撑。

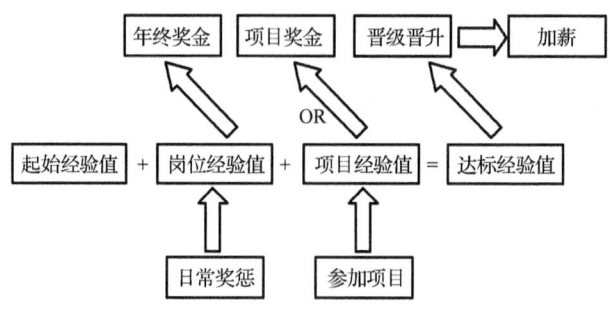

图 10-2 盛大网络经验值管理系统

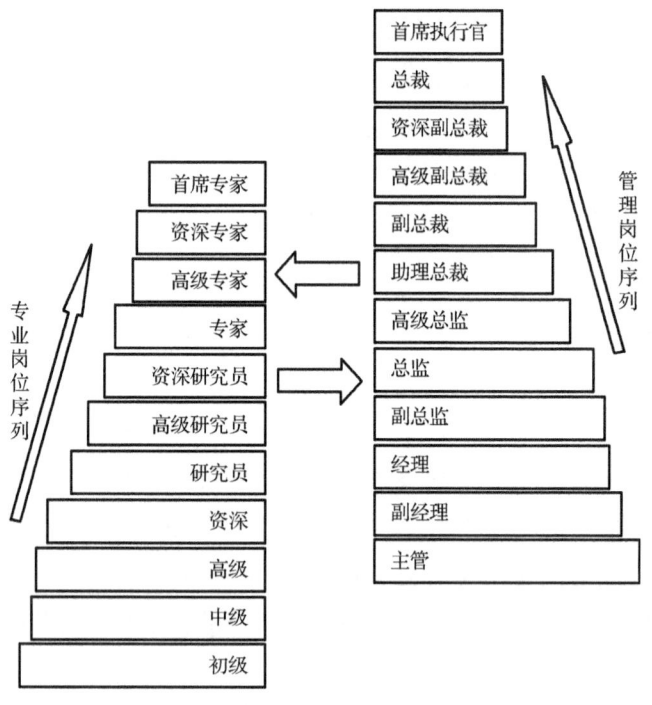

图 10-3 盛大网络员工双梯发展模式

1) 一个服务品牌

盛大网络客服自 1999 年 11 月成立至今,形成了自己独有的一套完整全面又人性化贴近玩家的服务模式,并于 2004 年打响了属于自己的由七大服务方式组成的服务品牌——"彩虹服务",提供七种特色服务:橙色代表甜蜜的电话服务;金色代表阳光的论坛服务;蓝色代表随心的邮件服务;绿色代表自由的自助服务;紫色代表神秘的传真服务;赤色代表热情的接待服务;粉色代表关怀的回访服务。彩虹的七种绚丽颜色,非常恰当贴切地勾勒出了客服中心为用户提供的全面而周到的服务。

2) 两大服务创新

2005 年 4 月,盛大网络再次推出盛大 VIP 创新服务,凭借着对忠实客户的真诚回馈,凭借着对客户群体的有效细分，盛大网络在短短数月时间中开通数以万计的 VIP 用户。2005 年 5 月，盛大网络整合已有服务项目，形成统一的彩虹服务网站，全面整合原有盛大网络客户服务，用户可以个性化制定该门户网站的内容，并且仅通过一个账号就可以访问门户提供的所有服务。

3）呼叫中心

盛大网络在 2002 年 4 月建立了呼叫中心，是国内网络游戏产业的第一家呼叫中心系统。盛大网络第一个在业内实行 7×24 小时服务，并斥巨资装备了电信级别的 Call Center 呼叫中心，这个呼叫中心配备了先进的自动应答系统，平均每天可以接 3000 个电话，大大提高了服务的用户数量，加上盛大网络培养的具备丰富行业知识的接线员，大大提高了服务的质量。每一个接线员的面前都有一台电脑，这里有盛大网络所有规范化的制度手册，每一个游戏的疑难问题都总结在这里，接线员可以根据客户提出的问题进行非常规范化的回答。回答问题的每一句话都会被监控记录，监控记录分为两个方面：一是实时监控；二是录音监控。然后交由管理人员监听，做出总结，指出哪些回答是规范的，哪些是错误的。

10.2.6 资本模式

盛大网络的资本模式涵盖了风险投资型和传统投资型两种资本模式。从盛大网络成立到目前为止，按照时间顺序，盛大网络经历了风险投资、上市、并购、整合等历程。

1. 风险投资

1999 年 9 月，盛大网络创立者陈天桥倾其所有，用 50 万元作为启动资金创立了盛大网络，当年 12 月就吸引了中华网 300 万美元的投资来购买其用户和网页浏览量，在资本的要求下，盛大网络转型建设动漫网站，为中华网带来了 30% 的网页浏览量。2001 年 7 月，盛大网络与韩国上市公司株式会社 Actoz Soft 软件公司签约，但是该公司当时只向盛大网络注资 30 万美元，盛大网络充分利用了这笔钱，当年就代理《传奇》，将整个公司建立了起来。2003 年，网络游戏行业进入高速增长时期，网络游戏行业的竞争也更加激烈，为了进一步提高发展速度，扩展游戏业务，保持在网络游戏行业的领导地位，盛大网络决定融资。2003 年 3 月，盛大网络从软银亚洲拿到 4000 万美元融资，并把资金合理地用于相关新业务领域的开拓以及增加企业核心竞争力上。这次融资标志着盛大作为一个年轻的企业成功通过了国际资本市场的检验与洗礼，为其 2004 年在纳斯达克上市奠定了基础。

2. 上市

2003 年盛大网络的现金收入约为 3300 万美元，经营净收入 7200 万美元，虽然高达 35% 的利润率远远高于国内其他企业，可是这些资本还不足以保证在其正常运营的基础上完成一系列并购，因此，上市融资成为盛大网络 2004 年的首要目标。2004 年 5 月，盛大网络在美国纳斯达克股票市场成功挂牌，融资 1.5 亿美元，成为第一家在海外上市的中国网络游戏公司。虽然由于时机不佳，盛大网络的融资规模比预期压缩 40%，减少了 1.086 亿美元，而且上市时间比预测的有所拖延、股价也有一定下调，但是度过了一段波动期内的低迷后，股价就开始一路上扬。随后盛大网络连续公布了两次季度的财务报告，成绩斐然，成功的运作使得盛大网络从纳斯达克融到了大笔的资金。

盛大网络采取分拆上市的方法，2009年9月25日，盛大游戏成功登录纳斯达克，首日开盘价12.5美元，融资额高达10.44亿美元，约70亿元人民币，这创下了中国网游企业上市融资之最，也成为2009年美国融资规模最大的IPO。盛大随后又进军影视、电子书行业。2010年8月17日，盛大网络旗下酷6传媒在美国纳斯达克以"KUTV"为代码开始交易，成为全球第一家上市的视频网站。一切的现象都表明，盛大正在一步步走向自己建立起的互动娱乐媒体帝国……

但是让人出乎意料的是，2011年10月17日盛大宣布其董事会于10月15日收到其董事会主席、CEO和总裁陈天桥提交的一份初步的、不具法律约束力的建议函。在该建议函中，陈天桥提出收购盛大已发行的股票中非由陈天桥、雒芊芊（现为盛大董事会成员）以及陈大年（现为盛大COO及董事会成员）（合称为"购买方"）直接或间接控制的所有股份。2012年2月15日，盛大网络宣布，完成了与母公司Premium Lead Company Limited及其全资子公司New Era Investment Holding Ltd.的合并协议。合并后，盛大将成为Premium Lead Company Limited的全资子公司。从2012年2月15日起，盛大暂停其ADSs在纳斯达克的交易，同时要求纳斯达克向SEC告知公司的ADSs已退市，并注销登记的证券。

3. 并购

为了实现其"成为世界领先的互动娱乐媒体企业"的战略目标，发展互动娱乐领域各种业务，盛大网络从2003年便展开了多轮并购，先后并购了与自己要开展的新业务相关的多家企业。

4. 整合

完成一系列收购之后，盛大网络将会进入到许多完全不熟悉的领域，仅仅坚持"先占位置"的做法是不够的，还要把这些相对陌生的资源整合到最佳状态，并发挥最大效用，这是一个根本性的难题，但盛大网络做得很好。

在游戏产品线拓展战略上，盛大网络先是进行战略投资，然后完全并购。盛大网络的资本整合轨迹基本上是沿着先纵向后横向的整合。盛大网络对北京数位红软件应用技术有限公司的收购就充分说明了这一点，在盛大网络投资之前，数位红公司就已经是国内领先的移动设备游戏开发商，但由于资金紧张，一直未能获得更大的发展。得到盛大网络的战略投资后不到半年，数位红公司由一家不到20人的小公司，一跃发展成为员工近百人的公司，它在品牌建设、收入等方面得到极大幅度的提升，开发的产品数量也翻了几番，达到300多款。在盛大网络游戏开发部门的支持下，开发出了第一款手机与PC网络游戏同步配合的移动设备网络游戏《传奇世界》，并成功登录诺基亚移动平台。通过与盛大起点中文网的业务整合，成功开发出移动设备中文阅读平台。而且，在内部调整中，盛大网络其他子公司的无线业务都集中到了数位红公司。在盛大网络战略投资后，通过双方优势整合，同时在线人数翻了一番，很快突破了50万。

10.2.7 总结与建议

1. 盛大网络游戏成功的因素

第一，迅速占据市场。在国内网络游戏刚起步的2001年，盛大抓住机遇投入资金代理韩国游戏《传奇》，并采用网吧代理销售的模式迅速扩展销售渠道，使盛大的市场规模迅速上升，占领了中国网络游戏市场的大部分份额。

第二，盛大网络游戏又抓住机遇开发有自主知识产权的游戏。

第三，盛大网络游戏采用多产品线经营策略，提供娱乐、出版、沟通、无线等服务，扩大了自己的产品、服务和客户范畴。

2. 盛大网络游戏面临的挑战

从整体发展趋势分析，中国的游戏行业已经逐步走出网络游戏独大的时期。盛大网络游戏面临挑战表现在以下三个方面。

第一，游戏政策进一步松绑，自贸区的建立容许外资企业从事游戏设备生产和销售，游戏用户使用选择拓宽。第二，网络的完善和上网设备的多样化，促进多端游戏进一步发展，以手机为代表Pad为辅助的市场格局正在形成。第三，游戏作为文化产业的一部分，与影视、文学等产业的结合越来越紧密，逐步形成影视、文学与游戏的双向互动，促进整体行业发展。

面对这种形式，包括盛大在内的很多大型的网络游戏运营商也开始涉足这些新型的游戏市场。网络游戏、网络文学、网络视频等网络娱乐模式开始发生改变，未来，在文化产业整合的大趋势下，文学、游戏、影视、动漫等文化产业将不再是独立的个体，而将成为交叉融合的状态。

10.3 案例2：九天音乐网的网络音乐模式

10.3.1 基本情况

九天音乐网(http://www.9sky.com)成立于1999年，是国内成立较早的知名数字音乐内容服务商。截止2015年1月，该平台提供的正版数字音乐超过75万首，还包括相关产品的听、载、看、唱、写等全方位服务。九天音乐以推动中国娱乐事业为宗旨，致力于制作、推广大陆原创音乐，发行海外优秀音乐产品的音乐门户网站。该网站相继与环球(Universal)、百代(EMI)、索尼BMG(SONY&BMG)、华纳、滚石等全球知名唱片公司建立了合作关系，取得了包括国际四大唱片公司和国内百余家唱片公司的正版音乐授权，是目前国内正版化曲目覆盖数量排名前列的音乐网站。同时，公司还提供艺人包装、演出策划、录音棚租赁等专业音乐服务。

九天音乐网的利益相关者主要包括音乐内容提供商、用户、版权保护机构和广告主，其价值网络如图10-4所示。

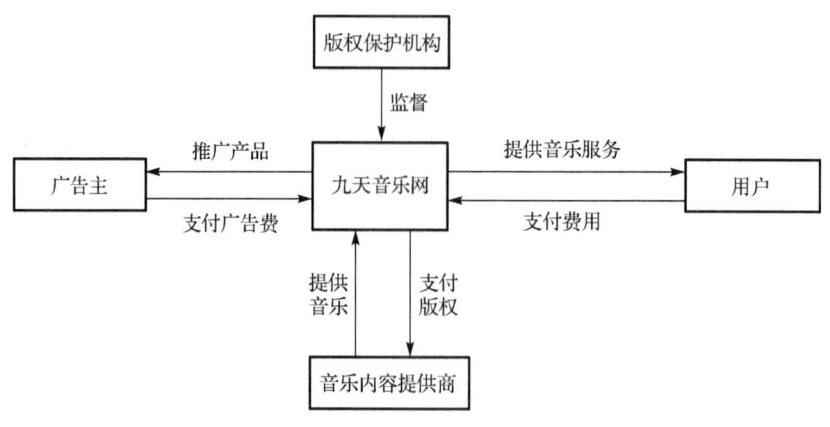

图10-4 九天音乐网价值网络

10.3.2 商业模式

1．愿景与使命

九天音乐网的目标就是成为网上音乐的沃尔玛，成为国内音乐爱好者上网听歌、歌曲下载的首选网站、中国网络音乐风向标。此外，九天音乐网通过提供个性、高品质正版音乐等手段，希望将数字音乐市场变成一个可以盈利的市场，进而引导数字音乐市场的健康成长，成为网络正版音乐先行者。

2．目标客户

九天音乐网以丰富的正版化音乐满足大众的个性化、高品质化、全民化的音乐消费需求，其目标客户为广大的音乐爱好者。随着智能手机等终端设备的快速普及，九天音乐网还将目标客户聚焦于这些设备的使用者身上。具体而言，以20～35岁年龄阶段、中高层收入人群为主，这一群体倾向休闲娱乐、喜好视听享受且乐于接受新鲜事物。截至2015年1月，九天音乐网拥有1300万注册用户，在国内音乐网站中占70%以上的访问份额，日平均访问量超过1020万。

3．产品与服务

1）正版音乐试听与下载

九天音乐网拥有30多万首正版音乐，可供用户随时在线免费试听与免费下载，但高品质音乐需付费后才能进行下载。为方便消费者便捷地检索到自己喜欢的音乐，九天音乐网开发的音乐包、九天排行榜等产品可以极大简化消费者的音乐体验过程。

2) 音乐播放软件

九天音乐网不仅提供基于 PC(Personal Computer,个人计算机)端音乐播放器,还开发了基于手机的客户端,满足消费者随时随地的音乐消费需求。九天音乐网手机音乐客户端主要包括 9Box 手机音乐播放器、9Tunes 和 Unibox 等产品,为手机提供在线音乐播放、下载、手机铃声服务、歌词同步显示等功能。

3) 手机铃声服务

为满足众多手机用户的多样化、个性化铃声需求,九天音乐网提供铃音王应用,为用户提供包括铃音搜索、铃音下载、铃音设置在内的一站式服务,引领铃音应用潮流。

4) 音乐 DNA 测试

面对海量的音乐资源,用户不容易选择出自己喜欢的音乐,九天音乐网的音乐 DNA 测试可以帮助用户判断出自己喜欢的音乐风格,系统根据用户的音乐喜好为其推荐歌曲。

5) 音乐推荐服务

为提高客户音乐检索效率,九天音乐网还推出了华语九天榜、欧美九天榜、九天 K 歌榜、热搜金曲 TOP500 等,通过对歌曲的精心分类筛选出好的音乐,引导用户购买,解决了客户如何在众多曲目中选择歌曲的问题。九天音乐网还搭建了基于大数据的云服务平台,通过该平台分析用户的曲目挑选信息、搜索关键词等历史数据,进而精准分析用户的使用行为,为用户推荐喜欢的歌曲,深度挖掘用户的核心需求。此外,该网站还推出了九天星访、九天娱乐、九天社区和九天歌会等增值活动来增加网站的人气和浏览量。

4. 盈利模式

1) 高品质音乐下载服务费

九天音乐网实行高品质音乐试听免费,下载收费模式。金卡每月 15 元人民币服务费,可下载容量 8G 高品质音乐(约 800 首)。此外,九天音乐网将数字音乐封装上精美的封面、明星写真、歌词等,为用户提供与音乐匹配的画面和歌词。该网站通过云服务平台和歌词画面服务,提升了用户的满意度与忠诚度,解决了音乐用户黏性不足的问题。高品质音乐下载服务费是九天音乐网的重要收入来源之一,其他会员也可在线免费试听高品质音乐,但其每个月只能下载容量 1G 的普通品质音乐。随着用户的音乐消费需求提高,这部分普通会员将是网站未来盈利的潜在群体。

2) 电信手机彩铃增值服务费

九天音乐网通过"音乐盒"应用,为中国电信用户提供彩铃包月服务。"音乐盒"中包含一首以上(含一首)彩铃,彩铃随机播放、每月定期自动更新,满足用户无需动手就可以换新歌的需求。订购音乐盒后,每月需支付对应价格的信息费。不同音乐盒可以设置成不同的主题,如节日彩铃、最新流行、幽默搞笑等。该产品改变了以往以单首彩铃为单位的订购模式,使用户以较低的资费即可获得多首彩铃,一次订购,即可长期享受自动更换的精彩彩铃。

3）音乐制作

九天音乐网提供企业歌曲制作、企业宣传片配乐、产品广告歌、电影主题曲、城市主题歌等音乐制作，进而收取一定的音乐制作费用。目前合作的企业包括三星、福特、中国移动、中国电信等数百家知名企业。

5. 核心能力

1）丰富的曲库资源及强大的合作伙伴支持

目前娱乐行业信息化知识产权法律保护体系相对薄弱，盗版低质量的音乐较多，免费高品质音乐检索、下载相对繁琐。用户可选择的数字音乐的数量相对偏少，消费者对高品质、个性音乐的需求难以满足。九天音乐网针对数字音乐市场现状，构建了丰富的高品质的数字音乐库，其拥有 30 万首曲库资源，涵盖了 3000 多名国内外歌手、乐队的代表音乐作品；6 万首歌曲的 MIDI（Musical Instrument Digital Interface，乐器数字接口）数据库资源；200 种音乐各类教材及 3000 篇教学文章，组合成世界级音乐频道；3000 首 MTV（Music Television，音乐电视），可供用户在线观看；10 万首流行、摇滚、古典手机铃声资源，支持手机市场主要品牌手机。同时，还设立了国内、外 20 几个排行榜，独特的试听服务功能及时跟踪国际流行音乐的脉动。

迄今为止九天音乐网已经和所有的唱片公司，包括索尼、BMG（Bertelsmann Music Group，贝塔斯曼集团）、华纳、EMI（Electrical and Musical Industriesltd，电力及音乐集团）、滚石这些全球著名的唱片公司以及国内多个中小唱片公司签约，取得了 70 万首歌曲的邻接权授权，和源泉知识产权代理有限公司等公司签约，取得了音乐的著作权授权。

2）优秀的产品制作能力

目前九天音乐网拥有自主制作的彩铃，包括节日祝福、趣味彩铃、古典音乐、最新流行等类别。此外九天音乐网还支持电话预定歌曲业务，支持用户预定，用户可预先设置好送歌的日期和时间，一次选择好送歌曲目，系统会根据用户定制的方案，到时自动发送到指定接收终端。

3）庞大的音乐注册用户与良好的用户体验

由于九天音乐网是国内成立较早的音乐网站，拥有较多的忠实用户，这也是该网站重要的资源。九天音乐依据用户对于音乐搜索的需求后，突破性地提出了即搜即听的音乐服务，免除了用户进行文件判断、二次点击的麻烦。网站提供的各种音乐、榜单、列表均可一键播放全部，大大改善了用户的收听体验。九天音乐网还推出音乐云技术，用户只需登录云技术平台下的个人账户，便可浏览、欣赏先前存储在虚拟空间的音乐，这一方案解决了音乐在智能手机、平板电脑、电脑软件端等不同设备之间的互通问题。

10.3.3 经营模式

1. 免费 + 有偿增值服务

虽然目前盗版与免费音乐占据主流，国内音乐用户对付费下载音乐接受度普遍不高，但免费音乐搜索、下载相对麻烦，歌词匹配等服务难以保证。与此同时，民众精神文化消费诉求也在提高，部分用户对音乐相关的增值服务有一定诉求。针对目前市场特征，九天音乐网实施免费+有偿增值服务的差异化产品经营，即高品质音乐试听免费下载收费，低品质音乐下载免费的经营模式。九天音乐网通过提供正版化高品质音乐，并将这些音乐制作成包括完整封面、滚动播放歌词等多媒体文件，让用户愿意购买高品质音乐及相关服务。产品差异定价经营模式为网站带来稳定的利润，也保留了较多的基础音乐用户。

2. 单曲与套餐包月销售

传统线下音乐销售以专辑为单位，实行捆绑销售经营模式，但用户并非喜欢全部的歌曲，其愿意购买的歌曲只是其中的几首，剩下的歌曲属于一种强制性消费。九天音乐网顺应互联网背景下用户的消费倾向，实行单曲销售经营。与专辑价格相比单曲的价格相对不高，在这种经营模式下，用户还可自由购买所喜欢的歌曲，也会提升用户的付费消费习惯。九天音乐网推出15元包月服务，通过较低的价格为用户提供较丰富的服务。15元包月模式下，用户可以使用九天音乐自主开发的手机音乐客户端软件9Box、9Tunes 手机音乐产品试听、下载 MP3 音乐；每月还可下载容量 8G 高品质（包含 320K 码率高品质音乐）MP3 音乐，并且歌词、专辑图片同时打包下载；可获赠免费 CD、歌友会门票和音乐杂志等。

3. 提供多元终端服务

九天音乐网不仅提供基于个人电脑终端音乐服务，还结合目前移动互联网用户数量快速增长的背景，推出智能手机+移动互联网的音乐服务，满足用户在不同终端的音乐体验。九天音乐网还利用明星效应，邀请歌星做一些线上、线下的宣传活动，所有的网友既可以在论坛里面有机会与艺人明星进行互动，也有可能通过这个论坛发布自己的作品，为网站吸引更多的用户。九天音乐网还开通独立的客户服务热线，利用呼叫中心开展全国范围内的市场推广活动。

10.3.4　资本模式

九天音乐网由曹茗于1997年创建，网站最初是个人网站，伴随着网站规模逐步扩大发展为公司经营。2005年10月掌上灵通公司对九天音乐注资，半年后双方解除合作关系。2007年10月九天音乐获永威1000万美元投资，这是发展至今九天音乐网的最大一笔风险投资。在目前国内在线数字音乐市场大背景下，社会对互联网正版音乐的认可程度逐渐提升，正版音乐的生存环境还有待改善，投资商也非常看好正版数字音乐市场的未来发展。九天音乐网会依据自身发展状况在合适的时候采取一些新的举措不断融资，满足用户及投资者的利益需求。

10.3.5　总结与建议

1. 成功因素

九天音乐网之所以能在众多的音乐网站上得以生存和发展，其成功的关键因素主要有三:第一,提供高品质音乐服务;第二,灵活多样的销售模式;第三,提供多元终端服务。

由于九天音乐网获得众多唱片公司的授权,与同类网站相比拥有无法超越的版权优势。网上搜索到免费音乐大多数都是电台版,音质较差,正版音乐音质清晰无杂音,提高用户的听觉享受。为此,九天音乐网在音乐传播上不仅可以做到独特,还可以做到独家和独到,从而让广大歌迷获得焕然一新的感受。同时,作为专业的音乐门户网站,九天音乐网致力于制作、推广大陆原创音乐,发行海外优秀音乐产品,不仅仅是将音乐收集起来,而且还提供在线试听、下载等功能,使其获得了其他音乐网站无法相比的竞争优势。

传统专辑唱片实行歌曲捆绑销售模式,用户喜欢某一首歌曲就不得不购买专辑中其他的歌曲。九天音乐网通过与唱片公司合作、挖掘自身原创平台音乐等方式构建数字音乐数据资源库,解决了客户可选择歌曲相对偏少的状况。同时还结合用户的音乐消费历史数据判断其音乐偏好,进而对用户推荐音乐,提升用户的满意度。传统专辑唱片模式下,消费者在音乐生产者的引导下消费和欣赏音乐,虽然唱片公司也要从市场需求方面来考虑产品生产,但是由于生产和传播能力的限制,它们能够提供给消费者的产品类型始终有限,用户的音乐喜好倾向不容易得到满足。

九天音乐网还满足用户随时随地在不同设备之间均能无缝享受相同音乐体验的需求。通过音乐云技术,用户只需登录云技术平台下的个人账户,便可浏览、欣赏先前存储在虚拟空间的音乐,这一方案解决了音乐在智能手机、平板电脑、电脑软件端等不同设备之间的互通问题。

2. 未来挑战

音乐网站是数字化产品的代表,随着互联网的发展、群众音乐消费诉求的提升,数字化正版音乐将成为网络产品的主流。但目前数字音乐产业格局复杂,盗版泛滥更是具有中国特色的互联网服务,正版音乐网站同质化严重。九天音乐网还应努力探索既符合中国数字音乐发展阶段,又适合自身发展实际的多样化商业模式。当前智能移动设备、移动通信基础设施、大数据技术等的快速发展为数字音乐的传播提供更为广阔的无限空间,也为不同年龄层用户的不同习性爱好对市场进行进一步细分。这不仅要求九天音乐网提供更多高品质音乐的同时,还需注意满足不同消费者的个性需求。

10.4 案例3:中国网络电视台的网络电视模式

10.4.1 基本情况

中国网络电视台(China Network Television, CNTV,网址 http:// www.cntv.cn)包括互联网电视、手机电视、移动客户端、IP电视、移动传媒和央视网,是中央电视台旗下的国家网络广播电视播出机构,是以视听互动为核心、融网络特色与电视特色于一体的全球化、多语种、多终端的网络视频公共服务平台。至2009年12月28日正式开播以来,中国网络电视台以"参与式电视体验"为产品理念,在对传统电视节目资源再生产、再加工以及碎片化处理的同时,着力打造网络原创品牌节目,鼓励互联网用户原创和分享。中国网络电视台还注重用户体验,不断完善服务体系,让互联网用户在轻松体验高品质视听服务的同时,更多地参与到网络互动中。

中国网络电视台利益相关者主要包括用户、广告主、内容提供商等,其价值网络如图 10-5 所示。

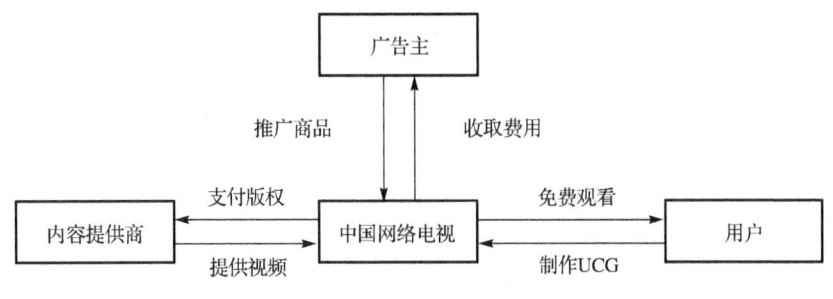

图 10-5 中国网络电视台价值网络

10.4.2 商业模式

1. 愿景与使命

中国网络电视台网的定位是,以视听互动为核心、融网络特色与电视特色于一体的全球化、多语种、多终端的立体化传播平台,为普通大众提供生动鲜活的收视新渠道,为党和政府提供对内、对外网上舆论宣传新阵地,向全世界宣传中国悠久的历史文化、建设成就的新窗口。

2. 目标客户

1) 普通用户

中国网络视频用户呈现持续稳定的增长态势,2015 年 6 月,网络视频用户规模达 4.61 亿,较去年年底增加 2823 万人,2015 年网络视频使用率达到了 69.1%。网络视频用户中,男性占比更大,用户年龄结构偏年轻化,其中 10~19 岁人群占 30% 以上,高学历、高收入受众相对更多。

2) 体育爱好者

随着社会经济的进步,人们生活质量、消费能力的提升,大众对信息资讯、文化娱乐等方面要求更高。传统电视转播体育节目已经不能满足体育比赛观看者的需求,播出时间的限制等因素,导致一些比赛不能被及时收看,或者观众不得不花费几个小时观看比赛直播,有时体育收看爱好者只是关注体育视频的回放或者比赛的精华部分。基于此,中国网络电视台的体育频道提供 CCTV5 在线直播、回放及电视节目表预告等服务,拥有 NBA、CBA、世界杯、欧洲杯、欧冠、西甲、德甲、意甲等转播权,是观众收看体育赛事的首选频道,为广大体育爱好者提供海量赛事内容和电视直播全频道服务,满足他们的收看需求。

3) 广告主

借助中央电视台的传媒优势，中国网络电视台将以其品牌优势、营销优势，吸引广告主加盟中国网络电视台。中国网络电视台推出的丰富广告宣传，最大限度地将广告主品牌推送至目标消费者，最大限度实现品牌曝光、提高品牌认知。中国网络电视台除了与央视同步视频直播之外，还充分发挥网络互动优势。例如，在体育相关视频中，球迷还可以点播体育比赛中的精彩回放、十佳进球、场边花絮、足球宝贝等，在这些视频播放之前，插播广告主的相关广告视频，延长了合作广告主的投放效果。以某汽车公司来说，其通过与中国网络电视台的《足球宝贝》栏目合作，以美女作为吸引以男性为主的世界杯受众群体，最大限度地将汽车品牌和产品曝光在目标受众面前。此外，李宁、海尔、可口可乐、招商银行等都是中国网络电视台的主要广告主。

3. 产品和服务

目前，中国网络电视台已推出央视网、电视、电影、电视剧、原创、游戏、爱西柚、爱布谷、CBOX 客户端等产品，以及用户中心和客服中心，这些产品和服务可以分为三大类。

1) 电视台节目的网络化

中国网络电视台是中央电视台发挥电视媒体和网络媒体双平台优势，充分利用自身的独家版权和原创资源，而打造的视频互动社区。

传统电视节目的同步传播导致受众在观看时间上有很大的局限性。网络电视出现之前，电视节目的重复观看性较差。人们收看电视节目都需要严格依照电视节目的播出时间，若电视台没有重播的话，一旦错过这些节目就很难再看到。网络电视的出现彻底改变了电视必须定时观看的传播模式，观众不但可以同步接收电视节目而且还可以超越时间和空间的界限，这一优势大大消除了受众的收视局限，使电视彻底摆脱了在传播时间和空间上的束缚。观众还可以调节网络电视节目的播放速度来对节目进行快速浏览等，这些传播方式大大节省了观众的收视效率。

中国网络电视台的内容，一方面来源于中央电视台和卫视台等传统电视节目和电视剧，另一方面来源于网民的上传节目。其中传统电视节目和电视剧占了很大比例，占全部内容的90%以上，是中国网络电视台的核心内容。中国网络电视采用网页播放和客户端播放两种播放方式相结合，用户无需注册即可点击节目，最大限度满足用户观看需求。网页播放时，用户可以通过中国网络电视（www.cntv.cn）的主页，点击感兴趣的电视节目，进入网页播放界面，随时观看节目。用户在观看节目可以选择多种参数，设置观看画面，如调整观看比例、灯光效果，同时，也可以参与节目评论。

2) 爱西柚(播客台)、爱布谷和 C-BOX(网络电视客户端)

中国网络电视台旗下的视频分享与互动平台，鼓励网友创作、编辑和分享健康优质的网络视频。

爱西柚和爱布谷是中国网络电视台旗下比较突出的频道，定位于视频分享和视频搜索的网络电视平台，满足用户对优质视频内容的"一站式"观看需求。"爱西柚"定位于个人播客台，集电视特性与互联网属性于一身，其目标是打造高水平的视频上传、分享、搜索及播放的开放平台，优秀的网络作品还将有机会在中央电视台栏目得以展现，实现网络视频更大的社会价值。该平台下网友可以上传自己喜欢的视频，以个人播客为基础的网络空间，制作个性化的节目单，打造"我的电视"。将视频分享与互动社区相结合，实现针对特定目标受众的个性化传播。"爱西柚"将视频分享与互动社区相结合，不仅让网友轻松获取"互动式网络电视"体验的乐趣，还是网友之间分享、沟通和交流的视频网络家园。

"爱布谷"是中国网络电视台旗下的电视节目检索服务平台，提供包括电视节目互动直播、分类点播及电视回看等服务。用户通过9种检索方式可以在3步之内找到想看的节目，为网友打造自由便捷的网络"电视新看法"。爱布谷定位于搜视台，贴合了用户电视浏览习惯，实现了个性化的播放与提醒。点播内容则是按照节目内容分类，使用户在很短时间找到感兴趣的节目。

C-BOX是中国网络电视台的客户端软件。C-BOX的客户端播放容易操作使用，与传统电视在形态上类似，用户点开软件，鼠标点击频道列表和节目列表，与观看传统电视类似。用户可从桌面轻松点击进入，体验中国网络电视台丰富优质的视频内容和强大的视频功能服务。C-BOX拥有包括视频直播、点播、电视台列表、智能节目单、电视预约功能、收藏等功能，实现个性化电视节目的播放与提醒，让网友更加自由、方便地体验中国网络电视台。

3）全功能首页和用户服务功能

中国网络电视台首页，以视频搜索为核心，为用户提供全方位的网络视听节目检索服务；对中国网络电视台旗下的各个专业台予以聚合、导航和关联；对国内外重大时事政治、经济、文化、社会、体育活动和事件等及受网民关注和制作的热播视频进行重点推荐和推广；引导用户参与注册、登录等个性化服务、参与视频分享等网络互动活动。首页划分为三大区域，即功能服务区、品牌推广区、内容推荐区。

用户中心是中国网络电视台的用户管理个人信息、好友关系和留言评论的统一平台，也是未来个人门户的管理中心。用户可以了解好友动态、订阅体育赛事、参与娱乐活动，也可以参加投票、竞猜、调查等各项活动，与频道、栏目和其他用户形成互动。

同时，用户中心还会提供丰富的应用和游戏，让用户充分享受互动的乐趣。在传统的信息传播中，受众只能通过电话、观众来信的形式将意见反馈到传统媒体中，信息反馈不及时，受众参与节目互动性很弱。中国网络电视台通过提供"分享地址、外嵌代码"两种分享方式，受众可以将喜欢的节目与好友分享，即时进行第二次传播，"评分"通过分数高低和顶踩人数直接反映用户喜好；通过微博，播客与编辑在线等形式，让受众与网站的主创人员实现交流和互动，反馈意见。

客服中心是中国网络电视台为用户提供及时响应的"一站式"服务窗口，用网络手段服务于用户的咨询、投诉、建议，改善用户体验。客服中心运用在线语音、即时留言、邮箱、帮助手册等多种方式，建立用户与中国网络电视台的互动交流通道，倾听用户需求、答疑解惑，吸纳用户意见建议并协调处理、反馈结果。

4. 盈利模式

1）网络广告

网络广告是中国网络电视主要收入来源。中国网络电视台拥有版权上的优势，颇受广告主青睐，为此，中国网络电视台利用自身权威平台，积极拓展广告投放渠道，针对不同的客户为其定制不同形式的网络广告形式，不断提升广告的效果。中国网络电视台与在视频广告投放领域占据绝对优势的易传媒结成战略合作伙伴，用一个相当可观的数字取得了中国网络电视台体育台的独家运营权。为了适应由传统媒体向网络媒体身份的转变，中国网络电视台已经和易传媒联合组建了一个"视频广告联合实验室"，专门研究互联网广告精准投放的课题，研发更加符合网民和广告主双重需求的产品。尤其在内容、用户群和形式上进行创新，出现了网幅广告、文本链接广告、插播式广告、FLASH 广告和视频广告。

2）视频转播权分销

随着网民对视频质量要求的提高，正版化和高清成为视频行业的发展趋势，因此，各大视频网站花在版权购买的成本越来越大。中央电视台在购买电视和赛事版权的同时，以较低价格购买网络版权，中国网络电视台因此获得央视内容的网络播出。中国网络电视台借助中央电视台的正版内容来源，与各大视频网站合作，对内容重新包装，进行二次售卖。近年来，重大综合性体育赛事对互联网用户的吸引力越来越大，广告价值也随之增长，门户网站对相关报道权的争夺越来越激烈。然而，在这场竞争中，门户在获得新媒体转播、点播权方面依然严重依赖央视。据《每日经济新闻》报道，中国网络电视台对 2012 伦敦奥运的新媒体转播权将继续分销，包括三类分销方案，A 类包转播价格为 5500 万元（主要包括直播+点播+央视节目），B 类 3500 万元（直播加点播），C 类为 2800 万元（点播）。庞大的市场规模，强大的资源优势，使得中国网络电视视频分享更有前景。

5. 核心能力

1）庞大的视频资源库

中国网络电视台作为中央电视台的网络播出平台，整合了所有央视频道和卫视频道，将传统电视节目搬上网络，变电视节目的线性编排为网状编排，从栏目化到主题化的转变，立体化地呈现节目。此外，正版化的内容对用户的吸引较大，依托中央电视台的精品栏目，中国网络电视台拥有的独一无二的内容，成为其他视频网站的内容来源，成为产业链的上游。中国网络电视台将深度挖掘中央电视台 130 万小时的节目和素材资料，汇集全国电视机构每天播出的 1000 多个小时的视频节目。中国网络电视台还将我国各个领域优秀的历史文化进行影像化、数字化保存，建立我国规模最大的以网络视频为核心的多媒体数据库，把中国网络电视台建成中国规模最大的网络视频正版传播机构。网站主要栏目有热点专题的新闻资讯类视频、电视直播、电视剧和电影的点播、游戏和网络商城,以及爱西柚的视频分享平台。网站设置导航栏,凸显搜索服务,便于网民搜索,节约网民时间。中国网络电视台旗下的直播电视墙,涵盖中央电视台和卫视台频道,特别是CCTV-5的24小时体育赛事直播,更是体育迷观看赛事的首选。

2)全球化、多语种、多终端的节目分发体系

中国网络电视台通过汇集网络电视、IP电视、手机电视、移动传媒等各种媒体终端(汽车、火车、民航、地铁、楼宇、广场大屏幕等),打造多语种频道,通过部署全球镜像站点,覆盖北美、欧洲、东南亚、中东、非洲等近百个国家及地区的互联网用户。中国网络电视台秉承"开放、合作、共赢"的理念,通过与全球网络分发机构、移动运营商及互联网电视终端厂商等合作,联合运营,共同推动新媒体产业的发展。

3)国家级的新闻媒体

中国网络电视台是依托中央电视台的理念建立的一个高端媒体,品牌性和权威性是独有的。尤其在重大事件上,中国网络电视台的权威性是其他网站难以比拟的。例如,在每年的两会期间,中国网络电视台利用中央电视台新闻播放,第一手实现视频新闻的直播与转播,在主页上设置醒目的板块,以视频和文字形式,进行两会报道,多元素、多符号的形式传达两会的信息,摒除了传统电视以往视频报道的单薄。

10.4.3 技术模式

中国网络电视台的技术模式是P2P模式,采用P2P技术可以缓解服务器端的压力。它的数据不仅来源于服务器吐出数据,同时客户端会在内存中缓存若干秒的数据,并直接提供给其他客户端下载。P2P模式的优点在于极大地节约了运营商的带宽资源,缓解服务器压力,从而能够支持更多用户。但缺点是用户需要逐渐找到邻居节点,数据可能经过若干节点才能到达客户端,因此会出现缓冲时间较长和节目延迟等现象,如果观看同一个节目的用户少,效果会更差。中国网络电视台的技术团队是其收购的成都TVKOO公司。这家公司人数仅为10余人,以自主研发的P2P(Peer-to-Peer,点对点)流媒体传输播放技术而享誉业内。TVKOO核心技术能够让一家带宽仅能支撑200人共同在线观看流媒体(视频或者电视节目)的网站,使用其P2P技术后,实现10万~30万人同时在线收看。

10.4.4 经营模式

1. 与央视网融合,整合优秀资源

2010年5月30日央视网(www.cctv.com)与中国网络电视台(www.cntv.cn)正式合并,两个域名同时指向中国网络电视台。央视网的定位是"具有视听、互动特色的综合网络媒体",从CNTV功能导航栏划分看,其内容包含新闻、体育、汽车、时尚、娱乐、房产等板块。中国网络电视台定位"以视听互动为核心"的"网络视频公共服务平台",导航栏直接分

为新闻台、经济台、体育台、综艺台等分台，更接近一家视频网站。央视网与中国网络电视台合并之后，原有两家网站的流量将会进一步集中。

此外，CNTV还与暴风影音进行内容资源合作，2010年4月20日，中国网络电视台与暴风公司签署战略合作协议，中国网络电视台内容落户暴风影音，打造中国网络电视暴风台，与之对应的软件客户端"暴风影音2012CNTV版"也同步推出。

2. 提供独有正版内容，提升用户黏度

CNTV集电视节目的直播和点播为一体。电视节目直播，与传统电视台实时直播，还原电视最初的表现形态，特别是一些重大赛事和综艺节目的直播，满足万民即时讯息的需求。CNTV旗下的直播电视墙，涵盖中央电视台和卫视台频道，特别是CCTV-5的24小时体育赛事直播，更是体育迷观看赛事的首选。每年的两会期间，CNTV利用中央电视台新闻播放，第一手实现视频新闻的直播与转播，在主页上设置醒目的板块，以视频和文字形式，进行两会报道，多元素、多符号的形式传达两会的信息，摒除了传统电视以往视频报道的单薄。

CNTV的内容主要来源于两个方面，一是中央电视台和卫视台等传统电视节目和电视剧，二是网民的上传节目。其中传统电视节目和电视剧占了很大比例，占全部内容的90%以上，是CNTV的拳头内容。CNTV作为中央电视台的网络播出平台，整合了所有央视频道和卫视频道，正版化的内容对用户的吸引较大，依托中央电视台的精品栏目，CNTV拥有的独一无二的内容，成为其他视频网站的内容来源，成为产业链的上游。

3. 与知名传媒公司合作推广，多元化经营

与百度合作，创建百度台。百度台是集合了全球最大的中文搜索引擎百度及中国网络电视台的优势资源，倾力携手打造的高清视频播放平台，以精准搜索为导向、海量视频数据为基础，为广大网友提供资讯、电影、电视剧、电视栏目等内容服务。

中国网络电视台下设营销板块，内容包括营销新闻、活动直播、营销观点、企业资讯、高端访谈、媒介资源、产品发布等形式，向互联网用户提供广告主的相关信息。中国网络电视台还与国内领先的整合数字平台、互联网广告投放领域占据绝对优势的上海新易传媒广告有限公司（以下简称易传媒）达成合作，易传媒成为中国网络电视台的高级战略技术合作伙伴，并联合组建"中国网络电视台与易传媒视频广告联合实验室"。

CNTV与盛大联手，经营网游。2010年9月10号盛大游戏与中国网络电视台合资组建北京易橙天下科技有限公司，以中国网络电视台游戏台为依托，结合盛大游戏的优势资源，进行网游的研发和推广，打造游戏媒体发布平台。可见，作为一种新型的互联网应用，中国网络电视台以合作为主的经营模式，使其在短时间内获得了快速发展。

10.4.5 资本模式

中国网络电视台由央视国际网络有限公司主办，而央视国际网络有限公司是中央电视台全资公司，可以认为中国中央电视台是中国网络电视台的母公司。中央电视台为国家副部级事业单位。2008年上半年，央视网收购了成都TVKOO公司，以TVKOO团队为基础，在成都设立了中国网络电视台封闭研发基地。2009年央视网便曾多次为中国网络电视台预热，其旗下已内测许久的两个视频网站，基于在线直播的"爱布谷"和基于视频分享的"爱西柚"已先期上线。央视前期为中国网络电视台投入资金已超过2亿元。2009年中国网络电视台启动了融资和上市的计划。中国网络电视台目前正在和多家国内投资方谈判，试图通过引入社会资本的方式加强市场化运作，并完成企业化以走向资本市场。

10.4.6 总结与建议

1．成功关键因素

中国网络电视台是当今中国最具竞争力的主流媒体之一，具有传播新闻、社会教育、文化娱乐、信息服务等多种功能，其成功的关键因素主要有二个：第一，充分利用和挖掘独特资源优势和平台优势。作为"国家队"的CNTV在大型活动、体育赛事、影视剧等各种传播资源上都占有绝对优势，拥有大量正版视频信息和大事件的优先采访权，这些都为中国网络电视台站稳网络视频市场提供了条件，在受众和市场中树立了较好的可信度和权威性；第二，满足广大用户的个性需求。CNTV以视频互动为核心，配合博客、微博、博客、论坛、投票，进行网络捆绑式互动，打造一个视频化的网络社区，全方位的满足网民的互动性，打造专属的个性化电视台。

2．未来挑战

随着资源存储量的增加、用户数量的提高，CNTV的网络速度、画面质量会面临较大挑战。首先，要想顺利运用互联网电视的各种功能，需要扩展网络的硬件功能，必要时甚至需要重建网络的接入输出体系，这也意味着建设的成本大大增加，这对互联网电视是一个严峻的挑战。其次，互联网电视功能与形态逐步融合。互联网电视除了通过互联网接收视频内容外，还将融电子商务、日常通信、家庭服务、安全监控等于一身，成为家庭信息综合服务平台。同时，互联网电视将逐渐使信息显示和信息处理融为一体，成为功能强大的信息处理中心，所以CNTV在未来发展中需要更关注在产业发展的融合以及对用户多元需求的关注。

3．对中国网络电视台的建议

1）扩大内容优势

"内容为王"是媒体产业的定律。网络视频服务的本质是将视频内容通过网络渠道整合并传递给用户，内容是视频运营商的生存根本也是其比较竞争优势所在。对中国网络电视台来说，其拥有垄断性内容资源，可以借助这一巨大优势，扩大自身平台优势，还可通过二次分销实现利益最大化。美国Hulu模式的成功很好地证明了独家视频内容的价值。

2）立足用户服务

用户是视频网站的媒体价值和商业价值的基石。用户资源是决定网络视频平台广告投放价值以及被并购价值的核心指标之一。没有用户一切商业运作都无从谈起。对于中国网络电视台而言，拥有优质内容并不等于拥有用户和流量优势。视频网站的浏览速度、视听效果、界面友好度，以及其他附加功能等都是视频运营商获得用户的影响因素。上线一年多，中国网络电视台的浏览速度和播放质量都有了长足的进步，用户数量的增长也说明了这一点。

基于互联网和团队的练习

中国网络电视台、芒果互联网电视、乐视TV经营模式的比较分析

登录中国网络电视台、芒果互联网电视、乐视TV网站，了解这三家网站所提供的基本产品与服务，并查阅其他相关资料文献，比较分析中国网络电视台、芒果互联网电视、乐视TV网站的经营模式。

撰写研究报告，各小组交流学习。

参考文献

[1] CNNIC第36次《中国互联网络发展状况统计报告》：http://www.cnnic.cn/gywm/xwzx/rdxw/2015/201507/P020150723407534041284.pdf.

[2] 蒋宁平. 成长优势与行业困局：网络电视实证调查研究[J]. 中国电视，2009，8：39-42.

[3] 黎四奇，李时琼. 对余额宝所引发法律问题的思考——基于金融创新的视角[J]. 中南大学学报（社会科学版），2014，20(3)：113-119.

[4] 熊琦. 数字音乐付费制度的未来模式探索[J]. 知识产权，2013，7：41-47.

[5] 佟雪娜，谢引风. 数字在线音乐付费服务模式探讨[J]. 科技与出版，2014年，12：95-99.

[6] 新华网：http://news.xinhuanet.com/fortune/2010-03/13/content_13164661.htm.

第 11 章
移动商务模式案例分析

引言

  随着第三代、第四代移动通信技术的飞速发展和移动终端设备价格的平民化,越来越多的用户开始选择通过手机等移动终端随时随地乃至在移动过程中方便地获取信息服务和互联网接入服务,移动互联网应运而生并迅猛发展。工信部的统计数据显示,截至 2015 年 6 月,中国移动互联网用户规模突破 9 亿户,使用手机上网的用户数量为 8.6 亿户,对移动电话用户的渗透率达到 66.6%,移动互联网发展速度超过了传统互联网。由于移动互联网的产业链涉及电信运营商、网络设备提供商、终端提供商、信息服务提供商、内容服务提供商、软件提供商、芯片提供商等众多利益相关者,而且移动通信网络的运营模式不同于互联网,使移动商务在商业模式上与传统电子商务有较大区别。因此,我们有必要重视并单独研究移动商务模式。

11.1 移动商务概述

11.1.1 移动商务的定义

移动商务是指以移动互联网为基础的商务应用。移动互联网是互联网与移动通信网络的互联和融合的产物，它将因特网、移动通信技术、短距离通信技术及其他信息处理技术完美的结合，使人们可以在任何时间、任何地点进行各种商务活动，实现随时随地、线上线下的购物与交易、在线电子支付以及各种交易活动、商务活动、金融活动和相关的综合服务活动等。

移动商务模式是指移动商务服务提供商利用移动互联网向移动用户提供免费或收费的移动信息服务、基于位置的服务、企业移动商务应用、移动支付及移动娱乐等服务的网络应用模式。移动商务的盈利模式主要包括用户付费及广告主付费两部分，其中用户付费指用户基于移动互联网应用所支付的流量费、信息费以及下载游戏、购买道具等产生的费用。广告主付费即广告主投放的基于 WAP 广告的费用。

移动商务的价值网络如图 11-1 所示。整个价值链上的企业所获得的利润都来自于移动用户。每个移动商务价值链的参与者都想在整个移动商务产业链中起主导作用进而控制整个价值网络，使自己在竞争中处于有利地位。其中移动网络运营商凭借其客户资源、品牌优势、网络实力成为主导地位竞争的最终胜利者。

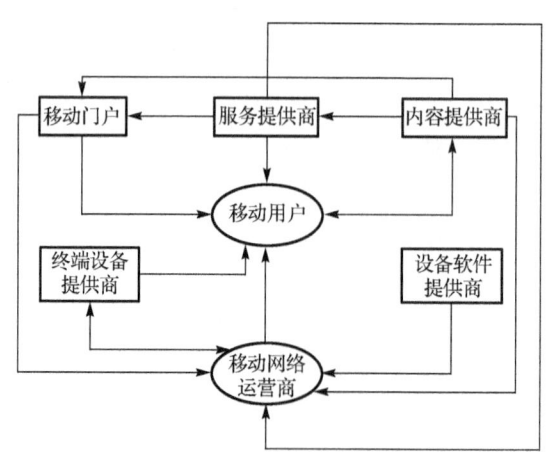

图 11-1 移动商务的价值网络

11.1.2 移动商务的分类

根据分类角度的不同，移动商务的分类有多种方式。按运营商划分，移动商务主要分为服务(内容)提供商模式、移动网络运营商模式、终端设备提供商模式三种。按照移动网络的类型划分，可以将移动商务分为 2G、2.5G、3G、4G 等服务模式。按照商业模式来划分,可以分为移动支付、移动社区、移动搜索(含基于位置的服务)、无线广告、网络直销、移动应用商店、无线营销、无线聚合、用户贡献、手机游戏、分类信息等模式。本章重点介绍从商业模式角度划分的主要类别。

1. 移动支付

移动支付(Mobile Payment),也称之为手机支付,是指交易双方为了某种货物或者服务,使用移动终端设备为载体,通过移动通信网络实现的商业交易。移动支付所使用的移动终端可以是手机、PDA、移动 PC 等。

按支付账户的性质,移动支付可以分为银行卡支付、第三方支付账户支付、通信代收费账户支付三种形式。银行卡支付就是直接采用银行的借记卡或贷记卡账户进行支付的形式。从 2012 年开始,中国联通、电信、移动先后推出基于 NFC 功能的手机钱包业务,将金融 IC 卡等移动金融应用加载到 SIM 卡上,通过专用 SIM 卡来做到支付信息的传递功能,使得用户能够在自助售货机、超市、公交、加油站等日常生活领域通过刷手机实现直接付款。除三大运营商外,直接使用银行账户进行支付的工具还包括银联及各大银行所推出的手机银行 APP。在 2011 年中国银联就推出了"闪付"银行卡进行小额支付操作。目前各大银行也推出了各自的手机银行 APP,用户可以通过手机银行 APP 进行银行账户管理,从而实现资金支付。第三方账户支付是指为用户提供与银行或金融机构支付结算系统接口的通道服务,实现资金转移和支付结算功能的一种支付服务。第三方支付机构作为双方交易的支付结算服务的中间商,需要提供支付服务通道,并通过第三方支付平台实现交易和资金转移结算安排的功能。表 11-1 所示的是目前部分主流的第三方移动支付工具。通信代收费账户是移动运营商为其用户提供的一种小额支付账户,用户在互联网上购买电子书、歌曲、视频、软件、游戏等虚拟产品时,通过手机发送短信等方式进行后台认证,并将账单记录在用户的通信费账单中,月底进行合单收取。

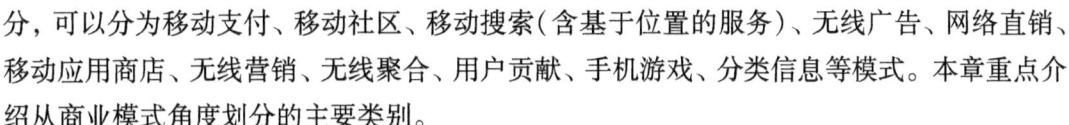

表 11-1　第三方移动支付工具

序号	第三方移动支付工具
1	微信支付
2	支付宝钱包
3	百度钱包手机客户端
4	财付通 APP
5	掌尚飞手机客户端

2. 移动购物平台

随着移动互联网用户的迅猛增长,传统电子商务企业纷纷转战移动互联网,移动购物平台迅速发展,形成了电商官方 APP、导购平台、社交购物等多元化的移动购物入口。

2011 年前后,淘宝、京东、凡客诚品等企业就推出了自己的手机购物客户端,目前各大 B2C、C2C 电子商务企业均已推出官方 APP。电商官方 APP 移动购物平台既可以无缝对接 PC 购物平台,又实现了线上购物与线下购物的融合,因此用户增长十分迅速。2014 年 8 月,淘宝 APP 月活跃用户数达到 1.23 亿,成为最受欢迎的移动购物平台。天猫和京东移动应用月活跃用户数也达到了千万的规模。在电商的重心开始向移动端倾斜的时候,导购平台也纷纷开始了自己在移动端的布局,在 APP 中接入移动支付完善用户体验,甚至开发自媒体平台来加大移动端的话语权。传统导购平台的主要形式有搜索比价类、社区类、返利类，如一淘、蘑菇街和返利网。而移动端导购的商业模式正在打破固化模式，O2O 将成为破局的关键。以"漫步南锣鼓巷"为例，用户能够在该款 APP 上浏览南锣鼓巷的旅游攻略推荐、随手拍、创意店、热门活动以及优惠信息。这种 O2O 导购模式将成为移动互联网导购的下一个爆发点。

以微信为首的移动社交购物虽然目前应用率不高，但前景持续看好。微信购物中，消费者只要在商场用微信扫描商品二维码，回家后下单即可。此外，微信小店、京东"购物"一级入口都仍处于探索阶段。同样作为社交产品购物的还有微博购物，消费者以微博作为购物平台，通过评论或者私信，跟微博管理员进行议价，达成交易。用户购物后可以发商品图片，评价，并给出商品链接。

3. 移动搜索

移动搜索是目前移动信息服务的一种主要形式。移动信息服务是指通过 WAP 等移动应用协议提供的信息服务，目前各大传统互联网站均提供移动信息服务。与传统互联网门户的概念一样，在移动通信网络中也产生了移动门户的概念，即通常所说的 WAP 门户。

移动搜索用户可以通过 WAP 等接入方式进行搜索，获取 WAP 及互联网信息内容、移动增值服务内容及本地信息等用户需要的信息及服务。用户可以通过搜索结果选择并直接定制相关移动增值服务。广义的移动搜索还包括 SMS（Short Messaging Service，短消息服务）、IVR（Interactive Voice Response，交互语音应答系统）等接入方式。

通过对手机 IP 及用户搜索内容、搜索行为数据的深度挖掘分析，移动搜索服务提供商可以针对用户的不同需求提供个性化的搜索服务。一方面可通过识别用户地域、性别等基本属性，为用户提供更有针对性的搜索产品和服务，这有效规避了互联网搜索信息冗余等缺陷，为用户提供简约、实效的信息。另一方面移动搜索平台可帮助企业采用"窄而告知"的形式宣传产品，在提高投放效率的同时极大地节约了广告费用。

同时，与传统互联网相比，移动搜索可以实现基于位置的服务（Location Based Services, LBS）。基于位置的服务指通过定位技术获得移动终端的位置信息（如经纬度数据），提供给移动用户本人或他人以及通信系统，实现各种与位置相关的业务。它是数据库技术和地理信息系统、移动定位技术、互联网技术、无线通讯技术等相关领域交叉融合的结果。基于位置的服务是移动商务区别于传统互联网服务的一大优势，是未来移动商务的一个重要应用领域，具有广阔的应用前景。Google 手机地图搜索就是支持基于位置的服务。

移动搜索的分类有多种角度。按照搜索内容分类，移动搜索可以划分为综合搜索和垂直搜索。按照应用内容分类，移动搜索可以划分为公众信息搜索及行业应用搜索。按照接入方式分类，移动搜索可以划分为 WAP 方式搜索、短信方式搜索、IVR 方式搜索和 Java/Brew 方式搜索。按照搜索范围分类，移动搜索可以划分为站内搜索、站外搜索和本地搜索。

目前，移动搜索价值网络主要由广告主、广告代理商、技术提供商、内容提供商、移动搜索服务提供商、移动运营商、移动互联网服务提供商及手机用户构成，如图 11-2 所示。

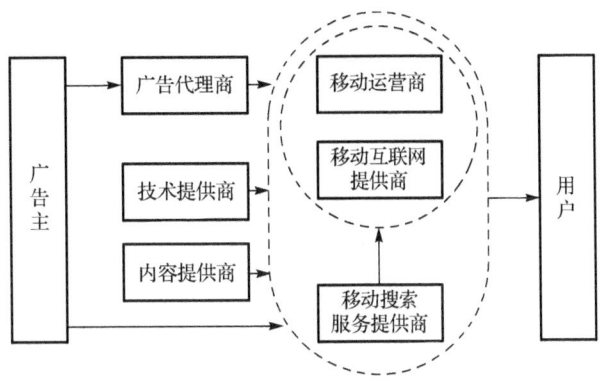

图 11-2　移动搜索价值网络

表 11-2 所示的是目前部分主流的移动搜索服务提供商。

4．手机游戏

手机游戏属于移动娱乐的一种形式，移动娱乐是指用户使用手机等移动终端并应用 WAP、JAVA 应用程序等进行各种娱乐活动，包括游戏、博彩、音乐、视频、手机电视等。

手机游戏是指用户利用随身携带并具有广域无线网络联机功能的移动终端设备，随时随地进行的游戏。手机游戏的分类有多种方式。按手机平台分类，可分为 JAVA、Brew、UniJa、Symbian、Smartphone 等几种手机游戏。按表现形式分类，可分为文字游戏和图形游戏。按内容分类，可分为文字类、动作冒险类、格斗类、射击类、体育竞技类、益智类、棋牌类、角色扮演类、策略类。目前部分主要手机游戏服务商如表 11-3 所示。

表 11-2　移动搜索服务提供商

序号	移动搜索服务提供商名称
1	百度移动搜索
2	Google 移动搜索
3	宜搜移动搜索
4	搜狗移动搜索
5	360 移动搜索
6	搜搜（SOSO）移动搜索
7	Bing 移动搜索

表 11-3　手机游戏服务商

序　号	手机游戏服务商名称
1	中国手游
2	触控科技
3	飞流游戏
4	乐逗游戏
5	昆仑游戏
6	蜂巢游戏
7	热酷科技
8	云游游戏

手机游戏价值网络包括移动运营商、手机游戏平台开发商、手机游戏开发商、手机游戏服务商、手机终端制造商、游戏用户等，如图 11-3 所示。

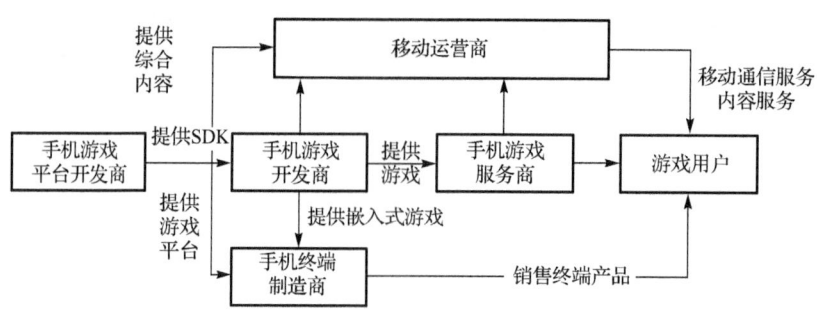

图 11-3　手机游戏价值网络

5. 移动即时通信

随着 3G、4G 时代的到来、传统即时通信市场趋于饱和、中国手机用户的持续增长以及用户对信息的容量、速度与便捷性需求的进一步扩大，移动即时通信以其固有的移动性、黏性强等先天性特点，显示了巨大的市场发展潜力。

移动即时通信是指参与沟通的双方或多方通过手机或其他移动终端接入 GPRS、CDMA、3G、4G 等移动互联网，登录到同一即时通讯系统，实现沟通信息实时收发以及相关辅助信息的即时更新；或者基于 Web 通讯系统的基础上，把手机短信和手机移动互联网结合起来，实现用户通过手机终端能够方便地与他人以短信、移动互联网来进行即时的信息交流。

移动即时通信的价值网络包括传统即时通信服务提供商、第三方即时通信服务提供商、移动运营商、手机厂商和用户等。其运营模式主要分为即时通信服务提供商与运营商合作模式、即时通信服务提供商自营模式、运营商自营模式。其中即时通信服务提供商与运营商合作模式与传统增值业务 SP 运营模式相同，产业链合作上比较成熟。中国移动飞信、腾讯手机 QQ、腾讯微信、阿里来往是目前移动即时通信服务商的代表。

6. 移动电子邮件

移动电子邮件从技术角度上也称为 PushMail。PushMail 将电子邮件系统和手机、PDA 等移动终端相结合，通过移动运营商现有的无线网络，利用 U-IMAP/SMS/WAP 等相关技术实现移动邮件业务。在得到授权和开通服务的情况下，通过该业务，移动用户不但可以随时随地通过移动终端使用电子邮件服务，而且当新邮件到达时，系统可以主动通过 SMPush、WAP Push 等方式，及时通知移动用户，触发终端通过邮件传送协议（如 U-IMAP 协议）及时收取新邮件，阅读和操作新邮件。

根据手机电邮业务发展的不同阶段和目标用户群的不同，移动电子邮件产业价值网络主要环节间的合作有五种，即服务集成商与移动运营商的合作、服务集成商与终端厂商的合作、移动运营商与终端厂商的合作、移动运营商与邮箱服务提供商的合作以及服务集成商与邮箱服务提供商的合作等。表 11-4 列出了中国移动电子邮件市场主要产品及解决方案的应用情况。

表 11-4　中国移动电子邮件市场主要产品及解决方案

	中国移动 黑莓(BlackBerry)	中国移动 (PushMail)	中国联通 红莓(Red Berry)	用友 优莓(Umail)	尚邮
技术提供	加拿大 RIM 公司	立通无线	网际飞潮	全球移动电邮企业 SEVEN	巴别塔
终端	黑莓特定终端手机	诺基亚、多普达等	开通彩 e 功能的 CDMA 手机	任何终端手机,任何移动通信运营商	诺基亚、摩托罗拉、多普达等
目标用户群	集团用户	集团用户、大众用户	大众和商旅用户	企业用户	大众用户
计费方式	按功能收费	按功能收费	按条收费	包月+流量费另算	免费+流量费另算后包月
与服务器同步	支持	支持	支持	支持	支持
目前支持邮箱	企业邮箱	企业邮箱、139 等	联通邮箱	企业邮箱	企业邮箱、个人邮箱
商业模式	运营商主导(但控制中心在北美)	运营商主导	运营商主导	系统集成商主导	邮件服务商

7. 移动应用商店

随着智能手机等移动终端的普及以及第三代、第四代通信技术的发展,手机等移动终端用户对于软件、游戏、主题、电子书、音乐、视频等移动终端应用程序的需求越来越强烈。由于移动用户众多,移动终端应用程序将会形成非常巨大的市场空间。移动应用商店就是专门为手机等移动终端软件开发者、用户提供移动应用程序买卖的场所。

苹果自 2008 年 7 月推出的应用程序商店 APP Store 以来,移动终端应用程序已成为移动互联网的主要应用形式之一。由于移动终端应用程序的广阔市场空间,移动价值网络的各方主体均开始涉足移动应用商店。例如,终端制造商苹果推出了 iPhone 应用程序商店 APP Store,Google 推出了 Android 应用程序商店,移动运营商中国移动推出了中国移动应用商场(Mobile Market)等。

在移动应用商店的价值网络中,包括移动运营商、终端制造商、移动终端操作系统开发商、软件开发者以及移动终端用户等。商店的应用程序下载收费一般采用运营商代扣的模式,而应用程序下载收入则采用开发者与商店运营商分成的模式。

11.1.3　移动商务的特点

移动商务是综合了移动通信技术、互联网技术和电子商务技术而发展形成的一项业务。相对于传统互联网服务,移动商务在用户群体、移动性和位置特性等方面有显著特点。

1. 用户群体更具普遍性

由于起源不同,互联网与移动网络的用户群有较大区别。大部分早期的互联网用户是受过高等教育的计算机用户,后来互联网才慢慢地扩散到普通民众,上网用户以年轻人为主。相比之下，移动用户规模发展迅速，更具普遍性，包含了消费能力强的高端用户。移动商务不论在用户规模上，还是在用户消费能力上，都优于传统的电子商务。

2．移动性

与传统电子商务必须在固定地点使用不同，移动商务允许用户在任何时间、任何地点使用。这种移动性体现在服务的用户、设备、会话和应用上，均可以通过移动互联网实现。由于没有了有线的限制，无论员工在哪个国家，也无论员工当前是不是在办公室，公司都可以和他们随时保持联系，员工也可以从机场和旅店随时访问公司的网络。移动的技术人员可以随时查看库存，获得上级的指示，也可以随时更新数据库。对于个人用户而言，由于移动终端随时随地携带，移动用户可以随时与家人和朋友保持联系、沟通亲情。因此，由于移动性，移动服务领域产生了许多传统互联网所无法实现的服务内容。

3．位置特征

位置感知在无线环境下是被着重强调的因素，位置被认为是一个产生价值的新维度。目前，基于位置的服务被认为是未来移动商务成功的关键要素。便携的地理定位系统变得越来越小、越来越便宜，这些系统不但可以用于精确地定位用户的当前位置，还可以为用户提供位置相关的服务。在基于位置的服务中，为用户提供相关的信息被认为具有很大的商业价值。例如，为外出旅行的用户提供行车方向和周围商业服务信息将非常有用，包括周围的旅馆、景点、电影院、公交车时刻表、天气预报、博物馆导游等。另外一些基于位置的应用目的是在于跟踪远距离的、移动中的企业资产，如车队和施工设备等。

11.2 案例1：苹果公司的 APP Store 应用程序商店

11.2.1 基本情况

APP Store 是苹果公司于 2008 年 7 月 11 日推出的基于 iPhone 的应用程序商店，向 iPhone 的用户提供第三方的应用软件服务，属于终端设备提供商模式，这是苹果开创的一个让网络与手机相融合的新型经营模式。后来，苹果将 APP Store 推广到它的 iOS 设备（包括 iPhone、iPod Touch 和 iPad）。2009 年 9 月，中国联通宣布开始售卖 iPhone 手机，APP Store 进入中国市场。

APP Store 降低了开发商进入手机软件行业的门槛，打破了过去手机应用开发商只能通过和运营商合作才能将软件发布到消费者手中的局面，为第三方软件的开发商提供了一个方便又高效的软件销售平台，向 iPhone 的用户提供第三方的应用软件服务，并且适应了手机用户对个性化软件的需求，开创了网络与手机相融合的新型经营模式，使得手机软件业进入了一个高速、良性发展的轨道。

苹果公司的 APP Store 模式取得了巨大的成功。在苹果公布 2014 年第四季度财报中显示，在 2014 年第四财季苹果共售出 3927.2 万部的 iPhone，1231.6 万台 iPad 平板，264.1 万部 iPod。截止 2014 年 10 月 APP Store 的累计应用下载量达 850 亿次。同样，苹果公司的 APP Store 模式也得到了业界的认可，在 2008 年被美国《连线杂志》评为年度 10 大科技突破之首。与此同时，其成功的"终端+内容"的商业模式也引起了业内诸多厂商的跟踪与追捧，包括 Google 的 Android Market、诺基亚的 OVI 商店、摩托罗拉的智件园、三星的 Samsung APPs 以及 RIM 的 APP World，都开始模仿 APP Store，RIM 还打算投入 1 亿美元培育这个市场。效仿者中还包括移动运营商，如中国移动的 Mobile Market、中国电信的天翼空间等。苹果公司的 APP Store 的巨大成功也得到了学术界的重视，2008 年秋，斯坦福大学甚至针对其开设了一门编号为 193P 的计算机科学本科课程——iPhone 应用程序编程。

苹果的 APP Store 应用程序商店的价值网络是以 APP Store 为中心，在移动运营商提供网络的基础上，由应用程序开发商提供相应免费或付费应用程序，用户下载使用，基于 APP Store 庞大的用户群体，广告主在其上投放广告，其价值网络如图 11-4 所示。

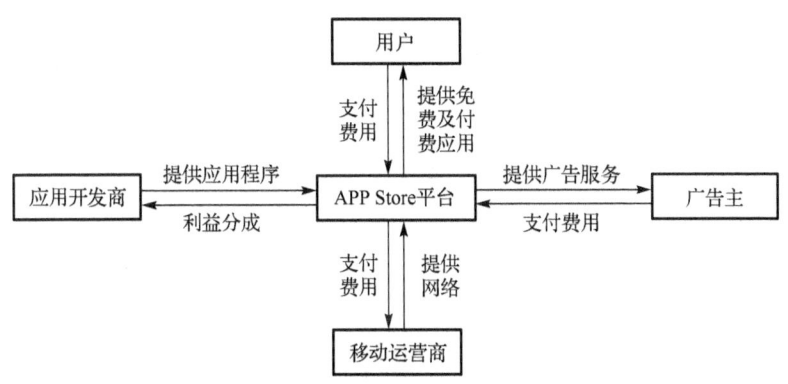

图 11-4　苹果的 APP Store 的价值网络

11.2.2　商业模式

苹果公司的 APP Store 采取的是"以用户需求为中心"的商业模式，通过挖掘用户对手机应用的需求，为用户提供集娱乐、商务等多种应用于一体的"一站式"服务。

1. 愿景与使命

苹果公司的 APP Store 的目标是通过 APP Store 的推出实现其对 iPhone 终端溢价的作用，也就是 APP Store + iPhone。即通过 iPhone 手机和 iPhone OS 手机操作系统平台为媒介，借助 APP Store 平台引入更多的第三方软件开发与供应商，使得使用 iPhone OS 手机操作系统的手机用户能够轻松获取他们所需的个性化软件，一方面提升 iPhone 存量用户的黏性，另一方面增加 iPhone 对新增用户的吸引力，提高 iPhone 手机的市场占有率。

从苹果公司的销售收入可以看出，自2008年第三季度，iPhone的销售收入出现了大幅增长，涨幅达到92.4%，主要归因于iPhone 3G及APP Store的推出。2008年，苹果公司的财报中也将原来"iPhone"收入更名为"iPhone and Related Product & hardware"，这一更名体现了APP Store对收入增长的巨大贡献作用，也体现了APP Store在苹果公司发展中的重要战略意义。另外，APP Store的推出也是苹果公司实现由终端制造商向服务提供商转型的整体战略举措之一。

2. 目标用户

APP Store的目标用户主要是追求时尚、流行、对互联网等娱乐应用有较强需求的苹果公司的iOS设备用户群体。据苹果公司官方宣布，截至2015年6月，APP Store有150万个应用程序可供下载，应用下载量突破1000亿，人均应用下载量达到62个，从这个数据可以推导出APP Store的用户数已达到1.6亿。从2008年上线伊始的50个用户，到2013年1月活跃账户总数达5亿，APP Store的用户数平均月增长率达到了64.8%。从2008年7月至2015年6月苹果APP Store应用程序下载量变化趋势如图11-5所示。

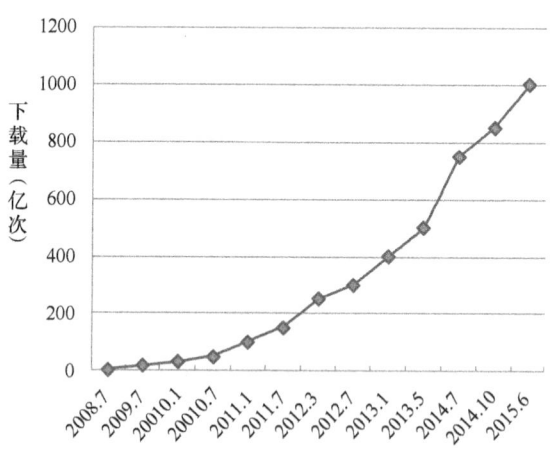

图11-5 苹果APP Store应用程序下载量走势图

3. 产品和服务

APP Store主要是向手机应用开发者和有此需求的消费者提供了一个平台，在此基础上，主要推出了广告服务。

1) 应用程序交易服务

苹果公司的APP Store为应用程序开发者以及iOS设备用户提供了一个供需平台，为应用程序开发者和厂商提供了一个盈利和营销的渠道，同时也为其iOS设备的使用者提供了丰富多彩的个性化的应用程序。为了方便消费者寻找到适合自己使用的应用程序，APP Store将平台上的应用分为游戏、娱乐、书籍、实用工具、教育、生活方式、旅行、运动、参考目录、生产力、新闻、社交网、音乐、导航、医疗保健、金融理财、天气、摄影、商务等二十个类别。从应用类别来看，游戏类占比最高，达到19.95%，教育类应用占比10.43%，其次分别是商务、生活和娱乐应用分别占据了前五名。APP Store 上应用程序数量增长情况如图 11-6 所示。

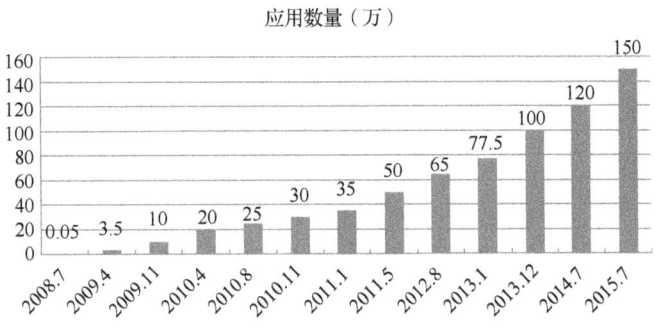

图 11-6　苹果 APP Store 上应用程序数量增长情况

2）广告服务

苹果的 iAd 移动广告系统是苹果于 2010 年 7 月 1 日正式上线的一款产品。借助这款产品，企业可以向数以亿计的苹果 APP Store 用户宣传其产品和品牌。2011 年 4 月，苹果又发布了一款 iAd Gallery 广告集锦应用软件，其页面如图 11-7 所示，在 APP Store 内提供免费下载。用户可以在其中专门浏览最新的 iAd 广告作品，喜欢创意广告的用户可以不用再多次刷新软件查看新广告，广告商们也得到了更多展示的渠道。同时，iAd 移动广告系统的出现也给排名并不靠前和那些刚上架的应用开发者带来希望，增加了他们的应用被消费者从海量应用程序中发现的机会，同时也为应用开发者带来了新的盈利增长点，他们可以在其开发的应用程序中嵌入 iAd，从而增加盈利。

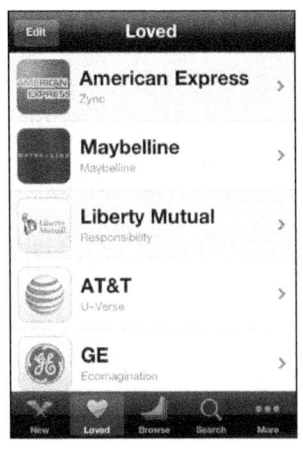

图 11-7　iAd Gallery 广告集锦应用软件页面

4. 盈利模式

苹果公司的 APP Store 的收入来源主要依靠广告收入和付费应用分成。

1）广告收入

苹果 APP Store 目前发布的应用中，有 66% 的应用采取了免费模式，15% 的应用采取了 99 美分付费下载模式。随着价格的提高，应用所占比例也对应减少，定价超过 5 美元的应用所占比例都不超过 3%，定价 499.99 美元以上的应用占比几乎可以忽略。免费应用的主要盈利模式是用户在使用应用程序时点击广告产生消费而获取提成。2010 年苹果 iAd 广告系统刚上线时，月收入仅 2 万美元，2010 年 12 月增长到了 150 万美元。2014 年苹果公司加快了 iAd 平台的扩张速度，使支持 iAd 系统的国家和地区总数达到 95 个，覆盖欧洲、亚洲、中东、非洲和澳大利亚等地区。

2) 付费应用分成

APP Store 平台上的大部分付费应用价格低于 10 美元,用户购买应用所支付的费用由苹果与应用开发商按 3∶7 的比例进行分成。

APP Store 里售价最高的是商务、医疗保健、金融理财类应用,但它们所占的比例却很小,只有 10%,销量也较低。而平均售价不超过 2 美元的游戏、娱乐类应用的比例却非常高,分别占到 23% 和 11%,同样销量也较高,占据了 Top100 应用排行榜上的大批位置。所以 APP Store 的主要收入来源是游戏、娱乐类应用。

在 APP Store 的运营方面,苹果公司在 iTunes 上每年投入的运用成本高达 10 亿美元,去除掉这个费用,苹果在 APP Store 上的盈利与其总利润可以说是微不足道,但 APP Store 对于苹果 iOS 设备的增值和溢价作用却不可小觑。

3) 注册费收入

APP Store 上的应用程序开发者需向苹果公司缴纳 99 美元/年的注册费用。

5. 核心竞争力

1) 强大的产业链整合能力

苹果公司的 APP Store 的核心竞争力首先体现在其强大的产业链整合能力,在每个环节都拥有众多合作伙伴。APP Store 的产业链涉及手机操作系统提供商、手机制造商、APP Store 服务提供商、电信运营商、广告商、CP/SP、手机连锁商、电子支付提供商、开发人员、用户等不同的利益体。苹果公司拥有能够平衡产业链各个利益体的能力,这也成为苹果 APP Store 的优势。凭借这一优势,它创造了成功的 APP Store 模式,为手机用户和第三方软件开发商提供围绕手机数字产品的一站式电子商务交易平台。

2) 创造用户需求,改善用户体验

苹果 APP Store 首创了创造用户需求的商业模式,用其上提供的应用程序引导消费者下载使用。同时通过对用户需求的持续关注和尽力满足赢得用户,通过众多的应用及服务让手机终端变成了一个娱乐终端、移动办公终端,激发了这个市场零散的购买需求。

11.2.3 经营模式

APP Store 的经营模式是完全基于平台自身的自营销体系,致力于以平台为中心,向上帮助开发者把应用推荐到用户面前,向下帮助用户找到需要的应用,从而促进应用软件的销售。

1. 注重优化用户使用体验

截至 2015 年 7 月,APP Store 上的应用程序数量已超过 150 万个,对用户来说,想要从 150 万款应用中找到合适的应用绝非易事。为了提高用户查找的效率,APP Store 推出"搜索引擎"功能,帮助用户根据关键词迅速找到想要的应用。同时,为了帮助用户快速找到热门应用,APP Store 推出"排行榜"功能。有基于 24 小时真实下载数据的"十大付费应用排行榜"、"十大免费应用排行榜",也有按时间排列的"NEW"(最新应用)排行榜和推荐给用户的"Staff Favourites"(热点应用)排行榜。点击进入到相应的排行榜列表中,还可以按照名称、特征、发布日期排列所选类别的软件。排行榜上的每一个应用程序,都有唯一的精致 LOGO,是针对每个应用程序量身打造的。在应用介绍中,将应用卖点、价格、评论等在显著的位置展现,同时还配备了画质一流的截图,达到对目标用户的有效吸引。"限时免费应用"扩大了付费应用的用户数量,通过免费体验也加强了付费应用的宣传范围。

2. 搭建开发者和用户之间的信息桥梁

为了帮助开发者了解用户的最新需求,苹果公司经常会公开一些基于用户下载等方面的数据分析资料,并对开发者提出指导性建议,指导开发者如何给应用程序定价、调价或是实行免费策略,以提高应用程序的用户关注度和下载量。

3. 发起 APP Store 的 Web 战略,促进应用程序销售

苹果公司借助 iTunes 使用户从电脑上即可访问苹果 APP Store 软件商店。为了让 APP Store 更加开放,苹果公司已经允许用户通过浏览器直接预览应用程序介绍,而且在浏览器里看到的应用程序信息和 iTunes 里看到的基本一致,这就减少了非 iTunes 用户通过电脑浏览应用程序时必须下载 iTunes 软件的麻烦。苹果公司希望通过浏览器预览应用程序的方式促进 APP Store 中应用程序的销售。

11.2.4 管理模式

苹果成功运营 APP Store 的核心是建立了端到端的支撑控制框架,较好地实现了对平台的唯一控制权,如图 11-8 所示。

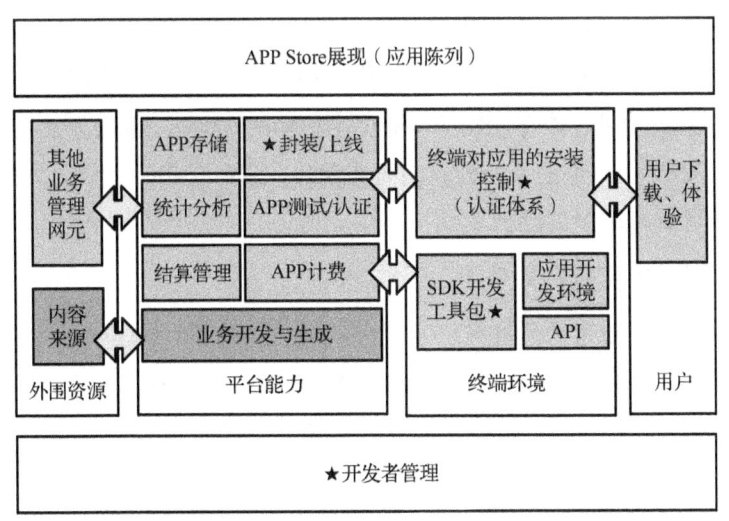

图 11-8 APP Store 管理流程图

苹果掌控 iPhone 应用安装有以下四个关键点。

1. 终端对应用的安装控制

APP Store 上所有的应用，用户仅能通过 iOS 设备下载，苹果公司采取认证机制保证销售软件渠道的唯一性；应用不能被随意复制，复制的应用也无法在 iPhone 进行安装，通过这种方式 APP Store 保护了应用版权和程序开发者的利益。

2. 对开发者 SDK 的控制

苹果为开发者提供 SDK 开发工具包，确保程序开发者开发的应用不能简单地直接通过互联网或手机分发，只能够通过 APP Store 销售。

3. 对应用进行测试认证

苹果对 APP Store 上出售的应用要进行严格的测试，未认证的应用无法达到用户，通过认证的应用才能封装上线销售。

4. 对开发者进行严格审核

为了保证 APP Store 应用程序商店的良性运行，苹果对开发者资质要进行严格的审核，通过审核后的开发者在后期也要依据其表现和用户反馈对其进行信誉管理，发给开发者证书。通过这种严格的管理模式，苹果公司实现了三个唯一：渠道唯一性——APP store 是应用唯一的下载渠道；认证唯一性——所有应用必须通过苹果的认证后才可以使用；运行唯一性——每款下载的软件只能在对应的 iPhone 上运行。

11.2.5 总结与建议

苹果的 APP Store 凭借"终端＋应用"模式获得了巨大的成功，同时它的推出也体现了苹果公司由终端制造商向服务提供商转型的整体战略。作为改变全球软件业态的开发者天堂，APP Store 平台上已经拥有超过 150 万个应用程序以及 1000 亿次应用程序下载。同时，在 PC、通信与游戏产业外，传媒、医疗、汽车制造等诸多传统产业也开始与 APP Store 这棵大树枝叶相连。APP Store 开创了一种新的商业模式，如今它连同苹果公司的硬件一起，正在大规模地吸纳着越来越多的经济单元。

1. 苹果 APP Store 的成功因素

1）销售渠道和用户渠道的高度统一

销售渠道和用户渠道的高度统一，增加了 APP Store 的终端到达率。一直以来，苹果公司都将销售环节紧紧掌握在自己的手中，手机终端完全内嵌了 APP Store，并使其成为用户获取应用的唯一渠道，为 APP Store 的发展铺垫了畅通的传播渠道。

2）将开发者纳入价值链

苹果的 APP Store 的成功因素之一在于将广大的应用程序的开发者纳入到整个价值链中。以前，第三方软件制造商只能面向中间商兜售产品或服务，厂商根据成本管控和偏好等原因，预装软件的数量有限，极大地限制了手机软件行业的发展。APP Store 模式的出现，降低了第三方软件制造商的门槛和成本，并为其提供直接面向最终用户的销售机会，带动第三方软件发展的同时，也丰富了 APP Store，并让"草根阶层"的移动互联网创富成为可能。

3）强大的品牌影响力

苹果公司从 2003 年推出的 iPod 到 2005 年推出的 iPod Classic，再到 2007 年推出的 iPhone 及 2010 年推出的 iPad，在内容渠道的基础之上，苹果凭借其优秀的针对用户体验的设计，赢得了口碑和可信赖的客户资源，积累了大量的苹果粉丝。较高的品牌声誉，使用户对其产生了较高的忠诚度。所以在 APP Store 上线之后，凭借其良好的品牌效应和超强的人气积累使用户首先从心理上对 APP Store 产生了认可，并为后来的成功奠定了基础。

2. 苹果 APP Store 与其他应用程序商店的比较分析

由于苹果公司的 APP Store 模式的巨大的成功，业内许多厂商也纷纷跟踪和效仿，推出了包括亚马逊 APPstore，黑莓 APP World，GoogleGoogle Play，Nokia store，微软 Windows Phone Store，三星乐园等应用商店，但它们都不具备在近期内赶超苹果的实力。苹果超过竞争对手的一个关键因素是其在推出应用程序商店的同时，还推出了相应的管理软件 iTunes。苹果的 iOS 设备的用户可以轻松地通过 iTunes 搜索和下载应用程序，并管理和同步到用户的设备上，这比直接从移动设备中操作简单得多。而其他公司的应用程序商店都不具备类似的管理软件，这就决定了苹果 APP Store 的优势。苹果超过竞争对手的另一个关键因素在于它在应用程序方面上具有主导权，所有的合作伙伴都必须按照苹果的模式操作。从市场份额及盈利情况看，GoogleGoogle Play 是苹果 APP Store 在应用商店领域的强有力的竞争对手，Google 公司相比微软、Palm 和 RIM 等更具有竞争实力，Google Play 的应用程序数量已经超过苹果 APP Store，而且 Google 公司具备开发桌面同步软件来有效管理应用程序的实力。Google 之所以没有发布这种软件是因为 Android 平台拥有太多的硬件生产商和网络运营合作伙伴，很难做到全面兼容。

在应用程序的收费模式上，苹果公司的 APP Store 有接近 34% 的应用程序是需要付费的，66% 的应用程序是免费的。而与之相比，Google 公司的 Google Play 则想通过免费争取巨大的用户群体，从而赚取广告收入，GoogleGoogle Play 的安卓应用几乎全是免费的。

另外，与其他应用程序商店相比，苹果公司的 APP Store 的审核机制较完善。为了维护用户和开发者的利益，2010 年 9 月 9 日，苹果首次发布了《APP Store 评审政策》，帮助开发者理解苹果公司如何对提交的应用程序进行审核。而 Google 的 Android Market 没有审核机制，导致任何软件、游戏都可以上传，成为病毒滋生的温床。

3. APP Store 面临的挑战

尽管苹果的 APP Store 开创了新的商业模式，取得了巨大的成功，但同时也存在一些问题。

1) 管理制度存在问题，打击了软件开发者的积极性

APP Store 的审批流程不够合理，没有形成一个确定的审查标准，经常会对同样的开发者行为做出不一样的审查结果，同时也经常会有一些软件被莫名其妙的理由拒绝，这些做法都会对开发者的积极性形成打击。目前苹果公司 APP Store 也缺乏良好的沟通与反馈机制。经常会产生应用程序下架而开发者却一无所知的情况，这对开发者的积极性也会是一个很大的打击。另一方面，在 APP Store 的带动下，Google 的 Android Market、诺基亚的 Ovi Store 等以依托不同平台的应用程序商店纷纷进入在线应用商店市场，开发者的应用被拒绝后，将有可能转向其他平台，造成应用产品的流失。

2) 软件侵权问题

苹果公司创始人乔布斯曾经说过"从苹果公司创立之初，我们就意识到我们的成功是来自知识产权。偷窃是不道德的，这样做会伤害其他人，也有损自己的名誉"。然而在苹果 APP Store 中却存在侵权问题。例如，2012 年苹果 APP Store 由于软件侵权被中国作家维权联盟第三次起诉，在未经作家许可和同意的情况下，销售多位中国作家作品，共计 26 部作品，索赔金额 1100 余万元。苹果公司的《APP Store 审查指南》，主要内容是针对应用程序进行各种技术上的规范以保护苹果硬件的运行安全、用户的隐私、应用的内容是否合乎道德等，而版权问题不是该指南考虑的重点。这从根本上体现了苹果的 APP Store 对知识产权，尤其是海外市场的知识产权保护不够重视。对侵权软件的纵容将不利于苹果 APP Store 的可持续发展。

3) 恶意刷榜现象泛滥

2014 年苹果 APP Store 应用数量突破 120 万，在 120 多万个"浩瀚"的应用中，近 80% 都是"僵尸"。这些应用从出生、存在到消亡，几乎不可能被用户发现。一些软件开发商为保持软件排名前列，提升下载次数，往往采用恶意刷榜的方式使用人为手段提升 APP 在下载排行榜的排名，刷榜行为严重影响了 APP Store 生态圈的健康问题。为了应对恶意刷榜泛滥现象，近年来苹果还采取了一系列的阻击行动，例如，2013 年苹果调整了 APP Store 畅销应用榜的排名逻辑算法，2014 年苹果展开了一系列的打击 APP Store 刷榜行动，采用人工方式清剿刷榜及虚假评论。尽管苹果作出了一系列的努力，但要杜绝刷榜现象，切断 APP 刷榜产业链，改善 APP Store 的生态，则需要产业链上多方的共同协作。

4) 本地化问题

2014 年苹果 APP Store 已经推广至 95 个国家和地区，但是针对不同国家和不同地区的用户并没有做到差异化对待，内容并没有太多不同。在所有的下载量中，60% 来自美国市场，30% 被欧洲、英国、加拿大、澳大利亚这些国家平分，而来自其他国家的用户很少。这些数据说明每个国家和地区的用户对于应用程序的使用习惯偏好是不同的，例如，欧美的手机用户重视手机应用的使用功能，而中国的用户可能对于娱乐、休闲类的手机应用需求更大一些。本地化问题还体现在应用商店的审核机制。苹果 APP Store 的审核机制是面向

全球的，相对来讲比较宽松，但是不同国家对应用软件的要求不同，它更应该遵守各国的法律。例如在中国，广告法对广告的内容有更严格的要求，需要对广告的内容做出比较严格的审查，APP Store 当前的审核机制并没有相应的体现。随着苹果 APP Store 全球化战略的实施，苹果应用商店在本土化方面将会面临更多的挑战。

5) APP Store 的封闭性问题

iPhone 3G 手机采用的是半封闭式的操作系统，这意味着 APP Store 只能运行及销售苹果允许的软件。苹果不仅提供 APP Store 平台，还依靠这个平台来销售自己的软件，因此一旦第三方软件与苹果自有软件产生冲突的情况出现时，苹果就会拒绝其进入 iPhone 的 APP Store 应用程序商店。这种做法限制了 APP Store 平台应用的丰富性，影响了用户的使用体验，这也在一定程度上反映出苹果的短视。

11.3 案例2：微信的微商城

11.3.1 基本情况

微商城(Wechat Mall)又名微信商城，是腾讯公司基于微信公众平台而研发的社会化电子商务开放平台，与 APP 商城、手机网站并列为移动电子商务的三种模式。微商城基于微信公众平台为商家提供商品展示、活动促销、产品购买、移动支付、客户服务、营销等一系列电子商务应用服务，为企业提供了低成本进入移动电子商务的途径，使企业无需开发手机 APP 而是通过微信就能将企业产品信息推送至用户的手机。微信商城解决了企业移动商务应用 APP 研发投入成本大、推广难度大、用户黏性小等问题，并且为企业提供了精准营销、精准促销、区域品牌打造等增值服务，成为移动商务的引爆点。

微信商城开启了一个全新的微电商时代，越来越多的企业甚至个人都在尝试开通和经营自属的微信商城，以期在微电商的浪潮中占有一席之地。微信公众平台作为微营销的基础工具，自 2012 年 08 月 23 日正式上线以来，功能不断完善，面向名人、政府、媒体、企业等机构推出了合作推广业务。2014 年微信公众平台推出了微信支付及微信企业号等功能。微信支付使微商城从基础的营销功能向交易闭环推进。微信企业号向企业提供覆盖所有终端的移动连接工具，是企业内部沟通以及与上下游客户、供应商联系的重要纽带，能够实现市场调查、原料采购、HR 管理、销售、营销、KPI 考核、流程控制、企业文化等种类繁多的功能。截止 2014 年 12 月，微信公众号数量已经超过 800 万，开通微信企业号的企业已经超过 10 万个。

微信商城的价值网络是以微信公众号为中心，使用微信支付等支付工具，为传统企业、电子商务企业提供营销、支付等服务。企业微信公众号提供相应的接口程序与企业微商城或微官网进行连接，消费者只要通过微信平台，就可以实现商品查询、选购、体验、互动、订购与支付的线上线下一体化服务模式。第三方专业微信服务商为企业开发相应的微商城、微网站，帮助企业进行公众账号运营，构成了微信商城价值网络的重要环节。微信商城的价值网络如图11-9所示。

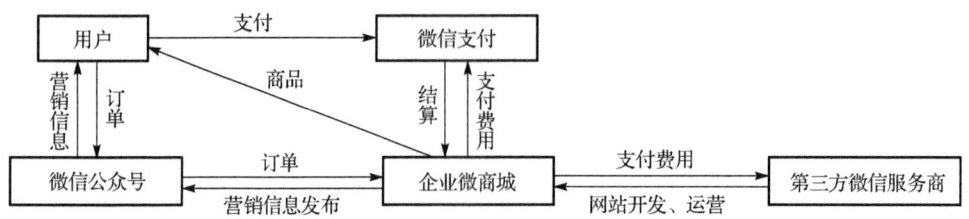

图11-9　微信商城的价值网络

11.3.2　商业模式

微信的微商城是腾讯公司从移动通讯这一核心需求出发而衍变出的一个具有巨大延展性的电子商务平台，采取的是"社会化、开放式移动电子商务平台"的商业模式，通过移动通讯服务所积累起来的庞大用户群及社交网络，为企业用户提供品牌推广、促销、销售、支付等移动商务服务。

1. 愿景与使命

微信商城是腾讯公司面向移动互联网时代打造的一站式线上生活服务平台，是推动微信从基础通讯工具转变为社会化电子商务平台的重要举措。微信商城的目标是通过微信实现人与服务的连接，人与产品的连接，人与业务的连接。通过用户和用户之间的口碑相传，促成电商服务，把口碑落到实处，给各种各样的电子商务收费服务带来健康的流量，创造新的盈利方式，打造出多点盈利的能力，满足移动互联网时代用户的商业需求。

2. 目标用户

微信商城的目标用户涵盖了进军移动商务的所有企业，包括电子商务企业和传统企业。微信公众平台自2012年8月上线之后，各大品牌积极抢注，微信公众账号不断涌现，包括招商银行、南方航空、广东联通、小米等都开通了企业的微信公众账号。截止2013年3月，微信公众账号数量已达百万级别，具有了极大的社会影响力。2013年12月24日，微信正式启用"微信公众平台"付费认证，允许所有服务号和非企业类型的订阅号进行付费认证，并于2014年3月对认证账号开放了微信支付接口。从2012年8月至2014年12月微信公众平台公众账号数量增长趋势如图11-10所示。

3. 产品和服务

微信商城是基于微信公众平台而研发的社会化移动电子商务平台，其目标是建立移动电子商

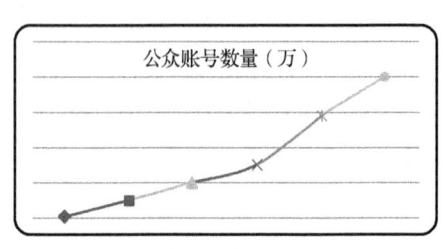

图11-10　微信公众账号数量走势图

务的生态系统，构筑一站式的线上生活服务平台。基于此目标，微信商城已初步完成了电子商务基础设施的建设，能够为微信公众号用户提供包括品牌推广、微信支付、微信小店、广告、数据统计等诸多功能。

1) 品牌推广服务

企业在微信公众平台上申请微信公众号，通过公众号可在微信平台上实现与特定群体之间的文字、图片、语音、视频等富媒体形式的沟通、互动。通过不断推送产品信息，把产品或品牌信息传递出去，以影响更多的消费者，实现企业品牌塑造与品牌推广。微信公众号后台提供了群发消息、实时消息、用户管理等功能，可以对订阅的用户进行分组，通过后台的用户分组和地域控制实现精准的消息推送，也可以通过网页回复微信用户。申请微信服务号的企业还可以免费申请获得自定义菜单，进而实现更多的客户服务功能。例如，服务账号"招商银行信用卡中心"，更像一个轻 APP，用户无需下载招商银行的 APP，便可在微信上完成查询、还款等功能。

2) 微信支付

微信支付是由微信平台与第三方支付平台财付通联合推出的移动支付创新产品，于 2013 年 8 月 5 日上线，旨在为广大微信用户及商户提供更优质的支付服务。微信用户只需绑定银行卡，即可在微信内、公众号内、APP 中，以及扫描身边随处可见的二维码，简便快捷地完成付款，为商业场景在手机中的闭环交易提供了全新的解决方案。微信支付自上线以来，由点到面不断加速推进对生活场景的覆盖，在基础生活服务领域发挥了积极作用。微信支付接入的商家包括易迅网、唯品会、大众点评等大型 B2C 电商平台，以及香港航空、南方航空、美兰机场、优酷、腾讯视频等知名商户，服务场景涵盖网购、机票预订、团购、交通卡充值、会员 VIP 服务购买等多个电商细分领域。2014 年 3 月，微信支付接口对通过微信认证的服务号全面开放。微信支付作为微信商城交易闭环中一项重要的能力，迈出了开放的重要一步，为基于微信的移动电子商务企业提供了全新的支付方案。2014 年 9 月 13 日，为了给更多的用户提供微信支付功能，微信服务号申请微信支付功能将不再收取 2 万元保证金，进一步降低了微信商城的开店门槛。

3) 数据统计

微信公众平台数据统计功能于 2013 年 8 月 29 日正式上线，微信公众平台用户登录后台，可以使用"数据统计"的新菜单，菜单中分为用户分析、图文分析和消息分析三大项，用户可以查看从 2013 年 7 月 1 日起的数据情况。用户分析功能分为用户增长和用户属性两部分，其中用户增长包含新增人数、取消关注人数、净增人数和累积人数四个要点。而用户属性部分放出了性别、语言、省份、城市四个要点。图文分析用于查看任意时间段内图文消息群发效果的统计，包括送达人数、阅读人数和转发人数等分析。消息分析用于查看针对用户发送的消息的统计，包括消息发送人数、次数等分析。数据统计功能的推出，提高了微信公众平台的服务水准，使微信商城的商业价值实现量化。

4) 微信小店

微信小店是基于微信公众平台打造的原生电商模式，包括添加商品、商品管理、订单管理、货架管理、维权等功能，开发者可使用接口批量添加商品，快速开店。微信小店功能于2014年5月29日正式进驻微信公众平台，通过企业认证且开通微信支付功能的服务号均可自助申请。微信小店的上线，意味着微信公众平台上真正实现了技术"零门槛"的电商接入模式，商家即使没有任何技术开发能力，也可以开启电商模式，对商品进行分类、分区陈列，真正实现"零成本"开店。同时，部分有开发能力的商家，还可通过API接口的方式，自行开发商铺系统，通过相关的接口权限更方便地管理商品数据等内容，实现更多功能。

5) 广告服务

2014年6月，微信推广自助平台灰度上线，此举意味着微信商城广告服务正式推出。微信推广自助平台由微信团队和广点通团队联合策划与开发，将广点通植入微信公众号后台而构成。微信公众号可以通过微信推广自助平台对外发布各种广告，或者把自己的粉丝当做读者接收别人的广告投放。使用微信公众号后台的推广功能，广告主可以自助在微信平台投放广告、管理广告、查看广告投放的效果。微信订阅号作为流量方，可自主选择是否接入广点通，只需在公众号后台自助申请开启和关闭广告位即可。后台还提供查询流量数据、设置收款账号和发起提现申请等功能。作为主动型效果广告，微信广告能有效实现更加智能的广告匹配和高效的广告资源利用，广告形式包括Banner广告、插屏广告、开屏广告、应用墙、信息流广告等诸多种类。

4. 盈利模式

微信商城作为腾讯进军移动电子商务的领军产品，被腾讯公司寄予厚望，是腾讯未来的战略级武器。在微信的商业化探索中，腾讯公司表现得十分谨慎，多次宣称不急于从微信获利，微信商城的增值业务大多是免费使用。当前微信商城的收入比较有限，仅包括广告收入、用户使用微信支付的交易资费和公众账号的认证费。依托庞大用户群，微信商城未来可以实现多元化的盈利模式，通过大数据服务、轻量APP商店开发、内容出版等获得更多的收入。

1) 广告收入

微信推广自助平台是微信商城的主要盈利方式。在微信推广自助平台上，广告主与公众账号的匹配由广点通主导，广点通会根据点击量与广告主结算，将广告主在广点通中的费用划至腾讯，然后分给公众账号拥有者。2014腾讯网络广告收入实现了爆发性增长，增长部分主要来自于微信公众号CPC广告业务。2015年1月21日，微信又推出了微信朋友圈广告，据业内人士计算，微信朋友圈广告一天的收益就能达到1000万元。

2) 微信支付交易资费

2014年3月微信向所有微信服务账号开放支付接口，支付方式包括扫码支付、APP内支付和公众号支付三种。首批开放申请的类目有综合商城、服饰鞋包、运动户外、美妆用品、家装家纺、汽车及配件、数码家电、母婴、图书等约 20 个。接入微信支付需要交纳的费用包括一笔 2 万元的保证金，以及 0.6% 的交易资费。

3）认证费收入

2013 年 12 月 24 日，微信公众平台开始启用全新的认证体系，支持所有的服务号，以及政府、传统媒体、明星等非企业类型的订阅号申请，认证费用每次 300 元，一年有效。

5．核心竞争力

1）庞大的用户群体

微信平台自上线以来，用户数量增长迅速。近两年微信用户数增长情况如图 11-11 所示。截止 2015 年 3 月底微信和 WeChat 的合并月活跃账户数已达到 5.49 亿个，微信公众账号总数已经超过 800 万个，移动应用对接数量超过 85 000 个，微信支付用户则达到了 4 亿左右。庞大的用户基数能够为企业带来可观的流量，构成了微信商城的核心竞争力，使微信商城成为企业在移动互联网时代进行品牌推广、销售产品的最重要的选择。

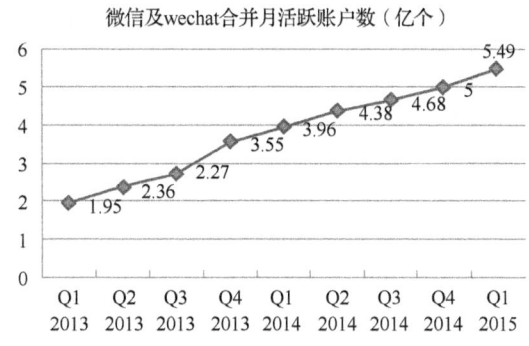

图 11-11　微信月活跃账户数走势图

2）移动商务生态系统

微信商城的核心竞争力更多地体现在腾讯公司所建立的移动商务生态系统，"商家店铺 + 基础交易系统 + 第三方服务商 + 微信支付 + 微信广告 + 大数据"的生态链已经逐步形成，在移动商务交易的每个环节都拥有众多合作伙伴。微信商城采用了开放式平台战略，微信商城提供基础的支付、广告、营销、大数据等基础设施，将互联网从业者、创业者、创新者聚拢到自己的平台上，包括 B2C 电子商务企业、传统企业、O2O 商户、自媒体等众多细分领域的合作伙伴。2014 年 3 月，腾讯入股京东，成为京东的重要股东，并在微信中为京东提供了一级入口，也将京东的电商业务纳入了微信商城的生态系统。2014 年 7 月腾讯公司发布的最新数据显示，微信平台已聚集 10 万开发者，包括个人开发者和公司开发者；已有 6.7 万个移动应用接入微信，日均创建 400 个移动 APP；2014 年 5 月底微信小店上线之后，符合资质的商家已有 95% 开通微信小店。随着微信商城基础设施的完善，将有更多的商品与服务通过微信商城的通道与用户建立连接。

11.3.3 经营模式

微信商城的经营模式是构建开放式平台的移动电子商务生态圈，微信商城所有的功能都是围绕这一定位而设计。微信商城负责电子商务交易基础设施建设，而把商品与服务开发的业务交给入驻商城的创业者、创新者。

1. 建立移动互联网时代的社交平台，吸引客流

微信商城的潜在用户来自微信所建立的社交网络。微信已经成为手机上占用用户时间最久的社交软件，注册微信需要绑定手机号码或者QQ号码与邮箱账号等，可以导入手机通讯录与QQ好友，在微信中形成的社交网络是一个成熟稳定、联系密切的熟人交际圈。微信商城潜在用户群的典型特征是通过线下互动带动线上好友沟通，用户黏性大，忠诚度高，信任度强。

2. 不断完善商业交易功能，服务于企业客户

在打造微信商城生态系统的过程中，微信平台开发了公众号、微信支付、微信广点通等一系列服务功能，以期为移动电子商务交易提供完善的商业服务，形成"标准入口＋微信支付＋线下核销＋线下场景"的闭环。微信商城的公众账号有效解决了微信商城商家的数字身份问题，也为企业、媒体等机构提供了一种新的传播模式，通过微信渠道将品牌推广给上亿的微信用户，减少宣传成本，提高品牌知名度，打造更具影响力的品牌形象。微信支付为拥有公众号的运营者提供了便捷、可靠的支付工具，形成了线上购物、线下购物的闭环；使公众号的运营者与微信这个最大的社交账号体系整合，实现既能面对海量用户，又能对用户进行精准管理。微信广点通使订阅号的运营者具有了变现的能力，形成良性循环。订阅号运营者生产内容并为微信订阅号拉来流量，微信广点通为内容生产者提供收入，从而内容生产者队伍进一步扩大，内容更多、广告收入更多。

3. 开放平台接口，吸引第三方微信服务商

微信商城始终坚持开放平台的战略，为第三方移动程序开放接口。2013年10月，微信向认证服务号开放了包括语音识别接口、客服接口、生成带参数的二维码接口、获取用户地理位置接口、获取用户基本信息接口等九大API接口。使用开放接口，公众号运营者可委托第三方微信服务商进行程序开发，进而实现客户关系管理、客户服务、O2O等丰富的功能。截止2014年底，第三方微信服务商的数量已达上千家，提供集开发、推广运营一体的微信解决方案。第三方微信服务商串联起来了微信官方和公众号运营者，第三方微信服务商、微信官方、公众号运营者间正在形成庞大且关键的微信生态。

11.3.4 管理模式

2014年05月07日腾讯对组织架构进行调整，成立微信事业群，全面负责微信商城生态系统的管理工作。微信事业群负责微信基础平台、微信开放平台，以及微信支付拓展、

O2O等微信延伸业务的发展。在坚持开放战略的前提下，微信事业群制定了全面的微信商城管理法则。

1. 用户价值第一的原则

用户管理是微信商城生态系统管理的最重要的工作，微信事业群所有的管理理念都将用户价值放在第一位。微信完全基于移动端的"永远在线"设计理念，以手机通讯录及熟人关系为基础的强关系社交、语音留言、LBS、移动推送机制等创新交互方式，都是针对移动互联网时代用户新增需求的设计。为吸引用户使用，微信还提供了丰富的服务插件，包括"摇一摇"、"漂流瓶"、"朋友圈"、"公众平台"、"语音记事本"等。在微信商业化过程中，始终重视用户体验，打击集赞和过度营销行为，将用户体验放在第一位，从而锁定用户。

2. 对公众号运营者进行认证

2013年12月，微信公众平台正式启用全新的认证体系，确保公众账号信息的真实性和安全性，对公众号运营者进行规范管理。

3. 对微信公众账号制定运营规范

2013年6月，腾讯微信产品总监曾鸣公开表示，微信公众平台将执行"造精品化战略"，着力解决公众账号信息泛滥的问题。2014年4月4日，微信面向公众账号发布公告，推出了新的"微信公众平台运营规范"。在这一规范中，对利用其他账号、工具或第三方平台进行公众账号推广、强制或诱导用户分享等行为进行了大量限制规定，鼓励有价值服务，限制包含诱导或有版权问题的行为。

4. 对开发者进行规范

2014年11月腾讯全球合作伙伴大会上向第三方开放了平台授权登录资质，开发者需要先通过开发者资质认证，在管理中心创建公众号服务，开发并测试通过后，提交全网发布。全网发布成功之后，开发者便可以在自己的网站中提供授权页入口，供公众号运营者在授权页登录授权。通过平台授权登录资质，微信商城实现了对众多第三方微信服务商市场的管理与控制。

11.3.5 总结与建议

微信商城所建立的移动电子商务生态系统开启了移动电商的新模式，微信电商时代已经到来。微信商城所建立的"标准入口+微信支付+线下核销+线下场景"的闭环模式具有更广阔的应用空间，向传统PC端电商巨头淘宝网发起挑战。

1. 微信商城的竞争优势

1) 背靠中国最大的移动社交网络

微信是中国最大的移动社交平台，微信商城从一开始就坚持"社交+电商"的概念。背靠中国最大的移动社交网络，微信商城能够为商户提供效率更高的传播路径，以客流、信息流来带动商品流。微信作为微信商城的入口,其价值已经得到了印证。2014年3月腾讯、京东"联姻"之后,微信为京东提供了一级入口,半年时间京东服务号的粉丝数就达到670多万,并且新用户还在不断增长,京东在微信的成交金额迅猛攀升。依靠朋友圈的传播力,京东通过抽奖众筹、投票互动、合体红包等新营销玩法,取得了不错的成绩,这是淘宝APP、天猫APP无法比拟的。从全球范围来看,"社交+电商"模式也正在展示其巨大的发展空间,以Facebook、Twitter为代表的社交电商2013年的销售额增速达到整个电子商务行业增速的3倍。

2) 坚持开放平台战略

微信商城搭建的是一个开放的平台,公众平台的推出、微信支付与九大API接口的相继开放使微信商城的开放体系初步成形。通过微信商城提供的开放平台,每一个公众号都是一个APP,在一个平台上实现人与商品的连接、人与服务的连接。在移动互联网时代,用户的需求日趋多元化,任何一个公司、一个产品,都无法仅凭一己之力满足用户需求,分工合作才能生存与发展,这是微信商城坚持开放战略的根本动因。在开放平台中,微信商城只需提供基础设施,并制定最基本的规则,然后就会有意想不到的创新涌现,从而形成强大的竞争力。

3) 商户可以拥有独立的微网站

微信商城中的商户是线上企业、线下企业各自建店,商户的微网站、微店具有独立性,然后通过公众号向用户定向服务。商户在微信商城中获得的客户属于商户自己,微信商城为商户提供了客户管理的工具。相对而言,淘宝中的商户不具有独立于淘宝平台的店铺,客户也只属于淘宝。

2. 微信商城面临的挑战

微信商城所建立的移动电子商务生态系统具有广阔的发展空间,但是在商业化过程中,也面临着一些突出问题。

1) 商业化与社交的平衡难题

微信商城是微信商业化的产物,"社交+电商"在外界看来是未来最理想的商业模式。然而如何平衡商业化与社交的关系,是微信商城建设中一直左右摇摆的问题。为净化朋友圈用户体验,微信曾采取好友上限、账号封停、监督举报等各种措施来清理朋友圈中充斥的代购、营销信息。然而在变现的压力下,微信仍然推出了朋友圈广告业务。这种矛盾将是微信商城经营中长期存在的问题。

2) 自建微信小店与第三方微信服务商的冲突问题

在微信商城的开放战略下,第三方微信服务商迅速崛起,并进入了后资本运作和重运营时代。与此同时,微信团队也在推出自有的产品,微信风铃、微信小店,与第三方服务商形成了竞争关系。如何正确地处理"国家队"和"第三方"关系已经成为微信当前迫在眉睫的问题。

3) 开放平台的管理难度大

作为开放平台,微信商城能够争取更多的合作伙伴。然而如何对几十万个认证公众号

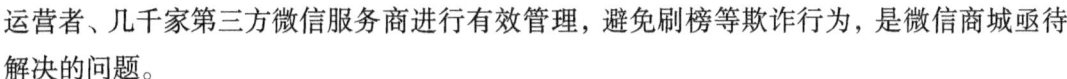

运营者、几千家第三方微信服务商进行有效管理,避免刷榜等欺诈行为,是微信商城亟待解决的问题。

11.4 案例3:快的打车

11.4.1 基本情况

快的打车是由杭州快智科技有限公司研发的一款立足于LBS的O2O(Online to Offline)智能手机APP,是中国首款便民打车应用。

快的打车APP专注于通过移动互联网技术解决城市交通和人们的日常出行问题,主要面向日常打车乘客和出租车司机,为打车乘客和出租司机量身定做,将传统出租车与乘客间的被动等待,转化为主动联系。乘客可以通过APP快捷方便地实时打车或者预约用车,司机也可以通过APP安全便捷地接生意,通过减少空跑来增加收入。

快的打车APP迎合了乘客和出租司机的刚性需求,改善了电话叫车和扬招叫车及时性差、诚信度差、信息不透明、操作复杂等多种弊病。通过移动互联网技术,快的打车改变了传统出租车的叫车模式,让人们的出行变得更方便。快的打车APP所创立的按需叫车服务模式取得了巨大的成功,产品自2012年8月上线以来,受到用户、媒体和投资方的广泛关注。在资本市场的助力下,快的打车的市场规模迅速扩大。截止2014年第四季度,快的打车已经覆盖358个城市,包括一线城市北京、上海、广州、杭州、香港以及众多二三线城市,用户数过亿。

快的打车APP的价值链是以快的打车APP为中心,一边对接用户需求,另一边对接出租车,解决司机和乘客的信息不对称问题,优化社会公共资源。打车乘客使用快的打车APP就能看到周围行驶的出租车,通过软件发出自己所在的位置、用车需求,附近的司机通过司机版的快的打车APP以语音播报的形式获知乘客的用车需求并联系打车乘客,约定地点完成打车。在这条价值链中,打车软件APP在帮助乘客节省时间的同时,还有效地降低了出租车空驶率,大幅度提高了交通资源的使用率。打车软件APP还能够提供互信的乘车环境,乘客通过打车软件可以看到出租车车牌、司机电话及所属公司,不用担心黑车的"坑蒙拐骗"。链条上的每一个主体都能获得更好的收益。随着用户规模的扩大,众多广告主开始选择在快的打车APP上投放广告,同时基于位置的服务(LBS)特性也为快的打车APP带来了更多的合作商户,其价值网络如图11-12所示。

11.4.2 商业模式

快的打车APP的商业模式是"综合智能交通服务平台",即采用"商务专车+出租车综合出行模式",再辅以技术手段,对这些闲置的资源进行智能调配,配合实时的交通信息,针对不同的人群和需求,提供不同的出行解决方案。

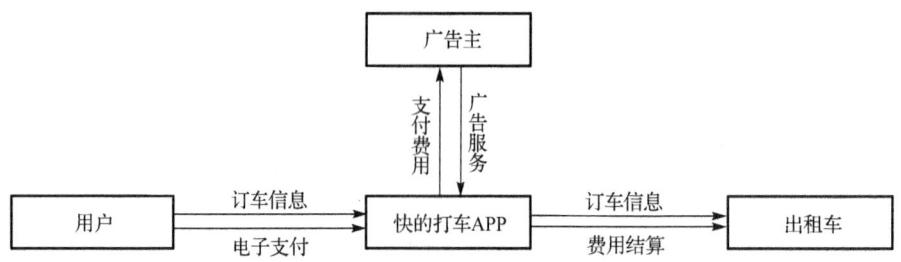

图 11-12　快的打车 APP 的价值网络

1. 愿景与使命

快智集团成立于 2012 年，致力于通过移动互联网应用，结合线上线下大数据挖掘工具，提供面向全人群、全需求的城市出行方案，不断提升城市交通效率。快智集团推出快的打车 APP 的目标是通过快的打车 APP 解决日常出行问题，即通过快的打车 APP 使乘客随时随地打到车，把用车成本降至最低，改善城市交通出行领域的用户体验。

2. 目标用户

快的打车 APP 的目标用户是有城市出行需求的全部用户群体及出租车司机。自 2012 年 8 月上线以来，通过高效率的推广与运营，快的打车的市场规模得到了飞速发展。城市覆盖规模、用户活跃度及适合的商业模式是衡量打车软件是否可持续发展的三大重要指标。在这三个关键的指标上快的打车已在行业内处于领先地位。截至 2014 年 12 月，快的打车拥有 130 万司机用户和超过 1 亿的乘客用户，以 56.5% 的市场份额占据中国打车 APP 市场累计账户份额领先位置。快的打车已覆盖全国包括香港、拉萨在内的 358 个城市，稳居行业第一，是全国覆盖最广、用户最多的打车软件。与此同时，劲旅咨询的调查显示，快的打车已成为国内最大的旅游类 APP。快的打车市场份额发展情况如图 11-13 所示。

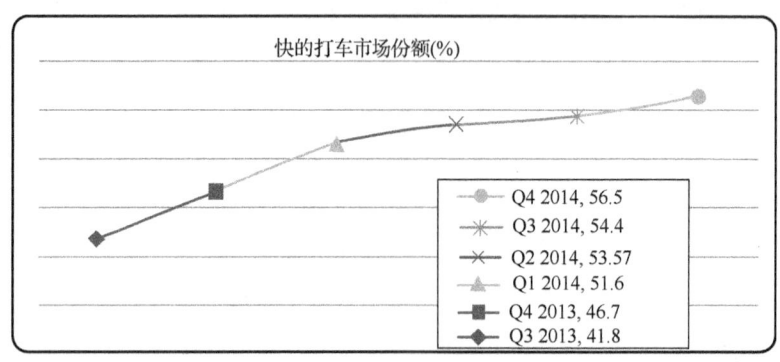

图 11-13　快的打车 APP 市场份额发展走势图

3. 产品和服务

快的打车 APP 本质上是一个出行调度的工具产品，在此基础上，主要推出了广告服务、线上线下（O2O）营销服务。

1) 出行调度服务

快的打车解决了乘客与出租车之间的信息不对称问题，使乘客与司机的信息准确匹配，从而实现车辆调度。快的打车依靠大数据系统对订单进行智能调度，后台依据司机实时接单能力决定推送数量，显著提升了订单满足率，并缩短成单时间。2014年，快的打车推出了接力单、顺风单、回程单以及司机抢单器等产品和功能，提高出行调度的效率和出租车行业整体的运营效率。2014年第一季度，快的打车日均完成623万订单，司机账户流水47.3亿元人民币，改变了传统的出租车预约调度模式，提高了出租车运营效率，为提升城市车辆调度水平做出了巨大贡献。

2) 广告服务

经过两年多的市场开拓，2014年12月快的打车用户数过亿，活跃用户人均启动15.82次，拥有了一个庞大的固定用户群体。过亿注册用户数和极强的用户体验使快的打车成为了一个优质的移动广告平台。快的打车推出的线上广告包括APP的开屏广告、打车等待过程中推送的banner（横幅）广告、会员通知中心的消息等类别。"流量变现"的广告收入将是快的打车未来的主要盈利模式。

3) 线上线下（O2O）营销服务

积累了大量用户端的数据后，快的打车开始在打车目的地推出附近的本地生活信息服务以及合理的出行路线，开展线上线下（O2O）的营销服务。2014年5月，快的打车推出了积分商城的功能，在积分商城中提供电影票优惠、旅游红包、购物券等本地生活服务内容，对接线下品牌资源。快的打车积分商城运营初见成效，越来越多的行业和品牌接入快的打车的积分商城，增加了用户黏性和用户价值，促使品牌价值得以提升。截止2014年底积分商城已经发展了游戏、汽车、电商、旅游、餐饮企业和平台等200多个合作伙伴，确立了O2O业务模型。2014年12月2日，快的打车与如家酒店集团达成战略合作，快的打车最新发布的企业端产品将接入如家旗下四个品牌近3000家门店，为入住如家店的用户提供更好的出行增值服务，共同探索跨界O2O模式。

4. 盈利模式

和任何创新型的产品一样，快的打车需要经过设计、研发、市场培育、增值服务设计然后再进入盈利阶段。快的打车当前正处在市场培育阶段，盈利模式正在不断探索。现阶段快的打车的收入来源主要包括广告收入、线上线下营销活动收入以及商务租车收入。

1) 广告收入

广告收入是目前快的打车的主要收入来源。快的打车与别克等汽车厂商进行合作，小范围推送过精准广告；与地产商合作，用快的积分兑换优惠券。2014年第一季度，快的打车实现广告月营收千万元人民币。

2) 商务租车收入

2013年年底，快的打车收购大黄蜂打车，推出商务租车服务，并于2014年6月改名为

"一号专车"。商务租车市场商业模式较为成熟,即通过平台运营招募司机,同时对接用户。相比出租车叫车服务,商务租车通过直接收取提成的方式获取收入,盈利模式更清晰。截止2014年11月,快的打车的商务租车"一号专车"业务已覆盖全国50多个城市,日订单量达到10万级别,实现了稳定的营收。

5. 核心竞争力

1)持续稳定的产品创新

快的打车拥有一支30人的精干技术团队,针对司机和乘客的用户需求,不断地进行产品迭代。快的打车自2012年8月上线之后,软件功能持续改进。快的打车首创了"语音+文字"双模式的呼叫功能,起点精准定位、即时追踪距离、智能推送机制,有效地降低了用户的使用门槛。快的打车创新性地设计了在地图上通过拖拽确定地址的功能,帮助乘客实现了在一个地方叫车,在另一个地方乘车。在快的打车中设计了和用户聊天的功能,目标是实现服务的扩展,从打车扩展到智能出行,进一步升级到综合服务APP呼叫平台。对于用户而言,未来的快的打车不仅能叫到出租车,还能叫到商务车、代驾,甚至家政、旅游等。

2)卓越的市场开拓能力

打车软件利用移动互联网技术解决了司机和乘客直接信息不对称问题,得到用户的广泛认可。广阔的市场空间引起了互联网企业的关注,创新产品不断涌现。2012年,出现了快的打车、易打车、打车小秘和嘀嘀打车等30多款打车软件,2013年第一季度就有10款打车软件上线,市场竞争迅速白热化。市场格局的变化最终取决于团队的市场开拓能力。经过一轮激烈争夺,打车软件市场很快优胜劣汰,截止2014年年底快的打车以56.5%的市场份额占据了优势,成长为国内最大的移动出行平台。这一市场地位的取得离不开快的打车团队卓越的市场开拓能力。在市场开拓期,快的打车团队综合应用了多种补贴返现措施,并与支付宝、高铁管家等软件展开广泛合作,在机场、火车站等客流密集地区进行地推,向市场展示了团队强大的执行力。

11.4.3 经营模式

快的打车APP的经营模式是以打车软件为中间平台,一端连接乘客,解决乘客打车难的问题,提供了便捷的叫车方式,并且能够为乘客提供综合出行解决方案;另一端连接司机,使现有的出租车及商务车等闲置资源能够得到充分利用,进而实现快的打车自身价值最大化。

1. 优化用户使用体验,增加用户黏性

快的打车软件本质上是一个出行调度的工具产品,对用户来说,车辆调度的便捷性与效率是用户是否选择快的打车的重要考量依据。为了提高车辆调度效率,快的打车依靠大数据系统对订单进行智能调度,后台依据司机实时接单能力决定推送数量,显著提升了订单满足率,并缩短成单时间。对于路程短或一些偏僻目的地的订单,快的打车对出租车提供有特别的奖励,以鼓励司机接单,提高乘客叫车的成功率。

为增加用户黏性,快的打车不断改进产品、提升用户体验、优化服务,解决了重复扣取车费、客服电话忙线、支付到账迟缓等用户关注的问题,通过精细化运营留住客户。快的打车推出司机端 APP 收款二维码,这使得以往路边扬招的乘客,甚至使用其他打车软件的乘客,也可以用支付宝扫描司机二维码在线付车费。这些措施都在一定程度上增加了快的用户黏性,并有助于发展新用户,使其市场份额保持领先。

2. 以补贴方式进行市场推广,培养用户消费习惯

为加强软件推广力度及培养移动支付习惯,2014 年 2 月快的打车率先在北京推出了司机和乘客的普惠计划,只要是用快的打车来叫车,乘客到站并用支付宝完成付款之后,就能够获得 5 元的奖励,而司机也同样能够获得 5 元的奖励。此次现金补贴活动持续到 5 月份,培养了用户用软件叫车的习惯。

除现金补贴之外,快的打车还推出了新的优惠补贴方式,即赠送购物现金券,旨在抵消现金补贴取消后的用户流失,并且此方式也为打车 APP 行业的盈利提供了更多可能。

2014 年下半年快的打车在北京、上海、南京、杭州、武汉、大连等多个城市接连开展周五打车免起步价活动,受到用户欢迎。据统计,活动当天出租车司机和乘客的活跃度是此前的 1.5~2 倍,并在后续较长时间内维持了较强的用户黏性。2015 年 2 月 6 日,快的打车将这项活动推广至广州、成都、青岛、济南以及西安五个城市。

在现金补贴、购物优惠券、红包优惠券等各种补贴方式的激励下,打车软件用户数量及活跃度增长迅速。2014 年 10 月快的打车软件月度覆盖人数达 2400 万人。

3. 广泛合作打造移动互联网入口

快的打车加快了与各大应用场景及流量入口的对接,通过扩展上游,形成了强大的入口网络,从最初的打车软件成长为全国最大的移动出行平台。快的打车与支付宝、去哪儿网、高德地图、百度地图、艺龙旅行网、高铁管家、国航等各类出行场景达成深度合作,在后者的 APP 中植入快的打车的服务,丰富用户出行体验。2013 年 8 月,快的打车接入支付宝,成为全国唯一一家可以通过支付宝在线支付全部打车费用的打车 APP。与支付宝的合作让快的打车实现了商业闭环。打车乘客只需要在快的打车 APP 内输入车款就能够轻松支付,省却了兑换零钱的麻烦,同时也使快的打车未来通过打车交易收取提成成为可能。2014 年 9 月快的打车正式与国内最大的火车票预订 APP 高铁管家达成合作,在高铁管家中植入快的打车,实现了入口端的又一次拓展。

11.4.4 资本模式

快的打车是面向大众群体的创新产品,其市场培育需要花费巨大的成本,资本在打车

软件的竞争中将发挥决定性作用。快智集团选择了借助资本市场的力量，通过资本运作实现快速扩张。

2013年6月，快的打车完成A轮融资，融资金额1000万美元，由阿里巴巴、经纬创投领投。此次成功融资使快的打车能够支付打车软件市场培育期的特殊费用，包括线下推广的员工额外支出、全国20万司机补贴和市场费用，快的打车迅速成为覆盖城市最多的打车软件，用户超过2000万。2013年11月，快的打车完成了对占据上海市场的本土打车软件大黄蜂的收购。

2014年年初快的打车完成B轮融资，融资总额超过1亿美元，共有四家投资方，由阿里巴巴领投。B轮融资之后，快的打车不断完善产品功能，推出了盲人版快的打车、软件内叫车、热线电话叫车等功能，帮助弱势群体出行。2014年，快的打车加大了市场补贴的力度，不断扩大覆盖城市数量、订单数量。

2014年10月快的打车完成C轮融资，融资总额超过1亿美元。快的打车开始将补贴政策延至商务租车领域，针对高端出行人群的需求，提供差异化服务。商务租车业务的开发标志着快的打车从面向单一的打车软件向综合出行平台转型。

2015年1月15日快的打车完成D轮融资，融资总额达6亿美元。由软银集团领投，阿里巴巴集团、老虎环球基金参与投资。在充足的资金支持下，快的打车继续在技术和产品创新上进行更大的投入，同时加大优惠力度，在北京、上海推出打车立减起步价的活动，稳固并扩大了已有的市场地位。

2015年2月14日，在资本方的推动下，快的打车宣布与竞争对手滴滴打车合并，结束了打车软件的局部战争。合并后可以避免更大的时间成本和机会成本，新公司在打车市场和专车市场的份额快速壮大，有助于开展新的业务。合并后的公司估值达60亿美元，新公司的上市计划也被提上日程。

11.4.5 总结与建议

快的打车APP凭借"综合智能交通服务平台"模式、不断创新的产品和强大的市场开拓能力获得了巨大的成功。截止2014年底，快的打车APP拥有130万司机用户和超过1亿的乘客用户，日均订单量达千万。

1. 快的打车APP的成功因素

1) 创新的产品

作为移动互联网创新应用，快的打车APP不断对产品进行完善，为用户提供便捷、安全的车辆调度服务，进而提升产品价值。2014年5月18日，在"全国助残日"快的打车正式推出针对盲人及视障群体的优化版软件。考虑到抢单乘客的安全问题，快的打车决定和硬件厂商合作开发一款定位在方向盘上面的按钮，帮司机抢单、通话。快的打车还提供了安全防护功能。快的打车对所有使用软件抢单的司机都有严格的审核程序，必须提交姓名、电话、出租公司、资格证号和车牌号码,并上传监督证件照片,通过系统审核后才能接单,因此只有正规的出租车司机才能使用。产品功能的不断创新方便了用户出行,提升了用户体验,从而得到了市场的广泛认可。

2)高质量的服务

打车软件的用户分为司机和乘客两部分,其中司机占主导地位。如果司机放弃使用,那么乘客打车速度就会受到影响,进而造成用户流失,所以保持司机的积极性和数量是留住乘客的关键。2013年年初,快的打车在上海买下了一家小超市并改造成为"快的司机之家"。"快的司机之家"是全国第一个以门店服务站的形式做推广的打车APP,也是服务于出租车司机的重要形式。快的司机之家不仅帮助司机往他们的手机上预装软件、做软件培训、解答司机们的各种问题,还能够帮助这些外地司机代买春节回家的车票,让司机们对快的打车有了归属感。

2. 快的打车面临的挑战

尽管快的打车APP开创了新的城市出行解决方案,取得了巨大的成功,但同时也面临政策、管理等方面的一些挑战。

1)政策不确定性

打车软件们融资烧钱正酣,但同时他们面临着监管方面的不确定因素。7月2日,北京市出台了《出租汽车手机电召服务管理实施细则》,细则中明确了手机电召服务商纳入全市统一电召平台、在出租汽车行业开展手机电召服务的准入和退出条件,同时规定应用软件未经许可不得擅自采取任何方式嵌入广告等内容。这在很大程度上加大了快的打车的经营风险。2014年12月开始,包括北京、上海在内的十几个城市相继宣布专车服务非法。2015年1月12日,上海交通执法总队约见滴滴专车运营方,计划对其开具罚单。北京市交通执法总队近期也开始在机场、火车站和繁华商业街区"搜捕"专车。这一举措导致很多打车软件纷纷下线。

2)补贴推广方式不可持续

2014年快的打车花费了10多亿元进行补贴推广,市场份额逐步提升,但这种烧钱行为不可能永远持续。从2014年5月份开始,快的打车下调并最终停止了乘客和司机的补贴。大量烧钱竞争带来的不良影响是一旦补贴停止,很快就会造成用户的流失。艾瑞数据显示,2014年3月份打车软件补贴大战时期,快的打车月度覆盖人数达到3738万人。停止补贴之后,2014年6月份快的打车月度覆盖人数降低至2814万人,补贴停止在一定程度上导致了用户流失。

3)盈利前景不明

在市场开拓、产品升级的过程中,快的打车投入了巨大的资金成本。快的打车是行业内最早设计商业模式的打车软件,推出过会员积分体系、VIP服务和"企业叫车"服务,但这些服务所带来的收入远远不能支持企业的运营。何时实现盈利,对快的打车来说仍然是一个未知数。

□ 基于互联网和团队的练习

1. 移动互联网 O2O 应用分析

团队成员分别下载快的打车、大众点评、美团、携程等手机 APP，详细研究这些软件在基于位置的服务、团购、移动支付等方面的功能。在此基础上，讨论分析移动互联网在 O2O 领域的主要应用，撰写一篇分析报告，并在小组间进行交流。

2. 微商城与淘宝的比较分析

团队成员通过微信公众平台，注册会员，使用微信公众平台进行营销，然后会议讨论微信商城的产品设计理念，并与淘宝店铺作对比分析，撰写一篇分析报告并进行交流。

□ 基于网上创业的学习

1. 基于移动互联网创业的练习

收集关于腾讯 T 派移动互联网创新创业大赛的相关信息，了解移动时代的机遇及创业的丛林法则。根据移动互联网最热门的领域和最前沿的技术，如智享欢乐、智慧方案和智能物联等，提出移动互联网的创业项目，并撰写商业计划书。

2. 微信公众平台运营

微信公众平台分为订阅号、服务号、企业号三类平台，利用公众账号平台进行自媒体活动，商家可以实现微官网、微社区、微名片等。随着微信用户数量的增长，微信已经成为企业在移动互联网环境下最重要的营销工具。微信公众平台运营必须以用户的需求为基本出发点，信息推送方式、微信内容建设、互动方式的设计都直接影响到用户的体验，并最终决定了微信公众平台的运营效果。运营一个微信公众账号，并总结微信公众平台的运营经验。

参 考 文 献

[1] 吕廷杰.我国移动商务发展趋势分析与展望[J].北京邮电大学学报(社会科学版).2006(4):2-8.

[2] 王晓川,任其俊.关于移动电子商务的研究综述[J].河南科技.2013(7):263-267.

[3] 魏国强,刘颖.基于 LBS 和 O2O 的移动电子商务业务模式研究[J].科技创业月刊.2012(4).

[4] 唐璐."快的打车"市场前景令人堪忧[J].电商.2014(2):53-54.

[5] 谢作诗."滴滴"和"快的"：打车软件的今生与来世[J].经营与管理.2014(9).

[6] 张妍,郭昭君.基于博弈的打车软件 APP 市场双寡头分析[J].市场研究.2014(7):33-34.

[7] 王称."快的打车"PK"滴滴打车"移动支付大战一触即发.中国电信业.2014(158).

[8] 范敏.腾讯和阿里巴巴关于移动支付市场的争夺大战[J].市场研究.2014(03).

[9] 党昊祺.从传播学角度解构微信的信息传播模式[J].东南传播.2012(7).
[10] 陈燕霞,池建宇.微信公众平台:新技术创新的价格歧视新领域[J].电子商务.2014(7).
[11] 赵敬,李贝.微信公众平台发展现状初探[J].新闻实践.2013(8).
[12] 李珣.移动支付进击的微信PK无力应对的支付宝[J].记者观察.2014(4):56-57.
[13] 余佩颖.微信电子商务模式探讨[J].软件.2013(10).
[14] 魏林,徐佳丽.基于移动互联网的微信电子商务发展研究[J].价格月刊.2014(11).
[15] 霍俊.利用微信平台建立快递企业客户服务平台[J].物流技术与应用.2014(11).
[16] 易观国际:国内手机移动购物APP排行榜(2014.08).
[17] Applift与PocketGamer研究报告(2014.08).